国学经典文库 [ ]

图文珍藏版

五千年风云变幻 八万里驰骋纵横

中华宫廷秘史

孙桂辉◎主编

线装书局

目　录

国学
经典
文库

中华宫廷秘史

二

唐宫秘史

国学经典文库

隋唐秘史

三

国学经典文库

隋唐秘史

中华宫廷秘史

隋宫秘史

孙桂辉 ⊙ 主编

线装書局

第一章　隋朝皇帝篇

隋朝将泱泱大国再次归于统一,但也只是存在了短暂的三十八年,杨姓掌权的皇帝也只有三位,而且最后一位隋恭帝只是个有名无实的傀儡皇帝。那么在这三位皇帝身上我们能发掘出隋朝迅速灭亡的秘密所在吗?他们身上又具有什么不好的习性导致了一代大隋的覆亡呢?是否还有着其他的隐情呢?

隋主杨坚有何来历

隋朝的开国皇帝是杨坚,要说明杨坚的来历,就须将北魏的世系大约表白清楚。

原来在南朝萧道成篡宋即位的元年,便是北魏主元宏的太和三年,至太和二十四年,元宏殁,太子元恪即位十六年,太子诩立,在位十三年,后又分为东西魏,魏共十三主。东魏一主,西魏三主。东魏主被高洋所废,洋即帝位,此为北齐。西魏被宇文觉废王自立,此为北周。北周又吞灭北齐。北周传至末一帝名阐,为隋王杨坚所废,自立为帝。坚又灭南陈,至此南北二朝,尽灭于隋,天下始告统一。

杨坚为汉太尉杨震第八代玄孙,乃弘农华阴人氏。坚六世祖元寿为后魏武川镇司马,即留居武川。坚的父亲是杨忠,就是元寿的玄孙。杨忠初本仕魏,后跟从周太祖宇文泰,举兵关西,屡次立功,封至隋公。杨忠的妻子吕氏,也是名门望族出身。吕氏怀杨坚时,曾有一个胡尼,叫作蕃连布的,到杨家募缘。吕氏非常相信神佛,素来乐于布施结缘。蕃连布见了吕氏,便吃惊道:"好一位贵人!"

吕氏听了,以为是出家人的常态,见面说些奉迎的吉利话儿,无非是想多得些钱米,便也笑了笑,并不去问她原因。正想给了钱米,让她走时,蕃连布却又道:"小尼与夫人有缘,今天到府,原想化些钱米,此刻却不用了。"吕氏听说,心下好不诧异,倒禁不住问她道:"师太既是来此化缘,此刻怎地又不要,倒是何故?"

蕃连布含笑道:"夫人敢是有孕在身?"吕氏闻言,暗暗惊疑:她怎么会知道的!原来此刻吕氏得胎,还不到三个月,外面无从瞧出,蕃连布怎

隋文帝杨坚

么会知道? 因此吕氏吃惊道:"正如师太所言。"蕃连布双掌合十道:"善哉! 善哉! 小尼原说与夫人有缘,便在明年,夫人产了公子,那时小尼再来道喜,还有几语嘱咐,如今小尼要告辞了。"蕃连布话毕,便飘然而去。

吕氏留也留不住她,给予钱米,她又不受,又不明明白白地说出所以,倒使吕氏纳闷了几天,过后也就忘记了,也没放在心上。韶光飞逝,早已是十月怀胎,只是还不生产,吕氏非常惊讶。直到十四个足月,方始临盆,产下一个男儿,啼声洪亮。最奇怪的,在产下的时候,不知从哪里来的紫气,布满庭中。四邻都说紫气东来,是表祥瑞。如今杨家生儿,紫气满门庭,将来一定是个非常人。

杨忠见妻子生了个儿子,细相眉眼,额广颐丰,剑眉虎目,好一副胎貌,心下十分欢喜,起了一个单名坚字。到了三天,那个胡尼蕃连布竟是真的来了。吕氏想起前言,不禁信以为真。蕃连布细细端详了一会儿小孩子,便对吕氏道:"此儿他日贵不可言,只是不宜留养此地,恐发生意外。小尼去年即对夫人说过与夫人有缘,今当代夫人抚养,以了宿缘。"

吕氏因蕃连布前番话皆已有验,故也深信,便道:"既是如此,师太拟将此儿何处安放?"

蕃连布道:"小庵静水,离此不远,且待夫人过了满月,即请至小庵居住。

虽说是代夫人抚养,喂乳睡宿,还须夫人自己劳心。"吕氏不禁笑道:"照这般说来,还是妾身抚养,怎说是师太抚养? 并且师太说此地不宜留养此儿,怎的师太的静水庵离此甚近,却就相宜起来了,岂不令人不解?"

蕃连布说:"在没有断乳之前,当然须夫人亲劳。到了断乳之后,便是小尼的职责了。至于不宜留养此地,反宜留养小庵,内中有个重大缘故,本不应泄露天机,但夫人不比别个人儿,还可以明讲给夫人知道,却再不许讲给第二个人听了!"

吕氏见她说得这般郑重,只好说:"妾身理会得,决不向外人胡言就是了。"蕃连布便轻轻地道:"还记得去年小尼见了夫人,不是说过一句'好一位贵人'的话吗?"吕氏点点头说:"确有此言。"蕃连布说:"夫人之贵便应在此子身上。此子的将来,大建功业,直要做到一个皇帝。如果若是留养此地,王气笼罩,光冲上霄,恐被忌者所见,怎不发生意外? 因此要将迁往庵中。小尼自能仗佛家法力,以佛光遮护王气,便不致妨事了。"吕氏听说了这一番话,心中不觉又惊又喜,遂对蕃连布的安排言听计从。等到满月已过,吕氏便携带了杨坚,到静水庵居住。

转眼间就过了一年,这天正是炎夏七月,流火铄金,非常酷热。到了骄阳斜挂树梢的时候,蕃连布去集市购买零星的东西,吕氏却命一个使女,烧了些洗澡水,在房内自己洗浴。快洗完的时候,见儿子杨坚,又着两只小手,咿咿呀呀而来,似乎也觉得热。她便替他脱去了小衫裤儿,将他放到浴盆中去洗一洗。

没想到刚把他放进浴盆不久,擦洗了几下,只见杨坚的额上,忽然生出了两只角儿,雪白的小身体上,也隐隐地显出了金鳞。吕氏好不着忙,吓得一失手,将杨坚抛在地上,往外就跑。

恰巧蕃连布购物回庵,见吕氏惊慌失措,急忙问原因。吕氏忙将眼见的情景告知了蕃连布。蕃连布听了,连声说不妙,赶忙三脚两步闯进了吕氏房中,从地上抱起了正在啼哭的杨坚,抚摸着头说:"我儿受惊了,此番一劫,又累你迟做几年皇帝。"这时吕氏也走了进来,再仔细看杨坚的时候,依旧头儿平整,先时头上的角儿,早不知哪儿去了。身上依旧光光滑滑的皮肤,哪有什么金鳞。

吕氏不禁惊讶地说:"先前看得清清楚楚,又不是眼花,现今怎的角儿鳞

隋宫秘史

甲都已不见了?"蕃连布道:"非是夫人眼花,他本来就是天上的小金龙转世,今天天气闷热,又被夫人放入水中洗浴,觉得畅快,不禁渐渐地显出了真身。如今被夫人蓦地丢在地上,他受了惊吓,又得迟几年做皇帝了。"吕氏听了,非常懊悔,从此便格外地留神保护。

到了两岁断了乳,杨坚已是牙牙学语,渐能自己行走,比平常的孩子更加聪慧。蕃连布即对吕氏说:"如今夫人可以回家去了,这个孩子的一切,小尼自能料理。"吕氏深知蕃连布是个可托之人,便称谢归府,以后每隔十天半月,到静水庵探视一回。说来也奇怪,那个杨坚,见了自己的母亲,反不十分亲热,倒对蕃连布有着异常的依恋。因此,吕氏就更加放心了。

杨坚到了五岁,即由蕃连布教他识字读书,学习武艺。他确实是当皇帝的料,天赋独厚,一学便会,一见便知,一点便通。又肯用心上进,到了十六岁,已成就为一个文武全才。到了八月中秋的晚上,一轮皓月映照在静水庵的庭院中,如同白日,杨坚踏着月光,在庭中舞了一回剑。

这时蕃连布自室内走出,他便上前相见,叫了声师父。蕃连布却招他到了内堂,命他坐下。蕃连布自己也坐在蒲团上面,便对杨坚道:"如今你已学艺有成,明天好回去了。"杨坚听了一惊,认作是自己做错了事儿,慌得跪倒在蕃连布面前道:"弟子蒙师父教诲,得益不浅。如今所学尚浅,师父忽命弟子回去,莫非弟子做错甚事,因此要加驱逐?"蕃连布说:"并非你做错了什么事。原因是我与你的缘分已满,便不能再在一处。明天我也要云游他处去了。至于你的学问本领,虽未十分高深,只要回家以后,用心研究,多交明师益友,自能逐渐上进。只有一件事儿,你须牢牢记着:将来风云得意之后,切莫贪恋花枝,自取其祸。"

杨坚听了蕃连布的一番话儿,就知道是要真的分离了,不禁凄然泪下道:"师父的嘱咐,弟子当谨记心上,只是不知弟子的结局如何,师父可能见示一二。"蕃连布默然片刻才说:"你可听着:'继隋以贵,当张则去',这八个字儿,便是你将来的结局了。"杨坚听了八个字,还是莫名其妙,只得记在心中。

这天他们一宿无话,到了第二天一早,杨坚起身时,早已失去了蕃连布的踪迹。杨坚不免伤感了一回,便收拾了自己的物件,径自回到家中,禀明了吕氏。吕氏听说蕃连布去了,也嗟叹了一阵。从此杨坚奉母家居,后来

中华宫廷秘史

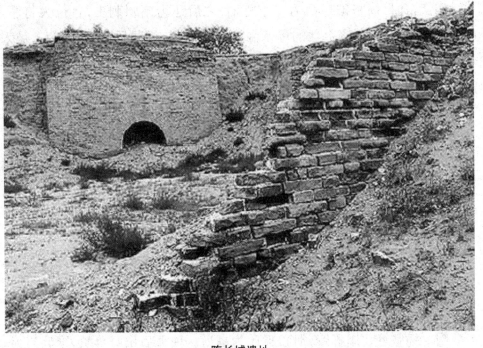

隋长城遗址

随父从军,屡立战功,封至小宫伯。等到他的父亲杨忠不幸病死后,杨坚承袭了隋公爵位。

之后杨坚娶了妻子独孤氏,是前卫公独孤信的女儿,能文多智,也是一个女中豪杰。杨坚的女儿琏是周太子赟的正妃,后赟即帝位,不久即传位于太子阐,自称天元皇帝,杨氏即为天元皇后。周主赟死后,隋公杨坚总知中外兵马事,于是诸卫军悉听坚的节制,兵权尽属坚手。幼主阐居丧不理朝事,一切事儿统由杨坚一人主持,不久便晋爵至隋王,加九锡,威权一天比一天高。

对于杨坚的身世不免有一定的传奇和杜撰的色彩,但是他的才能是确实的,这也为他后来建立隋朝打下了良好的基础,当然对于他之后为建立隋朝的一切作为也是非常重要的。

在北周时,周太祖一见到杨坚就感叹说:"这个孩子跟一般人不同啊,将来肯定会有所作为。"明帝时,杨坚被授右小宫伯,晋封大兴郡公。明帝曾命善于相面的人为杨坚相面,当时相面人骗明帝说:"他也没什么过人的地方,也就是能做个大官罢了。"但是,之后相面人又暗中对杨坚说:"您以后定能当上一国之君,请您一定要记住我所说的话。"

周武帝时,杨坚被任命为左小宫伯,之后还为隋州刺史,晋位大将军。后来杨坚回到京师,碰上他的母亲因病卧床三年,杨坚昼夜不离左右,被人赞为"纯孝"。宇文护执政时,十分猜忌杨坚,多次要加害他,多亏了大将军侯伏、侯寿等人救助才得以幸免。

后来杨坚被任命为隋国公。武帝还纳杨坚的长女为皇太子妃,对她有着非常好的待遇。但是当时的齐王和内史王轨多次对武帝说:"皇太子没有多少才能,我们觉得杨坚有反相。"武帝听了很不高兴地说:"谁为皇帝这都是有天命的,一个人是无法改变的。"之后,杨坚听到了这些传言,十分担心,所以他为了自己的深谋大略,办起事来也就更加小心了。

隋主杨坚得享一夜风流

隋主杨坚篡北周称帝,册独孤氏为皇后。独孤后出身尊贵,家族兴盛,本人资质聪明,天分很高,经典史籍无所不知无所不晓,隋主杨坚对她也是十分宠爱,倚为内助。每当隋主临朝,独孤后常常与他一起乘辇随行,到朝堂前才下辇止步。独孤后还秘密派遣宦官伺察朝政,稍微有点过错,便记下来,等隋主退朝返回寝殿时,就婉言规谏,十次中就有八九次能被采纳,所以,宫中称隋主和独孤后为二圣。但是独孤后生性喜欢嫉妒,绝不允许隋主宠幸别人,还曾要隋主立下誓言,称帝以后不得让别的女子生孩子。隋主倒也信守诺言,吸取了前朝教训,对后宫的诸多佳丽,从不沾染。

隋主与独孤后二人,一直是恩恩爱爱,平安无事。转眼间,隋主杨坚在位享国已有十八九年了,经过了一番南征北战、励精图治,也算是内安外攘,物阜民康,太平世界。人们常说:"饥寒起盗心,饱暖思淫欲。"隋主杨坚虽然英武,也难免享乐之心,遂命杨素督造了一座仁寿宫。这座仁寿宫经削山填谷,创立宫殿,造得规模宏丽,金碧辉煌,历时两年,光工匠就累死了一万多人。

人生境遇,原是随着环境改变而变化的,隋主杨坚自从仁寿宫筑成之后,也渐渐地改了素性,开始系情酒色,诡志纷华了。隋主原本也不是生性不二色的圣人,在隋朝基业未曾稳固的时候,在筹划纡思、经营艰难的环境

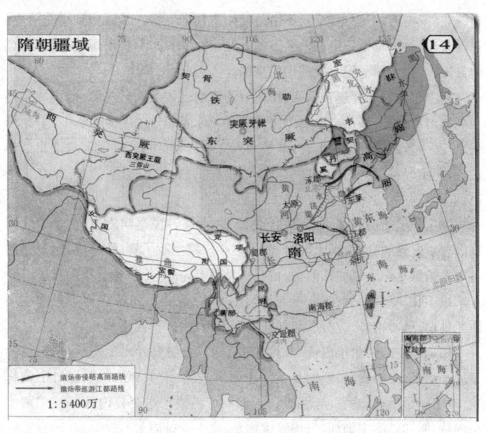

中,自然不能陶情作乐,还能自我控制。到了如今,总算是太平环境,万象升平,他不免蠢然思动,慕色心生。只是碍着个奇妒的独孤后,将他当作了禁脔,从不容别个女子分一杯羹去。因此隋宫里边,虽是美女如云,各具芳菲,隋主也只能是空望着咽唾,难以得偿心愿,真正销魂开怀一次。

一天,独孤后得了点小病,在宫中调养,隋主得了这个空闲,便自往仁寿宫,消遣愁怀。宫中正是一片宜人的初春景色,芳草吐绿,垂柳鹅黄,逗人暇思。隋主也无心观赏什么奇草异花、清幽景色,只顾向一班才人世妇、婕妤宫娥队里看去,想寻出一个绝色妙人儿,和她亲热一回。谁知锦装绣裹、珠围翠绕中,却都是寻常姿色,不是桃花嫌红,便是李花觉淡,没有一个适意的。

隋主为此非常烦闷,便信步向内苑走去,忽闻随风吹来的一阵清香,顿觉心旷神怡,便问随行的小内侍道:"何处有如此清爽的香味?"小内侍道:"前面是梅花别苑,可能是梅花开了,随风飘来了清香。"隋主一行人,边说边走,已到了梅苑,清香更浓了,不由得使隋主精神一振。抬眼望到梅花丛里,忽觉眼前一亮,只见一个宫娥装束的人儿,背面而立,不长不短的身材,乌黑的云发,映衬出颈项间一段雪白的皮肤。

隋主正为俏丽背影赞叹问,梅花下的宫女已盈盈回转身躯,但见她生得亭亭如出水莲花,袅袅似当风杨柳,目胜秋水清澈,口若樱桃娇小,乍见隋主,更有一番娇怯羞赧的形态,楚楚动人。蓦睹天颜的宫女慌慌地走出了梅花丛,莲步轻移,垂柳般地拜倒,磕了一个头,袅袅起立,垂着罗袖,站在了一边。

隋主早已意荡神迷,忙问姓氏名谁,宫女回答说是叫尉迟贞,是原北周蜀国公尉迟迥的孙女,因家被抄,没入宫中。隋主听了答话,笑道:“好! 好!看来是娘娘见你生得如花似玉,怕朕一见就会宠幸,便将你置于深宫了。今日娘娘不在,却有朕躬在此,便与你出出入入,也是不妨。”尉迟贞见隋主用话儿挑逗,已羞得红飞双颊,与斜挂的夕阳争红,好不媚艳。

相随隋主的两个小内侍,见隋主春心萌动,要是弄出了尴尬事情,给醋皇后知道了,定要责罚,便躬身请隋主回宫进膳,隋主却道:“朕欲月下赏梅花,领略疏影横枝、暗香浮动的风光,你们可将酒菜送至苑内就好了。”两个小内侍,明知是隋主饰词,只得唯唯称是,自去安排酒菜。

隋主便趁机走近尉迟贞,携了她的小手,笑道:“别错过了今日良辰,你尽可安心,随朕游玩。”隋主说着,便与她携手同行。尉迟贞怯生生相随,不胜娇羞,益发动人怜惜。缓踏芳草,徐穿花径,两个人在梅苑内闲游了一回。小内侍早已安排好了酒席,便来相请。

隋主坐在了席前,尉迟贞便要侍立斟酒。隋主不舍得让她站着,便命她坐下同饮。尉迟贞听了,只是低首一笑,依然没有坐下。隋主便伸过手,扯住她的衣袖,使劲一拽,尉迟贞站立不稳,一下跌入了隋主怀中。隋主搂住尉迟贞笑道:“看你依朕不依?”

尉迟贞娇滴滴道:“圣上有命,贱婢怎敢不依?”隋主便放她起来,让她在小圆椅上坐下,陪了饮酒,回头见两个小内侍,仍像石人一样在旁呆立,有些碍眼,便面色一沉,命令道:“此间不用你们侍候,你们各自忙各自的去吧!不闻朕的传唤,不准擅自入内。”两个小内侍,赶紧出去了。

这时月移梅影动,风送暗香来,隋主破题第一遭,持酒对美人,兴趣格外

浓厚。尉迟贞本是一个年幼识浅的小女子,见隋主有意宠她,便也殷勤献媚。两个人你一杯,我一盏,不停地聊着天,喝着酒。尉迟贞原是量浅,早是玉颜半酡,醉眼惺忪,一副媚态,愈加动人。隋主酒落欢肠,眼饱秀色,怎不动情。便含笑对尉迟贞道:"如你这般媚娇喜人、花好及时的当子,怎么舍得让你寂寞空苑、顾影凄凉!今夕朕有心同你结对成双,你答应吗?"

尉迟贞听说此话,越发粉颊通红,低头低语道:"贱婢怎敢玷污圣上龙体?"隋主笑道:"朕却敢玷污了你的清白。"又指了灯上的花烛道:"今夕正是良辰,你看烛上灯花儿,结成多大!"话声未毕,一阵风来,竟吹灭了结花的蜡烛。尉迟贞想重新点燃,隋主道:"不必了!室中光亮已尽够,不在乎一烛的明灭。时已不早,你便侍朕入寝如何?"

尉迟贞只是含笑不语。隋主如添色胆,借酒发作,竟拥了她进了帷帐。隋主已是忘了誓不二色的枕上盟词,尉迟贞也忘了醋后雌威。两个人便宽衣解带,你贪我爱地成就了好事,各遂所欲。门外的两个小内侍在外等得不耐烦,即由一个悄悄潜入,在纱窗上挖了个小洞,向内偷窥了一回,便出外对另一个做了个手势,便也各自安歇了。

隋主杨坚和尉迟贞同圆了好梦,一晚上很快就这样过去了。到了第二天早晨,尉迟贞先醒了香梦,见时刻已经不早,隋主仍是睡得沉酣。她恐隋主误了早朝,又怕独孤皇后知悉,便将隋主推了推。隋主从梦中惊醒,见尉迟贞云发蓬松,远山添翠,樱桃脂残,蜷蜷微侧,酥胸半露,一角桃红的兜胸,映着雪白的香肌,这副睡后的媚态,好不叫隋主心醉。

尉迟贞见隋主目不转睛地瞧着她,想起夜来几次三番的云雨翻腾和柔情蜜意,不禁又泛起了两朵红云,直侵鬓脚。便娇滴滴地说:"圣上请起身了,时辰已经不早了。"尉迟贞说完后就披衣坐起,结束下床,准备好了盥洗用具。

隋主因为夜里多了几番云雨,身子倦怠,仍恋着香衾,依旧还没起床。尉迟贞又催促了几次,隋主懒洋洋地道:"你怎么这么着急呢,不让朕多睡一会儿。"尉迟贞掩唇微笑道:"我是怕娘娘知道了。"隋主听了,也觉得她说得对,要是让醋后知道起了疑心,那就非常难办了。只好起来,盥洗后进了早膳,才一步捱一步地出了梅花别苑。

独孤皇后卧病后宫,醋心虽重,却想不到隋主在一夜工夫,便忘了枕上的盟词,又结新欢,对此也没有怀疑什么。到了天明,突然见两个贴身侍女面上透着异色,像有什么事情发生,便逼问缘故。两个侍女就将一早打听到的隋主行踪告知娘娘。独孤后听了,顿时气得脸上转色,浑身乱抖,奋身坐了起来,咬牙道:"我与那个小贱人,誓不两立!"遂不顾左右劝阻,连呈上的早点也不吃,便率领八个宫女,径进仁寿宫,到了梅花别苑。

这时离隋主上朝的时间,刚过了半个时辰。尉迟贞在苑内收拾收拾东西,还没收拾完,突然看见十多个人,撞了进来。为首一个焦黄了脸儿,眉头竖起,瞪着大眼睛的,正是独孤皇后。随后的宫女们,一个个的脸上皆布满了杀气。

尉迟贞大吃一惊,顿时花容失色,娇躯发抖,差点站不住脚,急忙双膝跪倒,哆哆嗦嗦地解释求饶。独孤后戟指骂了一顿,厉声喝道:"你们还不给我动手!"左右宫女,同应一声"是",手中皮鞭,便如雨点般向尉迟贞抽下。可怜一个千娇百媚的尉迟贞,在地上乱滚了一阵,不到片刻工夫,一缕香魂,早已脱离了躯壳,被打死了。

隋主杨坚刚退早朝,就到独孤皇后的宫中探病,听说皇后不在,亲自带领着很多宫女,不知去了哪里。隋主立即起了疑心,赶忙来到仁寿宫,果然听说独孤皇后已经到了梅花别苑。隋主恐怕尉迟贞受了委屈,三步并作两步地向里面走进。

刚进去,就看见独孤皇后怒颜高坐,地上却倒卧了那可怜可爱的尉迟贞,浑身血污,已然死去。隋主见了,不禁又痛又恨。只是平日慑于独孤皇后的狮威,此刻还不敢发作。但是见了尉迟贞的惨死景象,回想到昨夕的蜜意柔情,心如刀割,返身就走。室中的独孤皇后,起初见隋主入室的时候,还想照平日的习惯,耍下雌威,数落几句。如今见隋主变色而走,不禁也慌了起来。急忙赶出室外,想叫回隋主,哪知隋主却误会了独孤后的意思,以为她不肯甘休,赶出来和他缠扰,便脚下一紧,头也不回地出了梅花别苑,又出了仁寿宫。见宫外有一匹马,径跨马背,鞭儿一挥,出了东华门,离宫落荒而去。守门的军士,见隋主单骑飞驰,并无一个侍卫随从,非常惊慌诧异,于是就入宫询问。宫中听说皇帝一个人出了宫,一时大乱。

独孤皇后不愧为一个才学兼备的巾帼英雄,见此情景,心知除了越国公杨素和左仆射高颎两人,别人都劝不转隋主。急命内侍宣召杨、高两个人,道清原委,令他们劝回隋主。

　　杨素和高颎费了九牛二虎之力,才劝得隋主回宫,与独孤皇后勉强见面。按礼仪,隋主赐宴,各自将面子挽回,方命撤宴。隋主与独孤皇后,返入寝殿,一同安睡。至此,独孤后的妒意,才稍微减去了几分,任凭隋主与宫人沾染,只当作不知道。但是害怕隋主已经过了少当益壮的年岁,不能纵欲过多,否则会伤了身体,因此也时常劝阻一下。

杨坚与后妃的情爱

　　隋主杨坚与独孤皇后伉俪情深,不料,好景不长,在隋仁寿二年中秋晚上,独孤后一病去世,当时也只有五十岁。杨坚虽然恨她当时活活打死了自己非常喜欢的尉迟贞,但是毕竟夫妻多年,也非常的伤心,在治办丧仪的时候更是痛心疾首,哀悼不已。但是,过了一段时间,隋主不甘后宫寂寞,便在众多佳丽中,选了两个美人,一个是陈氏,原是南陈后主陈叔宝的小妹子,生得娇小玲珑,美貌如花;一个是蔡氏,也是在陈宫没入的,婀娜多姿,能歌善舞。

　　隋主得了二人,同沾雨露,各领深恩,作为晚景的娱乐。不久,便封陈氏为宣华夫人,蔡氏为容华夫人。两人之中,宣华夫人却是更得隋主的欢心。从此,隋主是日日欢宴,时时歌笑,比起独孤皇后在时,放浪了不少。只是隋主毕竟是个开国的皇帝,并不因贪欢而忘了国家大事,百官奏章,全都要自己一一详览,常常至深夜才去休息。

　　有一天夜晚,他正在灯下披览本章,不觉困倦,就慢慢睡过去了。内侍们也不敢惊动,只得在旁屏息静待。哪知隋主已是入了梦境,觉得自己立身长安城上,四面闲眺,即发现在城上有三株大树,树顶上面,硕果累累,非常繁盛。隋主暗地惊疑,怎么可能在城墙之上,会有果树? 正在疑惑间,耳边忽听得水声响亮,向城下一看,只见波浪滚滚,不到片刻工夫,已与城齐。隋主非常吃惊,急忙逃走,突然水势汹涌,已是波浪滔天地涌上城头。

　　隋主心下着慌,大叫一声,猛然惊醒,原来是一场噩梦。回忆梦中情景,不禁心头纳闷,凝神思索了一回,觉得梦中光景,不像是个吉兆。洪水淹没

了都城，莫非有水灾发生，却也不见得。翻来覆去，又思索了半晌，猛地起了一个念头，是不是这个梦正是应在人的姓名上面，或有姓名中带着水旁的人，将来成为国家的祸水？

想到这里，他就将朝中诸臣细细地思索，仔细推敲可有姓名中带着水旁的人。思来想去，却想到朝中有个老臣叫李浑，他原是陈朝的勋旧，陈亡降隋，之后杨坚封他为原爵。一个"浑"字，军旁着水，正合了大水淹城的梦。并且军为兵象，难道此人便是祸水？但又想到李浑的年龄已老，又不掌什么兵权，干不出什么大事，莫非应在他的子孙身上，却也未可知。便命一内侍紧急出宫，调查李浑共有几个儿子，各叫什么名字。内侍奉命而去，不多时候，便来复命。李浑长子已死，只存一个幼子，小名叫作洪儿。

隋主听了洪儿两字，越发地惊疑了。暗想梦中，城上有树，树上有果，树即是木，果乃木结的子，木子两个字，相合就是一个李字。今李浑幼子的小名，恰好又是洪水的洪字，更与梦象相合。此子将来定于国家不利，须早除去为是，以绝后患。隋主即下了一道手敕，命四个内侍，赍了鸩酒，到李浑的府第，命李洪儿饮鸩。

内侍奉命前去，到了李浑府第，已是子夜过后，李浑家人，都已经睡下了。内侍叫开了门，说是奉敕到此，家人哪敢怠慢，赶忙接入里面，一边报与主人。李浑怎知祸从天降，只是半夜三更，中使突来，内心甚是惊疑，急起身出迎。李浑一见内侍，内侍便将隋主手敕，交与李浑。

李浑拆开看了，不禁面如土色，忙问内侍道："圣上的敕谕上面，并未说出因何赐死，敢问中使可知其中缘故吗？"一个内侍正色道："天意高深，下人怎敢窥测，只知奉命前来，赐死李洪儿，其他并不知情。此刻圣上正候小的们复命，事难久延。李洪儿在哪里，公爷速速交出，俾得遵命行事。"李浑迫于君命，不得不从。可怜李洪儿年幼无知，刚从被中搜出来，便给四个内侍，灌下了鸩酒。待到洪儿一命呜呼，内侍回宫复命，隋主方始安心睡去。过了数日，隋主以梦杀人的消息，已是传遍了都城，人人都说隋主残忍无道。

光阴荏苒，又是大地回春的季节。一天，隋主进过了午膳，便同宣华、容华二夫人，到了仁寿宫里边，各处闲游。到得御花园，只见万紫千红，触目芳菲，花气袭人，中人欲醉。一双双的蛱蝶，穿舞花丛。一声声的鸟语，婉啭枝头。绿芊芊芳草，碧绿绿柳条，都令人精神愉快。隋主如醉如痴，由两个美

中华宫廷秘史

貌夫人扶持了他,信步前行,不觉到了梅花别苑跟前。

隋主猛抬头,瞧见了一片梅林,不禁勾起了前情旧事,兜上了心头。想起了那销魂一夜,便成了阴阳之隔的尉迟贞,不禁站定了脚步,痴痴地发怔。宣华和容华两人,见了隋主这般光景,非常疑惑,正要问原因,只听隋主微叹一声道:"尉迟贞死了,独孤皇后也死了。朕也风烛残年,恐也不久的了。"

宣华夫人见隋主说出了如此不吉利的话,急忙说:"圣上自有千秋,快快收拾了闲愁,不要伤怀。这里没什么可观看的,我们上前面玩去。"宣华夫人一边说,一边向容华夫人使了个眼色,便不待隋主开言,竟一边一人挟持了隋主,离开了梅花别苑,免得隋主触景生愁。隋主毕竟上了些年纪,不能多走。

饭后这样走了一回,已觉十分乏力,此刻又感念前情,更觉无心游览,索然无味,便对宣华夫人道:"朕已经疲倦了。"宣华夫人指了前边的芙蓉轩道:"圣上既觉疲倦,那边也有睡榻,就到里面休息一下好不好?"隋主点头允准,一行人便进了芙蓉轩中。宣华容华二夫人,侍奉隋主登榻。隋主在午膳时,本多饮了几杯酒,再加上刚才游玩乏力,一倒头便自睡去。

宣华和容华,便命宫女取来棋局,两个人悄悄对弈,作为消遣。哪知隋主却又入了梦境。梦中他自己走出了东华门,四野一片荒凉。正走间,迎面见有一所破寺庙,红墙剥落,门户尘封,他便信步走了进去,突然见正殿上有一个女尼,正低垂了头,端坐蒲团。见有人进了殿,那女尼忽地抬起头道:"阿坚你来了,你还认识我吗?"

隋主吃了一惊,破寺中老尼怎么知道自己的小名呢?定睛仔细看时,原来是早年的师父蕃连布,急忙双膝跪倒说:"想不到师父就在此间。弟子十六岁时和师父分离,何时不在怀念,及至统一了南北,也曾遣人寻访师父,满想报答昔年抚养的深恩,岂知终未如愿。此刻却好,竟会亲身相逢,就请师父一同回去了。"

只见蕃连布不答隋主的话,却摇头问道:"阿坚啊阿坚,老尼昔日嘱咐你的言语,怎么就全部忘记了呢?"隋主听了此语,不禁模糊起来,记不起师父嘱咐过什么话。蕃连布见他迟疑的神色,便道:"莫近女色的一句话儿,难道记不起来?"隋主方始陡地想起,不禁羞得满面通红,慌忙说:"弟子该死,竟违背了师父的训诫,从今后力图改悔,还望师父见恕。"蕃连布摇头叹息道:

隋宫秘史

"已经晚了，晚了。"

隋主听了，急忙说："师父不准弟子悔罪不成？"蕃连布说："老尼也是无能为力，只是尚有一个法子，还能解救，你能按我说的办吗？"隋主忙说："只要师父嘱咐，弟子都会听从的。"蕃连布点头说："只要看破红尘，剃发为僧。"隋主听说要他出家，顿时现出了为难面色。蕃连布哈哈一笑道："阿坚阿坚，苦海无涯，彼岸难登了。"说完后身子一晃，已是无影无踪。

隋主正惊疑间，忽闻娇滴滴的声音，在他身后说："圣上来此，贱婢有失远迎，还望恕罪。"回头瞧去，却是尉迟贞，竟忘了她已死去，便含笑道："好久没能与爱卿相见了，此处破寺荒僻，没什么好玩的，我们回宫去吧。"说完就上前携了尉迟贞的纤手，想要走出。尉迟贞笑道："圣上说些什么话，好好的梅花苑，怎说是荒僻破寺，没什么好玩的呢？"隋主留神一看，竟真的在梅花别苑中，不禁笑道："朕敢是做梦不成？"尉迟贞说："朗朗白日，哪里是做梦呐。"

隋主见了娇俏的尉迟贞，不由勾起了往日情意，便欲重温那一夕云雨情，上前搂住了尉迟贞，拥着就往绣榻上倒去。二人正在宽衣解带的时候，忽见独孤皇后满面怒容，闯入了苑中，指着尉迟贞骂道："你这淫荡的贱婢，又来迷惑圣上了，还不快跟我走。"说着，一把扭住尉迟贞，竟头也不回地扯着去了。

隋主恐怕尉迟贞吃亏，赶忙放步追出，到了苑外，已不见了她们踪影，非常纳闷。这时候，忽然听到有一阵娇呼救命的声音，远远传来。隋主一想不妙，定是独孤后拷打尉迟贞了，要想前去求情，又不知在哪里。一时救命的呼声，却越来越近，猛地抬头看时，只见宣华夫人钗落发散、花容失色地在前面奔逃，却有一只如牛般大的鼠子，在后狂追。

隋主便朝她喊着说："宣华不必惊慌，朕躬在此。"语声未毕，那只大鼠子就不再追宣华夫人，而是径向他扑来，他想躲开，但是已经来不及，大鼠咬住他的咽喉上面，他顿时觉得痛彻心扉，大叫一声："痛死我了。"突然听到耳朵旁边有人喊道："圣上，您醒醒！"隋主睁眼看时，见宣华、容华二人，立于榻前，自己还是好端端地睡在芙蓉轩里，方知做了一个噩梦，心头还在怦怦乱跳。

宣华斟了一杯香茗，呈与隋主道："圣上做了什么噩梦，在梦中大喊一声,贱妾手中的棋子,都叫圣上吓得跌落地上。赶忙过来呼唤,圣上却也醒了。"隋主呷了几口茶,便将梦中的情形,说给二人听了。宣华夫人笑道:"这不过是有所思才有所梦,圣上方才在梅花苑受了感触,睡后才做出这个梦来了。"容华夫人也说:"白天的梦,是非常不准的,您不必信这个。"

隋主虽对梦中情景觉得奇异,给两个美人左一句右一句地宽解,早已丢在了一边。看看时刻不早,便命在芙蓉轩中设下酒宴。当下宫女内侍,排好了筵席。隋主左拥右抱,开怀畅饮,宣华、容华又是各有媚态,把个隋主迷得魂飞魄散。一席酒直吃到黄昏已过。

隋主酒后兴浓,雄风大振,便在芙蓉帐里令宣华、容华侍寝。宣华、容华喜不自胜,着意服侍,百般作态。隋主仗着酒力,着实用功,各自宠幸一回,赏了两朵白芙蓉。事情过后,不禁骨软筋酥,瘫化在榻上,丝毫不能动弹。宣华和容华,兴犹未尽,恃了隋主的宠爱,娇痴惯了,犹在榻上互相戏谑,闹作了一团。隋主只是望了她们痴笑,并不介意。哪知年过花甲的隋主,酒后周旋了二美,已是大汗淋漓,此刻赤身望着二美嬉闹,不觉被春寒所侵。到了半夜过后,不觉心烦口渴,身子像火一般发烧。急忙召医诊治。

第二天,便有人报知了东宫太子杨广,不多时,在朝的王公,以及一班大臣,全都知道了隋主得了疾病,便纷纷来仁寿宫问候。隋主便命一个内侍出外,宣了口诏道:"朕躬偶感风寒,并无大病,朝事一切,暂由太子代理。着左仆射杨素、吏部尚书兼兵部尚书柳述,相机辅理。众人不须进谒,各自退去。"众人听了谕旨,只好退出。从此,隋主万机暂卸,安心调养,在芙蓉轩里,日夜由如花似玉的宣华、容华二夫人,伺奉汤药。

杨广戏宣华的后果是什么

隋主杨坚自芙蓉轩中偶感风寒后,竟然一病不起,于是不得不将朝中政事统付于太子杨广。身边靠宣华、容华二位夫人侍奉。虽是汤药不断,隋主病情却是一天重似一天。一连三个月,隋主已是骨瘦如柴,奄奄待毙。两位夫人内心焦急,却是爱莫能助。

宣华夫人原本是南陈后主陈叔宝的妹妹。隋灭南陈后,陈朝的宫人姊

隋宫秘史

妹,都被送入了隋宫。陈叔宝共有三姊一妹,其中两个由隋主赐予杨素,一个赐予贺若弼。最小的一个妹妹,生得黛绿双蛾,鸦黄半额,腰肢如柳,须发如墨,幽妍清倩,依稀越国西施,婉转轻盈,绝胜赵家飞燕。她艳冶销魂,容光夺魄,真是"回头一笑百媚生,六宫粉黛无颜色",的确是绝世美人儿。

但是她进入宫中后,因独孤皇后奇妒,凡美貌女子均不得擅自出入,禁止与隋主见面,无缘奉身。待独孤氏死后,隋主方从宫中寻得这一佳色,即刻宠幸,册封为宣华夫人。可惜,好景不长,正当万千宠爱集于一身之时,隋主偏一病不起,于是令宣华非常忧伤悲痛。

宣华夫人

可是这个时候有一个人听说隋主病状,不但毫无悲伤,却暗暗十分欢喜,只盼隋主早早死去。此人就是东宫太子杨广。太子杨广闻知隋主病重,一天便和杨素、柳述、元岩三人,同至隋主寝榻前视疾。隋主正在神思恍惚地自言自语:"倘使独孤皇后尚在,朕躬也不致有此重疾了。"这也是隋主自悔的话,本来独孤皇后在世,绝不会让隋主纵欲到这般光景,隋主此时悔懊,已经非常晚了。太子杨广听了,却是心中一动,认定父皇是个易悔之人,唯恐临终前对立东宫之事反复,将于己大大不利,心中默忖了一回,才喊了声"父皇"。隋主张目看了他一眼道:"我已念了你好久,怎么才刚刚到来。"

杨广装作非常发愁的样子,语声又带了凄婉,询问隋主病状,隋主有气无力地说了数句。接着杨素、柳述、元岩三人,上前请安,隋主握了杨素的手,自言凶多吉少了。杨素等人出言劝慰一番,便即告退。隋主却命太子杨广留居在大宝殿,近旁侍奉。太子广遂与杨素等应命退出。杨广到大宝殿上,便单留下杨素,两人说了一番悄悄话,嘱令杨素,预先筹备即位的手续,有何需商讨的问题,令人用书信联络。自此,杨广就留居大宝殿中。

杨广称帝

这一天，太子杨广偶然因为有其他事情，离开了大宝殿，恰巧杨素遣人送来一封密函，内中写着即位等事的种种安排，对隋主多有不敬之词，偏偏交给了一个不解事的内侍。这个内侍，他想杨相国的信函，总是商议军国的大事，太子不在，呈与圣上过目，也是一样的。他竟将信呈进了芙蓉轩。隋主在卧榻上，开封一看，怒气上冲，顿时手足冰凉，气涌痰塞，喘急惊人，差点一口气就上不来了。

看到隋主这样，慌得宣华、容华两夫人，赶忙捶背的捶背，摩胸的摩胸，侍候了半个多时辰，隋主方始渐渐地息了怒气，迷迷惘惘睡去。宣华夫人便对容华夫人说："我好几天侍候圣上，内衣脏得不能穿了，趁此刻圣上睡熟，姊姊也在这里，我先下去更衣。"容华点头说："姊姊只管去吧，这里有我侍候，不必担心了。"宣华便轻移莲步，出了芙蓉轩，转入大宝殿。

恰巧太子广回到殿中，闻知杨素曾有书信到来，却给内侍送入芙蓉轩，非常着急，便急匆匆地想来探听消息，低头向里急急忙忙走进去的时候，忽然听到"啊哟"一声，险些和宣华夫人撞个满怀，急停了步，只见宣华夫人粉面微红，怯生生地正待移步，杨广便问起书信一事。宣华夫人照实说："圣上已拆看了，十分生气，此刻刚刚睡着。殿下往后，尚须谨慎些才是。圣上春

秋高了，又在病中，受不住气苦的。殿下应该明白，圣上为了宠爱殿下的缘故，不惜将太子勇废了，改立殿下。大宝的位置，迟早终是殿下的，何必急在一时，反伤了圣上的心呢？"

宣华夫人婉转的一番话，太子广听了，只是唯唯称是。两个眼珠，却滴溜溜射在宣华身上，从头看到脚尖，再从脚尖看到头上，竟是越看越爱。宣华夫人见太子广神色有异，便想走了，哪知太子广涎着脸说："承蒙夫人关心，教训了一番，真使我心感万分，竟不知如何报答夫人才好。"宣华夫人严肃地说："贱妾只因顾念圣上的病体，深恐殿下再有不知轻重的事情做出，发生了不测，影响大家利益，便斗胆说了几句，原要殿下谨慎，说不到报答两字。殿下出言吐语，还须仔细些。"

宣华夫人本想说了这几句话，好叫太子难受，没有意思也便走了。不料太子广见宣华说话时的一副娇怯模样，春山微蹙，秋水含波，雪嫩的双颊，轻轻染上三分怒红，越发显得楚楚动人，不禁胆由色生，怎肯轻易让宣华夫人走路？想到这里，他上前就拦住了宣华夫人，身子不动，依旧脸上堆满了笑容，轻轻说："夫人的话，原不会错，只是父皇风烛残年，也可料见。夫人所说的不测，是替父皇着想，还是替我着想，还是为夫人自己着想，尚须请夫人对答。"

宣华夫人想不到太子如此无赖，不禁气愤问道："替圣上想怎样，替殿下想怎样，替贱妾自己想，又怎样？倒要请殿下对答。"杨广不慌不忙地说："夫人若是替父皇着想，就可笑了。父皇今年已是六十多岁的人，病到这般光景，已是朝不保夕，夫人还替他想什么？要是夫人替我着想，那就对了，并且替我着想，也就是替夫人自己着想。"宣华夫人冷笑一声，凛然问道："此话怎讲？"杨广竟笑道："夫人冰雪般聪明，此事有何不明白。夫人正当盛年，父皇一旦去世，我怎忍心让夫人独守空帷。"

宣华夫人不禁变了脸色说："殿下错了，贱妾是殿下的庶母，殿下怎么疯了一般，说出这种话来，要是给圣上知道，殿下的干系，可是不小。"杨广笑道："夫人只要爱我，父皇又怎会知道？"宣华夫人见太子广的话越说越不对路儿，急忙想夺路而走。杨广见此，竟动了欲心，如天色胆，早忘了尊卑礼仪，见殿上四下里无人，便伸手拽了宣华夫人的衣袖说："夫人可怜见我，趁此刻圣上睡熟的当子，就依了我，同我共赴巫山，我便死了，也是情愿的。"

杨广不等宣华夫人开口，硬力要将宣华夫人拽到大殿旁侧的房间里去。宣华夫人见太子竟敢在这青天白日，大胆逼污，真是又急又恨，欲待要喊，又恐人们见了，一时难以说清，偏又挣不开身子，要是真的被他拽入侧室，难免玷污了身子，幸得急中生智，慌忙说："太子尊重，那边有人来了。"太子深恐给人望见不雅，慌将手一松，回头瞧时，哪有什么人来，方知上了当，一愣神间，宣华夫人已是一溜烟地退入了芙蓉轩。

宣华面红耳热，鬓乱钗横，芳喘不止，香汗沁额。容华见了她如此光景，好生诧异，惊问其中的原因。宣华见容华动问，不觉后怕，两行珠泪簌簌地夺眶而出。容华更加着急，连连追问，宣华哪里说得出口，指了指还在睡梦中的隋主，只是摇头不语。哪知隋主恰巧醒转，一个翻身，便看见了宣华的满面泪痕，云鬓歪斜，金钗不整，又见容华站在宣华身畔，面上神色，也是有异。

宣华见隋主醒了，急忙背过身躯，揩抹眼泪，想隋主睡眼蒙眬，未必瞧得真切。谁知隋主偏已看得清楚，又见宣华背了身子拭泪，不觉心生疑问，便先呼容华走近床前，问她说："宣华为什么事哭了，你可知道？"容华说："贱妾也不明白，起初她见圣上睡去，便外出更衣，此刻匆匆回来，却面容异色，十分慌张，问她原因，她只是摇头不语。究竟为了何事，贱妾并不知情。"

隋主听了，又呼宣华走近床前，见她犹自神色惨淡异常，隋主便问："爱妃不须惊慌，有什么事，可明白奏来，受了谁人委屈，朕自能替你做主。"宣华却跪伏床前道："圣躬未获康宁，不能多受闲气，如果我再增加了您的不愉快，贱妾担当不起啊。等圣上康泰，再容贱妾奏知，也不为迟。"

隋主见宣华不肯明白说出，他本是个疑心很重之人，怎肯不问个仔细。便厉声逼问宣华夫人，定要她说出原委。宣华仍是支支吾吾，隋主不禁动了真怒，严厉叱道："宣华究竟是何心肠，你真要朕发怒不成？"宣华此时已是泪如泉涌，心烦意乱，见隋主逼问得紧了，才无可奈何，哽咽着声音，吐出了"太子无礼"四字，包括了一切难堪。

隋主忽然听到"太子无礼"四个字，好像当头受了重击一样，眼前金星乱晃，神智一阵模糊，便一下晕倒在床上。慌得宣华、容华二人，赶忙呼唤，闹了一阵，好容易隋主哇地一声，吐出了一口腻痰，苏醒过来，拍床长叹道："太子荒唐，独孤误我大事了！"宣华夫人含泪劝道："圣上保重龙体要紧，此事不妨缓日再议。"隋主勃然大怒说："此事怎可迟缓，朕的病，原是不望好的了。如此畜生，怎可付以大事。若不趁朕还有一口气，将他废去，重立长子勇为太子，等到我一死，他就更加肆无忌惮，为所欲为了。"宣华夫人又说："圣上明见，倒也不错，且待上一天，秘密进行方好。"隋主道："一刻也不能缓了，赶快替朕去召吏部尚书兼兵部尚书柳述，和黄门侍郎元岩到来，朕有话面谕。"宣华见劝阻不住，只得传命内侍，宣召柳元两人。

太子杨广，在大宝殿上调戏宣华夫人不成，被宣华用计脱身，又逃入了芙蓉轩，恐怕告知了隋主，祸事就闹大了，当下遣了几名心腹内侍，不住地在芙蓉轩左右，打探消息，要是风声不妙，须得设法弥补。隋主宣召柳元二人的消息，早有人报知了太子广。太子广便知大事不好，只是因为他知道柳述历来同自己和杨素不和，又是隋主的驸马，深得隋主宠信，此时进宫，定会于己不利。

太子广便急忙令人去请杨素。杨素到了大宝殿上，对杨广道："百事皆已妥当，只待圣上归天，殿下就可稳登大位了。"杨广却急忙说："事急有变，快要祸生不测了。"杨素惊问其中的原因，杨广说："公寄与我的一封信，被内侍误交了父皇。这倒不要紧，尚有一桩祸事，却是闹大了。"杨素忙问何事，广一时说不出口，被催问急了，才红了脸道："也是我一时失检，不该用言语调戏宣华夫人，如今父皇已是知情。现已宣召柳述、元岩二人，进入芙蓉轩了。公若不替我从速设策，我将葬身无地，公也恐怕脱不了干系。"

杨素听了，连连跺脚，叹息一回，沉吟一回。杨广见了这般光景更是心神不宁，恐慌异常。好容易见杨素思索了半晌，迸出了一句话："法子却只有一个。"然后又摇头说，"使不得，使不得！"杨广见杨素吞吞吐吐，说了多时，也不明白讲出，不禁向杨素屈膝下跪说："今日公若替我出一个计策，他年决不负公，敢誓天日，永不相忘。"杨素方始大喜，便附在太子杨广的耳旁，说出了一个谋逆弑君的阴谋来。

隋文帝杨坚死亡之谜

太子杨广调戏宣华夫人没有成功，反被隋主知道了实情，一怒之下要重废太子。杨广急与杨素密商对策。杨素建议谋弑隋主，杨广没有办法也就同意了，当下立即赶回东宫，召了左卫率宇文述、右庶子张衡两个心腹官僚，共同商定了行动计划。

隋主在芙蓉轩病榻前召见了吏部尚书兼兵部尚书柳述和黄门侍郎元岩，气喘吁吁地对二人言道："二卿速速与朕召太子到来。"柳元二人说："殿下现在殿外，一召他他就可以到了。"隋主在枕上摇头道："朕欲召被废的太子勇，不是畜生广，卿等不要误会。你们要明白，朕已后悔了，不该废勇立广。如今趁朕命尚未绝，决心废去今日失德的太子广，重立受谗含冤的长子勇。二卿快快替朕设法，不要迟延。"

柳述与元岩这才明白，遵谕退出了芙蓉轩，到了大宝殿上，却不见太子广在殿中。柳述对元岩说："废太子勇现禁锢在内侍省中，若要召他前来，须下道敕谕，方可成功。"元岩点头说："事不宜迟，趁此刻殿上无人，我们赶快草拟了敕谕为是。"当下二人便在殿上动手。只是敕谕的措辞十分为难，柳述又讲究，他们二人商议一回，写上几句，讨论一回，写上几句，不觉过了一个时辰，还没有写完。

柳元二人在殿中绞尽了脑汁，方将敕谕拟就，正想怀敕出殿，迎面来了东宫左卫率宇文述、右庶子张衡，率领了三十多名卫士，拦住了去路。柳元二人见此光景，不觉面上变了颜色，知道事情不妙。宇文述已开言问道："柳尚书元侍郎，要上哪里去啊？"

柳述镇定了心神，正色道："我们探视了圣上病势出来，说什么上哪里去。二公率了东宫卫队，闯进宫中干什么呢？"宇文述冷笑了几声说："柳尚书不要花言巧语了，我们今天来这里，就是为了二公。"

元岩见势不妙，便严厉呵斥他们说："我们系奉了圣上面谕，有大事要干，你们怎敢拦住去路？"宇文述勃然大怒说："圣上有什么大事，偏要你们去，我也不与你们斗口，左右侍卫你们干吗呢，还不给我绑了他们。"

柳元二人此时欲拔步而逃，却已不能，十多个卫士一拥而上，绑住了二人。宇文述命卫士搜检二人身上，便从柳述怀中搜出了敕谕。宇文述看了一遍，撕得粉碎，撒了一地。柳述破口骂道："大胆狂奴，胆敢撕毁圣谕，反了你不成？"宇文述冷笑道："这般伪谕，便是撕毁了一百个，也没什么要紧的。你们也不要大言吓人，我们也是奉了圣谕来的。"

说完后便从怀中取出一圣谕宣读道:"柳述、元岩,侍疾谋变,图害东宫,命左卫率宇文述,拿缚狱中。"柳元二人听了,明知是假,无奈已被人擒住,欲待辩驳,也是枉然,便低了头,不说一句话,任凭他们发落。只见张衡对宇文述说:"公的事情已经完成,我的任务也须进行了。"宇文述点点头,便命卫士,押了柳述、元岩,送入大理寺监禁。

病卧芙蓉轩中的隋主,见柳元二人遵谕退出后,便睁了双眼,巴巴地盼着废太子勇的到来。哪知等了多时,仍不见人来,心中非常着急。宣华、容华二夫人,一味地安慰隋主,叫他不要急,太子勇就会来的。隋主终是心神不宁,猛然想起,不要发生意外。急忙命一个内侍,出外打探消息。哪知内侍到了大宝殿上,见东宫卫队早已布满殿上,守住了各处门户。卫队见了内侍,便喝住盘问。

内侍吓昏了,也不敢胡言,说是奉命打探柳尚书、元侍郎消息。卫队人员笑道:"他们很舒服地待在大理寺狱中,你可要去伺候他们,到那边去玩玩?"内侍听说此言,急忙逃回了芙蓉轩中,见了隋主,只是喘息,说不出话来。隋主见他如此模样,情知不妙,急问怎样了。

宣华夫人站在榻前,见内侍神色有异,也知事情有变,恐怕内侍不知轻重,直说出来,隋主经不住,即向内侍暗暗示意,想叫他不要实话实说。哪知内侍早已吓得昏头昏脑,没有理会宣华夫人的暗示,竟老老实实地说了。隋主听说,顿时痰往上涌,喉中哽咽,一句话也说不出来。宣华、容华夫人,慌了手脚,赶忙摩胸服侍。

这时候听到门帘一响,走进了一个人,宣华夫人回头看时,却是右庶子张衡。张衡走至隋主榻前,见隋主两眼虽是睁着,喉中痰声咕咕直响,已不能开口说话。张衡便面色一沉说:"圣上病势已经到了这等模样,二位夫人还不赶快宣召大臣,面授遗命,不知你们是何居心?"

容华夫人胆子小,听了张衡的话,低垂了粉颈,不敢答话。还是宣华夫人胆壮,当下答道:"妾等蒙圣上深恩,恨不能以身代死,要是圣上不测,妾等也不愿独生。您现在咄咄逼人,妄加罪辞,妾倒要一问,您又是何居心呢?"

张衡见宣华夫人话锋锐利,便面带严厉说:"圣上的一双眼睛,还能看的清楚是非曲直,夫人怎么能说圣上将要离开人世?真是妄加咒诅。如今王公大臣俱在外等候,二位夫人请从速回避。殉节不殉,原是无关重要。夫人也须明白，自古以来，只有面受遗命的王公大臣，从来没有面受遗命的妃嫔。尔等只顾留在这里，莫要误了国家大事。"宣华和容华两个人，拗不过张衡，只得望了望病榻上的隋主，含泪退出了芙蓉轩。两面早拥上来四个宫女，分挟了宣华、容华出了仁寿宫，推上宫车，送回了二人的寝处。

　　张衡赶走了宣华、容华二夫人，一个人在芙蓉轩中，狠着心，鬼鬼祟祟，不动声色地做了一番手脚，便匆匆走出，到了大宝殿上。太子广和杨素，已等候了很长时间。张衡也不多言语，只把头向二人点了一点，二人已是会意，急忙走入了芙蓉轩，到病榻前一看，枭雄一世的隋主杨坚，已是一命呜呼，享寿六十四岁，在位二十四年，死得不明不白。

隋炀帝杨广出游图

　　太子广此时不知从哪里来的眼泪，居然号哭起来。杨素立即阻止说："此刻还不是哭的时候，也不可发丧。以老臣看来，朝臣当中，难免没有反对的人，如借口圣上死的不明不白，弄出事来，就难以收拾了。殿下可传命内外侍卫，内宫妃嫔，不准入芙蓉轩一步；若朝中王公大臣，有前来视疾的人，只说病体稍安，刚刚睡着，不必入见，免得惊动了圣上。如此做去，使内外的人，都不知圣上驾崩的消息。一面再由老臣草诏，诏命殿下登了天子位，大权在握，废黜由己，才好发丧，方可称得上计出万全了。"杨广听了非常欣喜地说："全凭公的大力，我便遵公所言。"当下杨广与杨素，就让隋主的尸身，摊在榻上，一同出了芙蓉轩，各自干各自的事去了。

俗话说："若要人不知，除非己莫为。"隋主驾崩的消息，外面虽然不知，宫中却已三三两两传了开来。不多时候，已传到了宣华夫人耳中，她不禁肝肠寸断，痛不欲生，便思自尽，随隋主去了。偏是左右的宫女，全都被太子换了新人，暗暗监视，丝毫不得自由。宣华无计可施，自尽不成，越发觉得伤心万分，她看到现在这种情况，太子广始终不肯忘情自己，难免做出丑事。左思右想，只是想不出个解脱的方法，不觉昏昏沉沉地睡着在床上。

天时已到了酉牌时分，杨素仍在灯下缮写伪诏。一头的白发，颔下银髯，映着灯光，分外显明，不住地飘飘微动。当写到碍笔之处，便支颔思索，一眼瞧见了铜镜中的容颜，不禁搁笔微叹，抚摸着头上白发自语道："富贵逼人来，我也就顾不得白发头颅了。"便又簌簌落笔，起草伪诏。待到宫鼓沉沉闷闷地敲了三下，他方始搁下笔。诏书完成，略略歇息了一回，天色已是微明，他便翻身而起，略加盥洗，便袖了诏书，来到大宝殿上，直入太子广寝室。

杨广好梦正酣，杨素用手推醒了他说："今天是什么日子，殿下还这么贪睡？"太子广从梦中醒来，睁开睡眼，见是杨素，急忙腾身坐起道："杨公怎样了？"杨素便在袖中取出诏书道："殿下身登大宝，全仗老臣一纸诏书。"说完露出了非常得意的神色。太子广看到他这个表情不禁心里非常不高兴。但此番成功，全倚仗杨素一人，只好强压心头不满，装出满面笑容，取诏看了一遍，依旧交还杨素。

杨素等到天色大明，竟自召集了百官，开读伪诏。既毕，便请新天子杨广登殿。即由司衣人员，替广换了皇帝服饰，由内侍拥护出殿。杨广毕竟有些心虚，到了殿上，见百官雁形排列两旁，心头不禁突突乱跳。踏上宝座的时候，一不留神，足下打个滑，险些栽了一跤，幸得杨素手快，赶忙扶住，坐上了大位。金铮响处，礼乐齐鸣，文武百官，便一个个拜伏殿阶，山呼称贺。杨广即位，史称隋炀帝。即位之后，又与杨素商议，由杨素伪造了隋主遗诏，赐死了废太子勇。又将监禁在大理寺狱中的柳述、元岩二人，流戍岭南。册封萧妃为皇后。自此，一代风流天子、亡国之主开始了醉生梦死的荒诞统治。

杨广如何争权夺帝位

当杨勇越来越让皇帝失望的时候,晋王杨广却如一颗明星在政坛上冉冉升起,随到之处,建功立业,饮誉朝野。隋文帝是一位有心于国事的"近代之良主",他自己开创的新国家,已经宏图初展的开皇之治,要成为万代基业,必须把权力移交给一位最有能力的儿子。所以他抛弃了嫡长子继承的陋规,毅然决定行太子废立的大事。依杨广当时的表现来说,隋文帝作这样的决定,是完全正确的。

最早在扬州为杨广策划夺宗计的是寿州刺史宇文述和扬州总管司马张衡。宇文述也是来自武川的军事贵族,平陈时任行军总管,在杨广身边率三万军从六合渡江作战。他认为,废立问题上"能移主上者,唯杨素耳",而杨素遇事,只找他弟弟杨约商量。

杨约是"宦者""性如沉静,内多谲诈,好学强记"。当时为大理少卿,杨素有什么决定,都得先跟杨约商量后再做。宇文述一到长安,就宴请杨约,把许多珍宝及古董陈列满堂,一起畅饮,一起下棋,宇文述每次都假装下输,最后把杨广所送的金银财宝全部输给了杨约。杨约得到了这么多珍宝和古董后,稍稍表示了谢意,宇文述马上接话说:"此晋王之赐,令述与公为欢乐耳!"杨约大吃一惊说:"为什么?"宇文述遂传达杨广本意,乘机游说:恪守常规固然是臣属行事的准则,但是违反常规以符合道义,也是明智之人的期望。自古以来,贤人君子,没有不紧跟时代脉搏用以避免灾祸的。你们兄弟功劳声望,盖世无双,执掌大权有好多年了,朝中文武百官受到你们兄弟欺负凌辱的,也许难以计数。另外,皇太子杨勇往往想做的事而不能做到,常常切齿痛恨当政的大臣,你虽然主动地结好于皇上,但是打算害你的人也许为数不少。皇上一旦抛弃群臣而去,你的保护伞又在哪里? 如今皇太子失去皇后宠爱,而皇上平时也流露出罢黜太子杨勇的意愿,这是你所了解的。现在请皇上立晋王杨广当太子,那就全凭你家兄杨素一句话就行了。要是真能在这件事建立大功,晋王杨广必定会将恩情铭刻骨髓,永辈不忘。这样你也就可以排除累卵之危,而地位就跟泰山那样永固安全了! 杨约非常赞

同宇文述的看法，就马上去报告杨素。杨素听到这些话，大喜过望，拍手叫好道：我的智慧，想不到这一深层，全靠你的提醒！杨约知道他的计策已有成效了。

杨素是一个环节性人物，就隋廷当时特殊的政治结构而言，能真正给隋文帝以最终影响的关键性人物要算独孤文献皇后。独孤皇后，《北史》称之为"讳伽罗"，"初亦柔顺恭孝"，然而因循北朝后妃干政之习，对隋文帝一生的政治活动多所参预。史称"后每与上言及政事，往往意合，宫中称为二圣"，由此可知，独孤皇后的态度将对隋文帝的政治主张产生极大的影响。因此，杨约又告诉杨素道：皇后的话，皇上没有不听的；莫迟疑，应该抓紧时机，早早自动结交依靠皇后。认为唯此才能长久地保住荣华富贵，并传给子孙后代。晋王礼贤下士，声名日盛，带头节俭，有皇上的作风，据我判断，杨广一定能够治理天下。假如迟疑不决，一旦情况发生变化，太子杨勇执掌朝政，恐怕灾祸很快就要临头了。

杨素马上遵照杨约提醒的办法去做。几天之后，杨素进入皇宫参加宴会，假装毫不经意，顺口称赞说：晋王杨广孝悌恭俭，像他父亲一样，独孤皇后一时感动泪下，哭诉道："你的话太对了，我儿阿麽（杨广乳名）对父皇、母后是大孝大爱，每次听说父皇和我派宦官去看他，他都会亲自远迎，谈到远离双亲时，没有一次不悲伤哭泣。还有他的新婚妻子（萧氏）也真令人怜爱，我派婢女前去，她常与婢女同床睡眠、同桌进餐。哪像睍地伐（杨勇）跟阿云面对面地相坐，整天沉溺于酒宴，亲近小人，猜疑陷害骨肉至亲。我越发怜悯阿麽，常怕睍地伐把他暗中害死。这样，杨素完全了解了独孤皇后的心愿，于是竭力说杨勇没有才干，不成器。于是，独孤皇后馈赠杨素很多金银财宝，让他去说服隋文帝早作罢黜太子杨勇的决定。

杨勇明显地察觉到夺嫡活动在紧锣密鼓，感到忧愁恐惧，然而，想不出什么办法来。他听说新丰人王辅贤能占候，就请他来占卜，王辅贤卜后说："白虹贯东宫门，太白袭月，皇太子废退之象也。"本想得个吉利，好安安心，不料，卜了一个"皇太子废退之象"，于是又令人制造各种物件，祈求鬼神化解恶运，"以铜铁五兵造诸厌胜"。接着又在其府邸后园兴筑一个"庶人村"，村里的房屋低矮简陋，杨勇时常在其中睡觉休息，他穿着布衣，下垫草褥，其目的在于抵挡政敌对他的诅咒和诽谤。可是，这些都已为时晚矣。

隋文帝也知道杨勇内心不安,在仁寿宫派杨素去观察杨勇的动向。杨素抵达长安太子宫,在外边坐下来慢慢休息,不肯立即进去,杨勇衣冠整齐恭候,杨素故意逗留。目的何在?"故意久不进,以激怒勇。"杨勇果然被激怒,接见杨素时,忿怒之情,溢于言表。这下子可给杨素抓住了把柄,杨素回到京都报告隋文帝说,太子杨勇怨恨强烈,恐怕会发生变故,希望陛下严加戒备。隋文帝听到杨素的报告,对杨勇更加怀疑。独孤皇后又派人到太子宫暗中侦察,芝麻蒜皮般的小事,都奏报隋文帝,再加上曲解伪造,杨勇的罪状便直线上升了。

于是,隋文帝开始跟杨勇疏远,而且更加猜忌。这时,隋文帝采取了三项军事行动:

第一,从玄武门(大业宫正北门)到至德门(东北门)之间的路上,派出秘密警员,侦察杨勇动静,事无巨细都要随时奏报。第二,削减东宫警卫队。东宫卫队中,军官以上兵籍,全部划归各个卫府管辖,勇敢健壮的人都调走。第三,调离苏孝慈。苏孝慈原为太子宫左卫率,被调出任命为淅州刺史。

杨勇越来越不高兴。一天,太史令袁充向隋文帝报告说:我夜观天象,皇太子应该罢黜。隋文帝说:玄象出现很久了,群臣不敢说话罢了。

这时的晋王杨广正在频繁地活动。他又命督王府军事段达,私下贿赂杨勇宠爱的东宫官吏姬威,让他暗中观察杨勇的动静,秘密报告杨素。从此以后,朝廷内外到处是对杨勇的议论诽谤,天天可以听到杨勇的过失。段达煽动姬威说:太子杨勇所犯的错误,皇上都已经知道。我家大王杨广已接密诏,将要发生废立大事,你要是能够抢先告发杨勇的过失,就会大富大贵。姬威满口答应,便立刻上书检举太子杨勇叛变谋反。

九月十六日,隋文帝从仁寿宫返回京都长安。次日,登大兴殿,他对左右侍从官员说:刚回京师,本应高高兴兴,开怀欢乐,不知为什么变得如此愁容苦脸。所有官员深知问题的份量,都不敢明言,只能作原则性的检讨:我们做臣属的不称职,让皇上忧愁劳累了!隋文帝因不断地听到对太子杨勇的非议,怀疑朝臣们都知道将要发生的废立大事了,所以向朝臣们发问,希望听到太子杨勇的过失。牛弘的回答使隋文帝大失所望。于是隋文帝脸色立刻变得铁青,对东宫官吏呵责道:仁寿宫距这里不远,可是我每次返回京都长安,都要严加戒备,就好像进入敌国一样。我因为泻肚,不敢脱衣安睡,昨天夜里为了靠近厕所,本来睡在后殿,恐怕有紧急事变,特地搬回前殿,岂不是你们这些人打算破坏! 严厉呵责之后,下令逮捕太子宫总管唐令则等人,交付司法部门审判。

突然的行动,尽管京城文武官员有所准备,然而毕竟不明底细。于是,隋文帝命杨素向大家报告东宫种种犯罪隐私,以便亲近的臣属了解。

杨素指控了太子杨勇的第一罪状,谓违抗皇上令。说的是,杨素从前奉皇上指令,前往京师长安,命令皇太子杨勇调查刘居士的残余党羽,太子杨勇接到诏书后,怒容满面,声调激昂,暴跳如雷,告诉说,刘居士的党羽早已完全伏法,让我往哪里去追究呢? 你作为右仆射,责任不轻,你自己去查核此事吧,关我什么事? 又说,从前的禅让大事,要是失败,我先得被诛杀。现在父亲当了天子,居然让我还不如几个弟弟,任何一件事,我都不能自主。说完就长长叹气道:我觉得行动受到限制!

这一条罪状可不轻,隋文帝听后都按捺不住自己的愤怒之情。他迫不及待地宣布:太子杨勇的第二条罪状,谓"不肖之子"。说的是,自己很久以来就觉得杨勇不能够继承皇位了。他说,当初,皇后一直劝我罢黜太子,我考虑到杨勇是我作平民时所生,同时又是长子,未能作出废立的决定,希望杨勇能够逐渐改正过错,我克制忍耐到现在。杨勇曾经指着皇后的宫女对人说:这都是我的人。此话说得多么怪诞。他的妻子(元妃)刚刚亡故,我很怀疑她是被毒死的,曾经责备他,他竟然恼羞成怒地说:过些时候,我还要杀掉元孝矩! 这是想害我而迁怒到岳父头上罢了。杨俨刚刚诞生,我跟皇后一起抱过来抚养,杨勇却心中另有想法,不断派人来,定要把娃儿抱回去。并且,云定兴的女儿是云定兴在外面跟别人通奸所生,想到那个女人的淫乱,怎么敢用她的后代作为继承杨家基业的人呢? 从前,晋太子娶了屠户家的女儿,他的儿子就喜爱屠宰之事。婚配如果不能门当户对,就一定乱了皇家血统。我的德行虽然不如尧、舜,然而无论如何,我终归不能把天下百姓交付给品行不端的儿子! 我一直担忧他会谋害我,对他就像防备大敌一样。现在,我打算把他罢黜,使天下得享永久和平。

隋文帝说出了久藏心中的主张,文武百官中有的赞同,有的反对。左卫大将军、五原公元旻认为废立太子,这是一件大事,要慎重考虑,一旦诏书颁布,再有后悔,已来不及。谗言陷害,无所不入,盼望陛下明察。元旻辞直争强,声色俱厉,隋文帝不予理睬,一股劲地命令姬威快快出来揭露杨勇的罪恶。开初,姬威不想多说,隋文帝劝道:"太子事迹,宜皆尽言。"此时,姬威才说出太子杨勇的第三罪状,谓"骄奢"。说的是,杨勇在和姬威讲话,一向表达他的骄傲,他常说:"要是有劝我的人,就该杀掉他,只要杀一百多人,规劝的话自然会永远停止。"太子又营建楼台宫殿,一年四季都没有停息。前些时候,苏孝慈被解除左卫率官职,杨勇愤怒得胡子都翘起来,他挥动着手臂说:'大丈夫终会有一天要扬眉吐气,此仇终身不忘。到时候,一定要称心快意。'另外,东宫内所索取的东西,尚书经常恪守法规,拒绝发给,太子杨勇经常大怒说:'仆射以下的人,我可以杀一两个,让你们知道怠慢我所带来的灾祸。'杨勇常说:'皇父总是讨厌我有许多姬妾,生了很多庶子,北齐后主高纬、南陈后主陈叔宝,难道也是庶子!'还命巫婆占卜吉凶,他对我说:'皇帝的忌期在开皇十八年,这个期限转眼就到了。'"隋文帝听到这里,简直要气昏了,他涕泪横流,说道:"谁不是父母所生,杨勇竟凶恶到这种地步! 我最近阅读《齐书》,看到高欢放纵他儿子的情景,心中愤怒万分,怎么可以效法这种人呢!"因而隋文帝下令软禁杨勇和他的几个儿子,并派人分别逮捕他的党羽。

过了几天,司法部门禀承杨素的旨意,弹劾左卫元旻常常曲意迎逢杨勇,有阿谀结交之事。隋文帝回想起在仁寿宫时见到的怪事:杨勇派他亲信裴弘送一封信给元旻,在信封上批注:"勿令人见。"隋文帝断定是左卫元旻这批人干的,他认为自己在仁寿宫,无论什么细致之事,东宫都会知道,消息灵通得比驿马还要快,我对此事感到奇怪已经很久了,岂不就是这个恶棍泄漏的缘故吗! 便派武士就在左卫禁军行列中,逮捕元旻。右卫大将军元胄,当时正要下班,却不肯离去,遂奏报说:我刚才没有立刻就走的原因,就是为了防备元旻。隋文帝下令把元旻及裴弘,一齐投入监狱。

在清查中发现仓库有大量的"火燧"(即"火石")和艾草。最初,杨勇看到一棵枯老槐树,问道:"此堪何用?"侍从回答说:枯槐木最适合取火。当时,杨勇的卫士都带着火燧,因而,杨勇命令工匠制造了数千枚火燧,打算分别赏赐给身边的人,现在,不料在仓库中全被查出收缴了。同时,在药藏局储藏着好几斛的艾草,也被杨素"搜得之",隋文帝大为奇怪,盘问姬威,姬威说:太子杨勇这样做,别有居心。皇上住仁寿宫,太子经常饲养马一千匹,曾

经说:要是直接控制城门,自然就会将皇上他们饿死。杨素把姬威的证词盘问杨勇,杨勇不服气,他反驳说:我听说你杨素家的马有好几万匹,我身为太子,养一千匹马,怎么能说是谋反! 杨素没有办法制服杨勇,只好继续查罪证。杨素又把杨勇所有衣服器具、首饰珍宝,凡是看起来织绣雕刻加过工的,全部陈列大庭,展览给文武百官观看,作为杨勇犯罪的证据,隋文帝及独孤皇后屡次派使者责问杨勇,杨勇都认罪。

十月初九,隋文帝派人传见杨勇。杨勇看到使节,非常吃惊,他问:"难道是杀我!"隋文帝身着戎装,集结禁军,来到武德殿,命文武百官站在大殿东侧,皇室宗亲列位在西侧,侍从带领杨勇和他的所有儿子,站立在武德殿的庭院里。隋文帝命令内史侍郎薛道衡宣读诏书。

诏书明确免除了杨勇"太子"和儿子"亲王"、女儿"公主"的封号,都废为庶人。诏书宣读完毕,隋文帝又令薛道衡对杨勇说:"尔之罪恶,人神所弃,欲求不废,其可得耶?"于是杨勇再三跪伏在地,说:我的尸首应该横躺在法场之上,使将来的人警惕! 而今,幸而得到陛下的哀怜,我才得以保全性命。说罢,杨勇眼泪满面,染湿了衣襟,人像似喝醉酒一样摇摇摆摆地退出而去,见此情景,隋文帝身边的人莫不沉默哀伤。此刻,长宁王杨俨(杨勇之长子)上书请求留在京都长安担任禁军卫士,辞情哀切,隋文帝看后,心里感到很难受。杨素见状上前警告,希望圣上的心灵,像被毒蛇咬过的手臂一样,挥刀永断,不应再有温情。如果说杨素在废立上有些功劳的话,他的推波助澜,兴大狱,大肆清查,应当说是大伤了这个刚建立起来的王朝的元气。

杨素坚持清查,十月十三日,隋文帝又下诏令。

这是一份判决书,就是宣判左卫大将军元旻、太子左庶子唐令则、太子家令邹文腾、左卫率司马夏侯福、曲膳监元淹、前吏部侍郎萧子宝、前主玺下士何竦,一共七人,一并斩首处死,他们的妻妾子孙都没入官府当奴。

同时宣布车骑将军阎毗、东郡公崔君绰、游骑尉沈福宝、瀛州法术师章仇太翼等四人特赦免死,各打一百军棍,本人以及妻子儿女和所有家产田宅都没入官府。副将作大匠高龙义、太子宫率更令晋文建、通直散骑侍郎元衡等,都被判罪令其自杀。宣判之后,把处死刑者统统集合在广阳门外,一并斩首处死。

废太子仍囚于东宫,交给新太子管束。杨勇回过味来,感到自己委屈,一心申冤上诉，被杨广阻遏，只好爬到树上大叫，希望东宫隔墙的宫中听到，报告皇帝接见他。然而杨素挡驾，说杨勇"情志昏乱"，已精神失常。皇帝信了这话，不再理会。杨勇因而终生未得再与父皇见面的机会。杨广的夺宗之谋获得了彻底的成功。隋文帝也毫不怀疑，以为这是自己意志的胜利。

文帝宣布立杨广为皇太子，同时赏赐杨素绸缎 3000 匹，赏赐元胄、杨约绸缎各 1000 匹，赏赐杨难敌绸缎 500 匹，酬谢他们对杨勇逆案，深入穷追，终于查明余党的功劳。

朝廷文武百官并非一致同意隋文帝的废立行动。文林郎杨孝政就曾上书隋文帝劝告说："皇太子杨勇被卑劣的小人误导，应该加强教育训诲，不宜罢黜。"这种意见，还是比较温和的，但是仍然引起隋文帝极大的愤怒，命人用鞭子猛烈抽打他的前胸。

太平公爵史万岁，从突厥汗国大青山返回京都长安，杨素对于史万岁建立的功劳，深为嫉妒，他报告隋文帝说：突厥本来已经投降，开始并不是侵犯，只是来塞上放牧牲畜。经这么一说，隋文帝便把史万岁的请功报告搁置下来了，没有给予任何奖励。等到罢黜太子杨勇时，隋文帝正严厉追究东宫党羽，忽然想起史万岁的事，于是问史万岁在哪里？事实上当时史万岁正在殿堂，可是杨素见隋文帝正在火头上就说："万岁谒东宫矣。"以此来激怒隋文帝。隋文帝果然听信此话，下令召见史万岁。当时跟随史万岁出征的将士数百人聚集朝堂，向皇帝陈情申冤。史万岁对他们说：把情况报告皇上，事情就会解决。史万岁见到了隋文帝，怒气冲冲劈头第一句就说："将士有功，为朝廷所抑。"词气甚为严厉，隋文帝一下子被激怒，随即下令身边的人把史万岁拖出，乱棒击打，过了一会儿就后悔了，又派人传令停止行刑，但是人已经毙命，于是下诏宣布其罪行，隋文帝的诏书说，柱国、太平公爵史万岁，经过提升选拔，时常命他统率大军。前些日子因南宁州发生叛乱，命他率兵前去讨伐，当时，昆州州长爨玩，内怀祸心，为民带来了灾难，我还严厉训斥，命史万岁将爨玩押来京都长安，史万岁接受金银贿赂，违背我的指示，竟许他留下，以至爨玩不久再度谋反，朝廷再度发兵，才算平定。经有关部门调查审讯，依法本应处死刑，最后我宽恕他的罪过，顾念他的功劳，特饶他一命。没有多久，就恢复他的原来官职，近来再统大军，进讨蛮族后裔，突厥达头可汗（小可汗）阿史那玷厥率领凶恶部众，打算拒抗，当时一看到朝廷军

队的声威,即行撤退,刀枪没有一点敌人的血,突厥军霎时瓦解,所谓的大捷,就是如此。我为了成就他的贡献,再度对他奖赏。想不到当我们跟突厥汗国已经和解,并签订盟誓之日,史万岁仍心怀奸诈,谎称抵抗突厥大军入侵,曾在沙场会战,以此邀功,不据实报告,只知道反复无常,玩弄国家法律。一个人如果能竭尽忠诚,树立志节,毫不欺骗,才算是"良将"。至于史万岁心怀奸诈,向上强邀功劳,这就是"国贼",国法不允许破坏,这次决不可再赦。天下的人都为史万岁之死感到冤枉!

开皇二十年(公元 600 年)十一月初三,晋王杨广被立为太子。庆典那天,为了显示自己的节俭和谦慎,杨广约法二章:第一,免穿礼服,同时将官服车马用器等,都降低一级;第二,东宫官员对太子不自称臣。隋文帝很高兴地批准了太子的请求。

杨广被立为太子后,首先抓了三件事。

第一,调整东宫的防卫力量。隋文帝遵照太子杨广的意愿,调整了东宫的防卫司令官:一任命寿州州长宇文述当东宫左卫率。二任命洪州总管郭衍当东宫左监门率。他们两位都是杨广的宠信,且在废立太子的斗争中作出了巨大的贡献。

第二,宣传"废立"符合天命。杨广立为太子后,唯恐民心不附。所以不断宣传祥瑞预兆,力图证明自己被立为太子是符合天命。其实,这也是隋文帝的旨意,他善于此道,当初,隋文帝受北周的禅让,他怕民心不服,就用很多符瑞现象来表明自己受禅是符合天意的。

太史令袁充奏称,隋王朝建立之后,白昼时间渐渐变长。开皇元年(公元 581 年)冬至那天的日影,长达一丈二尺七寸二分。从此开始,白昼时间渐渐缩短。到开皇十七年(公元 597 年),日影比过去短了三寸七分。太阳离北极近,则日影短而白昼长;太阳距北极远,则日影长而白昼短。太阳在黄道之北运行时就离北极星近,太阳在黄道之南运行时就离北极星远。据纬书《春秋元命包》记载说:"日月在黄道之北运行,璇玑指针不偏不倚。"《京房别对》记载说:"太平之时,太阳在黄道之北运行。盛世之时,太阳在黄道运行。乱世之时,太阳在黄道之南运行。"由于大隋开创了机运,上感了苍天,所以日影缩短而白昼变长,开天辟地以来,这种奇景很少见过。隋文帝亲自登上金銮宝殿,对朝廷文武百官说:"影短日长的吉祥,是上天保佑。

而今,刚立太子,应当改年号,最好取日长之意作为年号。"

第三,兴建庙宇,求神保佑。十二月十六日,也就是在杨广被立为太子不到两个月就开始颁诏:五岳九镇,各有神祇。隋文帝命为这些神祇建立庙宇,竖立神像,设立官员负责香火洒扫,以求神佛保佑。凡是毁坏佛教神像、道教神像,以及"五岳""九镇""二海""四渎"神像的,以"不道"论罪,按隋王朝的法律,杀一家三口是谓"不道",十恶之一,遇赦不赦。凡是和尚毁坏佛像,道士毁坏道像的,以"恶逆"论罪,按隋王朝的法律,谋杀父母、祖父母、丈夫,被称为"恶逆",十恶之一,遇赦不赦。

杨勇被禁之后,太子杨广就可平稳地登上皇帝宝座了吗?非也。杨广的反对势力还是很强的。排在杨勇之后的要算蜀王杨秀。

杨秀是杨广的弟弟,原为越王,后又封为蜀王,拜柱国、益州刺史、总管。杨秀容貌雄伟,有胆量魄力,喜爱武艺。朝廷官员见他怕三分。隋文帝经常对独孤皇后说:"杨秀肯定会不得好死,我在世的时候,还不会出什么问题,因此不必担心,要是他的兄弟当政,他一定会叛变。"兵部侍郎元衡出使蜀地时,杨秀竭尽全力巴结他,关系相当密切,返回京都之后,他们的关系更为密切。隋文帝不希望他们有这种关系。大将军刘哙讨伐西爨部落时,隋文帝命令上开府仪同三司杨武通率军继续前进,杨秀任命一个受他宠信名叫万智光的人作杨武通的行军司马。隋文帝认为万智光并不是适当人选,加以责备,并对文武官员说:"破坏我的法纪的,是我的子孙,这就好像猛虎一样,别的动物都不能伤害它,它反而被皮毛间生的那些寄生虫损害,以致蚕食掉。"于是,隋文帝大大削减了杨秀所属的武装部队。对此,杨秀是有所觉察的,然而没有流露出自己的不满情绪。

后来,太子杨勇被罢黜,晋王杨广封为太子之后,杨秀心里十分不满。杨广恐怕他这个胞弟叛变自己,就与杨素共谋谗毁杨秀,先是暗中命令杨素搜集杨秀的罪状以诬陷他。因此,杨素就把杨秀在蜀地的表现向隋文帝密进谗言。隋文帝本来对杨秀就有疑心,当一听到杨素的密告之后,就征召杨秀返回京都长安。杨秀担心朝廷有变,心里犹豫不决,打算声称有病,拒绝动身。益州总管司马源师多次进言规劝,"不可违命",得速速回京。杨秀却板起脸孔说:"这是我自己家里的事,哪须你操心"源师仍动情地规劝道:"这不是同我没有相干。我有幸被任命为大王府中的总管司马,怎么敢不竭尽忠心！皇上征召大王返京，已经有很长时间了。如今大王仍然推拖迁延，未能回去，庶民百姓不了解大王的心意，如果产生离奇的议论，朝廷内外都会猜疑骇惧。倘若皇上颁下雷霆万钧的诏书，随便派一个差役，前来质询，大王又怎么自我申辩呢？希望大王仔细考虑这件事！"当时，隋文帝在杨素的渲染下，生怕杨秀发动变乱，已经果断地采取军事措施，即任命原州总管独孤楷当益州总管，乘坐快速驿马车前往接替杨秀。独孤楷抵达益州后，杨秀还是不肯启程，独孤楷一再劝解警告，又过了很久，杨秀才动身出发。杨秀上路时，脸上流露出一副悔恨之表情，独孤楷看在眼里，不声不响地下令部队警戒，随时准备反击。杨秀走了四十余里，打算返回袭击独孤楷，他派出间谍侦察，探知独孤楷军队高度备战，才打消初意。

　　杨秀抵达京都长安之后，隋文帝接见了他，可是不说一句话，这也使杨秀难受万分。第二天，隋文帝派使节去责备杨秀，这个责备是严厉的，杨秀承认有罪，请求宽恕。杨秀说："忝荷国恩，出临藩岳，不能奉法，罪当万死。"这时，刚被封为太子的杨广及各亲王来到了金銮宝殿前流泪哭泣，哀求隋文帝原谅杨秀，这完全是一种故作姿态。因为把杨秀推上与父王对立的地步的，实际上正是新立太子杨广。这事，也可证明杨广之多谋善断。隋文帝不予理睬，他说：前些时候杨俊浪费金钱，我曾以父亲的身份来训诫他。现在杨秀残害人民，我应该以君王的身份来惩处他。隋文帝说完后，立刻把杨秀交付执法部门。这时开府庆整劝阻说："前太子杨勇既被废作平民，秦王杨俊也已逝世，陛下现存的儿子不多了，怎么可以严厉到这种程度？蜀王杨秀性格耿直，现在被重责，恐怕他难以承受，会发生意外。隋文帝听到这些毫不客气的话，暴跳如雷，打算割掉庆整的舌头，就对文武百官说："当斩秀于市，以谢百姓。"还下令交给杨素、苏威、牛弘、柳述、赵绰等调查审理。

　　太子杨广也许觉察到隋文帝对杨秀的处理迟迟下不了决心。便进行阴谋活动。这又一次证明杨广在杨秀事件中起了推波助澜的作用。他暗中制造两个木偶，用绳索绑住木偶的手，又用铁钉钉住木偶的心，再加上脚镣手铐和重重枷锁，一个木偶写隋文帝杨坚，一个木偶写汉王杨谅，另写："请西岳慈父圣母收去杨坚、杨谅的神魂，就保持这样的形状，不要让他们到处游荡。"杨广令人把这两个木偶秘密地埋在华山之下，接着由杨素把它们再挖掘出来。这时又查出杨秀狂妄的引用图谶预言书，称京师遍地有"妖异"，而

中华宫廷秘史

巴蜀"吉祥高照"。又查出所谓杨秀曾经撰写的檄文,檄文声称要"指期问罪"。杨素把这些材料都统统套在杨秀的头上,并且制造的种种证据,也一并奏报隋文帝。隋文帝看后大为震惊,他愤慨地说:"天下宁有是耶!"几天之后,隋文帝下诏把杨秀贬为平民,软禁内侍省,不准他跟妻子儿女相见,只派两个山獠部落女子在傍侍候,当时受到株连的有 100 余人。杨秀被软禁之后,愤愤不平也不知所以然,于是上书皇上请求宽恕,他要求不高,只是说,深愿陛下仁慈厚恩,能够对我同情怜悯,在我残身还存之时,希望能和儿子杨爪子相见一面,并请再赏赐一个墓穴,让我的骸骨有个归所。杨爪子,是杨秀的爱子,隋文帝准许杨秀跟他的儿子相聚。不过,隋文帝仍然公布了杨秀的十大罪状,在公布了杨秀的十大罪状后,隋文帝虽然准许杨秀跟他的儿子相聚,但仍然软禁着。这种软禁,对杨广来说,是拔掉了一颗与自己争夺继承权的钉子。

杨秀被禁锢之后,又株连一大批与杨秀关系密切的官员。

首先柳彧被贬。治书侍御史柳彧被誉为敢直言的"正直士",他就是因为同杨秀有往来而被"除名为民",其中也有杨素个人的私怨。当时,杨素曾因犯小过,使隋文帝大怒,隋文帝令他到御史台去报到,命身为治书侍御史的柳彧审理。杨素长久以来依恃地位显贵,一到御史台就登榻坐上柳彧的座位。柳彧从外进来,站在台阶下,举起笏板,神色庄重的对杨素说:"我奉皇帝命令要治你的罪!"杨素只好走下来,柳彧手扶桌案而坐,让杨素站在庭堂上,柳彧一一询问,杨素一一答辩。于是,经此审查之后,杨素对柳彧恨之入骨。柳彧曾经藏有李文博所撰《治道集》十卷,杨秀派人去索取,柳彧就将《治道集》十卷送给他,杨秀回赠柳彧家奴、婢女十人。等到杨秀被认定有罪,杨素弹劾柳彧"以内臣交通诸侯",开除官籍,贬为平民,发配到怀远镇去戍边。

接着益州大半官吏被定罪。隋文帝还派司农卿赵仲卿前往益州深入调查审理杨秀案件,连杨秀幕僚宾客曾经到过的地方以及所来往的人家,赵仲卿都苛刻地以法律条文去追究并严厉治罪,结果,那儿的州县官吏大半以上都受牵连而被定罪。隋文帝认为赵仲卿非常能干,赏赐他很优厚的财物。

再者梁毗入狱。当时反对晋王杨广夺宗的反对派有个共同的特点,那就是把主要攻击目标对准杨素。首先站出来反对的是历任谏官而有"鲠正"

之名的梁毗。梁毗,安定人。最初当西宁州刺史,历时 11 年。杨广苲太子位后,隋文帝对梁毗的上书不仅没有采纳,反而将梁毗投入监狱。梁毗是个很有政绩的刺史。他治地酋长都认为黄金越多,身价越高。于是互相攻击抢夺,简直没有安宁的年月。梁毗对此深感忧虑。后来,趁着各酋长争相用黄金贿赂自己的机会,把黄金放到坐椅旁边,对着金子痛哭,说:"这些黄金,饥饿的时候不能吃,寒冷的时候不能穿,你们却为了它而互相残害,争战之事多得难以计数,现在你们又送金子到我这里来,是不是打算害死我。"梁毗将黄金全部退回,于是各酋长都受感动而醒悟,遂和平相爱了。隋文帝得到报告,十分高兴地嘉许梁毗,并调他担任大理卿。梁毗执法公平,他看到杨素专擅权柄,"恐为国患",就上书一封:

这份密奏是说,古人曾说过:臣子没有一个不是因为作威作福而危害其家并祸患于国的,我梁毗观察到左仆射杨素越来越得到皇上的恩宠,权势日见显赫,朝廷官宦都是他的耳目。冒犯他的人便遭到似严冬的霜冻、酷夏的暴雨般的打击,阿谀奉承他的便会受到适时的雨露般的照顾。每个人的荣华富贵或身败名裂,都在于杨素口中一句评语。他所厚爱的人都不是忠心报国之士,他所保荐的人却全是亲戚。他的子弟势力满布各州县。在天下太平之时,还可以容忍他有私图,一旦天下动荡,杨素一定是祸根。奸邪之辈玩弄大权由来已久。王莽凭借的是王家多少年当权的成果,桓玄的根基也早从上一代(桓温)开始,最后分别灭掉汉王朝及晋帝国。陛下要是任命杨素为执掌朝政的大臣,我恐怕他的心未必能像殷商的伊尹一样。希望陛下考察借鉴古今之事,斟酌轻重,采取适当行动,使王朝大业永固,天下百姓都受到恩泽。

梁毗奏章呈上后,隋文帝大怒,逮捕了梁毗,囚入监狱,亲自盘问。由此可见,这时的隋文帝的政治天平已经完全倾向杨广一边了。梁毗极力抨击道:"杨素仗恃皇上的信任,任意使用权力,军队所到之处,屠杀平民百姓,甚为残酷。太子杨勇、蜀王杨秀因犯罪被废作平民的时候,朝廷文武官员无不震恐颤栗,只有杨素眉飞色舞,手舞足蹈,满脸喜悦,他把国家的灾难,当作自己的幸运。"梁毗的辩解满怀深情厚意,并且言之有理。隋文帝听后,也感到没法说服梁毗,便又把梁毗从监狱里放走。

这份奏章尽管激怒了隋文帝,但是它动摇了杨素的地位,自从隋文帝接到梁毗的奏章之后，逐渐对杨素疏远，而且开始猜忌。隋文帝当即训令："杨素是隋王朝的最高行政长官，不必亲自处理细小的事务，因此只需要三、五天前往尚书省一次处理大事就行。"这一决策，外表看起来是优待杨素，实际上是剥夺他的实权。从此直到隋文帝逝世（公元604年），杨素对尚书省的事，不再过问，隋文帝又把杨素的弟弟杨约外放伊州。

晋王杨广立为太子后，虽然有些反对派，但很快就被镇压下去了。这时的隋文帝已经到了人老体衰之时。仁寿末，隋文帝想前往仁寿宫避暑，术士章仇太翼博览群书，佛道皆得其精微，尤善占候算历之术。他眼瞎，以手摸书而知其字。他一再劝阻隋文帝不该出行，认为陛下这一趟出去，也许永远回不来了。隋文帝听后大发脾气，下令逮捕了章仇太翼，把他囚禁在长安监狱，准备从仁寿宫回来时，把他斩首。仁寿四年（公元604年）正月二十七日，隋文帝抵达仁寿宫，下诏凡政府一切赏赐和财政开支，事无巨细，全部交付太子杨广裁决。

果然，隋文帝到了仁寿宫不过三个月，就生了一场大病，而且病势越来越重，他躺在床上，自觉爬不起来了，向文武百官告别，分别握住他们的手。

开初，隋文帝患病住在仁寿宫，宣华夫人陈氏和太子杨广一起在隋文帝身边侍病。有一天，天刚亮，陈夫人出去更衣，被太子杨广所调戏。陈夫人拒绝了他，才得以脱身，她急急忙忙回到隋文帝的寝宫，隋文帝奇怪她神色不对，问她出了什么事？陈夫人流着眼泪说："太子无礼！"隋文帝十分愤怒，捶着床说："这个畜生，怎么可以将朝廷大事交付给他！独孤误了我！"于是，他叫来柳述、元岩说："召见我的儿子！"柳述等人正要去叫太子杨广来，隋文帝说："是叫杨勇来。"柳述、元岩出了隋文帝的寝宫，起草敕书，并给杨素看，于是杨素把此事告诉了太子杨广。杨广假传隋文帝的旨意将柳述、元岩逮捕，关进大理狱，又迅速叫右庶子张衡进入隋文帝的寝宫侍候隋文帝，并将陈夫人以及后宫人员全部赶到别的房间去。不久，隋文帝死了。陈夫人与后宫人员闻知后惊叫起来："发生事变了！"大家面面相觑，战栗失色。

黄昏之时，太子杨广派使者给陈夫人送去小金盒，盒边上贴封纸，杨广亲笔写上封字，赐给陈夫人。陈夫人看见小金盒，惊惶恐惧，以为是鸩毒，迟迟不敢打开。使者催促陈夫人，于是她打开小金盒，见盒内有几枚同心结，宫人们都高兴极了，互相庆贺道："可以免死了！"陈夫人愤怒不已，不肯致谢。宫人们一起逼迫陈夫人,她才拜谢使者。当夜,太子杨广将陈夫人奸淫。

隋文帝是在大宝殿逝世的。临终前,隋文帝命太子杨广赦免章仇太翼,悲叹道:"章仇太翼,非常人也,前后言事,未尝不中,吾来仁寿宫时,道当不返,今果如此。"同时又给太子留下了遗诏:

"嗟乎!自昔晋室播迁,天下丧乱,四海不一,以至周、齐,战争相寻,年将三百。故割疆土者非一所,称帝王者非一人,书轨不同,生人涂炭。上天降鉴,爰命于朕,用登大位,岂关人力!故得拨乱反正,偃武修文,天下大同,声教远被,此又是天意欲宁区夏。所以昧旦临朝,不敢逸豫,一日万机,留心亲览,晦明寒暑,不惮劬劳,匪曰朕躬,盖为百姓故也。王公卿士,每日阙庭,刺史以下,三时朝集,何尝不罄竭心府,诚救殷勤。义乃君臣,情兼父子。庶藉百僚智力,万国欢心,欲令率土之心,永得安乐,不谓遘疾弥留,至于大渐。此乃人生常分,何足言及!但四海百姓,衣食不丰,教化政刑,犹未尽善,兴言念此,唯以留恨,朕今年踰六十,不复称夭,但筋力精神,一时劳竭。如此之事,本非为身,上欲安养百姓,所以致此。

人生子孙,谁不爱念,既为天下,事须割情。勇及秀等,并怀悖恶,既知无臣子之心,所以废黜古人有言:'知臣莫若于君,知子莫若于父。'若令勇、秀得志,共治家国,必当戮辱偏于公卿,酷毒流于人庶。今恶子孙已为百姓黜屏,好子孙足堪负荷大业。此虽朕家事,理不容隐,前对文武侍卫,具已论述。皇太子广,地居上嗣,仁孝著闻,以其行业,堪成朕志。但令内外群官,同心勠力,以此共治天下,朕虽瞑目,何所复恨。

但国家大事,不可限以常礼。既葬公除,行之自昔,今宜遵用,不劳改定。凶礼所须,才令周事。务从节俭,不得劳人。诸州总管、刺史已下,宜各率其职,不须奔赴。自古哲王,因人作法,前帝后帝,沿革随时。律令格式,或有不便于事者,宜依前敕修改,务当政要。呜呼,敬之哉!无坠朕命!"

太子杨广掌握了隋文帝临终前的遗书比什么都重要。在遗书里有对太子杨广的高度评价:"皇太子广,地居上嗣,仁孝著闻,以其行业,堪成朕志。"也有对杨勇、杨秀等的否定性结论:"勇及秀等,并怀悖恶,既知无臣子之心,所以废黜。……若令勇、秀得志,共治家国,必当戮辱遍于公卿,酷毒流于人庶。"有这样一份遗言,太子杨广就可平稳地登上皇帝宝座了。

　　杨广还是一个细心人,他没有急急忙忙地宣布隋文帝驾崩的消息,而是来个"秘不发丧"。为什么要这样呢? 主要是京城设防还没有布置好。隋文帝死时,刚好伊州刺史杨约前往仁寿宫朝见,杨广派他先返京城长安,重新布置留守官员。杨约假传隋文帝圣旨,命前太子杨勇自杀,当杨勇拒绝服毒时,杨约就把他吊死。然后命军队进入备战状态,即集合留守官员,宣布隋文帝逝世的消息。

　　同时宣布太子杨广即皇帝位。隋炀帝得知杨约的果断行动后,兴奋地对杨素说,你弟弟是能够担负重任的人。后来,隋炀帝即位没几天就拜他为内史令。追封杨勇当房陵王,但不准儿子继承爵位。

　　仁寿四年(公元604年)八月初三日,隋文帝灵柩从仁寿宫运到京都长安。八月十二日,在大兴前殿为隋文帝出殡。柳述、元岩被开除官籍。柳述被放逐到龙川,元岩被放逐到南海。隋炀帝对柳述这门亲事本来就不同意的,原先是主张配给妃弟萧瑒,隋文帝当初也同意。后来仍配给了柳述,所以杨广很不高兴。这次隋炀帝命兰陵公主坚决跟柳述离婚,打算要她改嫁,兰陵公主誓死拒绝,不再朝见,上书要求跟柳述一同放逐,隋炀帝大怒道:"天下岂无男子,欲与述同徙耶?"兰陵公主申辩说:"先帝以妾适于柳家,今其有罪,妾当从坐,不愿陛下屈法申恩。"隋炀帝不同意,兰陵公主忧愁悲愤而死。临死前,兰陵公主留下遗书:"昔共姜自誓,著美前诗,郎妫不言,传劳往诰。妾虽负罪,窃慕古人。生既不得从夫,死乞葬于柳氏"。隋炀帝看了遗书之后更是怒不可遏,竟不前去悼丧,所送的葬礼葬物极为简单菲薄,朝廷上下的人知道后都很伤心。

　　从征战突厥,到平定南陈,到废杨勇而立己为太子,目的都是为了取得皇位继承权。其间矛盾重重,斗争扑朔迷离,杨广凭借他的大智大慧,借父皇之力,纠集群党,终于取得了皇位,成了著名的隋二世。

隋炀帝建西苑的目的何在

　　隋炀帝即位后,为了享受乐趣,就命人修建西苑。西苑落成后,炀帝自是欣喜,同萧皇后兴冲冲游览一遍,题了湖名苑名,已近午刻。炀帝方和萧皇后回到了显仁宫进膳。炀帝已经吃过了午膳,心中惦记着苑中诸位美人,便又是命驾西苑。

到了西苑,炀帝先看中了仪凤苑。原来此苑的四周,尽是翠竹环绕,绿映窗棂,在这炎夏的午昼,唯有此苑凉爽,故炀帝首先中意。他也不用护卫随从,身穿一袭纱袍,头戴平凉纱巾,手执一柄薄罗小扇,一个人悄悄地踱到仪凤苑,已觉凉生御体,好不爽人。

等他走进了苑中,却不见一个人儿出来迎接。炀帝原本就不重礼节,也并不在意,只是浏览苑中陈设。但见四面墙上所挂,并无什么书画挂屏,都是一只只竹丝小篮儿,篮中盛着鲜花,发出一股清香。苑中桌椅,俱是斑竹所制,丝毫没有一丝俗气,只觉满目清凉。

炀帝不禁心旷神怡,对此非常感兴趣,见没有人来侍候,也不自声张,便倒身竹榻上,想做一个午梦。这时,忽然听到靠墙的碧纱橱"呀"地一声,橱门轻启,只见从里边走出了一个美人,身穿一色的碧罗纱衫,不施脂粉,未描蛾眉,身材非常苗条,手中执了一柄芭扇,盈盈直到炀帝榻前,轻折柳腰,将身拜倒说:"贱妾仪凤苑柳绣凤,接驾来迟,罪该万死。"说得却是一口吴侬软语。炀帝听了,觉得清脆悦耳,便含笑将她拽起道:"不须多礼,朕躬来得不巧,却将夫人的清梦惊醒。"绣凤笑道:"圣上竟以为是贱妾白日昏睡了?"炀帝惊讶着说:"夫人自碧纱橱中走出,难道不是在里边安息?"绣凤回答说:"这个碧纱橱,圣上还不知底细,它的外面,只是一个碧纱橱的形式,其实睡不得人,原是一个暗门。贱妾原在内室收拾,不知圣上驾到,待至收拾完外,始知圣上已是悄悄地来了。"

炀帝听她这么说,便在榻上翻身坐起道:"怪不得朕先前也瞧了瞧,纱橱里面不像有什么人,以后见夫人自内走出,朕还认作是先前未能看清。如今却明白了,原是一个通暗室的门啊。"炀帝一面说,一面立起身,走向纱橱。绣凤忙抢前打开了门儿,炀帝踏入橱中,便走入了内室,看那室中布置,也是雅而不俗,凉榻花席,十分精致。

这时,苑中的二十名美人,已经听到消息,一起来拜见了炀帝。绣凤便含笑对炀帝说:"我想圣上午膳已经用过了,也用不上什么酒筵了。"炀帝点头道:"夫人所说极是,不必忙乱了。"绣凤向左右使了个眼色,不多时,便有一个美人,献上了一杯解暑的妙品,乃是白荷花制成的香露。

炀帝呷上一口，觉得凉沁心脾，芳生齿颊，便喝尽了一杯，不住口地称美。原来，柳绣凤的父亲，原是吴郡一家有名的花露肆主，绣凤得自秘传，自己也能精制百花香露，本领可说是非常出色了。炀帝见绣凤淡雅可人，便有心幸她，算做进苑破题儿，当下便含笑对绣凤说："朕欲借夫人一席地，做个午梦，夫人可能容得？"绣凤横波一笑，羞怯道："圣上问出，贱妾哪有不容之理？"炀帝涎着脸说："如此说来，还须夫人相伴。"

白瓷凤把双联瓶

绣凤听了不觉红浸素面，脉脉含情。那班知情识趣的二十个美人，便都抿着小嘴，悄悄退出。炀帝看左右已经没有人了，也就不管白天青日，便将绣凤推倒榻上，演了一出游龙戏凤。炀帝一场劳累，软洋洋地卧倒在凉床上面，不久便睡着了。绣凤替他盖上一条夹罗薄被，悄悄退到外面，准备了点心，待炀帝醒来时充饥。

炀帝这一睡，直睡到了申刻时分，方始醒梦，睁眼看时，只见绣凤坐在床前，手中执了一把朱红小尘尾，替他驱蚊。炀帝含笑而起，早有美人捧进了一盆温和的面水，送至床前。绣凤放下尘尾，绞干了毛巾，拿给炀帝。炀帝擦过脸，一个美人又呈上了漱口水，却是和着蔷薇露的。炀帝拿过来，漱了口，只觉得满口芳香。接着一个美女却捧来一银盘子，里面放着一只玉碗。炀帝看时，乃是一碗莲子羹。炀帝肚中本已饥饿，便取来吃了，笑对绣凤说："这碗莲子羹，味儿真好，酥甜可口，又不觉腻口，夫人真是一个妙人啊。"绣凤笑着说："十六院中，不知有多少妙人藏着，像贱妾这般愚蠢，怎当得上'妙人'两字。"炀帝听说，哈哈大笑道："既是如此说，朕还须到其余的苑中走走，瞧瞧究竟有多少妙人。"说完就站起身子，走出了碧纱橱。绣凤和二十个美人，随后相送，直到炀帝的身影，从仪凤苑看不见了，才转身入内。

炀帝出了仪凤苑，心想此刻到哪一苑去。转念一想，不如信步向前，到

哪一苑，便幸哪一位夫人，随遇而乐，听凭天意施雨露，倒也有趣。想完就兴冲冲地沿着长渠而去。忽然一阵风来，听见琴音清婉，炀帝便不觉循声寻去，心想："这是哪一苑的美人，却有这般雅兴，操得一手好琴，定是个妙人。"

他三拐两转，只见走到了绮阴苑门首，淙淙琴声，从中传出。炀帝却不立即走入，站在门首的浓荫下面，侧耳细听，却辨不出所弹曲子。炀帝暗自吃惊，难道操琴人，还能自谱新声不成。一念猜出，里面的琴弦，便绷地一声，断了一根。那个操琴的绮阴夫人谢湘纹，把琴一推，含笑起立，对身边的美人们说："快些随我出外，前去迎接圣上。"那班美女们，还当是谢夫人打趣说笑，便都含了笑容，只是停着不动。

湘纹见她们不信，便独自轻移莲步，向苑门走去。炀帝已是走入了苑中，湘纹忙拜倒说："琴弦忽断君弦，贱妾便知圣上驾临了。"炀帝含笑相扶，一同携手入苑。诸位美人，见炀帝真的来了，慌忙上前拜接道："夫人果起得灵卦，早知圣上驾临，命婢子们去迎接。婢子们只是不信，哪知果然便来。"湘纹笑道："哪里是起什么灵卦？实因君弦无故中断。不是有人窃听，弦不会断。试思这个所在，哪个闲人敢来，我便猜准，定是圣上了。"

炀帝也含笑说："朕闻窃听者，须是个知音，琴弦方会中断，朕听了夫人雅操，连曲子叫何名称都不知道，怎也会断弦？"湘纹道："那时圣上可想些什么没有？"炀帝恍然道："朕却想过的，认为夫人所操，谅是自谱新声。"湘纹盈盈一笑道："只此一念，便是知音。"炀帝说："既是这样，倒要请问夫人，所操一曲，倒是何名称？"湘纹道："我将它叫作《襄王梦》，原是巫山神女的一段故事。"炀帝笑道："好一个《襄王梦》，却将朕引入了巫山，来会夫人神女了。"

湘纹听了炀帝的话，羞得抬不起头。炀帝又笑道："朕意欲相烦夫人重操《襄王梦》，不知夫人可肯？"湘纹笑道："圣上如不嫌下里巴人，贱妾只得献丑了。"当下，湘纹重理琴弦，鼎中添了新香，便危坐操琴。炀帝静了心儿，细细领略，起初只觉冷冷风声，恍如云中，渐觉切切磋磋，如情人幽语，继而又靡靡荡荡，一片春声，末却宛宛悠悠，令人意远。

一曲既终，湘纹推琴笑道："玷污了圣听。"炀帝拊掌赞道："听了夫人一曲雅奏，令朕俗尘尽消。"湘纹道："圣上谬加赞语，贱妾越发要自惭了。"炀帝见谢夫人娇态如画，应对得体，便不愿即时离开绮阴苑，却对湘纹笑道：

"朕思饮酒,夫人可见允否?"

湘纹说:"贱妾恐怕不能奉陪。"炀帝不禁诧异道:"夫人为什么这样说呢?"湘纹说:"圣上不见月影已移至柳梢头了,再行饮酒,越发夜深了,萧娘娘不要动了不安? 因此贱妾不敢相留圣上饮酒。"炀帝听了,不禁哈哈大笑道:"夫人莫将正宫看做了醋娘子。是她让朕游幸各处,得尝各位夫人的新鲜滋味,夫人何必担心。朕躬不但今宵要在此饮酒,实对夫人说,还要留宿此苑,不回寝宫了,难道夫人也不允准不成?"

湘纹听了,粉面上已是飞上两朵红云,只是低头捻弄衣带。那班识趣的美人,不待谢夫人吩咐,便径自安排了宴席。美酒盈盈,佳肴满筵,炀帝命湘纹一同陪饮。二十个美人,便在一旁奏起笙歌。这时的绮阴苑中,顿时热闹万分。炀帝开怀畅饮,又强令湘纹陪饮数杯。

正要撤席的时候,一个内侍进来拜禀道:"正宫萧娘娘请问圣上,今宵是留宿苑中,还是驾返显仁宫?"炀帝醉眼迷蒙地看了湘纹一眼,便对内侍道:"去上复娘娘,朕今宵留幸此处了。"内侍返身而去。炀帝对湘纹道:"如何,朕的话,可不是哄骗夫人的。"

湘纹娇痴着说:"贱妾还是不信。"炀帝说:"夫人为什么还不相信呢?"湘纹说:"还是要来询问,便是令妾不信的证据。"炀帝笑道:"询问一声,原是应当。夫人便以此加罪,如此看来,夫人倒是个善于拈酸的醋娘子!"这几句话,说得旁边站立的美人们,一个个俱齐声大笑,湘纹也红着脸低头一笑。

炀帝便指着窗外明月说:"时辰已是不早了,夫人还是与朕同操《襄王梦》,莫要辜负了如此良宵。"湘纹只是含笑不语。炀帝便上前携了她的纤手,一同走入内室,关上门儿,脱了衫,上了床,共赴巫山,同会襄王,两人兴云布雨,证了鸳盟。炀帝龙马精神,白日虽刚会一美,此夜仍不减豪勇,几度交合,已近天明,方沉沉睡去,以致误了早朝。

席上传绣鞋旖旎风流

一次,炀帝与萧皇后游西苑归来,中途萧皇后对炀帝说:"从显仁宫到西苑,圣上何不令人筑一御道,直接贯通,不但便利,并且壮观。"炀帝不禁点头称善,随即传旨,让人修筑御道。

过了没多少天,御道完工,炀帝即乘辇车自显仁宫往西苑。炀帝待辇到了苑门,便命停下,命内侍们不必相随,一个人下辇,向北海那边徐徐而行。这时将近未牌时刻,骄阳已渐向西下,一阵阵的微风,自北海水面吹来,拂在炀帝脸上,还觉有些暖意。炀帝边走边想:"十六苑中,可还有哪一苑没有到过?"

正在思索的时候,忽闻笛声清幽,一阵阵送到耳中,他便循着笛声寻去,看是哪一苑传出。傍花随柳地信步走去,笛声却停止了,不再续吹。炀帝兴味索然,甚觉纳闷,忽听身后有细碎的脚步声,回头看时,只见那边花屏跟前,有一女子姗姗行来,却没瞧见炀帝。炀帝灵机一动,便侧了身子,躲在一块人高的太湖石后面,等那女子走近,他就仔细看看。

只见那个女子,身穿葱绿的罗衫,杏黄的裤儿,红鞋一掬,衬着雪白的绫袜,越发显得娇俏。脸生得煞是好看,好似吹弹得破。一双水汪汪的桃花眼,十分妖娆。水蛇腰身,双肩瘦削,另有一番风韵。炀帝原是见一个爱一个的人,此女的这副容貌身材,又已合了他的心意,不觉兴动。见她走近石旁,忽地曼吟道:"汉皇有佩无人解,楚岫无云独自归。"

炀帝想不到她还会吟诗,更觉可爱,突从太湖石后跃出,掩到女人的背后,双手将她的柳腰搂住。那女子大惊道:"哪一个?"炀帝低声笑道:"与你解佩布云的人。"女子回过头来,见是炀帝,便嫣然一笑道:"原来是圣上。"炀帝仍是紧抱住她的细腰不放,女子道:"圣上快些放手,待贱妾拜见请罪。"炀帝道:"你请什么罪?就是请罪,也须换个方式。"女子道:"既是圣上施恩,不教贱妾请罪,也请放了手,给人瞧见了不雅。"炀帝嗤地一笑道:"这样不雅,咱们玩个雅些的。"说毕,竟抱了她走入花丛,放倒在绿茵上面,也不脱衫,成就了好事。不一会儿,落红狼藉,踩蹒了好花枝。

两人风流一场,起来结束停当,炀帝含笑道:"匆匆一会,连卿的姓名,朕都没来得及知道。"女子抿嘴笑道:"圣上只是一时兴起,草草幸了贱妾,往后就是过眼云烟,很快就会忘怀,还问什么姓名。"炀帝诧异道:"你为什么不肯告诉我呢?"女子说:"西苑里边,有着成百上千个女孩子。圣上今天幸这个,明天幸那个,对圣上说了姓名,难道记得清楚?怎么也记不清楚,索性不说也罢。"

炀帝将她屁股轻轻拍了一下说："小妮子，这般利口，怎知朕便忘怀了，还不快说。"女子一笑道："圣上一定要问，贱妾就说了吧。妾是清修苑里面，秦夫人手下的美人。贱妾小名叫妥娘，圣上你看可取得好？"炀帝点头道："很好很好。你是清修苑的美人，朕已记起了。朕还没见过主持苑务的夫人，你说姓秦，她的名儿，朕已记不起了。"妥娘接口道："我的主持夫人，芳名唤做凤琴，模样实在风流。她的一

三足盐台

双小金莲，西苑里面，再也找不出第二双来。圣上见了秦夫人，管教魂灵儿飞上云端。"炀帝笑道："莫替你们的夫人夸口。"妥娘急忙说："真不是哄圣上。圣上若是不信，一同到清修苑走一遭，瞧一瞧秦夫人，若是贱婢虚言，尽可将妾的小嘴打烂。"炀帝见她伶牙俐齿，这般娇痴，不禁又爱又喜道："你夫人的容貌，谅朕也是见过的，只是到没到过清修苑，记不大清楚了。你说她的一双金莲，西苑内难寻第二双，倒使朕心痒难耐了。"

妥娘格格笑着说："听了贱妾的话儿，已是心痒，真个见了秦夫人，不知要怎样性急了呢。"炀帝道："小妮子，尽自打趣朕，待见了秦夫人，叫她罚你。"妥娘说："好好，便请圣上前去，妾情愿受夫人的罚。"炀帝便笑了笑，携着妥娘的手，同往清修苑。

一湾流水，几株杨柳，纵横乱石，遮断了清修苑的出路。苑里的人外出，苑外的人入内，全须凭了一叶扁舟，方得进出。十六苑中的清修苑，因了这原因，闲人不轻易到。炀帝携了妥娘的手，由妥娘带领，不觉到了通往苑内的湾口。只见野渡无人舟自横，一叶小舟泊在岸边，一枝木桨放在舟上，却没有一个人。

炀帝问道："荡桨的人到哪儿去了，我们怎么过去呢？"妥娘说："荡桨的人便是我。"炀帝道："难道你能驾舟？"妥娘道："要是不会，怎能到外面去玩。圣上，请上舟了。"炀帝踏上了小舟，晃得厉害，水被激得"噗噗"乱响，

他慌忙蹲了下去。妥娘笑盈盈上了小舟,坐在舟尾,解去桨练,用桨在岸石上轻轻一点,舟儿已经悠悠荡开,便一桨一桨分了水波,向前行去。

炀帝向岸边看时,见有不少的桃树,便想到,若在暮春时分桃花盛开时,景色当会更好,真可谓桃花源了。绿水随波弯转,轻桨急分水流,约行了四五里的水程,清修苑已在目前。只见苑前绿荫沉沉,映得湾中流水越发可爱。炀帝不禁叹道:"红尘中有如此佳境,真好静修了。"妥娘笑道:"像圣上的福分,何用着清修。此种境界,只配我们这种人。"炀帝说:"朕只恨前生没有清修,今生不能够做个像你们一样的好花枝。"妥娘格格一笑说:"圣上也不知做女儿家的苦处,偏又眼热我们。要是真个做了女儿家,就再也不肯说这种话了。"

他们一路说话,小舟已到清修苑。妥娘安置好小舟,扶炀帝同登岸上,抢先闯进苑内。见秦夫人正在绣她的小红睡鞋,妥娘忙道:"圣上来了,夫人接驾。"秦夫人慌将鞋儿一抛,亭亭上前道:"清修苑主持秦凤琴接驾!"炀帝抢上一步,扶起了凤琴,便低下头,两眼只顾看她裙下双钩。看了一阵,不禁哈哈大笑。

凤琴对此很诧异,只见炀帝对妥娘点头道:"你的话,果然不错。"妥娘也笑道:"贱妾原也不是哄圣上的。"凤琴听了他们一问一答,越发不解,水灵灵的一双俊目,只睃着他们两个人。炀帝一眼瞧见了凤琴抛下的绣鞋,便拿在手中,反复把玩,不忍释手,涎着脸儿对凤琴说:"夫人这只鞋给朕好吗?"妥娘在旁听了,不禁格格一笑,炀帝忙问道:"你笑什么?"凤琴不知底细,怕炀帝发怒,忙解释道:"这孩子总是痴痴憨憨的,圣上瞧她年幼无知,恕了她一遭。"

炀帝知道凤琴误会了,忙说不会怪罪,只问她笑什么?妥娘忙说:"这只绣鞋,夫人还没绣好,圣上也不看仔细,便向夫人索取,贱妾忍不住才笑的。"秦夫人忙说:"圣上若不嫌污渎,贱妾尚有没穿过的睡鞋,不妨拿一双去好了。"炀帝听后说:"有穿过的更好。"三人说了一会子话,已有人摆好了筵席。

炀帝居中坐下,命秦夫人坐在左首,又命妥娘坐在右首。凤琴暗暗诧异,不明白炀帝为何与妥娘一起来的,又命妥娘陪席。酒过三巡,炀帝笑对凤琴说:"夫人允给朕的鞋,可在此刻拿出了好吗?"凤琴答应下来,进内袖了一双绣鞋出来,却不立即交出,笑着说:"圣上如能告知贱妾,如何与妥娘同来,贱妾便将鞋儿送上。"炀帝见凤琴也会刁难,实在没有想到,心中一个转念,这些也不妨直说的。便笑将先前和妥娘的话,一一说了,连和妥娘私会的事也一并讲给凤琴听。凤琴方知妥娘已接受了洪恩雨露,忙含笑向妥娘道贺。

妥娘想不到炀帝如此无赖,连如此羞人的事儿也讲给别人听,已是羞惭万分。凤琴向她道贺,越发粉脸通红,低了头,再不抬起。炀帝哈哈笑道:"你也有怕人的时候呀,怎不再像黄莺儿一样乱啼,和朕斗口了。"妥娘只是不说话,等炀帝去接绣鞋,不再打趣,才抬起头来。

隋代佛像

炀帝从凤琴手里接过绣鞋,只见鞋面上绣了一双粉蝶,一朵牡丹,颜色鲜明,栩栩如生。炀帝举起杯子,呷尽一杯酒,也不用下酒菜,便拿鞋儿凑到鼻边,用力嗅了嗅,又喝一杯。旁边斟酒的美人急忙斟上,她斟得快,炀帝喝得快,只是翻来复去地拿鞋儿做了下酒菜。不防秦夫人伸过手来,抢去了绣鞋,炀帝吃了一惊,忙问原因,凤琴说:"圣上只顾喝酒,不吃菜,岂不喝醉?"炀帝说:"用此红菱下酒,再好没有了,怎说不进菜?"凤琴笑说:"又不是真红菱,怎能当佐酒呢?"旁边的妥娘见有了机会,忙插话道:"圣上眼前放着真红菱不玩,偏去捧了个假红菱玩个不休,夫人怎不恼怒,将绣鞋抢去呢?"炀

帝哈哈大笑说："你的话不错,朕却辜负了夫人。"

凤琴急得向妥娘嗔目道："偏是你这妮子会说话。"哪知炀帝已用脚从桌下勾住了凤琴的红菱,凤琴缩也不是,伸又不是,把个凤琴恨得牙痒痒的,不住向她怒目。妥娘只作不见,尽自喝酒。炀帝此刻已无心饮酒了,得步进步,勾着了不算,竟用手将凤琴的红菱小脚捞了起来,一手握着放在膝上,恣意玩弄,凤琴不由得红浸双颊。

这时,天已垂暮,美人们已纷纷把灯点明,照耀得如同白昼。妥娘见炀帝仍一意在玩弄凤琴小小金莲,便故意地自言自语道："掌上销魂,怎抵被底温柔。"两句话,直传炀帝耳中,立即会意,抬头向妥娘微微一笑。凤琴也早已听见,暗恨妥娘一味指点炀帝,真个去被底销魂,虽已久盼,好不叫人羞煞。凤琴想到羞人处,不觉春上眉梢,小鹿心头乱撞。

炀帝见凤琴灯下风韵,楚楚动人,听了妥娘的话,正中心怀,便佯做了醉态,对着妥娘道："你替朕掌灯。"又笑对凤琴道："敢请夫人相扶,朕已醉了,且借夫人一席地,睡上一回。"凤琴无可奈何,只得扶了炀帝。妥娘掌灯前导,炀帝勾了凤琴香肩,走入了内室。妥娘笑对炀帝说："圣上还须着意温存,莫要摧残花枝。"凤琴啐了一声,炀帝却哈哈大笑。

妥娘悄悄退出,随手带上室门,绕到纱窗前,拔下头上金钗,刺破了纱窗,挖成了一个小洞,凑在洞上,向里瞧看。只见炀帝拽了凤琴的袖儿向榻前倒去,凤琴如醉如痴,半推半就,一种迷人风光,好不有趣。突然炀帝猛力一拖,两个人一同倾倒榻上。一会儿,已是垂了罗帐。

紧要关头,妥娘往前凑了凑。又见帐内接连抛出衫裙等物,凌乱弃之于地。忽闻秦夫人格格地娇笑了一阵,蓦地尖伶伶的一只小红菱脚儿跷出了帐外,脚上面穿着一只大红菱睡鞋。妥娘看得心惊肉跳,身上发热,不忍退下,屏息再瞧,跷在帐外的脚,已收入帐中。妥娘见难窥帐内春光,只好悄悄退下,回去安息。一宵易过,炀帝只好辜负了香衾,勉强前去临早朝。

隋炀帝游江都碰到了哪些怪事

隋炀帝生性好动不好静,虽说有了显仁宫,又复修建西苑,仍不安享太平。自思江南山水，比洛阳还要秀丽，况且六朝金粉，传播一时，从前平灭南陈时候，还须沽名钓誉，不便随意流览江南，此时贵为天子，行动可以任意而为，何妨借名巡狩，一游江淮。再见到显仁宫和西苑的花木，多半从江南采来，更动了下江南的心思。但要去巡幸，就须铺排一番，方显皇帝威风。当下传出诏旨，宣布将巡历淮海，观风问俗。

此诏一下，自有一班佞臣争相献言，或说如何通道，或说怎么登程。独有尚书右丞皇甫议进言说："从陆上南巡多有不便，须由水路南下，方可以沿途观览，不致于劳苦。只是江河都是东向而流，欲要开挖南北通道，必须开通济渠，引谷洛水到黄河，再引黄河水入汴河，引汴水入泗水，才可能与淮河相通。"炀帝听了，也不管财力、民力所耗多少，但教有水可通，便即照办。传旨皇甫议监工，发丁百万人，按照计划，逐段开掘。

为沟通江淮，他征用当地百姓十万人，疏凿邗沟，直达江都。沟宽四十步，旁边修筑御道，遍植杨柳。并且自长安至江都，每隔一百里，筑造一座行宫。另派黄门侍郎王弘等人，奉命南下，在江南督造龙舟，及杂船数十艘。各郡县都得当差听令，百姓服此苦役，还须限日完工.黑天白日地督促逼迫，众百姓不胜劳苦，多有僵毙道旁者，成了野途无告冤魂。

这天炀帝临朝，皇甫议奏称河渠已通，王弘也说龙船造成，高兴得炀帝游兴勃发，便下了一道诏书，命令安排仪卫，准备出幸江都。宫廷内外，奉了这道诏书，知道炀帝性急，一经说出，便需照办，不允许稍有迟延，当下便赶忙筹备起来。一连筹备了半月有余，大致已准备就绪，便上表请示出巡日期。炀帝即批示决定仲秋出发，令左武卫大将军郭衍为前军统领，右武卫大将军李景为后军统领，护驾南下江都。文武官员职在五品以上的赐坐楼船，九品以上赐坐黄篾。又命黄门侍郎王弘监督了龙船在洛口伺候驾临。

到了出发那天，炀帝和萧皇后打扮得华丽庄严，恍似天神。召集了西苑和显仁宫内的夫人美女宫娥等三千粉黛，一个个锦绣遍体，珠翠满头。萧皇后和炀帝并坐着一乘金围玉盖的逍遥辇。这一部辇车，却是炀帝命开府仪同三司何稠监造。何稠心智灵巧，参酌古今，造得富丽堂皇，非常符合炀帝的心意，晋何稠为太府少卿。炀帝这次初下江都，才第一次乘坐此辇。一班夫人美女待炀帝和萧皇后登了宝辇，她们便在前后左右乘坐了香车，驾着宝马，簇拥徐行。一班扈从官员，也都穿了蟒袍玉带，跨马随行。前后有左卫

隋宫秘史

隋炀帝爱游的洛阳城

大将军郭衍、右卫大将军李景,有如天神,各带着千军万马,一路向通济渠进发。

一路上没有什么事,就这样到了通济渠。王弘早已预备下了船只伺候。只因通济渠虽经开凿,终因仓促成功,还嫌狭小,吃水甚浅,龙船却不能出入,因此还须乘小船到洛口。炀帝等乘了王弘备下的小船,渡到了洛口。炀帝上了龙船。那只龙船共有四层,高四十五尺,长二百尺。上面第一层为正殿内殿朝堂,中间两层却有一百二十号的房间,俱用金玉饰成。最下的一层,便是内侍们所居。萧皇后也有一艘乘坐的船,比炀帝的龙船略微稍小,叫作翔螭船,里面装饰却是无异。又有各种船儿数千艘,分坐诸王百官、妃嫔公主并装载供奉物品。共用挽船夫八万余人,从中选出了九千名,各穿了锦绣袍儿,专挽炀帝的龙船和萧皇后的翔螭船。护驾兵士所乘的数千艘船,

由兵士自挽。但见彩旗飞舞,画舫连接,绵延二百余里,岸上又用骑兵数队,夹河卫行,直指江都。

炀帝在龙船里面,因与萧皇后分乘了两船,甚觉乏味,即传旨将萧皇后以及十六苑的夫人、袁宝儿一班美人们都召上了龙船,分居了中间两层的百二十号住所,才觉热闹开怀。所过州县,五百里内统令供奉酒食。一班州县官员,谁不要极力承奉。往往一州之中,供奉超过数百车,山珍海味,搜罗殆尽。炀帝及萧皇后、十六苑夫人、后宫嫔妃美人视同泥沙,略一品尝,便弃之不食,将整桌的精肴美蔬向河中倾倒,河面上的油花绵延数百里,经久不绝,似这般奢侈骄淫,实为自古皇帝所不及。沿途又有离宫四十余座,每到一处,炀帝便上岸游玩一两天,只因那些离宫都是仓促造成,不免草率。炀帝沿途游了十几座离宫,都是一般,不觉兴味索然。炀帝便不愿上岸游玩,便一路不再停留,扬帆直下,到了江都。

江都本是南方有名的胜地,山明水秀,风景佳丽。炀帝到了那里,和萧皇后、十六苑夫人朝赏夕宴,整日欢娱。匆匆岁月,不觉到了十月初旬。小阳春的气候,和暖适人。这天傍晚时分,炀帝宴毕,带着半醉,独自在御园闲步。穿过了一带花廊,瞥见一个美人的俏影,在前面一晃,转入了粉墙的月洞门儿。

炀帝最爱与女人做些偷偷摸摸的动作,便悄悄跟随,不觉三拐两转,到了一个地方。美人飘然不见,却看到了南陈后主陈叔宝。陈后主对炀帝讽刺挖苦了一番,炀帝大怒,挥拳便打,后主已不知去向。先前那女子忽又来到面前,却是一个倾国倾城的绝世美人,模样闭月羞花。炀帝不觉心爱,上前搂住,立即求欢。美女半推半就,不觉褪去罗裙,松了衫裤,炀帝即席地而淫,得逞一时快乐。炀帝结束完毕,将美人扶起,笑问道:"卿是何人,生得如此美貌,朕怎么从未见过?"那美人只是含笑不语,炀帝连问数次,才粉脸微红道:"贱妾便是陈后主的宠姬张丽华,因与圣上有一宿缘,今特来偿还了却。"炀帝听说了面前的美人便是张丽华,猛地记起她已被高颎命人杀死,便想起陈后主也已身亡,两个俱是鬼魂,当下惊得出了一身冷汗。

再行睁目细看,哪里有什么张丽华,面前却有萧皇后、秦夫人两个,悄悄地坐在床沿。自己却卧在榻上。炀帝神思恍惚地问她们说:"爱卿和夫人可曾瞧见什么?"皇后惊讶地说:"没有瞧见什么。圣上这一回假寐,却是睡了好久。"炀帝此时方才清醒,知是饮酒之后,便倚榻假寐,做了一梦。炀帝便将与陈后主、张丽华梦中相见的事,说给萧皇后和秦夫人。萧皇后笑道:"日有所思,夜有所梦。准是圣上忆及了张丽华,所以才幻出这个梦来,何足介意。"炀帝听了,便也释然无虑。

有事便长,无事便短。转眼间,已过了隆冬季节,春回大地。江南春早,三月良辰佳景,更是绚华曼丽。这天早上,炀帝和萧皇后在御花园闲游,只见春花似锦,触目开怀,好不心旷神怡。忽有内侍来报,说是凡离观主持法师王元静请见。炀帝点头允准。元静见了炀帝,俯伏叩首,炀帝命他起立,问他何事。元静奏道:"在先祖师凡离仙丈得道的一年,曾将白璧一方,种在地下,顷刻间长起了一树,开花如琼瑶相似,先祖师取名琼花。此后每年春间的三月,开花七日。哪知近三年,竟不开一花。昨宵忽地琼花大开,比了往年更盛,这定是圣上驾幸江都,花神有灵,才能有此祥瑞。小道今日特在观中设了素筵,敢请圣上驾临凡离观,一赏琼花。"炀帝大喜,即宣召十六苑夫人及得宠美人,连同萧皇后,齐向凡离观进发。

到了观内,元静在前引导,炀帝随了入内,众夫人美人也姗姗随行。到得后殿,便见院中一株琼花,足有一丈多高,玉瓣团团,雪蕊隆隆,朵朵花儿足有碗口般大,密缀枝头,远远望去,宛似雪压满树。那一股清香,未到后殿已是扑鼻,大异寻常花香。炀帝赞道:"果然名不虚传,独擅江都之胜。"待走近花前,仔细观瞧,只见那花重萼复瓣,一层一层地包着花蕊,在花蕊的正中,却有一点猩红,越发显得不同凡卉。元静解释道:"先祖师种的那块白玉,中间也有一点红斑,因此花的中心,便有一丝红蕊,以显仙家的神异。"炀帝和一行人听了,都点头叹赏。

赏了一回琼花,观内素筵已准备齐整。炀帝见所设宴席,即在院中离花不远,正中心怀。即与萧皇后一行人,同坐了一席,正待举杯,陡地起了一阵风,竟越刮越大,好不厉害,飞沙扬尘,天昏地暗。内侍赶快障了宫扇,炀帝和萧皇后等都被风吹得睁眼不开。等风定云开,内侍们移去宫扇。炀帝睁眼看时,和众人同声道异,原来一阵风把一树玉雪冰洁的琼花,吹得落英遍地,莫说完整的花朵,竟连一瓣半片,也不剩留,光剩下秃秃的光枝。炀帝惊得痴呆了半晌,好生扫兴,一怒之下,竟要将树连根砍去。众人多方劝阻,炀帝方消怒气,悻悻而归。观主元静本想邀宠,不料事与愿违,垂头丧气收拾一回,百般咒骂着可恶的风。哪知一树琼花,到了晚上,便全枯萎,再不会复活。从此,号称仙种的琼花便绝了种。

炀帝被琼花扫了兴,回到宫中,越想越恼火,便起了驾返洛阳的念头。就立即和萧皇后说了,萧皇后原隋炀帝说话的,自是顺从,连声称好。即命何稠监造车服。何稠了解炀帝性情,就一味追求奢华,衮冕上面,统绣日月星辰,皮弁俱用漆纱制作。还别出心裁,欲制作黄麾三万六千人的仪仗,责令各地州县官儿,采办百鸟羽毛,作为羽仪之用。一时间,州县官责令吏役,吏役责令百姓,百姓无法,只得四处张罗,弋捕大鸟,拔取羽毛。一时禽族遭了大劫,收罗殆尽,几致没有遗类。

在浙江湖州的乌程县,县城东面十里左右,唤作泽镇的地方,有所社神小庙,庙前有一棵大松树,高逾百尺,粗逾十围,绿荫如盖,足足遮了有数亩的田土。上面有一十多年的鹤巢。老鹤在其中育卵多年。当地百姓奉了上面的严令督促,搜集羽毛,一时无法应命,便有人想起了社神庙前的鹤巢。当下邀集多人到了树下,只是树太高,没法上树,千思万想,没有别的法儿,只有用斧子砍伐了,想放倒了树,捉那巢中小鹤。那树上的老鹤,似解人意,恐那树一倒下,雏鹤受害,好几只老鹤就自拔羽毛,抛掷地上。一班人纷纷拾取,交上去应差。因老鹤自拔羽毛,反被人称做瑞事,说什么"天子选羽仪,鸟自献毛羽"。州县官将此事献谀,上了贺表,炀帝见了也自欢喜。

等何稠监造好了各种东西,由洛阳送至江都,炀帝一一过目,非常合意。便排全了羽仪,四面翼卫,在江都四郊游幸。卫士们各执麾羽从游,拖延至三十多里,很是热闹。这样玩了几天,炀帝方下诏北归。内内外外又是一番忙碌,到三月底,方自江都出发。此时的仪仗,更比南下时华丽万分。到四月下旬,方抵东京洛阳。炀帝颁大赦书,豁免本年全国赋税,算作他下江南的一件恩典。

隋炀帝为何三游江都

隋炀帝整日游玩于迷楼,沉湎于酒色。不料乐极生悲,十六苑夫人中,先后有秦夫人、刘夫人、樊夫人相继亡故,魂归地下。接连死去三位绝世美人,自命多情的炀帝,呼天抢地,悲痛欲绝。想起秦凤琴的一双金莲,无人能及,炀帝越想越是神伤,不觉终日长吁短叹,闷闷不乐,闲居索兴,游玩无心,终日昏昏沉沉,倚卧榻上。萧皇后见了炀帝如此凄凉,她原是柔顺无比的人,事事只求炀帝随心,便百般婉劝,炀帝终是怏怏不乐。萧皇后无计可施,突然灵机触动,建议三游江都。

炀帝听了之后,笑对萧皇后说:"江东春色,实是动人,第一次朕和爱卿等往游,得以饱尝风味,其乐无比。第二次再往,为了东征高丽,未能久留。今日若欲排除忧愁,除了江东春色,或可使朕心快乐。若长在迷楼,难免愁绪侵入。"萧皇后又说:"只是长途跋涉,也觉难堪。"炀帝说:"龙船甚是安稳,一路上若不延迟,到那江都也快。"

当下即命左右整顿龙船,第二天就决定南巡。又促命十六苑夫人和美人、妃嫔侍御整顿行装。此时国内已是盗贼四起,各地守吏,相继报警。

炀帝不顾正直大臣的谏阻,闻知龙船造成,即命皇孙越王侗留守东都,自带一行人在第二天起程。

一行人浩浩荡荡,行至河滨,炀帝下辇,即望见新造成的船队,排列河中,多是云龙装饰,更比前几次的宏伟,灿烂夺目。炀帝当然心欢意乐,便和萧皇后分乘了最大的龙船。十六苑夫人们,也各坐龙船一只,只是规格略小一些。其余的美人,也都一一分派,各有坐船。文武百官,或在船中居住,或在岸上夹护,鱼贯前进,连绵不断。炀帝到船中,即传一谕,不奉停泊的号令,就是晚上,亦要行进,不得擅停。

这一天夜晚,秋夜月清,从水面上送来一阵阵的凉风。炀帝开了船窗,眺望秋夜景色。岸上四面秋声,幽凉动人,玩赏一回,忽然听有一阵歌声,顺了风,吹入耳中。炀帝听了,觉得歌词内容,都是讽刺他的话,不禁大怒。便令左右内侍,疾速上岸捉拿唱歌人。侍卫奉了炀帝旨意,离船登岸。听那歌声,似在东首,循声过去,又转向西边。回到西面,又无声无息。琅琅的歌声,又转向了他处,累得侍卫们心头火起,又是烦恼,又是焦急。虽是秋夜凉爽,额上也都见了汗珠。折腾了半夜,歌声方息。炀帝无限气恼,却也无可奈何,仍命启行。

到了天明,天气忽地转暖。到了日中时候,更是暴热,宛似盛暑。龙船虽是宽敞,炀帝也觉困闷。再看岸上牵缆的纤夫们,在烈日下,一个个挥汗

如雨,不胜疲惫。炀帝见了,倒也动了怜悯,就听了翰林学士虞世基所奏,令在汴渠两堤上移植柳树。且诏谕地方人民,有献柳一株者,即赏绸一缣。这时柳还未凋,百姓都掘柳来献。炀帝看了高兴,竟从龙船登岸,亲手植柳一株,作为首倡。那班文武官员,上行下效,亦各种了一株,然后令百姓分种,照柳给赏。百姓踊跃非常,越种越多,柳荫满堤,千丝垂碧,自大梁迤逦南下,柳树成行,到处都是,顿时使炎热失势,化作清凉。炀帝一时高兴,命人取钱散给百姓,并亲书金牌一面,悬在最大的柳树上,赐柳姓杨。因此,后人皆呼柳为杨柳。

江都通守王世充又献上了吴越女子五百名,作为半途供应役使。炀帝一时没处安排。虞世基又上奏说:"不妨将她们充作殿脚女,在岸上同牵船缆。每船十人,另用嫩羊十只相间而行,定能辉映生姿,有趣异常。"炀帝称好,将五百个女孩子充作了殿脚女。

于是红粉轻盈,彩袖飘飘,一路上绮罗飞逸,香风传芳。炀帝看了,好生欢喜,蓦见一个妙女在那殿脚女中,秀出众人,甚是俊俏。炀帝不觉失声说:"这般绝色,怎能使充贱役?"遂令左右宣召入船。到了面前,仔细瞧视,只见她腰肢柔媚,似风前垂杨;体态风流,如当春梨花;明眸皓齿,雪肤花貌;最妙是两道弯眉,恰似新月,惹人动怜。

炀帝含笑问她说:"你是何处人氏,姓甚名谁,年龄几何?"那女子跪地答道:"贱婢乃姑苏人氏,姓吴名叫绛仙,十七岁。"炀帝脱口赞道:"好一个绛仙美貌!不必再到岸上牵缆,可留此侍朕。"绛仙盈盈谢恩。炀帝命左右着她女补了绛仙的缺儿,一面又宣召萧皇后、十六苑夫人,来大船同宴。

未到片刻工夫,众人已到了炀帝龙船。炀帝命绛仙拜见了萧皇后,并和各夫人施礼。萧皇后执了绛仙的纤手,细细端详一回,啧啧赞道:"好一个美人,圣上却从哪里觅得?"炀帝笑道:"险些辱没了美人,乃在殿脚女里。"妥娘笑道:"贱妾原是不解圣上因何故召宴,哪知却是献宝的。"

众夫人一齐失笑。炀帝笑着指了妥娘说:"只是你的话最尖刻,专一打趣朕躬。"一阵说笑,坐入酒筵,开怀畅饮。绛仙笑吟吟地走近炀帝身侧说:"贱婢有支曲子,欲待献丑。"炀帝听了好生快活,笑顾萧皇后说:"不想绛仙善歌,更是令朕心爱。"妥娘抿了嘴,笑道:"便是不善歌,圣上还不爱么?"炀帝含笑不语,即命绛仙快唱。绛仙便呖呖莺声,婉婉转转地唱了一曲,歌词尽是眼前风光及人物景色。

歌声刚歇，妥娘早已斟了一杯酒，给了炀帝说："唱得妙极了！圣上快快将此杯酒赏与美人饮了。"炀帝笑道："你不要乱献什么殷勤，绛仙原是要受赏的。她唱的歌儿妙在尽是眼前风光，并将殿脚女的娇态谱进了歌中，好不生动，令人神往。'似怕春光去也，故教彩线常牵。如愁淑女难求，聊把赤绳偷系。'这几句真是佳妙无比！"说着，炀帝将妥娘所斟的一杯酒赐与绛仙饮了。

绛仙不善饮酒，一杯酒下肚，早已是赤霞染红粉颈，更显得娇媚无比。妥娘又笑道："淑女也不难求，殿脚女中已是得了一个，难免还有。赤绳也不须偷系，只要恩施雨露，待看今夜良辰，成就了水上鸳鸯。"众人听了，不禁齐声失笑。炀帝也忍俊不禁。绛仙却羞红了脸，低垂粉颈。

待到撤宴，炀帝早已是按捺不住，跃跃欲试，见萧皇后和众夫人退回了原船，迫不及待地拥了绛仙，进了船上寝室，宽衣解带，随着水上颠簸，成就了水上鸳鸯的好事。炀帝和绛仙一夕欢娱，自觉畅快无比，高兴异常，深感不虚此番南巡。绛仙既得恩宠，更是熏香敷粉，珠膏玉沐，一副黛眉，越发描画得楚楚动人，愈见丰致如画。炀帝新恩方重，把她当作洛妃神女，格外宠爱，在龙船里，整日整日地和她作伴，再也不嫌寂寞了。

等到龙船过了雍邱地区，将近宁陵地界时，有人来报："前面的水势湍急异常，阻碍了龙船，急切里不能过去！"炀帝诧异道："朕已两次临幸江都，并没有什么阻碍。此次为何这样了呢？"令人查问，此一段水路是何人监工开凿。一经查对，方知这段河工，乃由总管麻叔谋监工。可巧麻叔谋也随驾同行，即召来询问所以。麻叔谋惶恐答道："臣前时监工凿河，测量得甚是准确，并没有深浅不一之处，今日忽然变浅，连臣也不知道何故？"炀帝说："想是当年工役，偷工躲懒，不曾挖得妥当，这可怎么办好呢？"麻叔谋说："容臣再去开挖，将功赎罪！"炀帝点头说："若是只有一处淤浅，还容易为之，只怕一路过去，还有浅处，如何能探得明白？"翰林大学士虞世基说："这却不难，可做一具铁脚木鹅，长及一丈二尺，自上流放下河中，如木鹅搁住，即是浅处。"

炀帝依议，令人制造了铁脚木鹅，往验河水的深浅。一经试验，竟有一百二十九处淤积，炀帝听得奏报，勃然震怒说："这是河工偷懒而致，不肯尽

中华宫廷秘史

心开挖,致使贻误了国家大事。若不依法处死,怎能治服天下!"当即下令,查究当年役夫姓名,悉行捕捉,共捉得五万余人。炀帝命将他们倒埋岸下,教他们生做开河夫,死做抱沙鬼。炀帝惨无人道,真是令人发指。

麻叔谋见坑杀了许多夫丁,也觉心寒。连夜催督兵民,掘通淤道。炀帝得了绛仙,日日纵欢,也不十分催促。每日或行三十里,或行二十里,或行十里,并不计较。因此,麻叔谋得有工夫,逐节疏通,直至睢阳。

炀帝小住睢阳,约过数天,重新启程,再次南下,沿途无甚阻碍。只是许公、大将军宇文述,在路途上因病亡故。炀帝感念宇文述过去功劳,甚为伤感。宇文述有两个儿子,一叫宇文化及,一叫宇文智及,都是无赖。炀帝授宇文化及为右屯卫将军,智及为将作少监,随幸江都。

隋炀帝荒淫之谜

隋炀帝自到了江都,一天比一天荒淫,天天酒色昏迷,东游西宴。这时炀帝已年将半百,怎禁得朝朝红友,夜夜新郎?炀帝渐觉神疲精尽,力不能敌,心中常怀不满,以不能满足众美人的要求为极大憾事。

东都洛阳天王宝寺的主持安迦陀,投其所好,深知炀帝风流,每夕的颠鸾倒凤,全凭一身精力。他也算忠君爱上,炼成了一服药剂,名叫万象春,共有三百颗丸儿,盛入了锦盒,亲自送往江都,面见了炀帝,密呈上去。

炀帝开盒看的时候,只觉异香扑鼻,鲜红可爱,便笑问安迦陀说:"这是什么丸儿?"迦陀答道:"名唤万象春。"炀帝听了名儿,便已明白了三分,笑道:"可是床上助兴的妙品?"迦陀道:"圣上龙马精神,原不必小道献此,只是偶尔助兴,也不可少。小道便不辞亵渎,至诚献上。"炀帝哈哈笑着接过药丸,密藏起来。迦陀又献上一方说:"圣上依方配药,煎水取汁,溶入万象春,便成了长生汁。"

这天晚上,江都宫中,秀帘微开处,一只雪白粉嫩的纤手,从帘内伸出。手中捏了只玉杯,杯子里面,有粒滴溜圆的红丸,似小白果般大,在杯底滚动。帘内人娇喘吁吁地说:"快拿了去加药,快送了来,圣上还要连续战斗,不要误了。"帘外一个内侍,双手接了玉杯,应了声"是",向杯中一瞧,吐了

下舌头，扮了个鬼脸，便捧了玉杯，走进一间小室。

小室里边，药香扑鼻。室中放着一只小泥炉子，上面放了个银罐，炉中火正旺，罐中药正沸，水汽上腾，散发出了阵阵药香。炉子旁侧，有个小宫女，坐在矮凳上，正在垂头瞌睡。内侍走进

隋代青铜器

里面，她还没有觉到。内侍悄悄走到她身前，在她头上轻轻地打了一下，小宫女急忙抬头，瞧了一眼内侍道："呵，是张公公来了，药已滚了好久呢！"说着，用块湿巾衬了手，取那炉上银罐，将罐中的药汁，倒入玉杯。一边倒药，一边却向那个张公公问道："圣上究竟得了什么病，一连三天了，都喝这种药，又溶进这么大的红丸，丸儿的名字，公公可知道吗？它是治什么病的？"

张公公扑哧一笑道："这颗药丸，名叫万象春，吃了令人快活的，你说妙不妙？"宫女见杯中已有八分满了，便将罐儿放在桌子上说："那可真妙呢，会叫人快活的，只是圣上还有什么不快活的，非要吃它才能快活呢？"张公公笑道："圣上原是要自己寻快活的，吃了这种药，就更加快活了。"他边说边走，到了门外咕哝着道："这个小女子，懂得个什么。圣上吃了这种药，是要干活儿的，从晚到早，从早到晚，也真神了，一天一夜竟能干倒了十几个美人。要是实话告诉，还不羞死你。"

他只顾了自言自语，忘却了留神脚下，给门槛一绊，赶忙住了脚步，杯中的药汁，已泼出了一些，流在了杯子外面。他一时昏了头，便伸了舌头，去舔那药汁，只觉一股异香，透遍全身，舌尖上热烘烘地。他猛地想起了什么，急忙乱吐涎沫，自言自语说："该死的，怎么可以舔这种药汁，下面的家什也没了，真个上了劲，没处发散，不要累死人。"

这时，已走近了内宫寝室，他将杯沿儿用袖揩了揩，见没有了药汁，才安了心，到了寝室跟前，轻声报道："长生汁来了！"只见里面伸出一只纤手，接过玉杯，即便缩入。张公公的责任尽到，径自退去。

在寝室里，龙床上坐着一风流天子，正是炀帝，赤身裸体拥被在床。床脚下面，却有六个妖娆女子，都是秋波送媚，樱口留娇，一律的紧身小袄，绣

花裤儿。另有一个美人，手中捧了玉杯，先用试毒针，向杯中放下，停了一会儿，瞧瞧针儿不变颜色，才放下心来。含着媚笑，盈盈地走到床前说："圣上快喝吧，不要凉了。"

炀帝笑了笑，接过玉杯，咕嘟咕嘟将药汁饮尽，将玉杯交给那个美人说："放下杯子，你先到床上来吧！"美人一笑接杯，将杯放好，真的尽褪衫裙，登了龙床，钻入锦被。炀帝仍然拥被而坐，两只手却上下活动起来。

那个美人在锦被中瞧着炀帝，格格娇笑，还伸出纤手，帮炀帝活动。隔不一会儿，炀帝也钻入了锦被，只见被子隆起，翻腾红浪，波动不已。坐在床席上的六个美女，一个个抿了小嘴儿暗笑。秋波掠到床上，便急忙避开。听着床上的声音，又不禁将秋波回射龙床。看着被子有节奏地波动，不觉春上眉梢，霞红粉脸。隔了片刻工夫，床上锦被中的美人，已是大汗淋漓，娇喘吁吁，下了龙床，按炀帝的旨意，要六个美人赤光了娇躯，或躺或侧，炀帝也兴致勃勃，钻出锦被，将一排七人，依次轮幸。

到宫鼓三更时候，席上七人，此上彼下，已是轮了三遍。炀帝还是精神勃勃，便又传进了三名宫女，轮流幸了一遍，他才尽兴，软化在床，昏昏地睡去。炀帝仗着一颗万象春，通宵欢娱，众美女皆相惊刮目。炀帝本因旦旦而伐，有时已不能振作，即使能振，也难持久。如今得了万象春，竟能这般神验，一宵幸遍十六苑夫人，三夜幸得三十六人，个个免战高悬，献了降表。炀帝非常得意，便赏安迦陀黄金一千两，彩帛三千端。又命迦陀再合一服药来，俟后应用。迦陀谢了恩赏，兴冲冲回东都而去。

自此，炀帝在江都宫中，添筑了百余间房舍，均布置豪华。每房居一美人，轮流做东道主。炀帝自做上客，今日东房饮宴，明日西舍调情，天天处于酒色昏迷之中。炀帝本是年将半百的人，怎禁得酒浸色伐。自从服用了安迦陀的万象春，纵情作乐，原是百战不疲，但春药合成，不免有辛燥的药石，把炀帝炼得真精枯竭，诸病杂起。萧皇后便劝他调摄身体，暂离酒色。炀帝揽镜自照，也觉形容枯槁，只得勉强应允。萧皇后又恐他口是心非，背了她私自寻欢，便和十六苑夫人，及炀帝心爱的美人们，也暗暗说了，叫她们不得和炀帝私会。若炀帝求欢，当婉言拒绝，乘机劝谏。众夫人美人也正暗暗担忧，如今萧皇后一说，都表示赞同。

炀帝答应萧皇后的话，原本就不是真心，不过是敷衍了事。到了晚上，便忍耐不住，悄悄来到吴绛仙室中，即欲绛仙设宴，被婉言相拒。炀帝愤愤走到妥娘室中，也未遂愿。炀帝又怫然来到袁宝儿房中，仍然不得成功。炀帝不由怒上心头，只是隐忍未发，独自在宫中乱转。忽见一处室中，月移花影，风吹帘条，小院寂寂。室中绣被半展，锦帐高悬，一个俏佳人，眉蹙春山，支颐独坐，默默地发呆。

炀帝一见心中大喜，原来是从未宠幸过的美人，名叫月美。便闯了进去，月美见是炀帝，心中高兴。炀帝命月美闩了室门，摆宴畅饮。二人边饮边谈，不一会儿，一坛子酒，竟给炀帝饮去了大半，已是有了七八分的酒意。便将月美抱在膝上，索手索脚，恣意调笑。月美只因从未被宠，心怀怨恨，一心希宠，故也着意殷勤献媚，做出了万种风流，千般体态，引得个炀帝宛似雪狮子向火，浑身软化。他们两下调情，早有探事的宫监，前去报知了萧皇后。

萧皇后听说炀帝无信，连遭夫人美人们拒绝，竟又到了月美那里，便叫了绛仙、妥娘、宝儿等前往月美住室。经一番周折，叫出了月美，说明了原委，便携了月美的手，回到她的宫中。

炀帝当时还躲在月美床上，不愿与萧皇后等人相见，等了好久，不见月美入室，不觉动疑，又加了七八分的酒意，更是忍耐不下，遂大踏步向萧皇后的宫中赶去。这时，萧皇后还正与月美、宝儿、妥娘、绛仙、杳娘在宫中闲谈。炀帝怒冲冲走入，劈头便问月美说："你怎敢擅自地走了，抛下朕一人。"月美只是向萧皇后瞧着，不吭一声。萧皇后便向炀帝笑着道："贱妾命月美走的，不干她的事，圣上若要降罪，请罪妾好了！"炀帝冷笑道："你们也太放肆了，竟敢串通一气戏弄于朕！"妥娘在一旁笑道："娘娘也是一番好意，圣上不要误会了！"炀帝瞪目呵斥说："你逞了一张利口，专和朕躬打趣。朕如再纵容你们这班贱人，一个个都要目无君上了！"当下即命内侍说："将妥娘、杳娘、袁宝儿、吴绛仙四人，送入冷宫，不奉朕的赦命，不得擅自任她们出入！"妥娘虽是口利，也不敢言语。萧皇后吓得也不敢劝阻。眼见妥娘四个，含泪而出。

这时的月美，却是喜上眉梢，十分得意。炀帝也不和萧皇后多语，携了月美的纤手，出宫而去。到得月美室中，各遂了心愿，狂欢了一宵。到了天明，方始交股而睡，直到午后梦回，才结束下床。炀帝便和月美告别，相约今宵再乐，月美当然喜允，殷殷相送。

萧皇后早已约齐了十六苑夫人和众美人，齐来为妥娘等求情，炀帝一是因昨夜玩得畅快，二是并不深怪妥娘四人，也就顺水推舟，命内侍将妥娘等四个赦出了冷宫。从此，再也无人劝阻炀帝。炀帝一如往常，淫乱无度。但是，他却不知道此时的天下早已大乱了。

隋炀帝为何远征高丽

隋炀帝自大业七年（公元611年）起，连年征发天下之兵，三次亲征高丽，先后出兵数百万之众，死亡不计其数。这是隋王朝由盛而衰的又一原因。隋炀帝为何要进行如此大规模的战争？还是从远征的具体情况来考察。

大业七年（公元611年）二月二十六日，隋炀帝下诏征讨高丽，令幽州总管元弘嗣前往东莱海口，建造战船三百艘。官吏们严厉督促工程的进展，工匠、役丁们昼夜站立在水中，未敢停下稍微休息一下，他们自腰以下都生了虫蛆，病累而死去的人足有十之三、四。四月十五日，隋炀帝车驾抵达涿郡的临朔宫，随从车驾的九品以上文武官员，郡政府一律负责给宅邸安置。原先，隋炀帝下诏征调天下兵卒，无论远近，都到涿郡集合。又征调江淮以南的水手一万人，弩手三万人，岭南短矛突击手三万人，于是被征调的兵卒像江河一般，从四方奔赴涿郡，川流不息。

五月，隋炀帝命令河南、淮南、江南各郡制造兵车五万辆送往高阳，用来装载衣甲幔幕，不用牛马，而命士兵自己拉车；又征调河南、河北民工以供应军需。

七月，再征调江、淮以南民工以及船只，把黎阳和洛口各粮仓的粮食运到涿郡，大小船只首尾相连绵延千余里。运载兵器铠甲以及攻城器械的人来来往往，道路上始终保持几十万人，拥挤于道，昼夜不停。据载，"死者相枕，臭秽盈路，天下骚动"（《资治通鉴》卷181）。

隋炀帝自从大业六年（公元610年）就计划征伐高丽了，当时诏："谏天下富人买武马，匹至十万钱；简阅器仗，务令精新，或有滥恶，则使者立斩。"其意是说，命令征收天下富人的捐税，用以购买军马，每匹军马价至十万钱。

同时命人挑选、查验兵器和仪仗，要求务必精、新，如果发现有粗制滥造，不合规定者，立即将监制官斩首。后来，隋炀帝又下诏在山东置府，命令饲养战马以供军队役使，征调民工运输粮食，储存在泸河、怀远二镇。运粮的车辆和拉车的牛只，全都一去不返，士卒死亡也超过一半。农民的耕种失时，田地荒芜，再加上饥馑，粮食价格腾贵，东北边境地区尤其严重，一斗米要值几百钱。各郡县运来的谷米有时被认为粗劣，官员就命令百姓买进这些米，而用钱来补偿损失。隋炀帝又征调车夫六十余万，两个人共推三石米，运粮的道路艰难险阻且又遥远，这三石米还不够车夫路上吃的，等到抵达泸河、怀远二镇时，车夫们已没有可以缴纳的粮食，车夫们恐怕受罚，只好畏罪而逃亡了，再加上官吏贪狠暴虐，借机鱼肉百姓，百姓穷困，财力都枯竭了。史载："安居则不胜冻馁，死期交急，剽掠则犹得延生，于是始相聚为群盗。"（《资治通鉴》卷181）认为在当时的环境下，安分守己则无衣御寒，无食果腹，死期也迫在眉睫，而起兵抗暴，则还可能活命，于是，百姓开始聚众闹事，四出抢劫。

各地被征调来的军队都汇集在涿郡，隋炀帝召来太史令庾质，问道："朕承先旨，亲事高丽，度其土地人民，才当我一郡，卿以为克不？"就是说，高丽的土地、人口不到隋王朝的一个郡，今天朕率领如此庞大的军队去征讨高丽，你认为能打败高丽吗？这里至少有两层意思：一，征高丽是早有准备的，是"承先旨"，也就是隋文帝定下的方略；二，隋炀帝准备亲征，一举征服高丽。庾质回答说："以臣管窥，伐之可克，切有愚见，不愿陛下亲行。"（《隋书·庾质传》）其意是说，征伐可以取胜，但依我的愚见，不希望陛下亲自去征讨。隋炀帝一听此言，脸色就变，说："朕今总兵至此，岂可未见贼而自退也？"其意谓，今天我集结军队到这里，怎么能还未看见敌军，我就先退却呢？庾质回答说："陛下若行，虑损军威。臣犹愿安驾住此，命骁将勇士指授规模，倍道兼行，出其不意。事宜在速，缓必无功。"（《隋书·庾质传》）其意认为，经过一番苦战而不能获取大胜，恐怕有损陛下的威望。如果陛下留在此地，只指导传授谋略，命令猛将劲卒，火速进击，出其不意，必定可以攻克。军事的契机在于神速，迟缓就会无功。其实，庾质是有苦衷的，言外之意是不愿意隋炀帝妄自出兵。隋炀帝听了此番回答，很不高兴地说："汝既难行，可住此也。"接着，右尚方署监事耿询上书隋炀帝恳切地劝说："辽东不可讨，师必无功。"(《隋书·耿询传》)隋炀帝勃然大怒,命令左右将耿询斩首,幸赖少府监何稠竭力相救,耿询才免于一死。不听臣下劝阻,一意孤行,这也反映了此时隋炀帝愈演愈烈的个性特征。

征伐高丽已经成了隋炀帝的既定方针,无论谁的劝说都无法阻拦,且要遭杀。大业八年(公元612年)正月初二,隋炀帝下诏:左翼十二军分别进攻镂方、长岑、溟海、盖马、建安、南苏、辽东、玄菟、扶余、朝鲜、沃沮、乐浪等道;右翼十二军分别进攻黏蝉、含资、浑弥、临屯、候城、提奚、蹋顿、肃慎、碣石、东暆、带方、襄平等道。各路人马先后出发,限定在平壤会师,官兵共有1133800人,号称200万,而后勤军需人员,再加两倍。

隋炀帝在桑干水的南面祭祀战神,在临朔宫南祭祀先帝,在蓟城北祭祀马神。隋炀帝亲自任命将帅:每军设大将、副将各一人;骑兵40队,每队100人,十队为一团;步兵80队,分为四团,每团各有偏将一名;每团的铠甲、缨拂、旗幡颜色各异;各军另设受降使者一名,负责奉授诏书,慰劳巡抚之职,不受大将管辖;其他的辎重、散兵等也分为四团,由步兵左右保护下前进;军队的前进、停止或设营,都有一定的号令规定。

正月初三,第一军出发,此后每日出发一军,前后相距40里,一营接一营前进,经过四十天才出发完毕。各军首尾相接,鼓角相闻,旌旗相连960里。隋炀帝的御营共有十二卫、三台、五省、九寺,分别隶属内、外、前、后、左、右六军,依次最后出发,又连绵80里。《资治通鉴》评论说:"近古出师之盛,未之有也。"(《资治通鉴》卷181)这里讲的"盛",是讲其规模,并不指士兵。规模如此之大,而最后败溃,可见其不得民心。

征伐高丽之际,隋炀帝任命兵部尚书段文振为左候卫大将军,率军进攻南苏道。段文振在途中得了重病,他上表说:

"臣以庸微,幸逢圣世,滥蒙奖擢,荣冠侪伍。而智能无取,叨窃已多,言念国恩,用忘寝食。常思效其鸣吠,以报万分,而摄养乖方,疾患遂笃。抱此深愧,永归泉壤,不胜余恨,轻陈管穴。窃见辽东小丑,未服严刑,远降六师,亲劳万乘。但夷狄多诈,深须防拟,口陈降款,心怀背叛,诡伏多端,勿得便受。水潦方降,不可淹迟,唯愿严勒诸军,星驰速发,水陆俱前,出其不意,则平壤孤城,势可拔也。若倾其本根,余城自以刔。如不时定,脱遇秋霖,深为

艰阻,兵粮又竭,强敌在前,靺鞨出后,迟疑不决,非上策也。"(《隋书·段文振传》)

其意是说,我认为辽东这个小丑,不服从朝廷的严格法令,致使隋王朝从远处调来军队,劳累御驾亲征。但夷狄性多诈,必须严加防备,对方如果仅在口头上说投降的条件,最好不要仓促接受。今阴雨不停,大水行将成灾,不可耽误迟缓。只愿陛下严厉约束各军,星驰速发,水陆并进,出其不意,那么平壤这座孤城,势必会被攻克。只要倾覆了他们的根本,其余城池自然就会望风瓦解,不攻自破。如果不能立即抓住时机,万一遇到秋雨连绵,便会深陷艰难险阻的境地,兵粮枯竭,强大的敌人仍在面前,靺鞨部落将攻击我们的背后! 若是还迟疑不果,就决非上策了。

段文振上表的主题在于"星驰速发",不可"迟疑不决"。上表之后,没几天就去世了。段文振死了,可他的"速发"方针为隋炀帝所接受。隋炀帝看了奏书,悲叹良久。三月十四日,隋炀帝亲自进入军营指挥军队。隋军抵达辽水西岸,各路军队集合会师于此,就在临辽水河畔构筑了庞大的阵地。高丽兵依仗辽水据守,隋兵无法渡过辽水。左屯卫大将军麦铁杖对医者吴景贤说:"大丈夫性命自有所在,岂能艾炷灸,瓜蒂歡鼻,治黄不差,而卧死儿女手中乎?"其意谓,大丈夫的性命,上天自有安排,不可以活到后来,用艾叶在额上烧灸,用瓜蒂在鼻孔喷汁,怎么治都不能退热,死在儿女之手! 于是请求充当前锋。将要渡辽水时,又对其三个儿子说:"阿奴当备浅色黄衫。吾荷国恩,今是死日。我既被杀,尔当富贵。唯诚与孝,尔其勉之。"(《隋书·麦铁杖传》)这里是讲,我身受国家大恩,今天是为国赴死的日子了,我死得其所,你们就能得到富贵了。隋炀帝命令工部尚书宇文恺在辽水西岸建造三座浮桥,浮桥造成后,引着浮桥向东岸移动,想不到浮桥太短,距东岸还有一丈多长的距离。就在此时,高丽兵大批赶到,隋东征军的士兵争相跳入水中与高丽兵交战,高丽兵凭借地势高,回击隋军,隋军无法登岸,战死的人很多。麦铁杖跳上岸斯杀,与虎贲郎将钱士雄、孟叉等,全部战死。于是,隋炀帝下令撤退,将浮桥带回西岸。隋炀帝下诏曰:"铁杖志气骁果,夙著勋庸,陪麾问罪,先登陷阵,节高义烈,身殒功存。兴言至诚,追怀伤悼,宜贲殊荣,用彰饰德。可赠光禄大夫,宿国公。谥曰武烈。"(同上)让他的儿子麦孟才承袭了爵位,铁杖的次子仲才、季才都授以正议大夫的官职。隋炀帝又命令少府监何稠把浮桥加长,两天即行完成。于是,各军依次相继进发,与高丽军大战于东岸,高丽大败,战死者数以万计。东征各军乘胜进击包围辽东城,即汉王朝时代的襄平城。隋炀帝车驾也渡过了辽水,他带着西突厥曷萨那可汗和高昌王麹伯雅参观战场以慑服他们。隋炀帝下诏大赦天下,并命令刑部尚书卫文升、尚书右丞刘士龙安抚辽东百姓,免去辽东百姓徭役十年,在此设置郡县,以助统治。

当诸位将领向东进军时,隋炀帝亲自告诫说:"今者吊民伐罪,非为功名。诸将或不识朕意,欲轻兵掩袭,孤军独斗,立一身之名以邀勋赏,非大军行法。公等进军,当分为三道,有所攻击,必三道相知,毋得轻军独进,以致失亡。又,凡军事进上,皆须奏闻待报,毋得专擅。"(《资治通鉴》卷181)隋炀帝在这里强调,现在采取的军事行动,完全是拯救百姓,讨伐罪犯,而不是为了功名。诸将若是有人不理解朕的意图,打算突击偷袭,孤军独斗,使自己扬名沙场,以邀赏请封,这不符合大军东征之目的。诸将进军时,应当分兵三路,当发动攻击时,三路兵马都要互相配合,不许一军单独前进,防备损失伤亡。还有,凡是军事上的进退,都须奏报,等待命令,不许擅自行事。

辽东高丽军发动几次反击,未能取胜,于是就闭城固守,不再出战。隋炀帝命令各军将城团团围住,同时又命令诸将:"高丽若降,即宜抚纳,不得纵兵。"(《资治通鉴》卷181)即谓高丽军若请求投降,就立即宣布安抚接纳,不得纵兵进攻。辽东城每次情势危急,眼看就要攻陷时,城中高丽军就声称要投降,东征将领们因奉隋炀帝旨意,不敢抓住这一时机,总是先命人飞马奏报隋炀帝,等到答复回来,城中的防守已调整巩固好了,随即高丽军又坚守城池,继续抵抗。如此这般,经过三次,隋炀帝仍是没有醒悟。因此,城池久攻不下。

六月十一日,隋炀帝巡视辽东城南,观看辽东城池的形势,他把将领们召集起来,责备道:"公等自以官高,又恃家世,欲以暗懦待我邪!在都之日,公等皆不愿我来,恐见病败耳。我今来此,正欲观公等所为,斩公辈耳!公今畏死,莫肯尽力,谓我不能杀公邪!"(《资治通鉴》卷181)其意谓,你们自以为身为高官又依恃着显赫家世,是不是把我当成一个糊涂虫,想要暗中怠慢欺骗朕吗?在京都的时候,你们都不愿意让我亲自出兵,恐怕我看见你们

隋宫秘史

的私弊和腐败。今天我到这里来,正是要观察你们的所作所为,要杀你们这些人! 今天你们怕死,不肯尽力,难道我不能杀你们吗? 隋炀帝先是表彰了麦铁杖等一批骁勇将士,后又厉言训斥一批没有战绩的将领。诸将听了这番训斥都惊惧、战栗而变了脸色。

见城池久攻不下,隋炀帝的速决战的计划破灭了。因此,他就留在辽东城西几里外的地方,住在六合城,而高丽的城池都各自坚守,未能攻下,处于相持阶段。

此时,右骁卫大将军来护儿率领江、淮水军,船舰连绵几百里,渡海先行,从浿水(即大同江)进入高丽。距平壤60里时,与高丽军相遇,隋水军进攻,大破高丽军。来护儿想乘胜进取平壤,副总管周法尚阻拦他,请他等待各路军队到达后,再一同进攻。来护儿不听,他挑选精锐甲士四万人,直趋平壤城下。高丽军在外城的空寺中设下伏兵,然后出兵与来护儿交战,接着又佯装战败,来护儿率兵乘胜追击,进入城内,他纵兵俘获抢掠,队伍乱不成伍,这时高丽的伏兵突然出击、来护儿大败,仅只身逃出,士卒生还的不过几千人。高丽军追杀到隋军的船只停泊处,周法尚严阵以待,高丽军才撤退。来护儿率军退到海浦,心胆俱裂,不敢再留下接应各路军队。

左翊卫大将军宇文述率军进攻扶余道,右翊卫大将军于仲文率军进攻乐浪道,左骁卫大将军荆元恒率军进攻辽东道,右翊卫将军薛世雄率军进攻沃沮道,左屯卫将军辛世雄率军进攻玄菟道,右御卫将军张瑾率军进攻襄平道,右武候将军赵孝才率军进攻碣石道,涿郡太守检校左武卫将军崔弘升率军进攻遂城道,检校右御卫总部虎贲郎将卫文升率军进攻增地道,规定各路大军全部到鸭绿水西岸会师。上列宇文述等诸将率军从泸河、怀远二镇出发,人马供给100天的粮秣,又装配铠甲、枪稍以及衣服、篷帐和攻城、煮饭用具,加起来每人要负担三石以上,对此重量,士卒体力无法负荷。隋炀帝下令:“士卒有丢弃粮食的斩首!”于是军士们都索性在没有出发前在幕帐内挖坑,把粮草等物埋藏起来。所以,队伍才走到半路,粮食已将吃尽了。

高丽派遣大臣乙支文德前往隋军东征军军营诈降,其实是要探听隋军的实力。右翊卫大将军于仲文曾经奉隋炀帝的秘密指令:“若遇高元及文德者,必擒之。”(《隋书·于仲文传》)于仲文就把乙支文德抓起来,尚书右丞刘士龙作为慰抚使,他坚决反对抓乙支文德,于仲文只好将乙支文德放回

去。可是，一会儿就后悔了，又派人追上去哄骗乙支文德说："更有言议，可复来也。"其意谓，另外还有话要相告，请再来一聚。乙支文德头也不回，渡过鸭绿水而去。于仲文与宇文述等人因为让乙支文德跑掉了，内心惶恐不安。宇文述因为粮食已尽，想要班师。于仲文建议派精兵追捕乙支文德，可以立功，宇文述坚决反对。于仲文发怒说道："将军仗十万之众，不能破小贼，何颜以见帝！且仲文此行也，固无功矣……昔周亚夫之为将也，见天子，军容不变。此决在一人，所以功成名遂。今者人各其心，何以赴敌！"（《隋书·于仲文传》）其意是说，将军依仗着十万之众，却连一小撮盗贼不能打败，还有什么颜面去见圣上呢？况且，我这一趟出征，本来就知道不会有功，为什么呢？古时的良将所以能够建立功业，那是因为军中的事都由一人作主裁定，如今，各有各的一套心思，怎么能战胜敌人呢？这里说的是真心的话：一，出师之前，就认为"无功"，即不会胜利的；二，将领们如此心思不齐，"人各其心"，可见，隋炀帝出师，势在必败。当时，隋炀帝认为于仲文有计谋，曾命令各军向他咨询、汇报并听从他的调动指挥，因此于仲文才有他这番牢骚。由于这一原因，宇文述等人不得已而听从了于仲文的话，与诸将渡鸭绿水追赶乙支文德。乙支文德发现隋军东征军士卒面有饥色，因此故意让隋军疲乏。每次与隋军交战，高丽军立即后退，宇文述挥军急进，在一天之中，七战七捷。宇文述一方面依仗着突然而来的胜利，一方面又迫于各种议论的压力，遂率军进攻，东渡萨水，在距平壤城30里处，凭借山势扎营。乙支文德又派使者来诈降，向宇文述请求道："若旋师者，当奉高元朝行在所。"（《隋书·宇文述传》）其意说，假如隋军能马上退兵，就一定让高元前往皇帝离宫朝见。宇文述见士卒疲惫，已无力再战，而且平壤城险峻坚固，估计很难一下子攻破城池。于是明知道对方是诈，也只好当作真降来接受，正当宇文述将队伍列成方阵行进之时，高丽军队从四面八方包抄袭击，宇文述率军且战且退。

七月二十四日，隋军到达萨水，刚渡过一半，高丽军从后面袭击隋军的后卫部队，右屯卫将辛世雄战死，于是，霎时间，东征各军都溃乱了，士卒四散逃命，无法制止。将士们奔逃，一日一夜就跑到鸭绿水边，行程四百五十里。幸而将军天水人王仁恭殿卫，截击高丽军，将溃军挡住。来护儿闻知宇文述等人大败，也率军撤退，只有卫文升军单独保全。

隋宫秘史

当时,九路隋军渡辽河,共 305000 人,待回到辽东城时,只有 2700 人了。数以巨万的军资储备器械丧失殆尽。隋炀帝大怒,将宇文述等人枷锁拘押。

七月二十五日,隋炀帝自涿郡启程南返。

当初,百济国王璋派遣使者请隋朝出师讨伐高丽,隋炀帝让他们窥视高丽的动静,璋暗中又与高丽往来交结。隋军将要出动时,璋派遣他的大臣国智牟来请求了解出师的日期,隋炀帝大为高兴,厚加赏赐,派遣尚书起部郎席律前往百济,告之隋军出师以及各路军会师的日期。待到隋军渡过辽水,百济也在边境上严阵以待,声称是帮助隋军,实际上却是持观望的态度。

这次征讨高丽的行动,隋军仅在辽水西岸攻克了高丽的武房逻城,在此设置辽东郡以及通定镇而已。从整体而言,实际上是惨败的。惨败的原因,全在于军心之涣散和不得民心。为了保障这一微小的胜利,隋炀帝又命令运黎阳、洛阳、洛口、太原等仓的谷子到望海顿储存,派民部尚书樊子盖留守涿郡。

九月十三日,隋炀帝车驾到达东都洛阳。

隋炀帝的第一次征伐高丽的战役以惨败而暂告结束。如果隋炀帝能很好地总结经验,及时地吸取教训,那还不致于如此。然而,他对此一直耿耿于怀。隋炀帝心里一直不平静。

开初,一气之下将宇文述等人枷锁拘押起来。过了一些日子,隋炀帝的心又平静了下来,因为宇文述向来就受到隋炀帝的宠信,而且他的儿子宇文士及娶了隋炀帝的女儿南阳公主,因此,隋炀帝不忍处死宇文述。

再说,首次征讨高丽的惨败的一个原因是军资供应不上,并不是宇文述的个人过失。隋炀帝特地下诏为他平反:"宇文述以兵粮不继,遂陷王师;乃军吏失于支料,非述之罪,宜复其官爵。"(《资治通道》卷 182)这就是说,宇文述因为兵粮没有接济上,因此隋军被打败,这是军吏犯了军资供应不足的过失,不是宇文述个人的罪过。应该恢复他的官职爵位。不久,又加授宇文述为开府仪同三司。

这一诏命也就解脱了一批被处分的将领,同时也争取了一批主战将领。

隋炀帝没有吸取第一次征伐高丽失败的惨痛教训,还要继续发动进攻。他在大业九年(公元 613 年)的正月初二,下诏:一、征调天下之兵在涿郡集

结;二、开始招募平民为骁果;三、修辽东古城以贮备军粮。

除了积极进行物资和军事组织准备外,隋炀帝还进一步加强再征高丽的舆论准备。他对左右侍臣说:"高丽小虏,侮慢上国;今拔海移山,犹望克果,况此虏乎!"(《资治通鉴》卷182)隋炀帝将高丽视之为小虏,这本身就是不正确的。认为现在就是拔海移山,也是可以办到的,何况对付这个小虏。他将再征高丽的建议提交群臣讨论,以图统一认识。左光禄大夫郭荣持有不同意见,他以国家疲敝,"万乘不宜屡动"为由,劝说隋炀帝道:"戎狄失礼,臣下之事。臣闻千钧之弩不为䶂鼠发机,岂有亲辱大驾以临小寇?"(《隋书·郭荣传》)其意说,戎狄之国无礼,是臣子应该处理的事情,千钧之弩,不应只为一只小老鼠而发射,陛下何必亲自征讨这样的小小敌寇呢?郭荣的意见其实是不同意征战,只是用曲语与隋炀帝周旋而已。隋炀帝不同意郭荣的看法,仍坚持按着他自己的既定方针行事。

第一次征伐失败后,士卒伤亡惨重,百姓更纷纷逃避兵役,于是,招募骁果,以为卫士。三月,隋炀帝由东都到涿郡。四月二十七日,隋炀帝的车驾顺利地渡过了辽水。二十九日,隋炀帝派遣宇文述和上大将军杨义臣率军进军平壤。

与此同时,左光禄大夫王仁恭率军进发扶余道,进军到达新城,高丽军数万人阻击隋军,王仁恭率领劲骑1000名击败高丽军,高丽军闭城固守。隋炀帝命令诸将进攻辽东,并允许诸将可相机行事。于是,隋军用高空作战的飞楼、摧击城堡的撞车、攀登城墙的云梯、深入城中的地道,东征军从城池四面昼夜不停地发动攻势,但高丽守军在城中随机应变,竭力抗击。隋军攻城20余天还未攻克,双方都有大批人员阵亡。隋军所用的冲梯竿长十五丈,骁果吴兴人沈光爬到冲梯顶端,跨上墙垛,跟高丽守军进行肉搏战。双方短兵相接,沈光杀死高丽士兵十余人,高丽士兵竟集中目标,攻击沈光,沈光从冲梯上掉下来,还没有掉到地面,正好冲梯的竿上有一根垂下的绳索,沈光抓住绳子翻了身,又向上爬,再攀登厮杀。隋炀帝亲临现场指挥,亲眼看到这一激烈的战斗场面,深感沈光的行为极为英勇,于是任命他为朝散大夫,经常留在自己身边。

辽东城久攻不下,隋炀帝派人制做一百余万个布袋,每个布袋装满泥土,打算用布袋堆积成一条宽三十步、与城墙同样高的像鱼脊梁一样的坡

道,让士兵们攀登攻城。隋炀帝又命人制做八轮楼车,楼车高于城墙,设置在鱼梁道两旁,战车上满装射击手,可以居高临下,俯射城中。隋军很快就要攻城了,城内高丽守军感到危在旦夕,十分忧虑。就在此时,杨玄感谋反的消息传到,隋炀帝大为惊恐,一时间手忙脚乱,不知如何为好? 他把纳言苏威召唤到帐中,说,"此小儿聪明,得不为患乎?"认为杨玄感这个小子很聪明,恐怕要成为祸患了。苏威说:"夫识是非,审成败者,乃所谓聪明。玄感粗疏,非聪明者,必无所虑。但恐寝成乱阶耳。"(《隋书·苏威传》)认为一个人能辨别是非,判断成败,才可以说是聪明。杨玄感此人粗心大意,思考疏略,不必为他谋反而忧患,但是,只怕因此而逐渐成为动乱的由来。隋炀帝又听说达官的子弟都在杨玄感那里,越加忧虑。兵部侍郎斛斯政平时就和杨玄感交情很好,杨玄感谋反,斛斯政曾与他一起谋划,杨玄纵兄弟逃回内地也是斛斯政暗地送他们回去的。隋炀帝要追究查办杨玄纵等党羽,斛斯政心里极为恐惧不安,六月二十日,他逃跑投奔了高丽。

六月二十八口,夜里二更时分,隋炀帝秘密召集诸将,让他们率军撤退。所有的军资器械、攻城之具堆积如山,营垒、篷帐,保持原状,一丝不动,全部遗弃。隋军军心惊惶恐惧,军队部置已乱,行军不成行列,士卒纷纷逃亡。高丽守城军对这种情况很快就觉察到了,但是不明真象,还不敢马上出击,只是在城内击鼓呐喊。到了六月二十九日中午时,高丽守城军才渐渐地派兵出城,四处远近地侦察,仍然怀疑隋军撤退是假的。过了两天,才出动几千名士兵在隋军后面追踪,但是仍然畏惧隋军人多,不敢逼近,两军一直保持八、九十里的距离。快到辽水时,高丽军才得知隋炀帝车驾已经渡过了辽水,此时才敢逼近隋军后部,当时隋军殿后部队还有数万人,高丽军就包抄袭击隋军,最后有几千名隋军老弱士兵被杀死。

当初,隋炀帝准备再征高丽时,曾再次问太史令瘐质:"今段复何如?"瘐质回答说:"臣实愚迷,犹执前见。陛下若亲动万乘,靡费实多。"(《隋书·瘐质传》)认为自己实在是愚钝迷惘,但还是坚持以前的看法。陛下如果是亲自率军征伐,那么劳费实在太多了。隋炀帝一听此言就大发脾气,怒道:"我自行尚不能尅,直遣人去,岂有成功也!"(同上)其意是说,我亲自率军征伐尚且没能取胜,只派别人去,难道会成功吗? 这次隋炀帝从高丽返回后,他又对瘐质说:"卿前不许我行,当为此耳。今者玄感其成事乎?"认为瘐所以前不想让隋炀帝出征,就是怕动乱的缘故吧。杨玄感能够成功吗?瘐质回答:"玄感地势虽隆,德望非素,因百姓之劳苦,冀侥幸而成功。今天下一家,未易可动。"(《隋书·瘐质传》)其意是说,杨玄感的地位虽高,权势虽大,但他平时不得人心,他想凭借百姓之力,希望侥幸成功,如今天下一统,不是容易动摇的。

隋炀帝派遣左翊卫大将军宇文述、右候卫将军屈突通以最快的速度率军前往,当时乘驿站的传车征调各路人马讨伐杨玄感。来护儿率军到达东莱,闻知杨玄感围困东都洛阳,他即刻召集诸将举行会议,商讨回师救援东都。诸将都认为没有皇帝的敕命,不应该擅自回师,都固执地不服从来护儿的命令。来护儿声色俱厉说道:"洛阳被围,心腹之疾;高丽逆命,犹疥癣耳。公家之事,知无不为,专擅在吾,不关诸人,有沮议者,军法从事!"(《资治通鉴,卷182》)其意是说,洛阳被包围,是心脏和腹部之祸事,高丽抗拒朝廷只不过是皮肤上之疥癣小病。国家的事知道了就不能不去做。专擅权力的罪名,由我来承担,不关别人的事。有阻拦商议回师之事的,依军法诛杀。来护儿即日回师。他同时派儿子来弘、来整驰马传诏上奏隋炀帝,隋炀帝当时返抵涿郡,已经下令让来护儿救援东都。隋炀帝见到来弘、来整,非常高兴,赏赐给来护儿的玺书中道:"公旋师之时,是朕敕公之日,君臣意合,远同符契。"(同上)其意是说,你回师之时,正是我下令要你回师之日,君臣之间心意密合,虽然相隔遥远,却如同符契。

隋炀帝第二次征讨高丽因为杨玄感叛乱而不得不撤军,再告失败。杨玄感之叛看来是一个偶然事件,但这一后院起火,也说明了隋炀帝远征高丽之不得人心,其征战遭败也是势所必然的。

第二次征伐高丽时,因为杨玄感谋反而撤军,当平息杨玄感叛乱之后,隋炀帝又准备第三次征伐高丽。

大业十年(公元614年)二月初三,隋炀帝下诏,令文武百官讨论出兵征伐高丽之事,说什么好呢?说支持出兵,是违心的,说反对出兵,又得遭诛杀,还是不说为好,于是,一连几天竟然没有人敢站出来说话。隋炀帝之失去人心,已到了这等程度。二月二十日,隋炀帝下诏再次征调天下军队,分百路同时进发。

三月十四日,隋炀帝前往涿郡,路途中士兵不断逃走。

三月二十五日，隋炀帝抵达临渝宫，在野外祭祀黄帝，斩杀逃亡的士兵并将死者的鲜血涂在战鼓上。但士兵的逃亡仍然无法禁止。从将相的哑然无言，到士兵的逃走，正好说明这场战争是怎么也打不下去了，隋炀帝却一定要出兵，真是逆天行事了。三月二十七日，隋炀帝抵达北平。

七月七日，隋炀帝车驾抵达怀远镇。当时，天下已经大乱，向各郡征调的士兵，很多超过了指定日期没有报到，而高丽也困顿疲惫。来护儿率军挺进到毕奢城，高丽发兵迎战。来护儿击破高丽军乘胜南下，将要逼近平壤，高丽王高元大为恐惧，七日二十八日，派遣使者到隋东征军营，乞求投降，为了表示诚意，还把斛斯政关在囚车里押送而来，隋炀帝见了，大为高兴，他连忙派遣使者"持节"征召来护儿班师返回。来护儿召集各将领说，"三度出兵，未能平贼。此还也，不可重来。今高丽困弊，野无青草，以我众战，不日克之。吾欲进兵，径围平壤，取其伪主，献捷而归。"（《隋书·来护儿传》）其意是谓，东征大军三次征战，都未平定高丽，这次回去，就再也不能来了，如此辛劳，竟然没有一点功劳，我深感耻辱。如今，高丽确实已经疲惫不堪了，用我们这么多的军队去攻击，不日可胜。我打算继续进军，直接包围平壤，俘获高元，凯旋而归不是很好吗？于是来护儿上疏隋炀帝，请求出征，不肯马上接受诏书班师返回。长史崔君肃竭力反对，来护儿坚持不变，说："贼势破矣，专以相任，自足办之。吾在阃外，事合专决，岂容千里禀听成规！俄顷之间，动失机会，劳而无功，故其宜也。吾宁征得高元，还而获谴，舍此成功，所不能矣。"（《隋书·来护儿传》）认为高丽已经支持不住了，皇帝完全相信任用我，我完全可以自行决定此事。我在朝廷之外，事情完全可以自己独断独行，宁可俘获高元返回而受到处罚，放弃今天成功的好时机，以后就永远不可能有这种机会了；崔君肃告诉大家："若从元帅，违拒诏书，必当闻奏，皆获罪也。"（同上）其意谓，如果跟从元帅，违拒诏命，必定被人上奏皇帝，大家都得获罪。这么一说，诸将恐惧了，都异口同声向来护儿请求返回。在此情况下，来护儿接受诏命班师了。

八月初四，隋炀帝从怀远镇班师。邯郸义军首领杨公卿率部众八千人，袭击隋炀帝车驾后面的第八队，抢到"飞黄上厩"骏马四十二匹之后，逃走。隋炀帝加强了防卫，下诏迅速回朝。

十月初三，隋炀帝返抵东都洛阳，十月二十五日，抵达西京长安，隋炀帝把高丽的使者及斛斯政送到皇家祖庙,祭告祖先。左翊卫大将军字文述上奏隋炀帝道:"斛斯政之罪,天地所不容,人神所同忿。若同常刑,贼臣逆子何以惩肃,请变常法。"(《隋书·斛斯政传》)隋炀帝同意施以酷刑。先将斛斯政在金光门外处死,按照处死杨积善的酷刑来处死斛斯政,并且把他的肉煮了,命文武百官吞食,尔后又将斛斯政的骨骸收在一起,焚化后扬掉。在祭告太庙时,隋炀帝仍然征召高丽王高元入朝觐见,高元竟然不来。于是,隋炀帝又下令将帅们准备行装,打算来个第四次征伐,可是最后未能成行。

有的人认为,隋炀帝出征高丽是"师出无名"(转引自金宝祥等著《隋史新探》)。此话是没有历史根据的。隋炀帝是一位励精图治,颇有作为的皇帝,绝不会毫无目的地进行一次数以百万计人员的大行动。

有的人说,隋炀帝出征高丽的目的是为了灭亡高丽。这是学术界比较流行的看法,其主要根据是苏威之所言。大业十二年(公元616年)五月,隋炀帝向苏威询问征伐高丽的事情,苏威想使隋炀帝了解天下很多盗贼的情况,就回答说:"今兹之役,愿不发兵,但赦群盗,自可得数十万,遣之东征。彼喜于免罪,争务立功,高丽可灭。"(《资治通鉴》卷183)其意是说,现在征辽之事,但愿不要发兵,只要赦免群盗,自然可以得到几十万人,派他们去东征,这些人对被赦免罪过感到高兴,会竞相立功,高丽就可以被平灭。《隋书·裴蕴传》也载有苏威的话,不过苏威是"诡答""可灭高丽"。此"诡答",带有假话搪塞之意,换句话说,这是一种俏皮话。所以,不能以此为依据来推断隋炀帝征讨高丽的目的在于"灭亡高丽"。这里的"灭亡高丽"应解释为可灭高丽"侮慢上国"的气焰,而不是灭亡高丽。

高丽早在北魏时,就已据辽东,至开皇时,它"虽称藩附,诚节未尽",且"又数遣马骑,杀害边人,屡骋奸谋,动作邪说,心在不宾",并"常遣使人密觇消息"(《隋书·东夷传》),与此同时,高丽还泛海同江南陈朝勾结,企图夹击隋朝。随着高丽的不断强大,因此变成了对隋王朝潜在的巨大威胁。陆知命指出:"四海廓清,三边底定,唯高丽小竖,狼顾燕垂。"(《隋书·陆知命传》)但由于高丽与隋在辽东接壤的地段不长,高丽西南和隋朝相距又远,其间又阻隔着大海,在此情况下,高丽对隋王朝的直接威胁并未构成严重的边患,因而,对于来自高丽的危险可以"且慢一步"来解决。

隋王朝灭陈之后,引起了高丽和吐谷浑的强烈反响。如吐谷浑可汗夸吕"闻陈亡,大惧,遁逃保险,不敢为寇"(《资治通鉴》卷177),高丽王汤"闻陈亡,大惧,治兵积谷,为拒守之策"(《资治通鉴》卷178)。由此可见,隋王朝统一之后所形成的军事威慑力量,正是高丽王和吐谷浑"大惧"和结盟的关键所在。高丽和吐谷浑原来为了抗衡中原王朝,就有密切联系,到隋王朝统一南北之后,他们的联系更加密切了。特别是到了隋炀帝时期,其联系更加紧密了。据载,隋炀帝大业元年,"契丹寇营州,诏通事谒者韦云起护突厥兵讨之……云起既入其境,使突厥诈云向柳城与高丽交易,敢漏泄事实者斩。契丹不为备"。其意是说,契丹人侵犯营州,隋炀帝下诏命令通事谒者韦云起监领突厥军队去讨伐契丹人。韦云起率军进入契丹境内,他让突厥人诈称到柳城与高丽人做买卖,并严令有敢泄露实情的人就杀,契丹人不加防备。这里意在说明韦云起借用突厥反击契丹的寇边,但韦云起"使突厥诈云向柳城与高丽交易"这一情节,却披露了高丽与突厥间所存在的经济交往的事实。说穿了,高丽与突厥之间的"交易",就是高丽、突厥以及北方草原各族为抗衡隋朝的威胁而结成强大的军事包围圈。

到了隋炀帝时,高丽更是变本加厉,竟"迷昏不恭,崇聚勃、碣之间,荐食辽、獩之境……萃川薮於往代,播实繁以迄今,眷彼华壤,翦为夷类。历年永久,恶稔既盈,天道祸淫,亡微已兆。乱常败德,非可胜图,掩慝怀奸,唯日不足。移告之严,未尝面受,朝觐之礼,莫肯躬亲。诱纳亡叛,不知纪极,充斥边垂,亟劳烽候"(《隋书·炀帝纪下》)。当时,高丽还遣"私通使"前往突厥,合谋对抗隋朝,这是隋炀帝亲眼所见。前文已提及这么一桩事:当隋炀帝亲自去察看启民可汗营帐的时候,恰好高丽使者也在启民可汗的营帐里,启民可汗不敢隐瞒,只好让他觐见隋炀帝。隋炀帝看见高丽遣"私通使"前往突厥,当然心里升起一团怒火,可一时想不出什么办法,于是裴矩献计道:"高丽之地,本孤竹国也。周代以之封于箕子,汉世分为三郡,晋氏亦统辽东。今乃不臣,别为外域,故先帝疾焉,欲征之久矣。但以杨谅不肖,师出无功。当陛下之时,安得不事,使此冠带之境,仍为蛮貊之乡乎?今其使者朝于突厥,亲见启民,合国从化,必惧皇灵之远畅,虑后伏之先亡。胁令入朝,当可致也。"(《隋书·裴矩传》)这就是说,高丽本是西周时箕子的封地,汉、晋时代都是中国的郡县,如今却不称臣,先帝很长时间就想征伐高丽,但是由于杨谅不成器,以致师出无功。陛下你君临天下之时,怎能不征伐它,而

中华宫廷秘史

使文明礼仪之境,成为荒凉野蛮的地方呢? 今天高丽的使者亲眼看到启民举国归化隋王朝,可以趁他恐惧时,胁迫高丽派遣使者入朝。隋炀帝采纳了这个意见,让牛弘宣读隋炀帝的诏令:"朕以启民诚心奉国,故亲至其帐。明年当往涿郡,尔还日语高丽王:勿自疑惧,存育之礼,当如启民。苟或不朝,将帅启民往巡彼土。"(《资治通鉴》卷181)其意是说,朕因为启民可汗诚心地尊奉隋朝,所以亲自来到他的营帐。明年朕将要去涿郡,你回去时告诉高丽王:不要心怀疑虑,只要报答朕养育之恩的礼义,朕会像对待启民一样对待你们。但是,假如不来朝见,朕将率领启民可汗巡视你的国土。高丽王高元听了此话后很为害怕,但是迟迟没有入朝称臣。于是,隋炀帝决定出征高丽。《隋书》也认定是这个原因:"高元不用命,始建征辽之策。"(《隋书·裴矩传》)

隋炀帝下定决心要征讨高丽的时候,突厥和吐谷浑相续衰败,使其征讨变为现实。大业六年(公元610年),隋炀帝西巡狩,召处罗会于大斗拔谷,处罗借故不至,隋炀帝大怒。正在此时,附隶于处罗的西突厥酋长射匮遣使前来求婚,裴矩从中得到启发,他向隋炀帝献计道:"处罗不朝,恃强大耳。臣请以计弱之,分裂其国,即易制也……愿厚礼其(指射匮)使,拜(射匮)为大可汗,则突厥势分,两从我矣。"(《隋书·裴矩传》)隋炀帝听后大加赞许,采纳了裴矩之计,于是经过裴矩的一番安排离间,射匮兴兵打败处罗,处罗逃入高昌境内。在隋的晓谕之下,处罗不得不入朝于隋(《隋书·北狄传》)。大业八年(公元612年)正月,隋炀帝又"分西突厥处罗可汗之众为三,使其弟阙度设将赢弱万余口,居于会宁,又使特勒大奈别将余众居于楼烦,命处罗将五百骑常从车驾巡幸"(《资治通鉴》卷181)。从此,西突厥势力大衰,隋朝解除了西北方的后顾之忧。

对于吐谷浑,隋炀帝也采取了以夷制夷和武力攻击的策略。大业四年(公元608年)七月,裴矩"说铁勒,使击吐谷浑,大破之"(《资治通鉴》卷181)。吐谷浑可汗伏允东走,入西平境内,遣使请降求救,隋炀帝遣安德王杨雄出浇河,许公宇文述出西平迎接。宇文述率兵至临羌城,吐谷浑畏其兵盛,不敢降,并帅众西遁,于是宇文述率兵追击,攻占曼头、赤水二城,斩三千余级,获其王公以下贵族二百人,伏允被迫南奔雪山,吐谷浑故地皆空,东西4千里,南北2千里,皆为隋有。隋炀帝为了彻底解除吐谷浑这一后顾之忧,

隋宫秘史

在大业五年(公元609年)亲自西巡河右。四月,隋炀帝出临津关,渡黄河,至西平,陈兵讲武,五月,以兵包围伏允所居之覆袁川,伏允惧歼而遁逃,六月,隋兵追至伏俟城。至此,吐谷浑"余烬远遁,道路无壅"(《隋书·刘权传》)。吐谷浑的一蹶不振,使西北诸族受到极大震动。伊吾吐屯设迫不得已向隋炀帝献西域数千里土地,处罗可汗和高昌王麴伯雅先后入朝于隋。

隋炀帝运用各个击破的策略,彻底削弱了突厥、吐谷浑等北方诸族力量,接下来,就以为有力量来对付高丽了。隋炀帝正是在此背景下三征高丽的。

隋炀帝的功过是非

在历史上,人们对于隋炀帝的评价就是他过于荒淫。而事实上,隋炀帝杨广即位后,对政治体制进行改革,也曾取得一些鲜为人知的政绩。此外,他在位期间,还搞了一些比较大的工程,主要是修建东都洛阳以及开凿大运河,这些在历史上也是赫赫有名的。

而隋炀帝修建洛阳城的目的,也是为了巩固国家统治。在我国历史上,南北蜿蜒长达五千多里的大运河不仅加强了隋王朝对南方的军事与政治统治,而且使南方的物资能够顺利地到达当时的洛阳和长安,这在当时是非常有利于军事和政治的,此外,南北方的文化交流也得到了有力的加强。而且大运河还对此后中国的历史产生了深远的影响。隋朝之后的元朝、明朝和清朝之所以建都北京,从经济上来看,不能不说和大运河对物质供应的有力保证有很大的关系。可以说大运河功不可没。

从另一个角度来讲,隋炀帝向四处用兵扩张的野心从即位第一年就被激发出来了。那一年,北方的契丹族侵扰营州,被隋炀帝派出的将领韦云起击败,这使杨广用兵的信心倍增。所以在两年之后,他开始大规模地开发经营西域。但是,隋炀帝主要是用金钱引诱西域的商人来朝贸易,还命令西域商人所经过的地方郡县要殷勤招待,他也好借此炫耀自己的文治武功。由此也可以看出,隋炀帝十分好大喜功,而且贪慕虚荣,使得国家白白地浪费了巨大的财富。而除了让一些人觉得隋朝比较富足外,没有起到任何的作用。

　　高丽是隋朝的东边最强盛的邻国，早在隋文帝时期，高丽曾经侵扰过隋朝，杨坚也曾派兵讨伐，但是以失败而告终，无奈之下，也只好退兵，之后也没有再用兵。但隋炀帝却连续用兵三次，不但讨伐高丽未获成功，而且还耗尽了国力，不得不说，隋炀帝这个皇帝在这一点上做得相当失败。

　　隋炀帝即位的第三年，他曾巡游到东突厥，在可汗的大帐中巧遇高丽使者。炀帝想让高丽王高元到隋朝，但是，高丽王没有给他面子，也就没有答应，为此隋炀帝大为恼火。没想到，他竟然以此为借口出兵高丽，公元612年，经过准备的第一次征伐高丽正式开始。因为长途征战，士兵士气很低。所以，有部分士兵在进军的路上将很重的粮食都扔掉，以致后来因缺少粮食无法再坚持作战，只好退兵。然而，让隋兵没有预料到的是，他们在半路上又遇到了高丽军队的伏击，结果大败而归。三十多万人的队伍，最后仅有二三千人返回。第一次征伐高丽以隋军的惨败而告一段落。

　　不服气的隋炀帝，对第一次的失败耿耿于怀，于是在第二年，再一次出兵攻打高丽。但是，他更没有想到的是，这次隋军刚到达前线，后方就出现了杨素儿子杨玄感的反叛，洛阳被重兵围攻。杨广听到消息后，心急如焚，没有办法，他只好赶忙退兵救援洛阳。大部队还将军事物资、营帐等物都丢弃在前线上，这样第二次攻打高丽的战役隋军再次不战而败。

　　事实上，由于隋炀帝的暴虐统治，已经造成农民起义不断，隋王朝已经显露出败亡的兆头，但杨广对这些不管不顾，心里想着的仅是对高丽的憎恨。于是又发动了第三次对高丽的战争。这次战争在平壤附近，隋朝的水军打败了高丽军队，高丽提出罢兵讲和。杨广早就知道无法彻底击败高丽，也同意了。高丽战争以无果而终，就这样隋炀帝的政治生命和大隋朝的命运也走向了万劫不复的深渊。

　　除此之外，我们已经了解到了，隋炀帝的生活很是奢华，他每一天都在建造新的宫殿，可以说隋炀帝讲气派不仅是对西域的使者和商人，在他巡游时也是摆足了架子。仅在第一次到南方巡游江都时，他自己乘坐的龙舟就高达四十五尺、宽五十尺、长达二百尺。上下还分为四层，有正殿、朝堂，还有侍臣们的住处。里面用金银珠宝装饰得富丽堂皇。其他的人，如皇后、嫔妃、贵人们也各自有独立的船只。仅随行的其他船只就有几千艘，前后绵延

达二百里之远。可见,队伍是何等的庞大。

这样还不算,同时两岸之上还有骑兵护送,路过的州县,五百里以内的都要殷勤供应,最后吃不完的就地掩埋。隋炀帝每次出巡的奢侈浪费程度确实让人惊叹。我们都知道,隋朝的国力在隋文帝时已经比较强大了,但经不起儿子隋炀帝长年累月的挥金如土。在短短的十几年里,他就把整个江山糟蹋得一塌糊涂,人民的生活也相当的疾苦。

在历史上,隋炀帝一直是以"残暴"著称,而且在他的身边得宠的全是些奸佞小人。其中杨素、宇文述,还有其他很多的大臣给他出的也都是些歪门邪道的主意。另外,杨素专门迎合炀帝的喜好,不敢有一点冒犯。而且他如同隋炀帝一样,不但修造豪华的宅院,而且还养着众多的妻妾享乐终日。宇文述也很善于迎奉拍马,在跟随隋炀帝出巡时,经常用奇珍异宝讨炀帝的欢心。就这样,他的官位、富贵也就安枕无忧了。而且他还极力撺掇隋炀帝下江南巡游江都,其中一次就是他劝说而行的,并且还得到了炀帝的极大赞赏。

除了这两个人之外,光禄大夫郭衍,也是喜欢献媚邀宠的人。为了讨杨广欢心,他竟然劝说隋炀帝每五天上朝一次,他的理由是:"这样就不会被繁重的政务拖累了"。更让人难以想象的是,这样不怀好意的主意,昏庸的炀帝不察其奸,反而认为他是个忠臣,说只有郭衍和他是同心的人。可见,隋炀帝早已被这些奸佞之臣给蒙蔽了双眼,分不清楚东西南北了。

隋炀帝生性无理霸道,做了皇帝之后,更没有人可以约束他了,于是在这样的情况下,他的本性逐渐暴露无遗。他贪爱女色,喜欢华丽宫殿,尤其钟爱四处游玩。去江都看江南山水,前后就达三次之多,北上已到突厥可汗驻地,向西还到过张掖。

可笑的是,有一次隋炀帝巡游到北方的长城,结果被突厥围困。也就在这次被围时,后来的唐高祖李渊领兵把他解救出来。隋炀帝被解救回到洛阳之后,知道形势已经不允许他停留在北方了,于是开始做南下巡游江都的准备,但是他还不知道,他在慢慢走向末路。

他在江都住了一年多的时间,看着自己的江山在农民起义的冲击下摇摇欲坠,而自己已经无法挽救,他更知道各地的将领也有很多割据称帝的。从太原起兵的李渊虽然没有称帝,但在攻下长安之后,拥立炀帝的孙子杨侑称帝,尊炀帝为太上皇,表面上是让炀帝退位,实际是为李渊自己称帝做准备的。可见,隋朝的统治期限已到,代替他的人大有人在。

但是,虽然面临这么严峻的形势,隋炀帝还是没有忘记和嫔妃们寻欢作乐,醉生梦死。他甚至还对萧皇后说些宽慰的话:"那么多的人想把我赶下去,代替我来做皇帝。我就是被赶下去了,也能做个长城公,你也能做第二个沈后(即南朝陈的末代皇帝陈叔宝的皇后沈氏),咱们还是喝酒吧,何必自寻烦恼呢。"虽然隋炀帝是这么说的,其实他的内心还是很担心自己生命安危的。有一天,隋炀帝对着镜子发呆,然后对皇后说:"真是个好脑袋啊,不知道最后谁来砍下?"此外,为防有什么不测,隋炀帝还将毒药随时带在身上,免得被人折磨,不得好死。到时候一旦他被人抓住,就会服毒自杀,这样就痛快多了。

也许他的准备是有他自己的理由的,毕竟自己做的孽是很难逃脱的,那一天也终于到来了。隋炀帝即位的第十四年的三月,侍从的卫士们推举宇文述的儿子宇文化及为首领,发动了兵变,隋炀帝最后被活活勒死,时年五十岁。隋文帝杨坚原来夺取的是北周宇文氏的帝位,最后自己的儿子又被宇文氏的后人所杀,历史似乎跟他们开了一个大大的玩笑。

第二章 皇后妃子篇

自古女子地位都非常的低下,处于皇宫中的皇后妃子们多被人们用美慕的眼光去看待,但是她们也是难逃"红颜多薄命"。她们有的美丽,而且聪慧,为辅佐皇帝作出了卓越的贡献,但是有的只是昙花一现,命运多舛。有人说"红颜祸水",那么她们的存在和隋朝的覆亡又有着怎样的关联呢? 历代对她们的评论又有哪些不公平的地方呢?

前朝艳妃如何使陈叔宝丧国的

南梁末年,陈霸先借讨伐侯景的机会,扩充势力,积蓄力量,几年后,一举篡梁成功,建了陈朝,为陈武帝。霸先死后,文帝在位七年,临海王伯宗二年,宣帝顼在位十四年。

陈主顼子嗣很多,共生有四十二个儿子,立长子陈叔宝为皇太子。次子叫叔陵,曾封为始兴王,后又升至扬州刺史,都督扬、徐、东扬、南豫四处军事,为人奸诈,性情淫暴。他的生母彭贵人病逝,他装作十分哀伤的样子,自称要刺血写涅槃经,为母超度,但是暗中却令厨子给他做最鲜美的食物,还私下召来左右的妻子女儿,与他奸合。陈主顼听说这些事后,也就是说他几句,从不加以处罚,因此叔陵益加肆无忌惮,暗蓄异心。

陈主顼病重时,吃什么药都不管用了,几个儿子轮流侍候。太子陈叔宝当然日夜守在身边。这天,陈叔陵和陈主第四子叔坚一同进宫侍候。叔坚的生母是何氏,本来是吴中地方一个卖酒人家的女儿。陈主顼还没当皇帝时,曾经去酒店饮酒,见何氏有些姿色,就勾搭上手,互通款曲,奸宿多次,等到贵为天子,就召何女为淑仪,生了儿子叔坚。

叔陵由于叔坚生母何氏出身低贱，看不起叔坚，不愿与之为伍，这次是因看顾父病，只好一同进去。刚一进宫门，看见经管药材的典药吏手拿切药刀，正在切制中药。叔陵一把拿过切药刀，用手指试了试刃口说："这切药刀太钝了，赶快去磨砺一下，才好用。"典药吏不知他说的是什么意思，看看手中切药刀也还适用，只是摇摇头自顾制药去了。

陈叔宝

叔陵却洋洋得意地踱入了病房，在宫中厮混了两三日，那陈主顼早已是气壅痰塞，一命归西。宫中顿时大乱，仓促举哀，准备丧事。在此关头，叔陵反而密嘱左右，到外面去给他取剑来，左右莫名其妙，就从外面给他拿来了一把木剑，呈交给叔陵。叔陵一见，怒不可遏，顺手一掌，把取剑人打倒，骂道："要你这废物何用！"

叔坚瞧在眼里，已经有些明白其中隐情，想起叔陵平日对自己的轻蔑言行，便暗做准备，留心伺变，不愿让他得逞。第二天，陈主顼小殓，太子叔宝伏地哀号，叔陵却转到外边，取来了切药刀，操在手中，趋到叔宝身后，举刀斫将下去，正砍在脖子上，叔宝猛叫一声，晕绝倒地。

柳皇后在旁大惊，慌忙上前救视叔宝，又被叔陵连斫数下。这时，叔宝的乳母吴氏绕到叔陵的身后，掣住了他的右胳膊，叔坚又急步上前用手扼住了叔陵的喉管，夺下了切药刀。将叔陵拉到柱子旁，自己撕了一截衣袖，把他拴了起来。叔坚一边绑着叔陵，一边问叔宝："现在杀不杀？还是以后再说？"

叔宝母子早已被人救起，躲入里间，哪还顾得上答话。这时，叔陵已扯断了衣袖，脱身闯出宫门，召集部属，赦东城囚犯，充作战士。又号召诸王将帅，同他一起作乱，但是没有一个人响应。叔坚看到这种情况，急忙向柳后请命，召集兵马，一举歼灭了叔陵等人。于是，陈叔宝即皇帝位，是为陈后主。

隋宫秘史

陈后主叔宝本无大志,而且还常常沉迷酒色,重小人,远贤臣,使得诸言官都相率箝口,不再劝谏。叔宝日益荒淫,不是使酒,就是渔色。叔宝的皇后沈氏端静寡欲,因父亲的死日夜衔哀。叔宝认为她迂腐愚笨,很不惬意,就另纳了龚容华、孔宝儿为良娣,俱是容光照人。

叔宝与龚孔二氏日日欢聚,夜夜宣淫,极得其乐。龚容华有一侍婢,年十岁时随龚氏入宫,名叫张丽华,原来是豪门之家的女儿,因变故家庭没落,被父兄所卖。张丽华生得娇小玲珑,善伺人意,随着龚氏周旋君侧,早得叔宝欢心。过了三四年,她更是出落得娉婷袅娜,异样风流,妖艳动人。

叔宝看到她的美色,就逼迫她与自己淫狎,成就好事。丽华半推半就,曲尽绸缪。初夜,莺啼婉转,落红点点,辗转腾挪,极尽欢洽,惹得后主叔宝魂魄颠倒,无梦不恬。未及半载,早已是珠胎暗结。不久生下一男,取名为深,益发令叔宝由爱生宠,视若奇珍,胡天胡帝,号称专房。就是龚、孔二氏,也俱落丽华后尘。

等到叔宝即位,即册张丽华为贵妃,而让龚、孔二氏为贵嫔。贵妃位置,与皇后只隔一级,贵嫔又在贵妃之下。沈皇后性本恬淡,又不得后主欢心,干脆把六宫事宜,让与贵妃主持,自己不过挂个皇后的虚名,居处俭约,服无华饰,就连左右侍女也仅留几名,每天只是静观史籍,闲诵佛经,作为消遣。张贵妃得此机会,更是百般献媚,与叔宝朝夕相随,形影不离。叔宝闹病卧床,屏去诸姬,独留张贵妃随侍。病好后,叔宝又采选美女,得王李张薛袁何江七人,一个个俱是芙蓉如面柳如腰,每天由叔宝轮流召幸。只是雨露虽承,终不及张丽华的深邀主眷。

张贵妃发长七尺,墨黑如漆,光可照物,并且脸若朝霞,肤如白雪,目似秋水,眉比远山。偶然顾盼间,光彩四溢。每当在楼阁上靓妆玉立,凭轩凝眺,飘飘乎如蓬岛仙女下临凡尘一般。再加她生性慧黠,善于献媚,记忆力又强,怎不让叔宝倾心。起初还满足于执掌宫内事情,后来竟开始干预朝政。

而叔宝沉迷于酒色,经常不临朝视事。所有百官的启事奏本,都由宦官蔡脱儿、李喜度传递进宫。叔宝就抱丽华于膝上,和她一同披览,共与可否。有些事情,连蔡脱儿、李喜度都记不全,丽华却能逐条裁答,无一遗漏。叔宝往往便以丽华的裁决为本,原文下达。丽华又懂得笼络内侍,无论是太监宫女,都盛称贵妃德惠,芳名鹊起,更得叔宝欢心和放心。自是内外勾结,表里为奸,后宫家属,触犯律条,只要向贵妃摇尾乞怜的,都能代为洗刷。王公大臣,若有不从内旨的,就定遭疏斥。从此,江南陈朝,不知有陈叔宝,但知有张贵妃。朝中的一班宵小,便以运动张丽华为升官发财避祸的终南捷径。新提拔的一批新贵,都是善于逢迎谄谀,又会搜刮民脂民膏,供给内府的好手。

叔宝就借机令人大兴土木,建造临春、结绮、望仙三阁,各高数十丈,广延数十间,炫饰珠玉,杂嵌珠翠,外施珠帘,内设宝床宝帐,一切服玩,都是瑰奇珍丽,光怪陆离。每遇微风吹送,香达数里,旭日映照,光彻后庭。阁下积石为山,引水为池,种奇花,植异卉,备极点染。叔宝自居临春阁,张贵妃居结绮阁,龚、孔二贵嫔居望仙阁。三阁之间建有复道,叔宝自此一夜连幸三人,乐此不疲。

一班近臣小人,也投其所好,各自贪掠,阿谀迎和。仆射江总,名为宰辅,不亲政务,只是宴乐嬉戏。又召了众多女人,叔宝命为女学士。每一宴会,妃嫔群集,女学士及诸狎客,两旁列坐,飞觞醉月,即夕联吟,彼唱此酬,无非是曼词艳语,靡靡动人。后来,又选入所谓慧女千余名,叫她们学习新的乐调,按歌度曲,分部迭进,更番传唱。歌曲有《玉树后庭花》等。叔宝也粗通词赋,多处修改,略加评点,都是赞美妃嫔、夸张乐事的词句。

陈后主整日醉生梦死,全不知江北的事情。当时的北周已为杨坚所篡,建了隋朝。杨坚雄心勃勃,兴兵南侵,意欲统一中华,以尽自己的雄才大略。当隋主杨坚兵分三路,陈兵江北,虎视眈眈之时,陈后主依然高枕无忧,耽乐如常,奏乐侑酒,赋诗不辍。等到隋朝大军临近,方才重立赏格,招募兵士,僧尼道士,尽令执役。尽将都城守护责任付于骠骑将军萧摩诃。摩诃部署军伍,严装戎行,令妻子入宫候命,自己率军出都门御敌。摩诃的妻子妙年丽色,貌可倾城,当下艳装入宫,拜谒叔宝。

叔宝当时见到她时,怦然心动,不料下属室中,竟还有如此殊色,一经见面,又把国家大事抛到了脑后,置之度外,便令设宴相待,留住宫中。席间,将杂余人等,尽托词遣散,自与摩诃妻调情纵乐。妇人心志多半势利,见是天子喜欢,又因摩诃年老体衰,远不及叔宝风流,一时情志昏迷,竟被叔宝引上龙床,勉承雨露。萧摩诃正在前线交战,忽有家报传到,妻室被宫中留住,已有数日,料知事情不好,暗骂数声昏君,不愿尽力,遂观望不前,直到被俘。

　　陈叔宝听说隋军已经入城,带着张贵妃、孔贵嫔两个人,到了景阳殿后,三人捆在一起,同投井中。隋兵入宫,几经搜查,闻井内有哭号之声,坠绳拉上来,才看到有一男二女,男的便是陈叔宝。这才斩了张丽华,押送陈后主叔宝进隋都去见隋文帝杨坚。至此,大江南北,就被隋朝统一了。

为何独孤皇后与文帝被称为"二圣"

中华宫廷秘史

　　独孤皇后在隋文帝时期被封为皇后,她生于强大并早已汉化的匈奴氏族,这个氏族与北魏的豪门通婚已有几个世纪。她的父亲独孤信曾随宇文察西行并协助宇文察建立西魏,也就是后来的北周。独孤氏在公元566年嫁给杨坚,她相貌平平,但有很好的文化修养,智慧非一般女子能比,而且还具有强烈的政治才能。

　　在她的辅佐下,杨坚也做了很多利国利民的事情,杨坚夫妇感情一直很好,而且他们亲密无间,所以宫内的侍从称他们为"二圣",也有对独孤皇后无比的崇敬,她的地位至高无上,没有一个后宫女子可比的意思。

　　有一天,幽州总管阴寿向皇帝报告了这样一个事情:在与突厥的互市中,发现一筐价值八百万的明珠,劝独孤皇后买下。但是独孤皇后却拒绝说:"这个我不需要。当今戎狄屡寇,将士功劳很大,我宁可把这八百万分赏给有功者。"从这件事上我们就可以看出她的见识非一般的女子能比。此外,每当上朝时,独孤皇后与文帝同乘御辇,她在议政大殿的门厅等候,并派一名宦官去观察,以便向她报告上朝的情况。当她认为文帝决策不当时,她就提出忠告;听政完毕,两人就一起

独孤皇后

回宫。当时这样的景况，已经成了宫中的一个极为常见的现象，人们对此也没有任何异议，毕竟独孤皇后的才能已经无人再质疑了。

独孤皇后不仅有着很多的政治才能和远见，而且她的判断力也非常准确，这至少在王朝最初十年左右使她能向文帝提出忠告。当时，有个官员曾引用权威性的《周礼》的内容，大意是：官员结发妻子应听命于皇后，并劝她遵循这一所谓的古制。但是她却回答说："因为我的参政，而让我的家人参与进来，这样做是不对的，我们不能开这样一个头。"她和杨坚都坚决不让她的家族成员掌握大权，以防出现所谓的"外戚问题"搞垮杨家天下。

有一次，她的一个母系亲戚崔长仁获死罪时，杨坚想替她宽恕这个人，但皇后却说："国家大事，怎么能徇私呢？"于是崔长仁被论罪处死。

不仅这样，独孤皇后还以"仁爱"著称，每次有犯人被处死的时候，独孤皇后听说了就暗自流泪。但是到了晚年，独孤皇后不再像她年轻的时候那样，她病态的妒忌心理歪曲了她的判断力，并使文帝长期以来认为很有帮助的忠告失去了公正。这使得隋文帝晚年的统治也遭受了一些挫折。

最为荒谬的是，每当诸王及朝臣的妾有了身孕，她总是极力促使文帝将其罢官或削爵。在她越年老的时候，她对任何人的用意都产生怀疑，而她对事物的这些反应更加重了杨坚天生好疑的个性，也严重迷惑和干扰了隋文帝的统治。

独孤皇后死后，一位宫廷史官立刻宣布她成了菩萨。文帝更是非常思念她，患病时曾悲痛地说："要是皇后在就好了，我的才能是永远赶不上她了。"杨坚夫妻感情如此深厚在中国历代帝后中很可能是独一无二的。一个后妃在君主的大部分执政期间对他有如此强烈和持续的影响，在历史上也是非常罕见的。虽然，在她的晚年，她也曾办过很多错事，但是总的来讲，她的才能还是无法泯灭的，毕竟她为隋文帝建立并统治隋朝起到了非常大的作用。

隋文帝为什么会害怕独孤皇后

在中国的封建历史上，隋文帝杨坚，是继秦始皇、晋武帝之后第三个统一中国的皇帝。隋王朝建立后，号称"地广三代，威振八方"，"强宗富室，家道有余"。但是，正是这样一个富强的统一王朝，却与暴秦一样，二世而亡。那么原因究竟在什么地方呢？很多人认为这与独孤皇后有着很大的关系。事实确实如此吗？

在前面我们已经讲过关于独孤皇后的身世和发生在她身上的事情，总的来说独孤皇后是历史上较有作为的皇后。她最大的能耐是控制丈夫杨坚，使他言听计从，不敢纳妾，甚至在立储问题上，也完全按照她的主张办。独孤皇后聪明、美丽，有政治头脑和政治手腕。可以说，杨坚能做上皇帝，和她出的一臂之力有着很大的关系。

独孤皇后的个人修养非常好，但是她生性爱嫉妒，而这其实也是有一定的偏见的。因为，她当时提倡"一夫一妻制"，反对男人宠妾忘妻，可以说是一个封建时期的"女权主义者"，但是，她本身也存在一些致命的弱点，由于晚年溺爱不明，她受了次子杨广的蒙蔽，让一个生性恶劣，并有许多恶习的、臭名昭著的杨广继承帝位，在一定程度上促成杨隋基业的迅速消亡。也正是因为她的这个弱点，造成了无法挽回的错误，害得当时的百姓多受了十多年的荒暴统治，弄得人们苦不堪言。

公元 557 年，北周明帝宇文毓登基，京城长安有一件让朝野都非常关注的婚事：官拜柱国大将军的杨忠，为长子杨坚聘娶独孤信的幼女独孤伽罗为妻。两家都是北周开国勋臣，数一数二的豪门大族。杨忠是汉代名相杨震的后裔，他助宇文泰起兵，屡建战功，爵封隋国公，食邑万户。

杨忠的长子杨坚当时十七岁，由于杨忠的赫赫功勋，被拜为骠骑大将军，开府仪同三司，又被封为大兴郡公。同他结亲的独孤信，更是权势隆盛，独孤信也是随宇文泰起兵的大将，官拜上柱国（北周时最高官衔，共八柱国，每人统二"大将军"，分别统率府兵），爵封卫国公。而他的长女又是当今皇帝宇文毓的皇后，独孤信共有七个女儿，对十四岁的幼女独孤伽罗最为喜爱，决意为她选一名乘龙佳婿，以求家族更加旺盛。

当时，长安城内，多的是公子王孙，个个都想攀龙附凤，因此上独孤家求婚的人络绎不绝。但是，独孤信唯独选中了杨忠的长子杨坚。他喜爱杨坚长相奇特，气度不凡。也欣赏杨坚少年英武，韬略过人。经过几次慎重考察，才很高兴地定下这门亲事。杨家也为此举家欢庆，事实上，他们想到的也是为自己的名门地位增添了不少光彩。

　　杨家与独孤家理所当然地把婚事办得热闹、隆重,而且在长安无人可及。花烛之夜,一对新人含情脉脉,互相注视着对方。新娘独孤氏正当豆蔻年华,修长的身材,雪白的肌肤,凤眼桃腮,眼波如水,似有无限柔情。当时,独孤氏见丈夫痴痴地盯着自己看,含羞低下了头,默默不语。她也为自己终身托给杨坚这样一个英俊潇洒、有前途的男人而暗暗高兴。她发现杨坚不仅生得一表人材,而且似乎对感情也非常专一,认为婚后的生活一定非常美满幸福。独孤氏虽然生长在富贵的家庭,但谦卑自守,柔和恭孝,家教、修养都非常的好。她不仅博学多才,对于古今兴亡大事颇有些独到的见解,因此深得杨坚的喜爱与敬重。两个人虽然婚前没什么接触,但是此刻都相见恨晚,有一见钟情的意思。

　　有一次,杨坚下朝回家后,同独孤氏一起聊天,突然朝中同僚赵昭求见。赵昭是带着皇帝的秘密使命来的。由于有人传说,杨坚有帝王之相,引起明帝宇文毓的疑忌,便派善于替人看相的赵昭来,仔细察看杨坚的面相,如真有帝王之相,就要设法诛灭他。当时,赵昭一看杨坚的面相,不由得大吃一惊。他告诉杨坚说:“你这面相五百年也难得一见,额广、中央突起、直贯入顶,相法上称为‘玉柱贯顶’。您的面相可是天下君王的面相啊。”杨坚一听,非常害怕,忙用手掩住赵昭的嘴:“你可别乱讲话,这是要杀头的。”

　　其实,杨坚这么做,是害怕赵昭是奉皇帝之命来试探自己的,忙装出一副非常不在意的表情说:“我不过是一凡夫俗子而已,只愿效法我父亲,为国出力,此外一无所求。”这时的赵昭已决心投靠杨坚,谋求将来的富贵腾达。于是,他非常认真地说:“我这绝对不是有意恭维您的话,将军日后必为天下之君,但须经过一番大诛杀才能定天下。请务必记住我的话!”他还嘱咐杨坚说,执掌朝权的宇文护忌贤害能,要深自韬晦,等待时机以求政变。但是赵昭回报明帝却说:“杨坚虽然相貌奇特,但将来至多做一个柱国之类的大官,‘天子之相’只是讹传而已,陛下不必为谣言所惊慌。”明帝听后才稍稍减少了对杨坚的怀疑。

　　赵昭离开杨府后,杨坚回到上房,将刚才赵昭的一番话告诉了妻子,独孤氏听后十分高兴,自己的丈夫既有天子之相,那么,自己将来就能当上皇后。作为一个女人,还有什么比当皇后更高的企求呢?加上凭着她对于时

势的估计,以及对丈夫的了解,她相信丈夫是有可能取代北周而君临天下的。但同时,出于一个女人的本能,她产生了这样的顾虑:"做皇帝的人,哪个不是三宫六院,佳丽成群,到那时,丈夫对自己还会像现在这样恩爱吗?"想到这里,她把这一心事原原本本地告诉了杨坚。杨坚哈哈大笑对她说:"夫人多虑了,我杨坚不是负心汉。将来无论怎样大富大贵,我都担保不会背弃你的!"

虽然杨坚这么发誓,但是独孤伽罗还是不放心,她说:"夫妻之间只有真诚相爱,始终专一,才有幸福可言。但是古往今来,哪一个男人都把娶妻休妻看做像穿一件衣服那样随便,总是三妻四妾,朝三暮四的,更不要说帝王之家了。我希望你能始终只爱我一个人,不纳妾,不乱爱,你做到这些我也就满足了。"她充满希望和深情地对杨坚提出这样的要求,杨坚想都没想,立即答应了,而且为了表示他对妻子的忠心,还立下誓言说:"不和第二个女人生孩子,要是我违背了诺言,天打雷劈!"独孤氏听后,这才不再那么不安了。

之后,隋朝建立,杨坚顺利坐上了帝王的位置,在杨坚日后处理国家大事的过程中,独孤氏始终是个积极的支持者和谋划者。因为她对朝政和时局非常熟悉,分析的也很透彻,表现得很有头脑,很有识见,因而深得杨坚的信任和器重。所以,杨坚对独孤氏的决定也非常赞同,其实,从某种意义上来说,杨坚也不是害怕独孤氏,而是对于她的政治头脑的肯定与尊重。虽然,之后杨坚并没有兑现自己的诺言,但是他对独孤氏还是非常钟爱的,在他心目中的地位也是没有任何一个女子可以替代的。他们的恩爱程度确实也成就了当时社会的一段佳话。

宣华夫人死亡之谜

隋炀帝生性好动,即位不久,他就听从术士建议,迁都洛阳,称为东京,并命长子晋王昭留守长安。遂在东京洛阳正式受朝,改元大业,大赦天下,立萧妃为皇后,长子昭为太子,晋杨素为尚书令。又命杨素为东京统监工,督造宫室。杨素便四处招募工役,集中了二百万的老百姓,日夜工作,不到两个月工夫,已是造成了不少的宫殿房屋。

隋炀帝因为东京人少，住户萧条，觉得十分冷落，于是就下令将从各地迁来富商大户，全部安排住在新建的宫殿旁边，总共将近有三万多户。凭空把一个人烟冷落的东京洛阳，变作了繁华热闹的场所，炀帝才略有欢心。但是到了晚上，炀帝依旧闷闷不乐。皇后萧氏问起原因，才知是思念留在长安的宣华夫人。萧皇后虽然心中有些醋意，只是见炀帝愁眉不展，深恐他闷出病来。当时虽然什么也没说，暗地里却命人星夜赶赴长安，将宣华夫人悄悄接到了东京。到了宫中，萧皇后保守了这个秘密，暂时不令炀帝知道，自己先与宣华夫人亲热了一番。两人合计好了，捉弄一下隋炀帝。

　　这天晚上，萧皇后着了盛装，打扮得柳媚花娇，在后宫摆下了酒筵，请炀帝到来。炀帝到了宫中，只见灯火辉煌，酒筵端整，萧皇后艳服浓妆，面带春色。炀帝和萧皇后，平日之间就是伉俪情深，感情很好。萧皇后的姿色，也不失为一个美人，只是比不上宣华夫人罢了。但是从来没有像今天这样的浓艳光景，炀帝心中感到非常奇怪，不禁含笑问她说："爱卿今晚这般款待，打扮的如此漂亮，为什么事呢？"

　　萧皇后媚笑着说："并没有什么事儿，只因连日来见圣上闷闷不乐，贱妾为此非常担忧，所以今天设了酒筵，是替圣上解闷的。"炀帝恍然大悟说："原来如此，爱卿这般深情，朕躬真是万分感激。"当下便一同落座。但是酒过数巡，炀帝又想起了宣华夫人，不觉酒水乏味，又是郁郁寡欢起来。

　　萧皇后是非常机灵的一个人，早瞧破了炀帝的心事，却装作不知道，故意问道："圣上好端端饮酒，怎么又不高兴了呢？难道贱妾有什么得罪您的地方吗？"炀帝慌忙说："朕很觉欢乐，爱卿不要多疑。"萧皇后见隋炀帝还不说实话，暗暗觉得好笑。

　　于是立即对站在身旁的宫女暗使一个眼色，那个宫女会意，便悄悄退了出去。不多时候，又悄悄地领了一个紫衣宫女到来。那个紫衣宫女便捧了金壶，替炀帝斟酒。炀帝正蹙了双眉，念念不忘地想宣华夫人。紫衣宫女替他斟酒，他正眼也不去看上一眼。突然紫衣宫女一个失手，将金壶儿撞翻了玉酒卮，酒泼了一桌。炀帝这才抬起头来，正想发话，一眼瞧到紫衣宫女脸上，不觉吃了一惊，怔住在座上，一句话也说不出来了。

　　那个紫衣宫女，却不慌不忙地，取了一块抹布，仔细地将酒揩干净，又替炀帝重行斟上了酒，悄悄地立在了一旁。炀帝却将她从头到脚，瞧了又瞧，更是惊疑不定。此情此景,早把坐在一旁的萧皇后给乐坏了,只是借着饮酒,忍住了笑容。

隋炀帝把紫衣宫女看了很长时间,再也忍不住了,便疑惑地问萧皇后说:"这个紫衣斟酒的宫女,看着面熟,是什么时候进宫的?"萧皇后说:"她进宫没几天呢,圣上怎么会认识呢?"炀帝点头笑道:"她的容貌竟和一个人非常像,简直没什么分别,爱卿你就没看出来吗?"萧皇后说:"贱妾没看出来啊,她和谁长的像呢?"炀帝略有迟疑地说:"宣华夫人也是这般面貌,并且身段也相仿。要不是宣华夫人还远在长安,朕定要疑她改装了宫女,和朕取笑了。"萧皇后点头说:"给圣上一提起,看着果然十分像,真是可惜,生了这般美貌,却是个哑巴。"炀帝笑道:"怪不得她泼翻了酒,不说一句求饶的话。如此佳人,怎偏是哑子呢。"

萧皇后听了又说:"圣上既怀念宣华夫人,夫人又远在长安。如今这个宫女,虽是不能说话,性情倒甚是伶俐,面貌又和宣华夫人相像,今宵就命她侍候圣上,聊胜于无,圣上你看可好?"炀帝已有了几分酒意,心中原在思念宣华,如今听了萧皇后的话,倒也正合心意,便点了点头。向那紫衣宫女看时,只见她低垂粉颈,脉脉含情。萧皇后却含笑道:"既是圣上允准,时辰已不早了,就请圣上安歇吧。"萧皇后说毕,就起身离了座,一手拽了炀帝,一手拽了紫衣宫女,送入寝宫,她才放了手说:"你们好好会一会吧。"便返身走出,带上寝门,含笑走了。

炀帝在寝宫里,将紫衣宫女拥上了牙床,见那个宫女,只是憨憨地痴笑,并不宽衣解带,炀帝含笑对她说:"痴孩子,别尽自傻笑,快脱了外衣,睡到被里去。"宫女摇了摇头,只是不动。炀帝非常纳闷,便先自己宽了衣袍,再替宫女解衣。哪知解到贴肉的内衣,炀帝伸手入怀,却有一物触手,捞出来看时,竟是一个彩色的同心结子,正是自己赐与宣华的那一个。

那个宫女,已是格格一笑,一头钻进了锦被中。炀帝方才大悟,什么哑巴宫女,原来正是自己的心上人,不禁哈哈大笑道:"你们串得好,竟把朕瞒在鼓里,看朕如何治你。"说着也钻进锦被中,和宣华夫人算起账来。只见锦被翻起一阵波浪,牙床吱吱有声,一笔风流账只算到天明。春宵苦短,炀帝出了一身风流汗,早把闷病也给治好了。

一天,炀帝正与萧皇后、宣华夫人饮酒说笑。二美媚态撩人,软语取笑。

炀帝更是快活万分。不料杨素撞入，说了一番煞风景的话，扰了三人兴致。炀帝等到宴席散后，没有心绪与宣华作乐，就携萧皇后同入了寝宫。宣华夫人却独宿孤衾，一时不能成寐，旧事一件件涌上心头，想着先皇生前待她的恩爱，不免洒了几滴伤心眼泪。想着炀帝待自己的一片深情，又不禁喜上眉梢。又想到了失节不贞，难免受人评论，更是懊丧万分。思潮起伏不定，也不得入梦。在床上辗转了很长时间，隐隐听到宫鼓咚咚三下，已是半夜以后了，不觉神思恍惚起来。

正要睡着，忽看见有一宫女到来，上前相请道："圣上欲会夫人，快些前去。"宣华夫人惊讶说："圣上已和萧娘娘安睡寝宫，在这半夜深更，怎得还来召我？"宫女说："夫人只管前去见了圣上，自会明白。"宣华夫人只好怀了满腹疑惑，下了床说："圣上现在在什么地方？"宫女说："夫人不必多问，跟婢子走就是。"

宣华夫人便随了那个宫女，走出了寝处，向前行去，曲曲折折，转了好几个弯儿，宣华夫人留神看时，觉得已出了现住宫殿，类似先帝所住的仁寿宫了，心中非常惊奇。正要问宫女，又是不出一声，只顾走去。宣华夫人正想责问几句，回头看时，那个宫女突然不见了踪影。再定神看时，不由暗暗称奇，怎么到了长安的仁寿宫大宝殿上了，难道是做梦不成？

宣华夫人一边想，一边只是向前走去，不觉间已到了大宝殿后面的芙蓉轩跟前。宣华夫人一想，隋主不就是被害死在这个宫中的吗？想到这里，她顿时毛骨悚然，正要回身走时，芙蓉轩里面，走出了一个宫女。宣华夫人一看，正是先前领路的那个，立即问她说："你一眨眼的工夫，怎的不见了，圣上究竟在哪里？我们怎么会到了长安？"

那个宫女狞笑着说："圣上即在轩中，他候夫人多时了，快些进去吧。"宣华夫人非常小心地踏进芙蓉轩中，猛见榻上，坐着怒容满面的隋主杨坚。宣华夫人这一吃惊，非同小可，吓得浑身乱抖，立不住脚，急忙双膝跪地，连呼圣上饶命。隋主怒目喝道："朕躬生前，是如何对你？你这贱婢，如此忘恩负义。朕的尸骨未寒，你便和那不肖的畜生，成就苟且，今日还有何面目前来见我？"

宣华夫人流泪辩解说："妾受圣上深恩，时刻不忘。驾崩以后，便思殉节，只因无机自尽，致被今上迫淫，实非心愿，还望圣上宽恕。"隋主连连冷笑

隋宫秘史

道："你说的倒好听,谁相信你呢? 不肖畜生恶贯满盈,到时自有人收拾。你这贱婢的死期已到,岂能饶你?"

宣华夫人听话音不好,便想着要逃走,隋主已是赶到面前道："你往哪里走?"说着举起手中玉如意,对着宣华夫人当头打下。宣华待要避让,已是来不及,脑门上受了一记,不禁脑痛欲裂,大喊一声："痛死我了!"顿时从梦中惊醒,却依旧好端端睡在床上,浑身却出了一身冷汗,心头怦怦乱跳,头部隐隐作痛。细细回忆梦中情景,不像是个吉兆,难免悲伤了一回。渐觉身上火热,头脑胀痛,到了天明,竟然病倒在床。等到炀帝退朝回宫,闻知了她病倒的消息,急忙前来探视。

宣华夫人一见炀帝,痛泪直流,炀帝温言安慰她说："夫人想是偶感了风寒,只须吃些发散的药剂,便能获愈。"宣华却说："圣上不必宽慰贱妾。圣上不明白底细,哪知妾的隐痛所在?"炀帝吃惊地问道："夫人有何感伤? 无妨说给朕,也许能替夫人除治。"宣华夫人摇头说："冤孽缠扰,无法可想,贱妾要和圣上永诀了。"炀帝不禁笑道："夫人说小孩的话了,感冒小病,有什么冤孽缠扰,快不要胡思乱想,放胆安心地养病。朕命御医前来替夫人诊治,准叫一服药,夫人的病就会好起来。"

但是,宣华夫人依旧摇头说："就是圣上请到了华佗扁鹊,也难治妾的病了。"炀帝见宣华夫人一味说些不吉利的话,不免也有些伤心起来,便凄凉问道："夫人端的为了何事,把你弄成这个样子?"

宣华夫人迟疑了片刻,禁不住炀帝连连逼问,只得把昨晚梦中情景,详详细细地说出。炀帝听了,也不禁打了几个寒噤,变了颜色,才明白宣华夫人得病缘故,倒也惴惴不安,流泪起来,但也对此没有什么办法,只得安慰了她一番,一面命内侍召医诊治。

萧皇后这时也来探疾,见了炀帝面上的泪痕,便娇嗔着说："陛下怎么这样婆子气,夫人又不是生的绝症,便致慌乱如此?"宣华夫人惨然说道："妾蒙娘娘恩爱有加,此恩此德只能来生回报了。"萧皇后急将宣华夫人的嘴掩住说："夫人怎么说出这么不吉利的话呢?"

炀帝便附在萧皇后的耳边,将宣华夫人的梦景,说给她听了。萧后一听,也觉不妙,只是面上仍然安慰宣华说："乱梦无凭,怎么能算数呢? 你只要安心调养,自可平安无虞。"宣华不再答话,只是涕泣。

不多时候，御医到来，炀帝嘱他小心诊治。御医哪里敢疏忽，平心静气切了一回脉，只见皱眉摇头，之后出了屋书写药方。不多时呈上奏案，却是病入膏肓，药石无功等语。炀帝看了越发着急，不禁泪如雨下，望了望床上的宣华夫人，似乎睡着了的光景，便同萧后悄悄退出。一同到了萧后的宫中，萧后便说："夫人的病到了这个样子，还是为她早些准备后事为妥。"炀帝只是流泪，说不出一句话。

到了午刻将近，宣华那边的宫女，慌忙来报说："夫人要不好了。"炀帝赶忙走入宣华夫人寝宫。宣华夫人已是气往上逆，脸红得像玫瑰一般鲜艳。炀帝知道是回光返照，急忙想上前和她诀别。哪知宣华夫人眼目昏花，神经错乱，见炀帝走近床前，竟当作了隋主杨坚，凄声呼喊："罪在太子，与妾无干，圣上既欲见罪，妾便相随九泉罢了。"

说完，手脚乱动了一阵，香魂脱离了臭皮囊，一瞑不视，魂归西天去了，享年二十七岁。炀帝见宣华夫人真的死去，不禁心如刀割，顿足大恸，就是隋主和独孤皇后死时，他也没有这样地哀痛流泪。这时萧皇后也来了，不免也洒几滴泪，即劝慰了炀帝，嘱人赶办后事，好好地择吉日安葬。

广选采女萧皇后定评

自从宣华夫人死后，炀帝总是闷闷不乐，萧皇后劝时，炀帝只回答说："佳人难再得。"萧皇后听了笑道："痴郎君恁地情痴，夫人已是死了，不能复生。难道除了夫人，便无其他佳丽不成？六宫之内，才人宫女，为数甚多，此中或有空谷幽兰，暗藏秀丽。待贱妾召集了她们，凭圣上拣取怎样呢？"炀帝不觉大悦说："爱卿这等大度，足见贤德，不愧为母仪天下的皇后，朕躬真是万分有幸了。"

之后，萧皇后就立即传令各宫嫔妃采女，齐集正宫外面的大殿上。听选这个消息一经传出，六宫中的一些小女儿，哪一个不想得沾雨露，希图恩宠，都赶忙涂脂抹粉，着意薰香，一个个装饰得珠围翠绕，柳媚花娇，袅袅亭亭地到了殿上。

隋炀帝和萧皇后移席殿中，一面饮酒，一面留神瞧去，看可有绝世佳人。

哪知炀帝"曾经沧海难为水，除却巫山不是云"，挑来拣去，都觉不合心意，瞧不上眼，失望地对萧皇后说："庸脂俗粉，触目生憎，叫她们都走吧。"

萧皇后只得命那些人退下。一群嫔妃采女，便乘兴而来，败兴而返，一个个又惭又恨，顷刻之间，尽行散走。炀帝笑对萧皇后说："爱卿如何，像宣华夫人般的绝世，原是没有的了。"萧皇后接着说："那倒不能够一笔抹杀，宫中虽是挑选不出，难道天下之大，绝色的人儿，只生宣华夫人一个不成，圣上不妨命人广选各地采女，入宫听点，定能得到美人。"炀帝不禁拊掌称善说："朕怎么竟会想不到此，多亏爱卿提及。"炀帝当下毫不迟疑，即命心腹内侍许廷辅等，出外采选。不论官宦绅富，庶民小家，若有佳丽女子，速即选入。

许廷辅等奉了旨意，便分头出发，倚仗官家的势力，大作威福，闹得各郡百姓，家家不得安宁。炀帝又想到选的采女一多，宫中没处安顿，更须造一个清幽绝俗的场所，安顿这些美人，当下便召集了几个心腹佞臣，一同商议办法。内中有个侍史内郎虞世基说："圣上若需另筑宸游之所，依臣愚见，显仁宫恐不合适，殿台的气味太重，不足吟风弄月，吟诗作赋。最佳的方案，是不建大型宫殿，全采苑囿形式。择一个上佳的地段，辟地三百里，已足布置。就中将一半挖成五个大湖，分东南西北中，方圆各占十里，沿河四周，种植花草，筑就长堤。察看相宜的地势，分置亭树几所，不宜过多，便觉灵活。沿堤柳桃之间，杂以梨杏，春来景色，更可无限动人。其余一半再分为二，一半掘一个方圆四十里的大湖，湖中可造三座石山，必须高出百丈，上面建些玲珑的亭台楼阁，可内宴饮酒，远眺四周景色。大湖须与五小湖相通，驾舟往来，可无阻碍。其余一小半，相其地势如何，分建小院落十余所，便可将选得的美人，安顿在里面，以供洒扫，圣上的意下如何？"

炀帝听了，不禁非常高兴地说："卿的条陈，正合朕意。即委卿督造苑囿，一切便宜行事。若能早日落成，更是佳妙。"虞世基奉命行事，便在洛阳偏西，觅到了合适位置，按照自己的设计动工。征调全国各地工匠二百万人，日夜不停地劳作，到了来年六月，即已造成。同时，许廷辅等也采选到了二千名美女，进呈了名单。

炀帝见选来美女如此之多，不禁失笑，对萧皇后说："怎能有如此许多美人，恐怕连无盐嫫母，他们也列入了美女队伍里了。"萧皇后也笑道："二千个里面，终有绝色的几人，不失圣上之望就是了。"炀帝说："昨天虞世基来报，苑囿已是落成,内有十六个院落,须选择佳丽谨厚的淑媛,作为每院的主持,分掌各院。爱卿你看可好?"萧皇后乐得凑趣,随即说:"圣上的主意甚善,贱妾愿为圣上代劳,代行挑选如何?"炀帝欣然说:"爱卿若能如此,真胜我母后百倍。"

说完,炀帝已是刻不容缓,一面命内侍设了盛筵,和萧皇后同饮,一面召许廷辅到来,命将所选的美女,分了几起,带到筵前,待萧皇后点选。廷辅便将各处美人,一起带进,逐名点至筵前。炀帝且饮且瞧,觉得一个个都生得不俗。萧皇后却是仔细端详每个人的头脸手足,凡是肥中带痴,瘦见骨露,秋波媚而不明,春山翠而不细的人,俱屏过一边。好不容易选出了十六个神清骨秀、体态安详的美人。炀帝记下了姓名,便亲自面谕,各封为四品夫人,令其分别掌管十六院事宜。又传命虞世基,监制玉印十六方,待院名题就,即和主持夫人的姓名,一并刻于印上,再行发给。

选出的十六个夫人,无论是王、谢、秦、樊、刘、狄,还是梁、李、陈、方、田、朱和石、黄、张、柳,各有一种体态,国色天姿,不愧为群芳领袖。萧皇后又选了三百二十个人,虽是姿色稍逊于十六院夫人,却也一个个花娇柳媚,便充作了美人。每院分领二十个人,叫她们学习歌舞弹唱,供饮筵的时候取乐。其余的秀女,拣灵慧的,分发苑中亭台楼榭充役。萧皇后一一分派就绪,已是子夜过后,众秀女谢恩退出。顷刻间风流云散,殿上顿觉寂寞,一股芬芳的香味,却还弥漫在殿中。

炀帝醉眼迷蒙,笑对萧皇后说:"爱卿品评群芳,可称公允万分了。"萧后也笑道:"如今满眼莺燕,圣上自可随意宠幸,夜夜风流,只恐要乐不思蜀了。"炀帝见萧后打趣他,便一手勾住了萧后的粉颈说:"为答谢爱卿,朕今夕就欲一幸蜀宫了,怎说乐不思蜀?"萧后不禁粉脸生春,娇面含羞。萧皇后原本是后梁主萧岿的女儿,才色兼优,也是个宫闱翘楚,士女班头,又素来婉顺,对炀帝是多方迎合,自是恩爱,从未反目。这一夜,炀帝为谢萧皇后代评美女之功,竭力效劳奉承,伺候得萧后娇啼阵阵,欲仙欲死。为博一夕之乐,萧后甘愿再代炀帝选美千人。

不说炀帝和萧后同入寝宫,温柔乡里,共效于飞。一宵易过,又是天明,炀帝心意畅快,亲临早朝,虞世基出班上奏说:"新苑落成,敢请游幸,五湖十六苑,敬乞题名。"炀帝点头应允。待到退朝,遂与萧皇后乘了宝舆,同幸新

隋宫秘史

苑。到了苑门跟首,虞世基上前接驾,炀帝便命他前导,欣然入苑。炀帝说:"此苑在洛阳之西偏,不妨即名西苑。"虞世基应声称"是"。

炀帝又说:"苑中万汇毕呈,无香不备,亦可称为'芳华苑'。"世基极口称赞。一路向东湖走去,只见碧柳丝丝,遍植堤上,迎风作舞,恍似折腰接驾。柳色映着波光,绿沉沉一片,十分幽凉。炀帝点头对萧后说:"此湖波光生翠,就题名为'翠光湖'可好?"萧后说:"圣上自是定评,何必问妾?"世基接口说:"东湖题为翠光,非常恰当。"

他们且言且行,转到了南湖,这时骄阳正高,南湖因地势关系,独占了阳和之胜,一轮红日,映照湖面,只觉金光浩荡,果成奇趣。炀帝对世基道:"此湖径可题为'迎晖湖',卿意如何?"世基道:"迎晖虽佳,似嫌浑伦。依臣看来,此湖独占阳光之胜,不如题为'迎阳'。"炀帝点头称善。

不觉又到了西湖,只见白鸥点点,出没波中,四面芙蓉临水,玉影亭亭,浩荡荡一片烂银般灿烂。萧后非常高兴地说:"此湖绝佳,圣上快题个佳名。"炀帝笑道:"朕已想好了,叫作'银光'可好?"世基赞叹,萧后也道恰当,炀帝甚是有兴。

不觉到了北湖,但见峥嵘怪石,崛起湖中,高低大小,形状各异,水波因风激动,向石上撞去,便发出淙淙的幽响,引人遐思,炀帝连声称好,问世基说:"此湖可题什么名儿?"世基思索了一会儿,摇头说:"还是请圣上赐名,愚臣不敢辱没此湖。"炀帝略一沉吟道:"水清因石洁,不妨叫作'洁水湖'。"世基称赞说:"非是圣明,怎能想到,愚臣甘拜下风。"炀帝格外得意。

不多一会儿,他们转到了中湖,却较四湖略大,一片波光,浩渺明爽,炀帝便命题为广明湖。至此,偏南的一半,全已游尽,世基奏道:"北面大湖十六苑,圣上索性看了吧。"炀帝笑道:"既来此地,怎肯只游一半。"一行人又向北逐段看来,只见曲栏幽径,亭台楼阁,钩心斗角,竞巧争新。炀帝便题大湖为北海,湖中三山,仿海上三神山的名称,分别称为蓬莱、方丈和瀛洲。放眼望去,只见海水澄青,湖光漾碧,三神山葱茏佳气,十六院点缀风流,桃成蹊,李列径,芙蕖满沼,松竹盈途,白鹤成行,锦鸡作对,金猿共啸,仙鹿交游,仿佛是缥缈云天。炀帝一行人将苑中景色看了够,徐徐行入正殿,下舆小憩,用过茶点,便令世基取过纸笔,酌取十六苑的名号。炀帝本是个风流皇帝,颇有才思,世基又是个风流狎客,夙长文笔。一君一臣,你唱我和,费了

两三小时，已将各苑名号裁定，由世基一一录出，无非是景明、栖鸾、晨光、翠华、仪凤等等。

苑名都已经定好了，炀帝便分命十六个夫人一一主持。十六苑的夫人，少不了又要谢恩一番，各自入院主政。虞世基却将刻好的玉印交予各位夫人分佩。炀帝又命内侍马忠为西苑令，专司出入启闭的事儿。十六个夫人既是奉了旨意，各人分住一苑，便一个个都想早邀君皇宠幸，各在苑中张扬铺丽，肆意地争新斗异。琴棋书画，笙管箫簧，一般乐器，各是应有尽有。真是万事皆俱备，只欠东风了。

雅云与隋炀帝怎样认识的

一天，隋炀帝同萧皇后，在西苑的迎晖苑进了午膳，问萧皇后再上哪一苑玩去。萧皇后多喝了几杯酒，头重重的，似觉微醉，便笑对炀帝说："圣上自去游玩吧，也方便些。妾想在苑中小睡一会，圣上可允准？"炀帝说："朕前些时曾在仪凤苑中午睡一会儿，爱卿今日又要在此苑小睡，可是朕有柳夫人相伴，爱卿没了朕躬，还有谁来相伴？"萧皇后格格地一笑，玉臂勾住了迎晖苑主王夫人的粉颈说："妾也有王夫人相陪，圣上可不要吃醋拈酸啊。"炀帝不禁大笑，便独自走出迎晖苑，王夫人欲起身相送，却给萧皇后勾住了说："任他去好了，他是不拘礼数的。他走了，咱们也乐得做上一回露水夫妻。"王夫人羞红了脸，只得不送。炀帝到了院外，内侍们请炀帝上辇，炀帝说："不用了，你们可在此等候，朕若须坐时，再命人传唤。"

炀帝嘱咐完后，便信步往前，一路上寻思，这回先上哪苑。正寻思间，蓦地抬头，见有一个苑门前，似有几棵大松和不少的高树，浓荫覆屋，定是个清凉所在，何不上那儿走一遭。主意既定，却忘了此苑名称，低头寻思多时，只是想不起来。抬头向林丛中望去，却见着了一幅娇俏活泼的戏鼠图。

不远处，绿沉沉的浓荫，罩满苑外，冷生生的凉气，充实了苑中。一阵阵蝉声，在树叶中传出。在那浓荫下面，却有一个苗条的佳人，身穿月白色的衫子，在浓荫的映衬下，现出淡绿色彩。脚上弓鞋，是淡黄色的。她头上只是疏疏松松的风凉髻儿。在她右手臂弯处，一只小松鼠，伏在上面，两个小眼珠,只向四处乱瞧。她的左手腕上,悬了一个锦囊。锦囊里面,满满装着松子。她一面从囊中掏出松子,一面喂给松鼠吃。她掏松子的动作不太快,吃出味儿的松鼠,等得不耐烦,便从她右臂弯处,蓦地一跳,跃到她左手腕上,伸出爪儿,想自行扒开锦囊,吃个尽饱。美人儿被松鼠出其不意地一吓,吃了一惊,不觉手儿一甩,将锦囊抛落地上。她正待拾取,那松鼠早抢先下地,竟衔了锦囊,蹿到了一棵大松树上面,一连几跳,早至高处。任凭她唤破娇喉,那松鼠只顾躲在一团松针里面,扒开了锦囊,大吃她的松子,再也不肯下树了。她却仰起粉脸,痴憨憨地望着松顶。

炀帝早已瞧见了这幅美女娇憨图,悄悄从侧首掩了过去,蜇到美女背后,双手掩住她的一双妙目。她慌得急忙说:"谁和我打趣,掩我双目,松鼠蹿跑了,我可不依的。"边说边连连跺脚。炀帝哈哈大笑,放开双手说:"痴孩子,松鼠已上了松树,它还肯下来不成?"她回头瞧时,见是炀帝,脸上满是笑容,立于身后,慌忙转过娇躯,拜倒在地说:"贱妾翠华苑主持黄雅云,不知圣上驾临,有失远迎,望圣上恕罪。"

炀帝笑道:"朕来时,夫人正娇唤松鼠。朕又从侧首抄到夫人背后,夫人怎会留神。"说完,携了雅云的手,向翠华苑里走去。雅云仍不住地回头,看那松树,对松鼠恋恋不舍。炀帝笑拍她的肩膀说:"夫人不要念念不忘那头松鼠,待朕命人替夫人弄几头来好了。"雅云好生欢喜,急忙称谢。

到了里面,炀帝见苑中陈设俱是古色古香,十分清幽。雅云却是娇憨万状,将二十个美人,一个个拖了过来,见过了炀帝。雅云笑对炀帝说:"妾命她们捉一回迷藏,博圣上一笑如何?"炀帝见雅云一味地孩子气,越发觉得可爱,当下便说:"她们的迷藏,有什么好玩的地方吗?"雅云摇头说:"圣上不要多问,看她们玩好了。"

那些美人,听说捉迷藏,一齐转入了里面,好久不见出来。炀帝奇怪地问:"她们在里边,干些什么事儿,怎么还不出来?"雅云娇嗔着说:"圣上怎么这么性急,她们尚要妆束妥当,方能捉得迷藏。"炀帝听了,对此感到非常好奇,忽然听得一阵铃声,从里边传出。炀帝凝目瞧去,只见头里先走出了一个美人,一块粉红色汗巾,遮住了双目。

接着,余下的十九个美人鱼贯而出,浑身的装束,全换个样儿,上身俱是一律的短衫,下身穿了短腿裤儿,赤了雪白粉嫩的双足。衫子的袖口上,和裤子的边缘上,都钉上了一个个小金铃,手中又各执了一件乐器。她们将遮住眼睛的那个美人,推站在中央,便四散分开。炀帝看了这般情景,已觉十分有趣。只听黄雅云一声娇滴滴令下:"捉啊!"

站在中央的遮目美人,张开了两条粉臂,团团地向四面扑去。那四边的美人,却一边奏起了各自的乐器,一边忙着躲避。在悠扬的乐器声中,还夹杂着阵阵的金铃声,分外动听。炀帝瞧得兴起,张开的嘴,再也合不上了。雅云满含着一团喜色,附在炀帝耳边说:"圣上请留意着,那班被捉的美人们,所奏的乐器,要是乱了节奏宫商,贱妾未能察破,圣上便请指出,即须将她处罚,做一会儿捉的人。"炀帝不禁吐舌说:"既要躲避,又需奏乐,哪里能够不出错误。"炀帝留神听去,只见这些美人,无论逃避得怎样匆忙,所奏宫商,竟然一音不差,方知是训练有素。炀帝笑对雅云说:"这种游戏,除了夫人,没有人能想得出,除了此苑中的二十个美人,他苑中的美人,也休想够得上这般灵敏。"

正在说时,忽闻一阵欢笑,原来有一个吹箫的美人,给捉住了,其余的美人,不禁放开了笑声。雅云即高声说:"不要再闹了,后面休息吧,先不要在外伺候!"众美人便一个个溜入了里面。

炀帝笑着对雅云说:"朕正瞧在兴头上,夫人怎不命令她们再玩一回。"雅云娇笑一会儿,才道:"圣上也不想想,这般炎暑天气,她们玩了一回,已是不免气喘流汗,加上还要吹吹弹弹,又要逃避,她们再玩还会这么齐整不成?"炀帝点头道:"夫人的话不错!"雅云痴笑一阵,攀住炀帝胳膊,如孩童一般,昵着炀帝说:"圣上应允贱妾的松鼠,今天可能办到?"炀帝见她憨态可掬,既不忍拂了她的心意,不觉一时兴起,便笑道:"怎会办不到,只是夫人也须依朕一件事儿。"雅云不住点着头道:"定能依得,圣上快说,究竟是件什么事?"

炀帝附在雅云的耳边,轻轻地笑说了一阵,雅云听了,笑得花枝乱颤说:"圣上条件太苛刻了。"说完了话,便仰起了粉脸,凑到炀帝面前。炀帝一把勾住粉颈,轻轻抱她坐于膝上,低下头,将嘴凑近朱唇,着实吮咂了好一会儿,早将她樱桃小口上的胭脂,吃个净尽,只觉香甜满嘴,好不销魂。

雅云却又逼炀帝说:"贱妾已是依了圣上,圣上也须替妾设法才是。"炀帝被她逼得无法可想,只好说:"夫人若要松鼠,却须随朕前去。"雅云道:

"要上哪儿去？难道圣上不可传下一道旨意，命人送几头来？"雅云一语，提醒了炀帝，不禁失笑道："朕被夫人逼昏了头，一些主意都没了。你可命一美人，去召西苑令马忠，朕有话面谕。"雅云欢欣着说："可就是松鼠的事儿？"炀帝轻轻拍了下她的屁股道："除了夫人如此大事，朕还有何事？"

雅云便飞也似地走进了里面，拖出了一个美人，对她连连催促道："马忠！马忠！快些唤马忠！"那个美人给她这么一喊，慌得摸不着头脑，忙说："马忠是什么？"炀帝听了，不禁哈哈大笑。雅云却对炀帝娇嗔着说："圣上还不对她快说，是什么令的马忠。"炀帝听了，越发忍俊不禁。那个美人却明白过来，便说："莫非是西苑令马公公？"雅云忙说："对对对，快些叫他来这里，圣上有话面谕。"

那个美人遂笑着走了。不到片刻工夫，马忠已赶到翠华苑。炀帝即对他说："你快些弄几头松鼠来，送到这里，交给黄夫人。"马忠说："若要一二头，马上便有，若要多几头，却难办到。"炀帝听了，脸儿一沉说："你说的什么话，这么大个东京，难道只有一二头松鼠不成？"马忠见炀帝动怒，忙说："奴婢所说一二头，原是指西苑里面有的所说，既是如此，待奴婢即去办来。"炀帝方始冷着脸说："快些去办来，不准过了今天。"马忠只好苦着脸，应声退出。

雅云却欢笑道："太好了，逃了一头，反多得了几头，圣上深恩，贱妾感激不尽。"

炀帝见雅云这般娇憨动人，怜爱万分，重又将她拥坐膝上，着意温存。雅云只是仰个小脸儿，憨憨地娇笑。炀帝不觉动了情兴，便又附在她的耳边，咕哝了一阵，雅云红着脸儿只是摇头，炀帝不觉悻悻，面上现出不快。雅云虽是娇憨，毕竟是个聪明女子，见了皇帝这个样子，不由脸挣得更红，附在炀帝耳边，轻轻说了两句话儿。炀帝听了，不禁哈哈大笑："难怪夫人见拒，朕还疑夫人另有他意，哪知却是红尘隔断蓝桥路，不许渔郎来问津。只是朕已兴起，却需夫人另设他法解决了。"雅云娇嗔说："说给圣上听了，又是这般喊叫，被人听去，好不羞人。"炀帝笑道："此间哪有闲人来，夫人何须多虑？"说着，早将美人妙首向下按了按。

雅云自是识趣，为感赠松鼠之恩，也乐得效劳，不一时，炀帝兴尽，不住亲她香颊说："聊以解嘲。"雅云格格娇笑，一任炀帝玩弄。不觉到了申牌时分,那个马忠,兴冲冲走入苑中,左臂上伏着一头松鼠,右肩上躲着一头,胸前爬上了一头,一头还伏在背上,都用细银链锁着。雅云见了,急从炀帝膝上跃下,也不及替炀帝擦拭。马忠复命说:"奴婢已找到四头,敢来复命。"炀帝点了点头,雅云已抢步上前,一一捉过,都放在了自己身上,高兴得不得了。

萧皇后是如何偷生的

叛党杀了隋炀帝,又搜寻杨氏王亲,捉住便杀,无论长幼。杨氏亲戚,无一幸免。一些炀帝宠臣,或为叛党所忌的大臣,也连同杀了十数个。宇文化及就自称了大丞相,总掌百官,令他的弟弟智及为左仆射、士及为内侍令,司马德戡与裴虔通等,皆有封赏。叛党皆喜跃而归。

宇文化及处置完毕这些事情后,当时天已经黑了,便野心勃勃带了亲丁数名,入视宫寝。行至正宫,但见一些妇女,围住了萧皇后,都在啼哭。原来萧皇后在寝殿里面,炀帝死后,她伏尸痛哭了一回,便给叛党赶走,逃入了后宫,和宫人们哭作了一团。

化及即朗声问道:"你们在此哭些什么?"萧皇后抬头见了化及,以为是前来杀她,不禁魂飞魄散,向后躲避。化及见她玉容惨淡,翠袖颤动,已觉可怜得很。再瞧左右那些女人,也都是钗横鬓乱,泪眼愁眉,当下且怜且语地说:"圣上无道,故遭横死,与你等本无干涉,不必慌张。"

一群美人们,听了化及的话,你看着我,我看着你,没有一个敢发言,还是萧皇后镇定了心神,轻启朱唇,细声细语地说:"将军请坐,妾等命在须臾,幸乞恩开格外,曲与保全。"萧皇后娇声对答,化及在旁留神打量,不禁暗暗称奇:"怎么萧皇后四十多岁的人了,望上去却与盛年无二,依然是娇容雪肤,秀色可餐!"

化及入宫本就是不怀好意,如今在灯光下见了萧皇后的姿色,又想到她曾母仪天下,不禁勾起了一片邪念,便近前一步,浅笑着对萧皇后说:"皇后不必过于悲伤,谁敢无礼,欺辱皇后,当从重处罚!"萧皇后急忙道谢。化及遂趋至萧皇后近前,含了笑容,轻声说:"倘不见弃,愿共富贵。"

萧皇后听了,不禁红飞双颊,越发显得楚楚可怜。化及伸手,竟拽翠袖,萧皇后急忙说:"将军请注意您的行为。"说着,娇羞万分。化及哈哈大笑,松了翠袖,回顾手下说:"快去御厨,搬取酒肴到来,给众后妃压惊。"手下很多人奉命而去。其余的宫人妃

青白釉玄武

女,瞧了萧皇后与宇文化及的情景,皆已安心了许多,没有之前那样惊慌了。

化及早知炀帝多宠,并悉知十六苑夫人,都是绝世佳人,便想鹊巢鸠占,饱餐秀色,领略群芳,遂温语对萧皇后说:"十六苑夫人,都在这里吗?"肖皇后点头说:"都在这里,只有绮阴苑谢湘纹、仪凤苑柳绣凤,闻知圣上被杀,已是自尽了。"化及顿足说:"可惜可惜!枉死了两个佳人,皆是我的罪过,不曾早来安慰她们。她们唯恐受罪,哪知我也是个怜香惜玉的人,决不会气着美人的。"

萧皇后说:"还有仁智苑主持朱贵儿,死得也非常惨!"化及惊讶问道:"怎样死的?"萧皇后说:"在寝殿里面,触怒了司马将军,被他斫死了。"化及愤愤地说:"德戡他们无情,真是罪过。"化及又说:"其余的还都在,皇后可以将她们召齐,一同饮酒?"萧皇后说:"若将军想会见她们,我怎么敢不从呢!"说着,立即让宫女分头召去了。

没过多长时间,酒肴已经准备好了,但是应召而来的,只有张丽卿、王桂枝、李庆儿、方贞娘,余人都推病不至。化及为此非常不高兴,只是未便发作。萧皇后深知此中的道理,早已瞧出了几分,恐他因此生怒,急忙说:"她们深惧虎威,实未知将军厚意。隔日待未亡人传谕她们,她们自会齐来谢罪的。"

化及听了非常高兴地说:"皇后的话说的非常对,可能是她们还不知我的情性!"说着,目光四射,向王桂枝、方贞娘、李庆儿、张丽卿四人,瞧了一个饱,才让她们一同入座。六个人饮了一会儿,起初尚觉有些羞耻,渐渐却彼此忘怀,居然谈笑自如,索手索脚,你贪我爱起来,竟将化及当作了炀帝。

萧皇后乘化及开怀畅饮的时候,婉语进言说:"将军因主上无道,为民除暴,原是大义灭亲,无可厚非的。只是何不早立杨氏后人,自明无私,以示坦白呢?"化及说:"杨氏族中人,只剩下一个秦王浩了,明日就立他为帝!"萧皇后起身谢道:"将军若能如此,美名更将远播了。"王桂枝也笑道:"这方见将军一片忠义,原是为国呢!"化及听了谀言,更是心欢,不觉狂态大现,与五个美人拉拉扯扯,搂搂抱抱,萧皇后等人也是丑态尽现。

有几个宫女,冷眼瞧见,险些气破肚皮,暗暗骂她们无耻,也有几个宫女,早已忘了旧主,又思献媚新人,争先替化及斟酒。化及酒到杯空,渐有些醉意了,目光渐渐淫邪,只在萧皇后等五人脸上乱转,越瞧越爱,恨不得一齐拥入了怀中。

他正在情思恍惚的时候,突然门帘一掀,蹿进了一人,直奔化及跟前,手一扬,只见三寸利刃闪闪发光,直向化及刺去。化及本已乐极忘形,此刻看见了匕首,大喊"不好",慌向后面一让,心慌势猛,连人带椅向后便倒。也是他命不该绝,身向后倒时,一脚跷起,靴子正踢在女子手腕上,哐啷一声,匕首落地。

化及的手下也一拥而上,将行刺的女子擒住。萧皇后一面扶起了化及,一面颤声说:"薛冶儿怎么如此大胆!敢来行刺将军,还不快向将军谢罪,尚可恕你性命!"冶儿怒目说:"若是顾惜性命,也像你们一样,忘了廉耻,前来陪酒了。我恨不能杀死叛贼,替主上报仇。今既被擒,要杀便杀,不必多言。"

化及惊魂稍定,怒问萧皇后说:"她叫薛冶儿吗?怎么这样无礼!"萧皇后给冶儿抢白了一顿,正在垂泪,见化及问她,只得点头说:"是的,她是积珍苑的主持。"化及听说也是个夫人,仔细向冶儿瞧视,见她怒气冲冲,却是十分俏丽,转动了不忍的心肠。啧啧地说:"夫人节烈,令我起敬。只是主上无道,死亦应该。我特为民除暴,夫人还须三思。今赦夫人无罪,快来一同饮酒吧。"说着,便欲亲自给她松绑。

隋宫秘史

冶儿却呵斥他说:"叛贼别给我花言巧语了,只好哄那不知廉耻的人。但是我不愿听你的,快快将我杀死。谁要你个叛贼恕罪!"化及听冶儿左一个叛贼,右一个叛贼地骂,不禁心头火起,便也骂道:"你这贱人,怎么这么不识好歹!"冶儿冷笑着说:"我本就是不识好歹的人,有识好歹的人,不正在陪你个叛贼了吗!"萧皇后等五人,给冶儿句句刺心,也都是恼羞成怒,恨不得冶儿速死。萧皇后便愤愤地对化及说:"冶儿这般无礼,还不将她速速处死!"化及本已怒甚,给她一逼,即命亲丁牵出薛冶儿,将她处死。

正在这时,突然有一人,浑身缟素,走入宫中,将冶儿抱住,惨声对化及说:"冶儿激于义愤,触怒了将军,当念其节烈,赦她死罪,放逐出宫,方见将军仁义。"化及见那发话的人,也是一个轻盈少妇,虽是乱发素服,脂粉不施,也不能掩她天生的美丽。便问萧皇后道:"她是何人?"肖皇后轻声说:"这个便是妥娘。"

化及惊讶地说:"常闻宫中有个能言善辩的妥娘,莫非就是她吗?"萧皇后头儿微微点了点,化及含笑对妥娘说:"我本无意杀死冶儿。她一味狂言,忍无可忍,方不得不处死她,以肃宫廷。今卿为她求情,我便赦了她,只是不能留在宫中,即须放逐。"说完,就命下人押冶儿出宫。妥娘便准备告退,化及笑道:"卿既来此,不妨同饮一杯。"妥娘说:"本当为将军把盏,只是主上陈尸寝宫,无人顾及,贱妾须守视主尸。将军以仁义示人,当能任妾前去,来日方长,侍奉将军不迟。"化及向萧皇后点头说:"名不虚传,我却不能为难她。"也就由妥娘自己去了。

萧皇后听了妥娘的话,觉得自己很难堪,不由珠泪沾襟,化及惊问她说:"皇后因为什么事这样伤心呢?"萧皇后说:"妥娘尚能守视主尸,妾怎么好意思留在这里饮酒?"王桂枝等闻言,也都念起旧情,纷纷落泪。化及劝说她们说:"死者已矣,徒悲无益。不如置诸脑后,借酒驱愁。"

说着,满斟了一杯,授与萧皇后说:"请尽此酒,别再悲伤了!"萧皇后不敢推辞,只得道谢一声,饮尽此酒。化及又劝王桂枝等四人,各饮了一杯。萧皇后也算礼尚往来,竟恭恭敬敬奉上一觞,化及欣然接饮。又饮了一回,化及已有了七八分的酒意,醉眼斜睨,望着萧皇后不住地微笑。萧皇后羞得粉颈低垂,不敢抬头。

王桂枝瞧见这光景,暗向其余三人使个眼色,便即告辞。萧皇后见她们要走,暗暗着急,便向王桂枝说:"王夫人请留在宫中吧。"桂枝笑向化及瞧了一眼,化及也微微一笑,向桂枝使了个眼色,桂枝便对萧皇后说:"贱妾回去更衣,一会儿再来。"说着径自姗姗而去。

化及心花怒放,即命手下撤筵,遂向萧皇后说:"皇后内室,我能观光一下吗?"萧皇后尚未开言,一个凑趣的宫女,已打起了内室垂帘说:"将军请进。"化及扬眉一笑,说:"还要皇后领我进去才是。"萧皇后正想拒绝,但是化及又要来拽,慌忙移动莲步,向室内行去,化及欣然相从。

进了内室,化及立即将门掩上。打帘的宫女,吐下舌头,大了胆子,将门轻轻一推,便露出一道缝隙,向内瞧视,留神细听。只见化及一团喜色,站在萧皇后面前,伸手去勾她的脖子。萧皇后躲向榻前说:"将军尊重! 我虽然感德将军,理应侍奉,但主上尸骨未殓,贱妾怎好自荐枕席呢? 还望将军垂怜。且待主尸安葬,我当不惜蒲柳贱质了。"说着盈盈欲涕。

化及逼近榻前说:"主上尸身,明天即当安葬。今夕良宵,却须皇后赐允,共效于飞。"说着,便将萧皇后推到榻上。在门前窥视的宫女,又惊又喜,半羞半恨。所惊的是堂堂母后,不免受污;所喜的是新主荒淫,将来不患失所;羞却羞眼前风光,有些刺目;恨只恨主尸未殓,皇后屈节。

宫女心中虽在胡思乱想,一双眼睛却再也不肯离开,只顾盯住榻上。榻上春光,一一映入宫女眼中,非常难堪,遂将室门轻轻拽上,悄自退去。等到第二天天明,宇文化及和萧皇后同醒了好梦,结束下榻,萧皇后对化及说:"贱妾已是侍奉了将军,还望不要食言,速立杨氏后人,以慰百姓,先帝尸身,也请从速安葬。"

化及点头说:"皇后宽怀,我自能照办。"当下一同出了内室,却有数个宫女,倒身下拜,齐呼娘娘万岁,将军万岁。萧皇后听了,不禁粉脸飞红,感到非常羞愧。化及却欣然得意,笑命宫女速起。又唤过手下,取了金帛,赐与众宫女。众宫女欢声道谢,一个个争献殷勤。自此,宇文化及先淫皇后,再淫众夫人,秽乱宫廷,直至被杀。

炀帝众妻妾如何受辱的

萧皇后含羞忍辱服侍了宇文化及一宿。化及倒不食言,即托奉皇后谕令，诏令百官，立秦王浩为帝。秦王浩便在那一天坐了正殿，朝见百官，终算做了个皇帝。嗣后迁居尚书省，用卫士十余人监守，差不多和罪犯一样。国家大事，均由化及兄弟专断，如有需要，即遣令使至尚书省逼迫浩答应，百官也不能见浩一面。这种罪犯式的皇帝，从另一个角度来讲还比不上一个平民。

化及立了秦王浩，自称大丞相。草草把炀帝棺殓，葬在西苑流珠堂，再也没人去守候看顾。一天晚上，化及又兴冲冲地入宫，萧皇后含笑相迎，说道："将军果然守信用，立了秦王，贱妾理当拜谢。"说着便要拜下。化及双手扶了萧皇后，哈哈笑道："皇后何必如此，这是臣下应做的事。"当下传命设宴。不多时酒肴纷呈。

化及和萧皇后并肩同坐，化及对萧皇后说："只有我们两个对饮，觉得还是有些寂寞的。"萧皇后听了，早知道化及的心思，便也笑道："待妾再召各位夫人到来，与将军陪饮好吗？"化及非常高兴地说："若能如此，更见皇后贤德！"萧皇后即命宫女，分头宣召各夫人。

不到片刻工夫，王桂枝、方贞娘、李庆儿、张丽卿先后到来。隔了不多时，狄珍珠和梁文鸾携手入宫。化及便含笑问她们说："二卿是什么人呢？昨天是因为什么事没来赴宴呢？"

狄珍珠说："妾乃文安苑主持狄珍珠。她是景明苑主持梁文鸾。昨天晚上将军宠召，妾等惊魂未定，故不敢应召。今闻将军温爱仁慈，特来谢罪。"化及听了非常高兴地说："两位夫人快快入座饮酒！"狄珍珠和梁文鸾便道谢就座。

接着田玉兰、石筠青两个，也姗姗而来。萧皇后替两人介绍了一番。化及见又多了一对玉人，更是心欢。萧皇后又命宫女宣召韩俊娥、杳娘入宫，两人倒也欣然来到。化及见杳娘娇小轻盈，双目勾魂。韩俊娥体态苗条，娇姿动人，不禁馋涎欲滴。急问萧皇后说："这两个美人是谁？"萧皇后一面命她们入座，一面回答说："便是杳娘和韩俊娥，都为先帝宠爱的人。"化及点头称赞说："如此美人，怎能不得宠。"韩俊娥和杳娘，倒觉有些娇羞。

化及看看席上，已是来了十多人，便问萧皇后说："还有什么人没有来吗？"肖皇后说："只有陈菊清、黄雅云、妥娘三个。"王桂枝在一旁说："袁宝儿和绛仙，娘娘可以宣召。"萧皇后说："她们两个，我倒忘记了。"化及听说还有美人，更是高兴地说："袁宝儿和吴绛仙，两个在宫外是很有艳声的。"萧皇后点头说："两个本是十分俏丽，宝儿的歌喉，绛仙的黛眉，真是宫中无二，独擅风流！"

化及听了，越发狂喜，急忙说："皇后快快宣召两人。还有那个妥娘，怎的还不到来？让人再去催促吧。"于是，萧皇后又命宫女，速往传言。隔一刻，三个宫女前来复命。一个宣召吴绛仙的说："绛仙上复娘娘，只因头痛神疲，不能应召前来。"那个宣召袁宝儿的说："袁夫人正在悲伤，贱婢将娘娘的旨意和她说了，她只是摇头不语。应该是不来的了。"化及听了，非常不高兴，便问催促妥娘的宫女说："妥娘怎的还不到来？"宫女说："快要来了，她还有美酒带来呐！"化及又不觉得意起来。

果真没过多少时候，只见妥娘浓妆艳抹，打扮得妖冶万分。双手捧了一个银盘，盘中一只玉杯，堆起了满面笑容，袅袅婷婷走了进来。萧皇后等见了妥娘如此艳装，却是从来没有过的，都觉有些诧异。化及见妥娘到来，和昨夜的乱发素服大是不同。越显得风流动人，喜得站了起来，含笑向妥娘招手说："卿真多情，还有美酒带来了吗？"妥娘盈盈一笑说："将军盛意感人，贱妾特献一尊长生仙液，祝将军万岁！"说着，走近化及座前，将盘呈上，粉臂颤动，玉杯中的酒，也晃出杯外不少。

化及早已心花怒放，并不起疑，伸手取杯，径送唇前。萧皇后见妥娘的神情有异，不禁动疑，忙用手轻触化及，亦频使眼色。妥娘见化及杯及唇边，给萧娘娘一做作，似有动疑的心思，柳眉一皱，即含笑接了化及的杯子，亲手将杯儿送到化及唇前，欲待灌入。化及疑心大起，将头一偏，抢了玉杯，假装笑着说："卿怎么这样性急，我一会儿再喝好了！"

妥娘无可奈何，便欲退出。化及又含笑说："卿乘兴而来，却要败兴而去吗？"妥娘不禁脸色一白。化及瞧见，向萧皇后瞧了一眼说："皇后你有什么意见，也觉得可疑吗？"萧皇后点点头。旁边的杏娘和妥娘非常好，正要取过玉杯，将杯中酒泼去。哪知杏娘臂短，急切够杯不着，化及已将玉杯抢入手中说："卿想干什么？"杏娘无可答对，支吾着说："将军不想喝，我就替您喝了。"化及说："卿若饮此，恐怕性命难保了！"

听了化及的话，众人全向妥娘看去。只见妥娘咬牙切齿，怒目指着萧皇后说："你这丧尽天良、毫无廉耻的淫妇！你怎不想想，和你并肩而坐的叛贼,杀了你的丈夫儿子。你纵不能报仇雪恨,也当身殉主上。今反贪淫苟活,恋爱新欢。我今毒不死叛贼,一死而已。看你这淫妇,他年死后,有何面目见杨氏先灵!"妥娘朗声大骂,骂得萧皇后无地自容,恼羞成怒。

化及急忙让手下将妥娘拿下,妥娘呵斥说:"我亦不想活命,你这叛贼,还怕我逃吗? 快将鸩酒给我,待我自尽好了! 不要臭男人碰我!"化及狞笑道:"自作自受,害人害己,你也不能怨我歹毒!"说着,便欲将玉杯递与一个宫女。萧皇后却抢了玉杯,附在化及耳边,咕哝了一阵,只见化及掀眉点头,将玉杯接过重又放在桌上,便向妥娘狞笑道:"卿欲饮鸩自尽,我偏不让你遂心。"妥娘愤愤地说:"你要将我杀死,我也不害怕,快些杀吧,别再啰唆。"又指了萧皇后骂道:"你这淫妇,腼然高座,恬不知羞! 我生不能手刃了你,死后也不容你安稳!"

萧皇后恼羞成怒地对化及说:"你还不施行吗?"化及愤怒地说:"皇后不要生气!"即转向妥娘说:"你不要自负清白,我还不让你清白呢。"妥娘大惊,慌向墙上撞去,化及喝令手下,将妥娘拦住。妥娘哭骂叫喊,化及却命十数个有力宫女,强拽了妥娘,送入萧皇后的内室。化及欣然入内,即命宫女分执了妥娘的手脚,将她的衣裤强行撕去,任凭妥娘死命抵抗,十数个宫女动手,她怎能抵得过。

化及命宫女将妥娘用力按倒在床上,妥娘奋力挣扎一阵,百般痛骂,待到声嘶力竭,也就不再动弹。化及逞起兽性,淫污了妥娘。妥娘血泪纷披,双目火赤,一阵焦急,昏死过去。化及待妥娘悠悠醒转,即对她说:"你还倔强吗?"妥娘大声骂道:"畜生,用强污人,不得善终!"说毕,便欲奋身而起,宫女们忙用力按住。化及又唤进了八名手下,命他们轮流行奸,可怜一个娇躯弱质,竟在萧皇后寝宫内,被活活奸杀,狼藉丧命。

宇文化及又命人抬了妥娘的尸身,给在外饮酒的众人瞧看,众人尽皆掩目。杏娘见妥娘死的惨状,不禁凄然落泪。化及狂饮了数杯,朗声对众人说:"妥娘太过放肆,我才如此惩戒。你们须记住,谁敢再行无礼,我便以此为例!"说着,便让手下将妥娘尸身抬出。众人听了化及的话,一个个胆战心惊,花容失色。化及却十分得意,公然勾了萧皇后粉颈,嘴对嘴哺酒。萧皇后神色自若,毫不知耻,竟是笑孜孜频送樱唇。杏娘实在瞧不下去了,便离座告退。萧皇后不待化及说话就说道:"杏娘不要离开,今天晚上你来陪侍

一帆风顺图

将军。"说着,向化及格格一笑说:"将军您说对吧?"化及已是有了七八分醉意,便哈哈大笑道:"皇后所言甚是,依了我的心意,恨不能叫众卿齐行侍我呐!"

众人听了,不禁各自低头,杏娘却将萧皇后恨得牙痒痒的,心中暗暗咒骂。萧皇后向化及瞧了一眼，又附在化及耳边，说了一番话，把宇文化及喜得险些要发疯。即和萧皇后进入了内室。萧皇后便在秘密所在，拿了一个玉匣，递给化及。化及开盒启视，只见内有药丸，鲜红可爱，异香扑鼻。化及含笑说："这个便是万象春吗？这么小的丸儿，真有那么大效力？"

萧皇后赧然一笑说："到了龙床之上，你才知道的，恐怕效力惊人呐。"化及大喜，便欲塞入口中。萧皇后忙抢了过来，又取过一服药，命一宫女去煎煮，对化及说："不能就服的，还须溶入药液，方可服用。"化及大喜，即携了萧皇后出室。

哪知外面众人，见化及和萧皇后同入内室，以为定是去做风流勾当了。杏娘第一个先走，其余的也各自回房。化及非常惊讶地说："怎么她们都走了？"萧皇后笑道："你不必着急，少停一会儿，再一个个召来，供你享用好了！"化及非常得意，只望药液快快煎就，便好服下。好不容易等到宫女煎就药液捧至宫来，萧皇后放入了万象春，待它溶尽，始服侍化及喝下。化及即欲萧皇后宣召众人齐来。萧皇后娇嗔说："一齐召到，也须一个个领略，难道你能同时不成？"化及笑道："话是不错，但众人都在面前，更觉令人动兴呢！"萧皇后说："人多眼众，彼此都觉羞惭。贱妾看来，还是将她们召到了外面候着，将军一个个依次传入，岂不更好？"化及拍掌说："就这样吧！"

当下又命宫人分召众人速来。那些美人们，因为妥娘的惨死，都给吓坏了。一闻呼召，只得齐到。唯有袁宝儿、吴绛仙、黄雅云三个依旧未到。化及一算眼前的莺莺燕燕，连萧皇后在内，已有十二个人了，便含笑对众人说："众卿在外等候，待我相请，即刻入内。"说着，便携了萧皇后先行进了内室。

众人只得在外相候，等了很长时间，萧皇后云发蓬松，双颧火赤，懒懒洋洋地走出来说："杏娘赶快进去！"杏娘气鼓了两腮，怀怒而入，不到片刻工夫，含泪而出。又调了张丽卿进去。不到两个时辰，外面的人，轮流已尽。化及又请萧皇后入内，萧皇后到了里面，见化及拥被而坐，含笑问道："如何？你终能尽兴了！"化及高兴地说："灵验极了，只是我还未能如愿，请皇后将袁宝儿、吴绛仙、黄雅云叫来，索性我全尝了吧！"萧皇后嗤地一笑道："留几个不妨的，何必这么性急呢？这三人是几次相召不到了，硬行拉来，也不免扫将军的兴。"化及苦着脸说："只是我如何睡得下！"

萧皇后娇啐了一声，沉吟半晌，笑道："宫女有多人在这里，不妨一齐唤

入,待将军挑选吧。"化及点头说:"也好!"萧皇后便即传入了十六个宫女。说也可怜,十六人中还有十四个是处子。化及体格健壮,又得了万象春的助力,越发是龙马精神,毫不见疲。待到天色微明的时候,十六个宫女中,竟有十三人不能移步,真是令人发指。从此以后,化及每晚借了万象春的助力,宣淫宫廷。宫中的女孩子,无一幸免。就是袁宝儿、吴绛仙、黄雅云三个,也未能幸免,给化及趁了心愿。这虽是化及的无赖和萧皇后的淫贱所致,其实也是炀帝生前宣淫无忌,作恶多端,才会尸骨未寒,妻妾均受污,可见也是应了上天的报应。

隋炀帝的美妃为何要侍寝李渊

　　隋炀帝一生,荒淫酒色,好大喜功,北巡南游,不恤民力,大兴土木,擅动刀兵,又加上杀功臣、近小人,致使内外交困,民怨沸腾,烽烟四起。到了炀帝三下江都时,全国大大小小的起义军不下几十支。声势最大的当属瓦岗寨的李密,自称为王,号为魏公,兵困东都洛阳。另一股为河北的窦建德,即位在乐寿,国号大夏。隋朝的各地武将也乘分崩离析之时,各自拥兵自重。一时间,呈现出逐鹿中原、各自争雄的形势。

　　李密一支义军,声势浩大,自以为是群雄之首,命人草就了檄文,列数炀帝十大罪状,堂堂正正地声讨炀帝,其中有"罄南山之竹,书罪无穷,决东海之波,流恶难尽"的话。檄文一发,惊动天下。此时,太原留守李渊虽早有异心,仍心怀疑虑,不敢妄动。恰逢晋阳令刘文静,与李密素有婚谊,坐罪除名,囚系狱中。

　　李渊的二儿子李世民,随父到了太原,与刘文静关系很好,常入狱看望,征询大计。李世民素有大志,见群雄四起,极欲展宏愿、图伟绩,一伸平生抱负。只因其父李渊手握重兵,必须使其父起事,他方可趁机施展才华。

　　一天,李世民又来狱中看望刘文静。到了门前,文静忙向前迎接。世民执了文静的手,向面上瞧了瞧道:"文静公,屈居狱中,倒也丰神依旧呢!"文静哈哈大笑说:"随遇而安罢了!近来天下大乱,性命原轻似鸿毛,除非汉高祖、光武帝复生,或许能重见天日。"李世民说:"君怎知今世无人? 我来省公,正想与公商议大事,难道学小儿女情态,相对哭泣吗?"

文静听了很是肃然地说:"早知老弟不凡,素有大志,只是须尊公起兵,掩取关中,方可一呼天下应,以图大计。"世民也点头说:"公所言甚是,只是家父忠心耿耿,不敢怀贰,我若面陈,定受呵责。故欲向公问计,怎样才能成功?"文静哈哈一笑,即附耳授计,世民始喜跃而去。

原来晋阳宫宫监裴寂,是李渊的旧友,文静知世民不便劝父,嘱他结好裴寂,作为导线。当下世民出了监狱,回到家中,即备下厚礼,具了名刺,亲去拜谒裴寂。寂见了名刺,知道世民是李渊的次子,当即请入相见,设宴款待。世民按刘文静所嘱,曲承其意,狂饮纵谈,寂感到很投缘,十分高兴,世民至醉方告辞。

到了第二天,李世民立即在寓中设了盛筵,亲自去邀请裴寂,寂欣然相从。到了世民寓中,见酒美肴丰,心中高兴,狂态大发,倨席肆嚼。世民殷勤劝酒,裴寂大醉。世民又邀他做樗蒲戏,寂揎臂大笑。一会儿,家丁陈上博具,二人遂呼卢喝雉,世民佯作大输,寂满载而归。从此和世民相交甚密。

这天,李世民又招裴寂饮酒,待寂饮至微醺,世民即喟然长叹,寂惊问道:"你为什么事不高兴呢?"李世民说:"日前去狱中探视刘文静,他盛道公能,可令人免祸,公与家君,也是多年的至友了。今家君有大祸在身,公能使之免除吗?"寂惊讶地说:"尊公甚安,怎言大祸?"世民接着说:"方今盗贼四起,家君虽得掌有重兵,只是多有人忌,深恐一旦朝廷有命,加以不测,家君的性命,就难保全了。覆巢之下,岂有完卵?我有危险,自不必说。以文静为例,因李密而获罪入狱。公与家君的深交,人所共知,将来恐也难免受累!"

寂沉吟半响才说:"你说的对。主上性暴而多忌,喜欢听信佞言,掌兵的臣下,更易受祸。为免祸计,唯有以兵自卫,趁时而起。但尊公事君不贰,不愿为此,你也是知道的。"世民欢欣地说:"您说的非常正确呀,除了拥兵自卫,趁机起事,此外都非善策。公与家君,最相友善,若能以危言动之,共图大事,岂不甚善!"寂沉思了一会儿说:"只是尊公不从奈何?"世民又再三哀恳,寂忽拍桌说:"有了有了!"也没说什么,便告辞而去。

裴寂回到寓中,又思索了半响,才好好睡下了。到了第二天午后,寂叫来一心腹宫女青凤,对她交代了一番。青凤点头含笑而去。原来,晋阳宫中

中华宫廷秘史

还有炀帝的张美人、尹美人二个,均承受过炀帝的雨露,是一对绝色成双的美人,有大乔小乔之称。青凤与她们甚是友好,宛似姊妹。

青凤便在傍晚时分,备了些酒菜,亲邀张、尹二美人小饮。三人欣然入座,谈笑甚欢。席间,青凤借话引话,谈起了二美人所处危境,几次来言去语后,青凤冷笑着说:"如今盗贼四起,随处都会发生大变。圣上流连在江都,李密又围了东京。太原虽然安静,只是留守李渊,拥有重兵。其子李世民日图起事,一旦有变,晋阳宫即成灰烬!即使幸能免死,也要流离失所。流落在外,二位又这样的美貌,必遭强暴。"

一席话,说得二位美人花容失色,忙向青凤问:"你有什么好方法救救我们姐妹吗?"青凤按裴寂嘱咐,又细细给她们分析了一番,方含笑离座,走到尹美人身边,附耳说了好久。张美人只见尹美人的粉脸一会儿红,一会儿白,还加娇悴和摇头,把个张美人看得莫名其妙。好容易青凤说完了话,拿了酒壶,出去添酒。

张美人含笑问尹美人说:"青凤鬼鬼祟祟说什么?"尹美人笑着回答说:"你不要小瞧她,可是个大说客呢!"当下也附在张美人耳边,将青凤的设计,学说了一遍。张美人不禁格格娇笑,点头说:"这倒不失为保全富贵尊荣的路子。"尹美人说完问道:"你觉得这方法怎样?"张美人说:"你若相允,我就顺从。"尹美人说:"只要你肯,我也能了。"

这时,青凤突然入室说:"看来,二位都已应允了。良机不可失,富贵逼人来,明晚就是吉期,怎么样?"尹张二美人含笑不语,青凤再三追问,方说:"你要我们如何,便是如何好了,由你捉弄人吧。"青凤听了,知道她们已经答应了,等到喝完酒后,便向裴寂复命,寂不觉大喜。

到了第二天晚上,裴寂亲邀李渊到晋阳宫对饮,渊欣然答应。宫中早已设下盛筵,二人坐定,裴寂殷勤劝酒,渊亦畅饮开怀。饮至半醉,从里面走出两个美人,前来劝酒。渊醉眼蒙眬,见两个美人,生得甚是秀丽,一个穿了紫绢衣,目若点漆,眉似描翠,长身苗条,宛似玉树临风;一个穿了茜色衫,面如满月,神似秋水,婀娜轻盈,恰如依人小鸟。

渊见了这一双绝色佳人,虽是已不年轻,也觉动情,又在醉眼昏花中,也不知她们是炀帝宠妃尹张二美人,还以为是歌妓一流人物,便乐得借色陶情。裴寂见了,便命尹张二美人,轮流把盏,含笑殷捧玉钟。渊只乐得心花

隋宫秘史

怒放,不多时候,便玉山倾倒,烂醉如泥了,昏然不知人事。

裴寂向尹张两人施礼说:"全仗二位美人!"说着回身便走。尹张两个见事已如此,也无可奈何了。当下扶了李渊,走入寝室,让他睡上了龙床,二人也宽衣解带上床服侍。李渊在醉中,觉得畅快无比。近一个时辰,方昏然睡去。

到了天明,李渊酒醒梦回,见卧于龙床,左右两个美人伴了他同睡,大吃一惊。张美人此时也已醒了香梦,尹美人尚在熟睡。张美人见李渊醒了,便含笑问道:"将军可口渴,待妾去取茶。"李渊惊恐地说:"不敢相劳。二卿何人,却来侍寝?"张美人笑道:"妾为宫人张氏,曾受圣上恩封,赐为美人。"又指了尹美人说:"她是宫人尹氏,也是一个美人,昨夕奉了裴宫监之命,一同陪侍将军。但愿将军此后,莫忘了一夕之缘。妾等虽死,也是瞑目的。"

李渊听了张美人的话,不禁吓得面如土色,慌忙披衣坐起。尹美人也被惊醒,娇声笑道:"将军何必着急,天气尚未大明呐。"李渊说:"裴寂这不是陷害我吗,这可怎么办?"说着结束下床,张尹两美人欲起身相送,李渊已是慌慌忙忙地走了。

回到寓所,即命人召来裴寂。寂见了李渊,含笑道:"凌晨寒冷,何不在温柔乡中多留些时候?"渊顿足说:"你怎么能这样胡闹!晋阳宫乃是天子行宫,尹张二美,为天子留在宫中的妃嫔,怎能令她们侍寝?若被天子知了此事,我还想保全性命吗?"寂笑着说:"唐公何必如此胆小,不要说几个宫人侍寝,便是隋室的江山,公也是唾手可得呢!"渊急忙掩住了寂的嘴,连连顿足道:"你要使我灭族了!"寂又笑道:"我却要公席卷天下咧!"

正说着的时候,世民已得了裴寂通知,便入室假装问道:"大人为什么事不高兴呢?"渊有口难说,只得摇头说:"非你所知,不必多问!"世民乘机劝道:"如今主上无道,百姓穷困。晋阳城外,皆成战场,大人若是徒守小节,在下有盗贼的袭击、上有严刑妄加的境状下,危亡可虑。大人不如顺了民心,从了天意,兴起义师,以征无道,方可转祸为福。此乃千载难逢的良机,大人不可坐失!"渊只是摇头不听。

没过几天,有人来报,突厥始毕可汗兴兵犯境,李渊命副将高君雅率兵往剿,去了很多天,大败而归。突然又有江都传来的消息,说是炀帝疑忌李渊,要借着不能御寇的罪名,将遣使捉拿李渊,送都问罪。

李渊听了越发惊惧惶惑。李世民又入见李渊说："如今盗贼遍于天下，大人受诏讨贼，一时岂能尽灭！就是尽灭盗贼，今上齐不能赏功，反加疑忌，到了此时，大人还看不明白吗？若能依了儿的前议，方可免祸，实是万全的计策，大人不必疑惧。"

李渊听了，不禁长叹一声道："你上次的话，我已细细想过，实是在情理之中。今日破家之躯，由你一人；化家为国，也由你一人罢了。"世民见渊允许，遂欣然告退。只是李渊为了眷属尚在河东，一时不敢发难，仅是勒兵待发。

隔了几天，江都又传来了诏书，依旧令李渊照常供职。渊的心思又稍稍放宽，举义之事暂且按兵不动。李世民却是刻不容缓，早已暗命心腹家人，去河东接取家眷。世民的长兄建成、幼弟元吉，接到了世民的密函，便连同李渊的女婿柴绍，将家眷护送到了太原。刘文静此时早已同世民密谋起事，便怂恿裴寂，速劝李渊赶紧发动政变。

裴寂也为宫人侍寝之事，深恐受罪，便劝渊说："世民阴养兵马，欲举大事，也是为了寂以宫人侍唐公，深恐事发，寂与唐公皆须受诛的缘故。如今众情已协，公尚不举事，更待何时？"于是，李渊先命人将狱中刘文静放出，令他诈作敕书，征发太原等四郡百姓，去征伐高丽，四郡百姓不知是伪，慌忙失措，日夕思乱。再加马邑的乱首刘武周，勾结突厥，占据焚烧了汾阳宫。

李渊见时机已成熟，便命人扣押了副将高君雅等人，并斩首示众。此外，又派人与突厥讲和，许以重利，免除了后顾之忧。然后传檄示众，反对暴君炀帝，拥立代王侑。代王侑乃炀帝之幼孙。遂自引三万大军西下入关，此一去，攻陷长安，拥立了代王为帝，挟天子以令诸侯，又多亏李世民任贤用能，南征北讨，终于统一天下，建立了大唐王朝。

隋宫秘史

第三章　皇子公主篇

隋朝虽然短暂,但是却也同其他朝代一样,充斥着权力和地位之争,人们的欲望葬送了一个又一个的生命,其中也包括生于帝王之家的皇子公主们。他们在权力之争中又付出了怎样惨重的代价? 包括前朝的公主为此又作出了怎样的牺牲? 在历史的长河中,或许他们的名字非常的陌生,但是他们的故事却扣人心弦。

太子杨勇被废之谜

隋文帝所立太子杨勇生性坦率,不尚娇情,常参预军国大事的决策,所出的主意很多被采纳。当了太子以后,自以为弟兄五人,均是一母所生,谅不会出现争立的事情,便心安理得,做起了风流梦。

杨勇内宠很多,其中有四个人格外得宠。一个叫高良娣,生得轻盈娇小,柔若无骨。一个是王良媛,雪作肌肤月作貌,花样芳菲柳样腰。一个是成姬,双瞳点水,一把莲钩。还有最美的一个,便是云昭训,真是天仙化人,艳冠四美,更得太子欢心。

但是,太子与太子妃元氏却不大合得来,故每夜均由四美轮流当值,元妃雨露难沾,旱地怎会出苗,便只闻诸姬产子,不闻元妃生儿。独孤皇后人们都说她比较爱嫉妒,平日里听说诸王公大臣的姬人,怀孕产子,她尚要愤愤不平,劝隋主惩戒。如今自己的儿子,却连一接二地报道姬人生子,唯独听不到元妃怀孕的消息,明明是宠姬疏妻,怎不教满怀都是醋的独孤后气愤。每当太子杨勇入宫见后,必面现怒色,还常在隋主面前谴责杨勇的短处。本来隋主杨坚对于太子尚加信任,每使参政议事,凡有价值的意见,都

予采纳。现在受独孤后的影响，见了太子也不大高兴。

有一年的冬至，百官都去太子宫中祝贺节日。太子便设了乐队，奏乐受贺。独孤皇后知道消息后，便对隋主进言说："太子勇率性任意而为，行为多不合礼法。今日冬至，百官按照传统进宫，他竟然张乐受贺。圣上还须训诫他一番才好。"

隋主听了，当然也很生气，亲手写了敕诏下发群臣，明确要求今后不得擅自往贺东宫。从此隋主对于太子渐渐有了猜忌，不再有所宠爱。也该杨勇晦气，好好的一个元妃，突然闹起了心痛，不到两天，竟然死去。独孤后闻知，认定是太子有意谋害嫡妃，心中越发不平，暗中就有废去太子的念头，每天派宦官刺探太子短处，等他有了重大过失，便请隋主将他废去，改立晋王杨广为太子。

太子勇既喜纵情声色，自有媚臣趋奉。第一个就是云昭训的父亲云定馨，时不时弄些没有实用价值的稀奇物品献进。还有几个，也都是导为淫佚、专务取媚的宵小之辈，其中尤以左庶子唐令则，最得太子勇的欢心。唐令则擅长音乐，善奏靡靡的淫声浪曲，荡人心魄。唐令则本是歌伎刘凤凤的私生子，自小耳濡目染，酷如其母，工曲善媚，博人取怜。后来刘凤凤嫁给了一个叫唐奎元的，便将令则带了过去，顶姓了唐氏。

哪知令则到了十八岁，便勾引了唐奎元前妻所生的女儿金凤，暗度陈仓，竟结下了珠胎。待被奎元察破，金凤便自缢身死，令则却畏罪潜逃，在外面流浪，教人学习乐器，作为度日手段。后来经人介绍，入得东宫，靠着曲意奉承，做了左庶子。

那天晚上，太子在东宫开了宴席，召集官僚狂饮，让唐令则弹唱。令则手弹琵琶，媚声歌唱淫词。太子洗马李纲为人正派，听得不耐烦了，便离座进谏说："令则作为部属，理当以正道辅佐殿下。现今反于大庭广众之下，公然地度曲取媚，若被圣上知道了，令则之罪，固在不赦。就是殿下，也难免受累。还望殿下早日斥逐了令则，留心正事才好。"太子勇听了李纲这席煞风景的话，非常不高兴地说："良辰不再，行乐当须及时。君何必多言相扰。"李纲见话不投机，便即出了东宫，仰天叹道："太子不久了！"令则待李纲走后，重又轻拢慢捻，曼声歌吟一曲，太子听了大悦。

突然听到屏风后弓鞋细碎，软语轻盈。太子叱问何人，只见屏风后转出了一个美人，正是他的宠姬云昭训。太子一见，不禁堆起了满面的笑容，招她并肩坐下，问她何事躲在屏后。云氏看了一眼唐令则，浅浅一笑道："贱妾听得动人的琵琶声，勾动了窃听的念头，还望殿下恕罪。"

太子勇笑着说："你既喜欢，何不拜唐先生为师？只恐唐先生不允收列门墙。"令则连忙说："岂敢，岂敢！令则哪有给娘娘做先生的福分？"太子勇笑道："不必谦逊了，便趁今宵拜了先生吧！"云氏闻听，果真盈盈起立，到了令则面前，要想拜上一拜。令则哪里肯容她真的跪下，忙用双手相扶说："怎生当得，快不要如此。"

匆忙中一只手儿，却在云氏的胸前，趁势一触，云氏却浅浅一笑，并不动怒，令则暗暗欢喜。从此令则就做了云氏的先生，每日教她手法，学习琵琶。其实云氏原不要学什么琵琶，醉翁之意，本不在酒。只因令则生得唇红齿白，一表人才，便动了爱慕的念头，借了学琵琶的幌子，好和令则亲近。偏令则本是一个无赖小子，云氏不去勾他，还要怀上三分歹意。如今云氏不时地眉目传情，言语挑动，浪声浪气，他哪有拒绝的理儿。

在一天晚上，太子勇已是酒醉睡熟，云氏却还留住了令则，说是还有一种新的手法没有熟练，趁着夜深人静细细学习一遍。也不准宫女们在房中侍候，恐怕惊扰分心。两个宫女便遵命退出了房间，站到了门外。起先听得房中弦索丁冬，响了一阵。以后却只闻云氏的咻咻笑声。最后连笑声也没有了，倒传出另一种"琵琶"声音。两个宫女听了个面红耳热，想要离开，偏是双脚如同钉住了一般，再也移不动半步。好不容易过了半个时辰，里面琵琶声，却又叮叮咚咚地弹了一回，才见云氏送令则出来。令则的左右手，分别向站在房外的两个宫女的袖中一塞，两块银两早已丢入袖中，便翩然而去。两个宫女却相视一笑，随了云氏进房。只见罗帏半垂，锦被凌乱，便收拾清楚，伺候云氏睡下。

从这一夜起，云氏和令则便格外亲热。晚上学琵琶，也格外地学得忙了。两个宫女，都是肚里明白，只是得了人家银两，口里再不愿泄出半个字来。太子勇却依然沉迷酒色，从不过问云氏学习得怎样了；对晋王杨广的活动，全然不知；对隋主隋后的废立心思也不了解，真可谓是醉生梦死。

一天，杨素奉召入宫，见了隋主和独孤皇后，侍宴宫中。酒过数巡，隋主同杨素谈论国事，隋主说："自晋以来，偏安江左。中原一片净土，竟被众胡割据玷污,累得生灵涂炭,不得安居乐业。三百余年来,四五朝的帝皇,都不能统一南北,澄清天下。不想朕躬,却上托祖上余福,下得众材相助,竟扫清了寰宇,统一了中华,未始不是一件快事。"杨素说:"圣上神武英才,天下归一,如今万民乐业,竞颂圣主。人生事业,到此已是极顶了。"

隋主喝了杯酒,突然微叹说:"朕躬至此,确已臻至极顶,只是后嗣如何,倒也未能逆料。"杨素听了,趁机进言说:"圣上洪福齐天,晋王贤良出众,得此后嗣,尚有何事不足。难道圣上是因东宫难担重任,才不快吗?"隋主被杨素道着了心事,更是怏怏不快起来。独孤皇后乘机插话,看着杨素说:"公不愧为识途老马,能知晋王贤良,东宫的失德。"杨素接过话头说:"老臣本不应在宴席之上,妄议太子的是非,实在是因近日东宫荒淫酒色,益发令老臣不安。"独孤皇后愤愤地道:"勇宠幸姬人,猜忌骨肉,专狎群小,荒嬉无度,真不像个人君的样子。哪有广仁孝贤良,倒是一个有作为的孩子。"

隋文化·壁雕

隋主见杨素和独孤皇后两个,异口同声地讲说太子失德,内外交谗,便动了废立的念头,只是此时还不肯说出口来,心中却懊恼万分,连饮酒也没有了兴致。杨素见状,即谢宴告退,回到府第。没多时候,已有宫中内侍,奉了独孤皇后密令，赐金给杨素。杨素心下明白，也乐得拜受。

从此，杨素与独孤皇后两个，内外伺察太子过失，得机会就向隋主报告。隋主至此也下了废立的决心。宫廷内外，都知道了废立的消息。传到东宫，太子杨勇方觉着慌。又无良策，听说新丰王富易，善于地文，精通易理，能占吉凶，便遣人召至东宫，暗卜吉凶。富易说："近日太白袭太阴，白虹东宫门，均于太子不利，还须慎防。"太子勇听了，更着急万分，便和一班宫僚集议办法。一班宵小之徒，哪里出得了什么好主意，却请来了巫师，大搞什么厌禳术。这个消息，又被人探听了去，报告了独孤皇后，当晚隋主便也闻悉，即召杨素，命他至东宫探看虚实。

杨素立即到了东宫，闻悉太子勇却不在宫中，在后花园内，心中非常诧异。原来太子勇听了手下佞臣的主意，在后花园设了个庶人村，盖造了几间茅舍，十分的卑小狭窄，勇却食宿在内，身上穿得褴褛万分，晚上就睡在草席之上，用作厌禳的法术。杨素到了后园，花园门却有人把守，不让杨素入园。杨素便取出名刺，叫守门的递到里面。太子勇见是杨素的名刺，慌忙换好衣冠，才命相请。

哪知杨素进了园中，故意东看一会儿花草，西看一会儿亭台，只是延误时间。太子勇见杨素迟迟不进来，不禁非常恼怒，待到杨素徐徐入见，杨勇本是个胸无城府的人，一见面便非常恼火地说："公姗姗来迟，是何居心？圣上虽然想着将我废去，此时毕竟还没有实行。你莫自恃功高，便不把我放在眼里。"杨素装作吃惊地说："老臣该死，进了园中，一因年迈，脚步迟了些；二因贪看了园中景色，因此有劳殿下久候。还念老朽可怜，乞殿下恕罪。"杨勇冷笑着说："说得倒好，你来这里干什么？"杨素又假意叹息道："圣上不知听了谁的谗言，竟欲废立东宫。老臣素知殿下，仁德无亏，好生不平，今日专门来安慰殿下的。"

太子勇听了，真认做是杨素一番好意，不免在言辞当中，露出了种种怨愤。杨素听在耳中，记在心上，回到宫中，见了隋主，便一一说了出来，少不得添枝加叶，加上些油酱。隋主听了杨素报来情况，勃然大怒，便在成德殿上，召集了百官诸亲，将杨勇列在殿廷，宣诏废了杨勇，又下令斩杀了东宫中一班佞臣。过了数日，立晋王广为太子，晋杨素为左仆射。

杨广是如何装腔作势的

　　杨坚篡北周建了隋朝,即皇帝位,也就是隋文帝。册封独孤氏为皇后,立长子杨勇为皇太子。其余四个儿子皆封王:杨广为晋王,杨俊为秦王,杨秀为蜀王,杨谅为汉王。五个儿子均是独孤氏所生。

隋代陶俑

　　晋王杨广早存夺嗣之心,处心积虑,暗自准备。杨广统大军灭陈时,听说陈后主叔宝的贵妃张丽华妖艳异常,下令不许杀她,欲留为己用,时为左仆射的高颎却勃然大怒说:"从前姜太公蒙面斩妲己,此种妖姬,是导致陈朝覆灭的祸水,岂可留在人世间?"随即命人拉出去斩了张丽华。

　　杨广听说高颎杀了张丽华后,不禁愤愤地说:"古人说,无德不报。我必然会回报高公的。"杨广表面上依旧声色不露,随即慰劳军士,安抚百姓,斩了陈朝蔽主害民的奸臣。一面收集整理图籍,封存仓库,所有的金帛珍玩,杨广一点儿也不取用,以此沽名钓誉,笼络人心。果然军民很多人都说晋王贤德。

　　此外,杨广善于揣摩隋主与独孤后的情性,一味迎合。他了解到隋主素性节俭,最恨奢华;独孤后最讨厌宠姬疏妻,就在生活上着意掩饰。后宫虽有姬人,若是有孕产儿,便悄悄地瞒过,只说没有生养。每天与萧妃日则同行,夜则同居,如胶似漆。有一天,隋主坚和独孤皇后同去晋王府上。杨广立即将后宫的美姬,都给藏了起来。隋主夫妇到后面一看,只见到几个又老又丑的宫女充侍役,身上所穿的衣服,全是缦彩不华。杨广与萧妃,也只是穿着很朴素的衣服。一切陈设,更是因陋就简。各般乐器,任其尘堆垢积,

一看上去就知道是很久都没有用过了。

隋主见了，心里非常高兴。独孤后见晋王室无美姬，只有丑妇，与自己的妃子又互相恩爱，自然心下更是欢喜。再加上晋王夫妇，依依左右，曲尽孝道，早把隋主隋后迷得心满意足。从此，隋主夫妻两人，特爱晋王，超过所有儿子。有时，隋主与独孤皇后，另派亲信左右去晋王府探视，杨广不论来人的贵贱，都要同萧妃一起迎接，盛宴款待，殷勤劝酒，特别是还以金子珠宝相赠，临走时又亲自送出府第。

这样做了以后，来人便回宫复命，哪有不说好话的，一个个异口同声，同赞晋王贤孝。隋主与独孤后，更加心爱晋王。隋主又秘密地派相士来和，暗中去相诸子，谁是最好的。晋王杨广早已有人报知消息，便以重礼馈赠来和。过了几天，来和复旨对隋主说："五王之中，只有晋王眉骨隆起，这是大贵的特征，四个王子不能相比。"隋主心里默默记下。隋主又私下询问上仪同三司韦鼎说："诸王谁能当得大任？可以嗣立。"偏偏韦鼎也是晋王私下结交的人，便含笑答隋主说："至尊皇后最爱何人，便使嗣位，其他的就非臣下所知。"隋主也含笑不语。

杨广调镇扬州，不到半年，便上表称心念父母，请求入觐。隋主与独孤后，正要见这个爱子，便下旨允准了。晋王杨广即回京觐见，言辞谨慎，容貌端肃，对于一班朝臣，更是格外谦和，彬彬有礼。宫廷内外，没有不同声称颂其德行好的。到了辞行还镇的那天，杨广入宫拜辞母亲，见了独孤皇后，依依膝下，亲密非常。谈了多时，已是天色垂暮，将要出宫。独孤皇后见他欲行又止，欲言不语，另有一番神情，非常诧异，便问他原因。

杨广神色惨淡，似有难言的苦衷。独孤皇后便屏退了左右的宫女，再次低声询问缘故。杨广这才伏地泣诉说："臣儿生性愚蠢，向来不知避讳，自从出镇外地，时常怀念双亲，所以未及二旬，即递表请求朝见。原想只是见一见父皇与母后，借机聆听慈训，哪里知道竟触怒了长兄。"独孤皇后闻广此言，便问："他敢怎样？"杨广装作很惶恐的样子说："他竟然疑忌臣儿，说儿觊觎名器，意图加害于臣儿。臣儿因此担惊受怕。念臣儿远列外藩，东宫却日侍左右，假如整日给我说些坏话，怕父皇有时难辨真伪。一旦赐给臣儿一尺帛或给一杯鸩，臣儿实在难知身死何所。恐怕从此一别，便再也难见慈颜了。"

晋王说完后,呜咽不止。独孤皇后对他更是怜惜,气愤地说:"他是越来越荒唐,我替他娶的元妃,向来身体健壮,竟会不明不白地死了,他却毫不悲伤,反与妖姬云氏等淫乐。我也疑惑元氏被他所害,只是暂时容忍,没有认真追查。现在却发狂妄,竟欲加害于你,我尚在世,他已如此,往后真不堪设想了!"

独孤皇后说到此时,已是潸然泪下。杨广便装作劝慰说:"臣儿自是不肖,未能感化兄长,反而使母后担忧伤感,岂不是增臣儿的罪过!"独孤皇后沉吟半晌,方才恨恨地对晋王道:"你尽管放心,还镇扬州,我自有处置,决不使我儿惨死。"晋王闻言,心头暗喜。依旧装出一副惨容,拜别而去。这之后,杨广不仅得到了隋文帝和独孤皇后的心,而且更加有利于他密谋夺取太子的宝座了。

隋文帝三子杨俊之死

隋文帝一共有五个儿子,其三儿子叫杨俊,小名叫阿只,他与二哥杨广仅相差两岁。杨俊小的时候就非常的仁爱而且宽厚,因此隋文帝很是欣赏他。开皇元年杨俊被封为秦王,第二年被封为上柱国、河南道行台尚书令、洛州刺史,当时年仅十二岁,不久又加右武卫大将军,统领关东兵马,镇抚旧齐疆境。开皇三年又被迁秦州总管,隶陇右诸州,负责戒备突厥和吐谷浑防务。开皇六年迁为山南道行台尚书令,驻襄阳。开皇九年在他讨伐陈时被委任为山南道行军元帅,管辖三十位总管,领兵水陆两师十余万众,驻扎在汉口,节制长江上游隋军。灭陈后任扬州总管,督四十四州,江南暴乱后,又被转任并州总管,管辖二十四个州。杨俊年纪轻轻就历任数职,戎马倥偬,可见他深得文帝器重。然而,这位有为的少年猛将,为什么年纪轻轻就死去了呢?

我们都知道,秦王杨俊很小的时候就非常地好学,而且能文能武,秦王府一时也曾人才辈出,众多才俊因为杨俊的才能都纷纷和他交好。秦王府司马段文振,为军事英才,杨俊战事多得他助;秦王府记室京兆常得志,博学多才,能言善辩。而且杨俊还非常礼贤下士,好学不倦,对此,隋文帝杨坚尤

隋朝妇女头像

其满意,并多次来到秦王府称赞表扬他。

可以说,杨俊的前途也是非常光明的,但是好景不长,平定陈之后,天下慢慢也就太平了,没有了金戈之交、战马嘶鸣的警醒与鞭策,一直颇有美名的秦王杨俊也逐渐在奢华闲适的声色犬马生活中堕落了,从此也变得铺张浪费,生活非常的奢侈,以往的优点也渐渐被丢弃了。

此外,杨俊为了满足和维持自己的巨大花费,还在晋阳城中大放高利贷,盘剥官吏与民众,因此一时间怨声载道。不久后,这件事就被隋文帝知道了,于是立即派人进行彻底清查,结果受牵连而入狱的秦王府的官员就有十人之多,其他人也有近百个与此事有关联。隋文帝为此对杨俊大失所望,从此对他也有意疏远了。

王韶曾经臣于后宋,隋朝建立后为秦王府长史,他是一位难得之人才,是文帝亲自从晋王杨广府调换至秦王处,以求辅佐王子成业立名的贤士,但是他在并州不到一年就莫名其妙地死去了。

王韶的死非常可疑,隋文帝对这件事也感到蹊跷,于是,他曾怪罪杨俊说:"杀我子相,莫非是你一手造成的?"虽然隋文帝这么说,但是他还不确定杨俊是否真杀了王韶。于是,杨俊对父亲没有证据的责骂充耳不闻,依然我行我素，而且依然在晋阳修建极其华丽之宫殿，并装饰有七宝幂罳，建水殿，用沓粉涂壁，金玉砌阶，雕梁画栋，富丽堂皇，这种行径大大加剧了崇尚节俭的隋文帝的恼怒，慢慢地对杨俊的生活作风不满，想要惩罚他的意思已经非常明确了。

杨俊这么不顾自己父亲的情绪，而且对自己的行为不知检点，也就算了，隋文帝最多痛恨他为何变成如此的模样。但是，随着生活的糜烂，秦王杨俊也早已失了往昔的锐意精进之气，沉溺美色又成了他的另一嗜好。另外，杨俊还经常邀请宾客艺伎，在府中淫荡。但是，谁也没想到，秦王妃崔氏也是一个妒忌成性的女人，她见秦王整日泡在一堆烟花脂粉中风流快活，唯独冷落了自己，一气之下让自己的手下对杨俊下了毒手。她本想只是给自己的丈夫一个深刻的教训，并不想害死他，以便使杨俊收敛一下，回心转意，对自己专一一些，但是她没有想到，她的计划竟让秦王一病不起。

不料，这件事很快就让隋文帝知道了。他听到这事后觉得王妃崔氏干出此事非常荒唐，为此气愤万分，立即下旨赐秦王妃崔氏于王府自杀；秦王杨俊因生活挥霍无度，作风不检点，有辱皇恩，免爵罢职，仅留秦王封号居王府。

然而，当时的将军刘升认为文帝的惩罚重了一些，于是进言说："秦王并没有多大的过错，只是一点点的小错而已，我觉得完全是可以原谅的。"杨素也说："秦王的过错，罪还没有到这么重，愿陛下从轻处罚。"但是文帝却驳斥说："我是五儿的父亲，要是照你们所说，我不就是违反了以往父亲对儿子的制度了吗？以周公的为人，尚且诛杀管、蔡，我的功德虽然没有周公的大，但是，这种制度我就能擅自改变吗？"所以，文帝还是依照之前的决定处罚了杨俊。

经过这件事后，秦王杨俊还是有一些悔过的，他在病床上还命令自己的手下，去京城代他向父亲问好。但是，他没想到，昔日那么看重自己的父亲，竟然斥责自己的手下说："我费力打下隋朝的江山，建立了这么大的事业，我自己当作一个好的典范，以便使我的臣子们能够把江山守住。你作为我的儿子，却要把江山败在你的手里，难道我不该怪罪于你吗？"说完，他让杨俊的手下依照原话相告。秦王听后，病情居然更加严重了，终于在开皇二十年病重身亡，当时年仅三十岁。

隋文帝得知自己的儿子去世后,也只是哭了几声而已。在筹备秦王丧事时,有官求文帝为他立碑,文帝却拒绝说:"要是为不断出了求名,一卷史书就足够了,还立碑干吗? 要是子孙无法保住自己的家业,立碑是为用来当作镇石的吗?"

可怜,这位曾经骁勇沙场,堂堂的一代帝王的后代,死时却连个碑文也不曾有。但是,我们再回过头仔细分析一下。杨俊年轻时骁勇善战,驰骋沙场,身体肯定非一般没有练武的人能比,为什么得了一个小病就死去了呢? 从病的时间来看,更不是什么急性之症。尽管隋文帝对他惩罚过重,但是以杨俊的心理素质,也不至于因为这个而被打倒。再者,人们把"白发人送黑发人"当成世间最痛苦的事情之一,而隋文帝当时只哭了几声,纵然杨俊不随他意,也不至于此。这些问题将怎样回答呢? 当然人们也有这样或者那样的说法。不管是哪种说法,总之,杨俊这个富贵子弟还是在权位之争下,善始而不得善终了。

隋文帝五子杨谅谋反的原因是什么

隋仁寿四年(公元604年)七月,隋文帝不明不白地驾崩了,他的第二个儿子杨广登基,也就是隋炀帝。但正当仁寿宫和长安城内为隋文帝丧事及隋炀帝登基忙得不可开交的时候,并州总管、炀帝的幼弟汉王杨谅却起兵叛乱,甚至一直打到了京师。那么,汉王杨谅为何选择此时起兵呢? 他起兵的目的又是什么呢?

有人认为,汉王杨谅之所以在这个节骨眼上反叛,与隋文帝的死因有着非常大的关系。因为隋文帝在世时,为防其死后有什么变故,曾与五子汉王杨谅订有"密约"说:"若玺书召汝,于敕字之旁别加一点,又与玉麟符合者,当就征。"所谓符,也就是兵符,一般制作为鱼、兽类的形状,一般分为两半,一半由皇帝保管,一半由将军保管,皇帝倘要调兵遣将,必须将自己手中的半边兵符交给驻镇将军,两半相合将军才受命调遣。皇帝之所以要这样做是为了防止有人假造圣旨发兵叛乱。

开皇七年四月,隋文帝曾"颁青龙符于东方总管、刺史,西方以驺虞,南方以朱雀,北方以玄武"。那时候,由于隋朝并、扬、益三总管均由几位皇子镇守,于是隋文帝又专门制作了玉麟符。隋炀帝登基后顺利地拿到了半边玉麟符,便立即派心腹屈突通前往汉王处以文帝玺书召杨谅入京。虽然隋炀帝杨广知道玉麟符的用途与用法,但是他却未料到父皇与自己的五弟曾有密约的事情。所以,汉王杨谅见玺书与之前的有所不同,就知道了京师情况一定有所变化,于是他立即审讯屈突通。然而屈突通怎么也不肯讲实话,杨谅对他非常无奈,只好放他回京。杨谅通过"假"诏书知道了仁寿宫发生了政变,不愿坐以待毙,便决定叛乱以求自保。

但是,还有人认为,其实汉王杨谅早有叛乱之心。开皇二十年晋王杨广阴谋夺嗣成功后,先是废太子杨勇被他谋害,接着又是蜀王杨秀被废王论罪,一系列的兄弟残杀场面令汉王杨谅深感难过,与此同时恐惧之心也越来越加重,他想杨广的下一个谋害对象肯定就是自己。虽然当时隋文帝对自己非常宠爱,但毕竟父皇总有驾鹤西归的那天,而那时就是自己大难临头的时候。于是他便借口防备突厥,向文帝请命"大发工役,缮治器械,贮纳于并州",同时"招纳亡命,左右私人,殆将万人",文帝皆一一同意了他的请求。一时间汉王杨谅府上也人才济济,兵强马壮。晋王杨广面对这位有着巨大潜力的五弟,也深感忧虑,从此兄弟二人便心照不宣地各自备战,以待剑拔弩张的时机,各自为各自的目的而秘密策划着一切行动。

然而人们对于此种说法也没有太大的认同,另外有人认为,汉王杨谅谋反是综合因素下而做出的行为,所以其中的原因应该是汉王杨谅先是见二哥杨广为夺权争利排除异己势力,导致亲兄弟之间互相残杀、兵戈相见,于是乎便着手开始了自己的防御工作,以便在文帝驾崩的时候能够自保。

紧接着又发生了另一件事,也就是隋文帝发现自己所立的太子有不轨之心,于是对杨广有了看法,为防不测,遂与五子杨谅订了密约,一方面可保杨谅性命,一方面如果有什么变故也可取代杨广。因为当时汉王杨谅总管山东旧齐境内五十二个州的军事,所居的地方是天下精兵处,拥有重兵,如果处置得当,充分调动所部将士,鼓行而西,是有可能迅速拿下京师长安,以武力夺取帝位的。

虽然他们的想法是非常好的,但遗憾的是,文帝虽考虑周详,但还是对杨谅的军事才能估计过高了。杨谅刚开始起兵的时候,军师王颁就进言说:

"王所部将吏家属,尽在关西,若用此等,即宜长驱深入,直据京都,所谓疾雷不及掩耳。若但欲割据旧齐之地,宜任东人。"但是杨谅皆弃而不用,充耳不闻,他一意孤行启用南朝失意文人,属下北方军将卖力与否自然可想而知了。

除了这些原因之外,杨谅没能做战前动员工作,他缺乏指挥经验,而这些都是他致命的缺点,结果起兵大败而归,数十万精兵一败涂地,隋朝最后一场皇位争夺战也就这样以杨谅的大败而结束了,留下的是兄弟之间满身的创伤和遗憾。

从以上几种说法看,最后一种说法似乎更为合情合理,但是无论是何种说法,杨谅发动兵变都是权力之争的产物,在这一点上,历史上似乎都是相同的。

齐王杨谏有着怎样的结局

齐王杨谏,乳名为阿孩。杨谏长得眉清目秀,容仪俊美,深得文帝欢心。开皇年间,杨谏被立为豫章王,邑千户。等到炀帝即位,晋封为齐王,增邑四千户。元德太子杨昭去世之后,朝廷大臣都以为杨谏当嗣。隋炀帝令吏部尚书牛弘为他挑选官属,元德太子左右两万余人都归属了杨谏。这个时候,很多人都非常赞同杨谏,尤其是自从乐平公主及诸戚属争相前来致礼后,百官便争着谒见他,就这样,他的府第可谓是门庭若市,好不热闹。

但是,杨谏虽有自己的优点,却也有缺点,他为人非常骄横,而且总是亲近和听信小人的谗言,总是触犯一些法规。另外,他常常遣手下乔令则等人搜求声色犬马。这些人打着他的名号就肆意放纵,常常假托杨谏的命令,抓到一些漂亮的女子带到杨谏宅中,恣行淫秽,完事后就将她们赶出来。杨谏手下二人曾于陇西诸胡抢得很多匹名马,杨谏命令他们还回去,那两个人却诈称杨谏将名马赐与他们,将马带回自己家中。当时乐平公主曾向炀帝上奏说柳氏有美女,炀帝当时对此不感兴趣,也就没有及时表态。过了很长时间,乐平公主又把柳氏女进与杨谏,杨谏不加过问,也就接纳了。之后炀帝问乐平公主柳氏女在什么地方,乐平公主说:"现在她已经在齐王府中了。"

隋炀帝听了非常生气,心中对杨谏也就有了一些怨气。

　　不久后,杨谏又在东都营造宅第,但是还没多久大门无缘无故地就坏掉了,房梁从中间断裂,知道这些情况的人都认为这是不祥的征兆,杨谏却没有放在心上。之后他跟从炀帝到了榆林,杨谏常常率领后军步骑五万驻扎在与炀帝相距十里的地方。炀帝曾于汾阳宫打猎,诏杨谏带领千骑入围,杨谏大获麋鹿献于炀帝,而炀帝一个东西也没有射获到,于是迁怒于随从官员。官员们都说他们被杨谏左右所阻拦,野兽不能到他们跟前。炀帝听后十分愤怒,此后,不仅对他的态度非常的不好,而且还处处搜集杨谏的罪过,以待时机把他除掉。

　　有一次,御史韦德裕上疏弹劾杨谏,隋炀帝抓住这个机会,派了上千名士兵搜查杨谏宅第,并且调查他的所作所为。当时,有规定:县令无故不得出境,但是杨谏手下的人很多次违反了这个制度;杨谏的妃子韦氏过早地就去世了,而杨谏竟与妃姊元氏妇私通,并产下一女。他还召相士对后宫看相,相士指妃姊说:"她生了孩子当为皇后。王贵不可言。"

　　因为当时隋炀帝还没封太子,于是杨谏从这里就开始认为隋炀帝就应该立他为太子。又因为元德太子有三子,杨谏心中常常不安,暗中使用一些旁门左道之术来危害别的竞争者。就因为这样,不久后他东窗事发,炀帝大怒,下令斩杀乔令则等人,妃姊赐死,杨谏府中大臣都被发配到了边远地区。当时赵王杨杲还是一个非常小的孩子,炀帝对左右说:"唉! 我只有杨谏这一个儿子成人,不然的话,一定要临街杀死他,以明国法!"杨谏从此没有了炀帝恩宠,更不让他干预朝事。炀帝常常担心杨谏因此而发动叛乱,所以派给他的人也都是些老弱病残,没有任何野心和作为的人。

　　之后,宇文化及作乱,兵将来到了炀帝车驾旁,炀帝听到有动静,回头对萧后说:"该不会是阿孩吧?"从这里就可以看出,隋炀帝对杨谏猜忌已经非常重了。宇文化及等人随后去捕捉杨谏,当时杨谏还没有起床,那些士兵进去以后,杨谏惊讶地问道:"你们是什么人?"但是,没有人应答他,杨谏以为炀帝派人来抓他,又说:"请你们暂且慢些下手,我一定不负父皇的重望。"但是,没有人去听他的话,那些士兵把他拉到大街上给斩杀了。临死杨谏还不知道杀他的人是谁呢。真是悲哀!

兰陵公主之死

　　隋朝的桂州,也就是现在的桂林,曾经与当时的京城洛阳一起,共同发生了一件感天动地的故事。这故事和兰陵公主有着非常大的关系。

桂林山水

　　隋文帝杨坚不仅有五个儿子,而且还有好几个女儿,其中第五个女儿小名叫阿五,长得非常漂亮而且贤淑。隋文帝在众多的女儿之中,最喜欢的就是阿五,并封她为兰陵公主。兰陵公主十八岁的时候,嫁给了朝中大臣河东柳机的儿子柳述,二人的感情非常相投,也算是当时的模范夫妻。

　　一般出身于富贵家庭的子女都非常的骄横,不讲理,兰陵公主的其他姐妹也是如此,他们在丈夫的家中颐指气使,连长辈的老人也要按君臣之礼早晚跪拜。但只有兰陵公主却是例外。她在柳家十分孝敬柳述的父母,一点儿也没有公主的架子。每当老人们有病的时候,兰陵公主总是亲自端茶递水,侍奉汤药,隋文帝知道之后,心中十分欣慰,更为自己有这样一个知书达理的女儿而感到骄傲。由于这个原因,本来职位并不显赫的柳述,也因此而受到文帝的重用,逐渐成了隋朝的重臣。可见,兰陵公主在隋文帝心中的地位非常地高,而且得到了隋文帝的万般宠爱。

在兰陵公主还没有嫁给柳述以前,兰陵公主的哥哥晋王杨广曾经向文帝请求将兰陵嫁给晋王妃萧氏的弟弟萧俨,文帝也曾经表示同意,但后来兰陵公主却不肯,最后还是依照了她的意愿而下嫁了柳述,为此,杨广一直怀恨在心,总想找个机会报复一下,以挽回自己当初的面子。

柳述借兰陵公主的光成了朝廷的重臣后,因为有一些事情与杨广意见不合,更使杨广常常气愤万分。但由于当时杨广为了打击他的哥哥太子杨勇,要尽力在父亲隋文帝面前表现出温良恭俭让的假象以谋取太子的职位,于是只好对柳述隐忍而不发。但是这并不代表他没有谋害柳述的意图。

就这样,几年后隋文帝病重,而原来的太子杨勇也在杨广的阴谋策划下失去了太子的身份并成了囚徒。到了这个时候,杨广才腾出时间来对付其他的人,于是他的本来面目也真正暴露了,他迫不及待地用毒药毒死了他的父亲,以极卑鄙无耻的手段登上了皇位,他就是历史上以荒淫著称的隋炀帝。虽然很多人对他登基表示不满,但是也没有办法,只好接受这个事实。

当上了皇帝的杨广,就可以很轻易地把打击老对头柳述作为一件大事提到议事日程上来。此后,他找了一个借口,利用柳述的一些错误罢了他的官,将他流放于岭南,先安置于粤东的龙川,后来又迁徙粤西的桂州,也就是今天的桂林。当时桂林还是蛮荒之地,经济十分落后,交通相当闭塞,而此时仍然住在洛阳的兰陵公主,却下定决心要随丈夫关山万里前往谪居之所。并请求自己的哥哥隋炀帝同意她的打算。

然而,狠毒的隋炀帝却另有打算,他要兰陵公主与柳述离婚,然后再嫁给萧俨,但兰陵公主拒绝他说:“当年嫁与柳述而不嫁萧俨,这是先帝的最后决定。现在柳述有罪流放岭南,作为他的妻子,按照国法理应与丈夫同坐,一同前往谪所待罪。”隋炀帝听后勃然大怒说:“难道天下就没有了男子,你非得与姓柳的一同流放岭南吗?”

但是兰陵公主对自己的丈夫还是不离不弃,终于还是拒绝了她哥哥将其留在京城洛阳改嫁萧俨的安排,跟着柳述毅然南下,成为桂林历史上以帝女身份而居于岭南的第一人。她的故事在当时感动了隋朝上上下下很多人。

然而谁也没想到,这个忠贞不渝,善良宽厚的公主因忧愤过度和水土不服而患重病,桂林的医疗条件又相当的差,所以始终无法治愈。她在危亡之际上表于隋炀帝,请求死后从葬于柳家河东的祖坟之中,以表达她对爱情始终如一和对帝王权势的蔑视。这个帝王的公主却没有要求将自己安葬在自己尊贵的帝王子女的坟墓之中。

但是,即使对于这个临死的人,对于自己的亲妹妹,隋炀帝也毫不留情。他非常明白兰陵公主的意图,为了达到最后置柳述于死地的目的,他没有满足她的临终要求,不但把她葬在远离柳家祖坟的地方,而且陪葬的物品也特别菲薄,根本不像是一个公主应得的待遇。兰陵公主就这样凄凉地、愤愤地离开了这个世界。

兰陵公主的死在朝廷引起了不小的震动,很多大臣都为其惋惜,对隋炀帝的凶狠做法而感到愤恨,但是为了不引火烧身,人们在这个皇帝的淫威面前只好保持沉默。可怜年轻的兰陵公主离世的时候只有二十五岁。

为何说千金公主是最悲惨的和亲公主

宇文氏取代西魏并于公元 557 年建立北周政权,与北齐为争夺黄河流域的统治权展开了激烈的交锋。在这样战乱的国情下千金公主出生了,她是北周武帝的侄女,赵王宇文招的女儿。幼时的千金公主生活是富贵安逸的,宇文招喜欢写诗作文,公主自小聪明机敏,受父亲的影响,也博览群书,写得一手好诗和好字,是当时名副其实的才女。

北周武帝在南北朝众多的君主中算是较有作为的一个皇帝。他即位不久,就集中精力攘外安内,打算平定江南,一统华夏。经过一系列战争,北周终于在公元 577 年灭掉北齐,统一了北方。公元 578 年,武帝出兵攻打突厥,但是因为劳累过度,不幸病死。武帝的死,使北周由盛转衰,千金公主的命运也发生了极大的转变,而且直接导致了她悲惨的一生。

公元 579 年,突厥他钵可汗派使节向北周求婚,宣帝是个昏庸无能的皇帝,他根本不懂带兵打仗,当然求之不得,于是很快就选中堂妹千金公主,让她下嫁突厥。千金公主没有想到她一个弱女子,居然要承受这么大的苦难,真是祸从天降,她十万分的不情愿,但是君命难违,她只得含泪接受。

但是,谁也没想到,不久后,一个好消息传来:他钵可汗病死了。这样千金公主下嫁的事也就暂时被搁置起来,然而没等公主一家高兴多长时间。公元580年,新即位的沙钵略可汗派使节前来迎亲,这一次千金公主只能离开自己的父母和家乡,泪流满面地踏上了北去的茫茫之路,由此她的悲剧也开始正式上演。

幸运的是,沙钵略可汗很宠爱这位娇弱美丽的小妻子,于是在丈夫的帮助下,公主的心情平静下来,并慢慢适应了新环境。与可汗的生活也算幸福美满。但是,就在千金公主下嫁的第二年,宣帝病死,辅政大臣、国丈杨坚以"禅让"的形式废掉并毒死了年仅七岁的北周静帝,于公元581年建立隋朝,史称隋文帝。北周的宗室诸王被斩杀殆尽,千金公主的父亲赵王宇文招起兵反对杨坚,被诛灭九族。而这对于远在他乡的千金公主将是一个怎样的打击谁也不得而知。

这一天也如期而至,噩耗传到千金公主的耳朵里,她为此悲痛欲绝,并发誓要为父母报仇。而此时的杨坚因忙于内战,忽略了与突厥的往来,双方关系也开始日益紧张,沙钵略可汗还为此愤恨地对隋朝使节说:"我本是北周家的亲戚,如今杨坚灭了北周,自己当上皇帝,如果我袖手旁观,不是太无能了吗?让我以后有何脸面再见我的王后?"于是,在公元582年,突厥正式向隋朝宣战,四十万大军势如破竹,先后攻下延安、天水等六个城市,长安也由此被震动。杨坚积极迎战,他还采取长孙晟的建议,以离间计挑动突厥各部落。隋朝的离间计取得了圆满成功,沙钵略可汗的叔伯纷纷反叛,沙钵略腹背受敌,陷入重重困境之中,无法解脱。

作为沙钵略可汗王后的千金公主此时还不到二十岁,然而自身的悲惨经历早已经使她认识到命运的残酷与无奈,她也就过早地成熟了。她明白杨坚最希望看到突厥内部自相残杀,万般无奈下,千金公主决定暂时将自己的国恨家仇放在一边,先把帮助丈夫走出绝境作为当务之急。

于是,她以公主的身份,给杨坚写去亲笔信,表示自己虽是北周公主,却十分钦佩杨坚的圣明,请求做大隋皇帝的女儿。杨坚此时也没有足够精力打败突厥,于是顺水推舟,赐公主杨姓,收为养女,改封千金公主为大义公主,希望她深明大义,为隋和突厥安定作出贡献。由此,沙钵略可汗也从困境中解脱了出来,两国开始来往不断,取得暂时的安宁与稳定。

"暂时"的含义也就是无法长久,只能艰难地维持一段时间,虽然杨坚表面上对千金公主恩宠有加,但是他心中对她却无法信任。尽管千金公主忍辱负重,为两国的友好交往也确实做了一些事,但对杨坚灭其宗族的仇恨始终无法忘记,双方都只是利用对方,各藏心机,只要有机会必将对方一口咬死。这一点,他们双方其实也是心知肚明的。

不幸再次降临到了这个年轻的公主头上,公元587年,沙钵略病死,他的儿子即位。大义公主按照突厥的风俗,又嫁给沙钵略的儿子都蓝可汗。公元589年,杨坚灭掉南朝陈国,为表示恩宠,将后主陈叔宝的一面华贵屏风赐给大义公主。公主久居塞外,许久没有见过如此华丽的东西了,睹物思人,国恨家仇一起涌上大义公主的心头,激愤之余,她没有忍下自己的悲愤,挥笔在屏风上题诗一首:

盛衰等朝露,世道若浮萍。
荣华实难守,池台终自平。
富贵今何在? 空事写丹青。
杯酒恒无乐,弦歌讵有声。
余本皇家子,漂流入虏廷。
一朝睹成败,怀抱忽纵横。
古来共如此,非我独申名。
唯有《明君曲》,偏伤远嫁情。

由于千金公主从小受到了良好的教育,所以她不仅吟得一手好诗,而且还写得一手好字,所以这首诗笔力不俗,也就流传了下来。诗中有一句"余本皇家子,漂流入虏廷",不知道公主诗中的"虏廷"指的是突厥还是隋朝,或者两个都指,但杨坚却认为指的是隋朝。大义公主居然敢把隋朝形容得如此不堪,她的国恨家仇是如此强烈。杨坚为此义愤填膺,他怀疑千金公主随时都有可能挑动都蓝可汗与隋朝宣战,于是他决定除掉这个隐患,以得安心。

突厥兵

　　公元 593 年,有个流浪到突厥的汉人杨钦张扬地说自己是千金公主的姑母西河公主派来的心腹,西河公主与丈夫打算与突厥联合发兵,灭隋复国。报仇心切的千金公主信以为真,并说服都蓝可汗同意发兵。其实杨钦很可能是隋朝派出的间谍,因为杨坚不久便得知此事,并派长孙晟前往突厥捉拿杨钦,虽然都蓝可汗拒不承认,千金公主也怒骂隋使,但杨坚还是借机下诏废除了千金公主的公主封号。失去了封号的千金公主犹如断了线的风筝陷入困境,然而她万万没有想到,更大的灾难还在后面。

　　与此同时,统治突厥北方的突利可汗为争取隋朝的支持,偷偷向隋求婚。隋文帝派人告诉来使说:"如果你们能够杀死千金公主。隋朝就立即许婚。"但是,千金公主毕竟在突厥生活了很多年,即使没了公主的身份,却依然是都蓝可汗的王后。她既然有能力挑动都蓝可汗与隋朝开战,说明她和都蓝可汗关系还是很好的,在突厥军国大事中也是一个非同小可的人物,所以,要让都蓝可汗杀掉她,也是一件非常艰难的事情。

但是,所谓的"事在人为",一个弱女子怎么也无法抗拒命运对她的安排。千金公主在突厥虽然贵为王后又先后有两位丈夫,但都是利益关系,很难说有爱情与幸福,在极度的苦闷与寂寞中,她与一个叫安遂家的小官慢慢有了很深厚的感情。突利可汗买通千金公主手下的人,知道此事后,他非常高兴,因为他终于抓到了千金公主的把柄。于是,他派人四处散布千金公主与安遂家私通的谣言,国人得知后非常地惊讶,因为突厥一向禁止通奸,公主所为已经构成了死罪。之后,都蓝可汗知道了,他为此大为恼怒,也得到安遂家的供词,再加上突利可汗等人的挑唆和鼓噪,他就变得几近疯狂,于是他冲入牙帐,一剑将公主刺死。千金公主这时也只有三十三岁。

在历史上,被送去和亲的公主有很多个,但是千金公主是命运最为悲惨者之一。其他的公主,虽然有离开家乡与父母的不幸,但背后至少还有个国家在支撑着,保证了她们在域外的地位,但是千金公主不仅国破而且家亡,一桩桩的遭遇都降临到了她柔弱的肩膀上。虽然她聪明机智,性格坚毅,还颇有谋略,她的个人能力在浩浩荡荡的和亲公主队伍中,也是非常出色的,但是她仍然逃脱不了凄惨的命运。后世人一提起她,就会不断地惋惜和叹息。

第四章 王侯将相篇

历来人们把朝中大臣分为两种：忠臣与佞臣。然而在皇帝的眼中，他们又是怎样分辨的呢？也正是皇帝的判断，有的忠臣含恨而死，有的佞臣却得意当道。这其中又有怎样的隐私和秘密呢？是否皇帝所认为的"忠臣"就是"忠"，"佞臣"便是"佞"呢？

杨素是如何死的

隋炀帝杨广从被立为太子，到登基为帝，全仗杨素一人设计谋划。炀帝即位不久，杨坚第五个儿子、汉王杨谅起兵谋反。杨素不顾年迈，亲率五千轻骑，一举荡平叛军。汉王杨谅请降，押送长安。炀帝废谅为庶民，封杨素为尚书令。

杨素自恃功高位重，难免自傲，对炀帝多有不尊之处。炀帝与宣华夫人云雨风流的寝宫，杨素也敢闯入。炀帝驾幸东京洛阳后，命人修建了显仁宫。采运各地的奇材异石、嘉木异草、珍禽奇兽，布置在宫中。费去了百万人民的汗血，耗去了无数的府库，建成了一座美轮美奂的巨大宫殿。宫殿造成，炀帝便和萧皇后、宣华夫人，以及后宫妃嫔，进宫游玩，并题写了宫名。

当晚，在显仁宫中赐宴王公大臣。一班逢迎的臣下，都有一番歌功颂德的话，唯有杨素见显仁宫造得这般奢华，倒惹起了隐忧，深恐炀帝有了此宫，流连忘返，整日纵情声色，误了国家大事，便进趋前席，到了炀帝座前。

炀帝见杨素到来，他们早已不拘君臣礼节，即命内侍，移过座位，与杨素坐下。早有宫女上前，给杨素斟酒。杨素正待发言进谏，炀帝却抢先跟他说："公视这座显仁宫，比起先帝的仁寿宫如何？"杨素说："仁寿宫怎能和此宫相比？只是圣上提起了仁寿宫，老臣却想起了旧事。那座仁寿宫原是先皇命老臣监造的。老臣因先皇与先后春秋俱高，晚景须娱，便在布置上，稍事华饰。不料先皇节俭性成，竟以老臣造得太觉富丽，险些遭到严谴，幸得先后解围，才告无事。圣上春秋正富，不比先帝须娱晚境。如今这座显仁宫，较了仁寿宫，奢华了不止十倍。老臣深恐圣上耽了声色，忘情国事，老臣不免怀了杞人的愚忧。但愿圣上，须于万机理就的余闲，才临此清游，如先帝游幸仁寿宫一般，老臣就不胜欣幸了。"

炀帝想不到杨素当着群臣，说了这么一大篇煞风景的话，心中感到非常的不高兴。只因他是无事不知的心腹，又算是先皇的老臣，不便发言驳斥，便强作笑容说："公言甚善，朕建造此宫，只因宇内承平无事，不比先帝当时，常有祸乱发生。朕只是将此宫作为休养场所，原不是恣意行乐的。"杨素点头说："只是祸患常出现在细微，漫不加察，即能酿成大祸，所谓星星之火，足以燎原，圣上终应小心为是。"

炀帝听了杨素的话，只是假意点头。杨素以为炀帝纳谏，老颜面很觉光辉，就开怀畅饮起来。炀帝却给杨素一席话，说得心中非常地不舒服，饮酒也没有了兴致和味道，竟不待席终，便令停宴。杨素还当作炀帝听了他的谏言，不愿纵饮了，不知炀帝正怀了一肚子的气愤。当下众人告退，杨素也走了。炀帝又命内侍，重排筵席，召萧皇后和宣华入座，方觉兴趣勃发，开怀畅饮。

哪知杨素出了显仁宫，因事忽又半途折回，重行入宫，撞见炀帝又在欢宴，才知先前停宴是作假。炀帝见素突然又来，只好命他一同陪饮。萧皇后和宣华夫人便欲起身回避。炀帝阻止说："杨公勋旧，二卿不须回避。"萧皇后与宣华夫人，只得坐下来。萧后并不在意，宣华夫人却因杨素深知自己身侍文帝炀帝父子二人之事，不觉深自惭愧，低垂了粉颈，羞得抬不起头。杨素本不愿意再饮什么酒，只是有忿炀帝，竟语与心违，欺人太甚，故饮了一杯，便不沾唇。炀帝劝他再饮，杨素严肃地说道："老臣方才已蒙赐宴，前酒未醒，不及圣上量洪，已命停宴，不一刻工夫，又是开筵畅饮。"

炀帝见杨素语涉讽刺，只得含笑解释说："方才是与众臣会饮，此刻却是与皇后小叙。我公不要过谦，再来畅饮数杯。"杨素却起立说："老臣听说酒荒色荒，俱能伤人，不但老臣偌大年纪，理当节饮，就是圣上也不宜耽情酒

萧皇后

色。"炀帝闻言,更觉拂意,索性笑道:"把酒消遣,还不至于有什么大害,我公何必多虑。"杨素见话不投机,十分愤怒。恰巧有个宫女上前斟酒,素袍袖一拂,意欲阻她不必加斟。袍袖拂在壶上,宫女一个不防,失手将金壶倾翻,酒水淋湿了杨素的蟒袍。杨素正愤无可泄,便迁怒到宫女身上,勃然大怒说:"怎的如此无礼?敢在天子面前,戏弄大臣。朝廷法度,不准宽容,望圣上即加惩罚,以儆效尤。"

炀帝暗想:"这本不是宫女过错,你自己的袍袖,拂翻了酒壶,怎说是宫女戏弄大臣,便欲叫我惩罚,我偏不听你的。"想到这里,他一任杨素发作,只是默不出声。杨素见炀帝袒护宫女,越发地怒不可遏,竟自喝令左右内侍,将宫女拉出去,愤怒地说:"国家政令,全给你们一般妇女小人弄坏了,怎能

不惩?"左右内侍,见炀帝不开口,杨素又大怒,倒觉为难万分,不知是将宫女责打的好,还是待炀帝发了话,再打的好?便你看着我,我看着你,面面相觑。

座上的萧皇后见了这般光景,恐怕闹僵了事儿,便对内侍说:"你们还不把这个蠢才,拿了下去,重重地打她二十宫棍。"内侍们这才遵谕发付。杨素方向炀帝说:"不是老臣无状,原要使这般宦官宫女,知道圣上虽然仁慈,老臣还须执法相加,往后便不敢这般无礼了。"炀帝见杨素如此肆威,心中十分不悦,但因夺嗣阴谋和许多难言的事情,全仗他一人,就是不快到万分,也只好忍耐,依旧强颜笑着说:"我公能铁面无私,使得宫廷整肃,真是朕躬的大幸了。"

杨素见炀帝的话虽如此,谅也不是由衷之言,当下不愿再留,即离座告退。炀帝巴不得他早去,也不挽留,由他自行。杨素悻悻回到了府第,对他的儿子玄感说:"今上由为父赤心扶助了他,得登大位,如今却荒淫酒色,将来看他如何得了。我好言劝他,他反不快。我真后悔,深负了先皇!"杨素话说完后,不禁连连叹息,玄感也是摇头欷歔。

宣华夫人死后,炀帝万分伤感。一日懒得临朝,来到花园闲游,见到池塘中鱼儿跃动,不觉动了钓鱼的念头。便命内侍移过一把金交椅,放在池边,又命取来钓竿。炀帝便悄悄地坐在池边,垂纶入水,只等愿者上钩。恰巧杨素为了政事进宫,听说炀帝在园中游玩,径寻到池边,见过炀帝,将应奏闻的政事,告诉一遍,即站在一旁,瞧炀帝钓鱼。炀帝便笑道:"杨公有兴,不妨和朕同钓。"杨素觉得有味,也就不推辞,径命内侍移过一把金交椅,放在炀帝下肩,相并坐下。早有内侍呈上了钓竿,素便理一理丝纶垂入水中。

这时正过辰牌,初夏的天气,日光渐热,炀帝即命内侍取了御盖来,遮避日光。御盖张了开来,面积颇大,恰好蔽住了炀帝和杨素两人。按理杨素不该享此权利,应当避让。因他和炀帝脱俗惯了,炀帝也不放在心上,杨素也居之不疑。两人钓了一会儿,炀帝连得几尾小鱼,杨素钓了多时,却没有一尾上钩。炀帝便笑着对杨素说:"我公才兼文武,淹有众长,钓鱼虽是小道,也要心定气和,才能有济。公钓了这多时刻,一尾也没钓着,谅来对于此道,未能精通,也可算是我公的一短。"

杨素钓了多时,没有鱼上钩,本来心上不耐烦,如今听了炀帝的奚落,他本是个事事好胜之人,怎肯承认己短,便应声说:"圣上钓了多时,只有小鱼上钩,老臣却要钓一大鱼,岂不大器晚成,一鸣惊人?"炀帝听了,已是心上烦恼。

偏是事有凑巧,杨素的话,说了没有多时,便觉丝纶一动,急忙提竿,竟钓着了一尾金色大鲤鱼。杨素更是得意,即向炀帝说:"如何?老臣有志事竟成,圣上也该替老臣欢喜。"炀帝听了,更觉恚恨万分,又见杨素坐在御盖下面,银髯飘飘,仪

攀城垣用的云梯模型

容秀中含威,身材魁梧,恍然有帝皇的气象,不觉忌念陡生,面上现出了怒色。

杨素瞧在眼中,赶忙起身告退。炀帝默默不语,待素行远了十多步,却故意高声说:"这个老贼,怎的如此放肆,不怕朕灭他九族不成?"话声送到素的耳中,杨素不由得十分恼怒,竟自作咕哝,语声也不是甚高地说:"老夫替人做的那些事,本要早诛九族的了。"炀帝听得,怒从心头起,立叫内侍,命杨素且慢出园,道圣上尚有嘱咐。

内侍便上前唤回杨素。炀帝却怒气冲冲地回到宫中。萧皇后见炀帝面色有异,忙问所以,炀帝愤愤地说:"杨素老贼,欺朕太甚了。"萧皇后忙问道:"他怎敢无礼,触怒圣躬?"炀帝便将方才情形一一说了。萧皇后说:"原是杨素失礼。"炀帝愤怒地说:"可不是嘛,如今这个老贼,还等候在园中,待朕下一手敕,逼他自尽。爱卿你看使得否?"萧皇后慌忙说:"使不得,使不得。他虽骄肆无礼,但为先朝旧臣,又有功于圣上,今日不明不白地赐他自尽,朝

臣如何肯服。况且他的旧部甚多,他的儿子玄感,也是执掌兵权的,一旦变生肘下,怎生得了? 又兼杨素是员猛将,几个内侍,都不是他的对手。圣上赐他自尽,他必反抗,内侍们制他不住,如若漏脱出去,那时他只须一声号召,旧部全归,包围了宫城,圣上与贱妾,还望活命不成?"

炀帝听了萧皇后的话,觉得有理,不禁长叹一声说:"依了爱卿的话,原是不错,投鼠忌器,朕也顾着,只是他这般骄肆,朕便任他不成?"萧皇后说:"圣上可徐徐图他,不必急在一时,反生不测。就是照他年龄,也没有几年好活了,索性待他自毙罢了。"炀帝无可奈何,只好命一内侍,到园中传谕杨素,叫他自行回去,朕要嘱咐的话,明日再说。

内侍奉命前去,杨素正站在园中疑惑,怎么唤回了老夫,他却回宫去了。那个内侍传谕了素,素却从袍角摘下一颗大珠,暗暗塞入内侍手中,低声问道:"圣上回到宫中,可有什么话?"内侍贪了小利,便将炀帝与萧皇后的对话,都告诉了杨素。杨素听了,非常气愤,怒气冲冲回归府第。

他的儿子玄感,见素面含怒色,忙问他原因,杨素气愤地说:"偌大郎君,由我一手提起,到了今日,竟会如此忘恩负义。"玄感听了郎君二字,知道是指炀帝。原来杨素自恃功高,有时面对炀帝,也直呼郎君,炀帝从来不加驳斥。杨素又将事情始末,全行说出,对玄感道:"圣上对于为父,尚奈何不得。要是为父死了,将来免不了泄愤到儿的身上,儿等还须留意才是。"玄感点头道:"这也是意中事,只好到时相机对付了。"

一天过去,又到了早朝的时候。这天炀帝又亲自临朝听政。杨素照例上朝,心中还惦记着昨天的事,不免有些悻悻。踏上了殿阶,突然一阵阴风扑面吹来,令人毛发悚然,顿觉头昏脑乱,双目发花。他急忙镇定心神,恍惚之中,只见大殿上面,来了一个人,头戴垂络宝冕,身穿衮服,手中提着一把金钺斧,迎面走下阶来。

杨素仔细看时,正是隋主杨坚,吓得魂不附体,急待逃避,只听杨坚厉声说:"老贼逃到哪里去? 你与逆子干的好事,今天特来取你狗命,你还想偷生不成?"杨素只觉背上一痛,似是金钺猛击了一下,痛彻心肺,禁不住猛叫一声,鲜血直喷,立即晕死过去。

炀帝在宝座上面,看得甚是分明,见杨素无端变了颜色,突然回身扑倒,口吐鲜血,心中自是畅快,面上却不得不假作惊慌,传令殿前卫士,搀扶起杨素,用轿送回家中诊治。没过多长时间,药石无效,杨素便一命归西去了。炀帝听了死讯,心中非常高兴,但是表面上还需敷衍一番,又是追赠名号,又是特赐帛麦。杨素一生,倒也算生荣死哀,福寿全归了。

赵绰是如何秉公执法的

赵绰性格耿直刚毅,而且宽厚仁慈。杨坚建立隋朝以后,赵绰被授予大理丞的官职。不久,因为他处理案件公平允正,通过考核,转为大理正,后来又为刑部侍郎。刑部是专门负责法律方面事情的部门。赵绰在自己的职位上也作出了很多的贡献。

隋朝在很长的一段时间里,盗贼屡禁不止,于是隋文帝打算加重惩罚的法律。赵绰知道这件事后,进谏说:"陛下行尧、舜之道,应该多存宽厚。法律是让天下百姓相信朝廷的东西,如果经常变更就会失信于民。"隋文帝听后觉得非常有道理,于是就很高兴地接纳了他的意见,并鼓励赵绰说:"你以后有什么意见,要如实地对我说。"赵绰也不负隋文帝所托,总是勇于进谏。

有一次,朝廷重臣萧摩诃的儿子萧世略在江南作乱,按照当时的法律萧摩诃应当连带受到处罚,但是萧摩诃是陈朝投诚的主要将领,文帝为了安定降军的军心,想网开一面,于是说:"世略年纪不满二十,能有什么作为?只不过他是名将之后,被人所逼罢了。"但是,赵绰坚决不同意不处罚他,连文帝也不能说服他,于是让赵绰退朝去吃饭,想趁这个空当赦免萧摩诃。赵绰知道文帝的心思,于是说:"微臣奏上的案子还没有断决,不敢退朝。"文帝只好以请求的口气对赵绰说:"您给朕一个面子,特别赦免萧摩诃好不好?"赵绰也知道了文帝内心的想法,也就没再说什么,让手下人放了萧摩诃,默默离开了。

虽然,隋文帝让他有话直说,但是赵绰为了依法办事,也曾多次冒犯文帝,有的时候文帝甚至以死威胁他,但是赵绰就是不退让。当时在官场上流行一种迷信说法,以为穿一条红裤子对做官吉利,人称这种裤子叫"利于官"。刑部侍郎辛直也让妻子做了这么一条,自己穿上上朝,结果没得吉利,反而招来非常大的祸害。隋文帝认为这是在搞巫蛊——这是历代皇帝不能容忍的。汉武帝的时候,因为巫蛊事件,宫中受连累而死的人非常多,连太子也不能幸免于难。所以隋文帝给辛亶事件的定性非常严重,要把辛亶处死,以警示其他的官员不要再这样做。就在这危急关头,赵绰想到的还是法律的公正,他上奏说:"皇上,如果依据法律处理,辛亶没有犯死罪,你就不该这么处罚他。"

这次,隋文帝一听就火冒三丈,索性就不再跟赵绰讨论法律的事情了,愤愤地说:"你可惜辛亶,而不可惜你自己是不是?你如果硬想救他,与我对抗,连你也一起去死。"都到了这步田地,赵绰还是毫不畏惧地回答说:"陛下可杀我,不可杀他!"隋文帝听了,更加生气,心想:"杀你就杀你,我有什么好怜惜的?"于是,文帝命令手下将赵绰拉下去先砍了。武士随即动手,把赵绰拖了出去。已经脱了赵绰的官服,就要行刑了,隋文帝让人去问赵绰:"怎么样,你还不改变立场吗?"赵绰凛然地说:"我一心为了大隋的法律,甘愿去死!没什么可后悔的,杀就杀吧!"

隋文帝知道他这样说,拿他也没有办法了,气鼓鼓地拂袖而去。过了很长时间,内宫才传出命令:"文帝不杀辛亶,并且也把赵绰给放了。"

还有一次,有人非法造钱,这种钱比官府铸造的要轻,被称为"恶钱",混在市面上流通,扰乱正常的经济秩序。恰好有两个人在市场上以恶钱兑换好钱,被官员抓获。隋文帝非常痛恨这种人,命令将二人统统斩首。这时赵绰听了消息又来了,他趋上前奏说:"依法,这两个人应该受到打板子的处罚,斩首不合法律。"隋文帝一听很恼火,就冷冷地说:"这件事跟你没有任何关系,你别给我瞎掺和!"

隋朝和田玉质钱斗

赵绰却说:"既然陛下认为我不愚蠢,让我在大理寺负责执法工作,现在陛下要乱杀人,怎么说不关我的事呢？我认为这在我的职责范围之内。"

隋文帝说："摇大树，摇不动，就该自己放弃。你不胜任这份工作就自动辞职好了。"赵绰说："臣希望能感动上天的心，何况是摇动大树！这事我管定了。"隋文帝听了更加气愤地说："人喝汤，太烫了，就该放下。难道你还想压倒皇帝吗？"

事情到了这个地步，赵绰无话可说了。但是，他只是愣了一会儿，身体却更往前靠一靠，没有要离开的意思。文帝看到他这样的举动，立即呵斥他为什么还不走。文帝又一次拂袖进入内宫，但随后还是传出命令，依赵绰的意见，没杀那两个人。

除此之外，赵绰多次惹恼了隋文帝，但是文帝对赵绰始终眷顾有加，还常常对赵绰说："为了爱卿，朕什么都舍得，但是爱卿的骨相不是富贵长久的命呀！"果真如文帝所言，赵绰六十三岁就离开了人世。

为什么说张须陀是隋军的第一勇将

大业九年，张须陀年已四十九岁，他早年没有任何名声，在历史上属于大器晚成的人物。这一年，山东爆发了无数起义，王薄、孟让、郭方预、张金称、郝孝德、格谦、孙宣雅各部多者十余万，少者也有数万人，山东各地守军屡战屡败，但只有张须陀例外。

张须陀当时任齐郡郡丞，他骁勇善战，又善得军心，他的副将是年仅十四岁的罗士信，每次作战，张必冲锋在前，罗紧跟在他的后面，罗士信每次杀人，都割掉死者的鼻子揣入怀中，据以报杀人之数。有这样的主将，张须陀部队的强大战斗力可想而知。因此，张须陀部在与起义军的战斗中几乎百战百胜。仅仅在大业九年一年之中，王薄、郭方预、郝孝德、孙宣雅等部先后被他消灭，张须陀成为当时的一个传奇人物。

所以，这样两个人的事迹，很快就被隋炀帝杨广知道了，为此杨广特意派人将张须陀、罗士信冲锋陷阵的场面绘制成画，好让他"亲眼目睹"他们两个人的功勋。大业十年，张须陀平定左孝友、卢明月两支起义军，因功升齐郡通守，领河南十二郡讨捕大使，勇将秦叔宝也在此时归于张须陀的属下，

国学经典文库

中华宫廷秘史

也就是说秦叔宝从一个普通小军官成长为著名勇将,整个过程是在张须陀带领下完成的,可以说是张须陀把秦叔宝带上了隋末的历史舞台,此后,张部纵横河南各地,镇压各路起义军,成了隋军的一张王牌,对隋朝的延续起到了一定的作用。

尽管张须陀百战百胜,但起义军散而复聚,越杀越多,隋朝已无可救药,他尽管有万般

张须陀

才能,也无法阻挡历史前进的脚步。所以一代勇将张须陀的命运也就只能是为隋朝殉葬。

当时,翟让的瓦岗军多次与张须陀部较量过,每战必败,翟让见到来迎击的是张须陀,没有开战心里就开始胆怯,打算撤退。但是,李密则坚决要求与张须陀决战,并保证说只要翟让发挥正常水平,一定可以战胜张须陀部。

于是在大业十二年,瓦岗军与张须陀在荥阳大海寺决战,李密先率精兵千余人埋伏在大海寺北的树林里,翟让率本部去与张须陀交战,翟让自然不是对手,不一会儿就开始败退,张须陀素来轻视翟让,见翟让败退,也没考虑是否是敌人设下的圈套,就率部放心大胆地追击,追到李密伏兵的地方时,李密率伏兵突然杀出,翟让、李世绩、王伯当各部四面夹击,张须陀部出其不意,终于溃败。

但是,张须陀本人非常勇猛,拼命杀出重围,可是他非常珍惜自己的部下,见部下仍然被围,又忍不住回头去救,再冲出来后,又冲回去救其他人,就这样,张在重围中往返了四次之多。由于张须陀的英勇奋战,他的不少部下得以生还,但张本人却在乱军中战死了。张须陀战死后,所部兵将昼夜号哭,很多天都是哭声震天。

更让人感到意外的是,秦叔宝等张须陀旧部最后竟然归降了李密。张须陀战死后,朝廷派了裴仁基接管张的旧部,继续与瓦岗军进行拼死挣扎,

但是,没想到裴仁基于大业十三年四月因战况不利而投降了李密,秦叔宝也在此时随裴仁基一起成了李密的部下。

我们无从得知秦叔宝对李密杀张须陀一事所持的是何看法,他是否曾因张的阵亡而怨恨李密? 不但不能为旧主报仇,最后还归顺了杀旧主的凶手,这种命运也算有些讽刺的意味。或许乱世中,英雄逃脱不了命运,阵亡是武将的应有归宿,张须陀与李密为敌是因为二人各自所属势力的敌对,并不牵涉私人感情,而秦叔宝之所以为隋朝镇压起义军,也不是他忠于杨广,只是刚好他投身了政府军,又遇到了赏识他的张须陀。换个说法也就是,那时的武将只是政治工具,政治家需要武将去战斗,武将需要在战斗中取富贵,至于是为谁、为什么而战,武将统统不去考虑,只要打好自己的仗就好了。

百姓为何痛恨麻叔谋

隋炀帝为了临幸江都,下旨开凿大运河。宇文述进言,说是睢阳一带留有王气,应当乘机掘断龙脉,方可免患。炀帝准其所奏,下旨负责这段工程的总管麻叔谋,照令行事。

麻叔谋是个非常贪暴的人,他奉旨开河,借机搜刮民脂民膏,中饱私囊。当督工开掘到上源驿旁时,挖出了一口绝大的棺木。麻叔谋以为棺内必有宝藏,便命夫役劈开棺盖,向内瞧时,只见一具尸体容貌如生,发从前面披覆,长过胸腹。其中并没有什么珍宝,只搜出一方石铭,上面都是古篆文,大多数都不认识,只有一个下邳人能认识,篆文中说:"我是大金仙,死来一千年;数满一千年,背下有流泉。得逢麻叔谋,葬我在高原,发长至泥丸;更候一千年,方登兜率天。"叔谋听了,惊惧交加,只好自备棺木,将尸体安葬在城外高地。

等发掘到陈留时,凑巧有朝廷使者到来,用少牢礼节和白璧一双,致祭汉留侯张良庙,向神借道开河。致祭完毕,突起一阵大风,一双白璧竟不知去向。后来,有一个役夫,在路上遇一贵人,峨冠博带,骑了一匹白驹,侍从们前呼后拥,召役夫至前,取出白璧送给他,并嘱咐他说:"我应该报恩于你,

所以给你白璧一双，你当宾诸天。"

役夫对此莫名其妙，跪拜接受，抬头已不见了贵人。役夫非常惊愕，料定此璧定有来历，不敢私自隐藏，就拿着献给了麻叔谋，并叙述了神的话。叔谋反复思索，也猜不出神语的含义，见白璧晶莹夺目，起了贪心，就私自藏了起来，为了灭口，还杀死了役夫。

扬州大运河

叔谋贪污了白璧，又监工到了雍邱，前方却有一祠宇挡道，叔谋问是什么人的祠堂？村里人回答说："古代老人相传，里边有隐士墓，甚有灵异。"叔谋说："什么样的隐士，敢据此地。"遂命丁夫入祠掘墓，才挖了几尺，忽听一声怪响，下面露出一个洞口，里面灯火荧荧，没有人敢下去。只有武平郎将狄去邪，说愿下去看一看究竟，叔谋称赞他说："狄郎将真是胆量超过常人，可以算作荆轲、聂政一类英雄哩。"

去邪扎束停当，用绳索系住腰部，命役夫抓住一头，缒将下去，约数十丈，脚方才够着地。去邪见有路可走，就解去腰间绳索，鼓足勇气往前走，大约走了一百步，进入一个石头屋子，东北各有四根石柱，用二条铁索拴着一

个巨兽,形状像牛一样,仔细一看,乃是一只人间罕见的巨形老鼠,不由得吓了一跳。忽听石室西面,轰然一声,慌忙回头看时,门已大开,有一道童,出来问他说:"你是狄去邪吗?"去邪答"是"。道童说:"皇甫君等你很久了,你可快进去。"

去邪就随他进入里面,见有一大厅堂,很是宽敞,堂上坐着一位方面长髯的神君,服朱衣,戴云冠,也不知道是什么神仙,只好倒身下拜。那神君端坐不动,也不说话,旁边站着一个绿衣吏,等去邪拜毕,令他起身,让至西阶上立着。大约片刻,里边有声传出说:"快取阿摩来!"台阶下有人应声而去。一会儿,就见数个武士,牵来原拴在石柱上的巨鼠。

去邪知道炀帝的小名叫作阿摩,此时也无处询问缘故,只得屏气等着。只听堂上神君责骂巨鼠道:"我派你脱去皮毛,为中国的主子,为何要不遵我言,虐民害物,肆意失德!"巨鼠不能说话,只是点头摇尾,作冥顽状。堂上神君勃然大怒,命武士取了鞭棍,击打鼠头,巨鼠狂吼,声似雷鸣。武士还要狠打,恰好有一童子捧着天符到,堂上神君离座俯伏听旨。童子读旨说:"阿摩数本一纪,今尚未满,俟期既届,当用练巾系颈而死,今尚不必动刑。"读罢自去。只是这个神语,到炀帝缢死江都才明白,炀帝在位虽有十三年,扣足只有十二年,才知十二郎三字,便是指的炀帝。

堂上神君仍然复位,令将巨鼠拴回原处,并召去邪近前,告诉他道:"替我告诉麻叔谋,感谢他掘我茔地,来年会送他二金刀,不要嫌礼轻呐。"说罢,即令绿衣吏带领去邪,从别的门出去,经过一片树林,径回路仄,踏着石头,攀着藤条,才能过去。回头看时,已不见了绿衣吏,去邪只好独行,又走了三四里路,见一茅屋,一白髯老叟坐于土榻之上,去邪上前问路。老叟说:"此地为嵩阳少室山下,你从何处来?"去邪也不隐瞒,将所见所闻一一告知。老叟说:"你已亲见各种异状,想未必能悟透玄机,你如能辞去官职,便可脱身虎口了。"

去邪称谢而行,回头看时,已不见了茅屋,明白是到了仙境,仙人已给自己指点了迷途。只是麻叔谋那里,还须复命,再行辞官不迟。就直奔宁陵,见了麻叔谋,详细说了经过。叔谋一点也不相信。因为去邪刚进入洞穴,墓就崩陷了,叔谋以为去邪必死无疑,现在却活着回来,以为准是疯了。去邪将错就错,假装疯狂而去,在终南山隐居起来。后来听说炀帝当时正患头痛，一个多月才好，更加相信冥中击打之事，果然不假。自此修道辟谷，无疾而终。

麻叔谋到达宁陵时，患了风逆的病，起坐不安。医生告诉他可将羊羔蒸熟，掺入药中一起吃，可以治愈。叔谋如法炮制，果然痊愈。从此蒸食羊羔，成为习惯。宁陵有一巨富人家，主人名叫陶榔儿，凶恶残忍，恐怕先祖坟茔逼近河道，有可能被挖掘，就盗取人家的婴儿，割去头足，蒸熟献给叔谋食用。叔谋吃了，觉得滋味远胜羊羔，因此召来追问是何物所制。陶榔儿不肯说，叔谋派人将他灌醉，神志昏昏中得以实告。麻叔谋不但不动怒，反而赏给陶榔儿十两黄金，并下令让工役们保护榔儿先茔。一面暗令榔儿专窃人家的婴孩，供他蒸食。一时间，宁陵、睢阳两地境内，丢失了数百个婴儿，哀声四起，惨痛异常。

左屯卫将军令狐达，曾是开渠副使，听说了叔谋蒸食婴孩的事情，上书弹劾。中门使段达接受了叔谋的巨额贿赂，将奏表扣下，不让皇帝知道。叔谋一直逍遥法外。

这天，凿河到了睢阳城，城市中的富民，都恐居宅和坟墓给叔谋掘毁，便商议凑集了二千两黄金，打算献给叔谋。只是一时无人介绍，尚未献入。正逢麻叔谋监掘一古墓，穿通石室后，室中漆灯棺木等，遇风化灰而散，只见到一个石铭，铭文说："睢阳土地高，竹木可为壕；若也不回避，奉赠二金刀。"叔谋不解，转问当地人。答言古老相传，此中为宋国司马华元的坟墓。叔谋回答说："华元不过是一小国陪臣，怕他什么？"

到了夜晚朦胧，忽有一人相召，叔谋随之同行，见有宫殿，上面坐着一个王者，着绛绡衣，戴进贤冠。叔谋向他拜了两拜，王者也起身答拜，并温言告诉叔谋道："寡人便是宋襄公，奉上帝命，镇守此地，已是多年了。现将军来此挖河，希望此城能幸免，勿使生灵失所。"叔谋听了，沉吟不语。忽然殿外有人进来说："大司马华元来了。"

不一会儿，有一个紫衣官人急步走进，向宋王跪拜。宋王告诉他说："寡人尚未得到麻公的允准，免掘睢阳哩。"紫衣官怒目瞪视叔谋道："上帝有命，保护此城，你这恶奴，既毁我宅，还想将此地掘毁！"说到此，便向王者进言说："顽奴倔强成性，当用严刑处罚他。"王者也勃然大怒说："何刑最酷？"紫衣官说："熔铜灌口，烂腐肠胃，此为最酷。"王者点头称好。紫衣官叱令左

右,把叔谋曳至铁柱前,剥去衣冠,绑在柱上。就一人持了一杯铜汁,还正在沸腾,欲灌入叔谋口中。

叔谋吓得魂不附体,连忙呼喊说:"大王见恕,愿依尊命,一定保护好睢阳城。"王者传令解缚,给还衣冠。叔谋入殿拜谢,紫衣官微笑着说:"上帝赐叔谋三千金,令取诸民间。"说毕,挥手令人送回叔谋。叔谋听说有金赐送,心中暗喜,悄悄问冥使道:"上帝如何赐金给我?"冥使回答说:"阴注阳受,你的三千金,自有睢阳百姓献给你,你放心去吧。"一面说着,一面将他猛力一推。叔谋大吃一惊,便从梦中醒来。第二天,果然有家奴拿进了黄金三千两,说是睢阳坊市所献,请免掘城市。叔谋回忆梦中情景,觉得命中应受,欣然收下。遂命役夫绕道开掘,让出了睢阳城。

等掘到彭城,又经过大林,内有徐偃王的墓地。叔谋贪心又起,命人开掘,用巨石撞开了石门。叔谋怕别人得了宝物,自己亲往探视。见有两个童子,分立门内左右,告诉叔谋说:"我王已久候将军,请速进来。"

叔谋不知不觉,随了童子入内。里边有一宫殿,与梦中所见相似。殿上也坐有一个王者,冠服雍容,叔谋下拜,王者起身答礼,和颜悦色对叔谋说:"寡人的莹域,敢求将军保护,愿奉玉宝为酬。"说完,取出一方玉印,给与叔谋。叔谋接过细看,不觉又惊又喜,原来这方玉印,正是历代皇帝受命的符玺,国家的重宝。又听王者说:"将军须保重此宝,这是二金刀的预兆哩。"

叔谋不解其意,谢别出墓,传令役夫将墓盖好,仍复原状。这时炀帝正失去国宝,四处搜觅,并无下落,只好秘而不宣。那叔谋得了国宝,还道是神灵相助,非常欢喜,就把国宝好好藏起,不令外人知道。

等炀帝三下江都,到得睢阳,得知未能按旨开挖,不禁大怒,遂将麻叔谋拿下,囚系狱中。又令人查抄叔谋私产,得黄金若干,白璧一双,受命符宝一颗。炀帝怒极,命令左右说:"叔谋原有大罪,姑念开河有功,赦免子孙,将叔谋腰斩结案。"第二天,行刑人员将叔谋如法捆绑,驱至河滨,上下各一刀,斩为三段。至死前,麻叔谋才明白"二金刀"的含义。睢阳、宁陵一带的百姓,听说叔谋被诛杀,相率称快,男男女女,都到河北来看行刑,你一砖,我一石,将尸体砸成肉酱,方才散去。

隋宫秘史

高颎有着怎样的一生

北周末年,杨坚被任命为左大丞相,总揽国家朝政。杨坚向来知道高颎强干明察,又习兵事,非常有计谋,想要用他为辅佐,派杨惠前往去表明自己的意思。高颎欣然承命说:"愿受驱驰。纵令公事不成,颎亦不辞灭族。"这样,高颎就做了相府司录,成为杨坚的心腹,为之后杨坚成就大业作出了很多不朽的贡献。

此后,杨坚的势力得到不断壮大和发展。周之宗室与鲜卑老臣,以及汉族官员久与宇文氏有着非常亲密的关系,对此非常不服气,于是纷纷起兵反抗。其中,相州总管尉迟迥声势最大。于是,杨坚派名将韦孝宽等出击,部队到了武陟,与敌军隔沁水为阵,两军对阵,都无法前进。杨坚因为各

高颎

个将领统一指挥,害怕发生什么变故,于是想派自己的心腹前往监军。

刚开始的时候,他先叫少内史崔仲方去,崔仲方以父亲在山东为借口不去。又叫刘昉、郑译去,刘昉说他没有带兵打过仗,郑译说他母亲年事已高,不便远行。就在杨坚苦于没人愿意去的时候,高颎自请前往,杨坚就非常高兴地答应了。高颎奉命以后,连母亲也来不及辞别,便立即出发。他到了前线,在沁水上架桥,军队过后,便下令焚桥,以断绝士兵还想返回来的念头。于是韦孝宽率军奋击,大破敌军,敌将尉迟迥单骑逃走。韦孝宽乘胜追击,追至邺下,尉迟迥用尽全力拒战,孝宽等军因为不利而退却。于是高颎与大

将宇文忻、李询等谋划设计将其攻破，就这样才平定了尉迟迥的叛变。

这场战役高颎打得相当漂亮，于是他更加得到杨坚的信任，并晋位柱国，改封义宁县公，迁相府司马。杨坚称帝后，还以高颎为尚书左仆射，兼纳言，晋封渤海郡公，又拜左领军大将军，一时贵宠，在朝廷中没有一个人比得上他在杨坚心目中的地位。此后近二十年的时间里，高颎辅佐文帝，在政治、经济、军事各个方面作出了非常重要的贡献，可以说，杨坚能够成就伟业全倚仗他这样的忠臣的功劳。

因为高颎有着杰出的军事才能。开皇二年，他还参与了讨伐陈的战役。后来因为陈宣帝去世，高颎"以礼不伐丧"，奏请班师。于是，隋文帝向高颎询问取陈的策略，高颎建议："每值江南秋收之际，微征士马，声言掩袭，彼必屯兵御守，足得废其农时。既收之后，密遣行人，因风纵火，烧其储积，由是陈人益敝。"

在高颎的建议下，杨坚于开皇九年，派隋军大举伐陈。晋王杨广等为行军元帅，高颎为元帅长史。等到陈叔宝被俘，高颎先入建康，杨广派人驰告，命令留下陈叔宝宠妃张丽华。但是高颎阻止说："武王灭殷，诛斩妲己，今平陈国，岂可留丽华？"他出于忠心，恐丽华惑主，便把她杀了。

但是杨广知道他杀了张丽华后，立刻脸色大变说："昔人云：'无德不报'，我必有以报高公矣！"于是，杨广从此对高颎怀恨在心。高颎又与元帅府记室裴矩收图籍，封府库，没有收一点钱财。

隋灭陈的战争结束了东晋以来南北纷争的局面，实现了全国的统一。因为高颎有着非常大的功劳加封上柱国，晋爵齐国公，赐物九千段。隋文帝还慰劳他说："公伐陈后，人言公反，朕已斩之。君臣道合，非青蝇所间也。"可见，他在隋文帝心中的地位非同一般人。所以，此后隋文帝对高颎更加信任和倚重。高颎深避权势，一再辞让官爵。文帝下诏说："公识鉴通远，器略优深，出参戎律，廓清淮海，入司禁旅，实委心腹。自朕受命，常典机衡，竭诚陈力，心迹俱尽。此则天降良辅，翊赞朕躬，幸无词费也。"这番话充分表示了他们君臣的关系不是一般的好。

开皇十年，文帝前往晋阳，让高颎居守京都。等到隋文帝回京后，还赐给他缣五千匹，又赐行宫一所以为庄舍。高颎的妻子卧病，文帝还常常派人询问，高颎家的人顿时络绎不绝。高颎的儿子高表仁娶太子杨勇的女儿为妻,与皇室结亲,赏赐多得数不过来。

尽管这样一个忠贞不贰的大臣,也没有得到隋文帝长久的信任。这与皇室内部的斗争有着密切关系。隋文帝的宠姬尉迟氏被独孤皇后杀了,文帝生气地出走山谷,高颎追上,拦住他苦苦劝说:"陛下岂以一妇人而轻天下?"

独孤皇后本以高颎是她父亲的家客,跟他十分亲近,当她听到高颎说她是一妇人,非常气愤。当时文帝夫妇打算废掉太子杨勇,另立晋王杨广为太子。高颎又出来大力反对,由此独孤皇后就有了把他除掉的想法。高颎的妻子死后,独孤皇后对文帝说:"高仆射老矣,而丧夫人,陛下何能不为之娶!"文帝把这话告诉了高颎。高颎垂泪感激地说:"臣今已老,退朝之后,唯斋居读佛经而已。虽陛下垂哀之深,至于纳室,非臣所愿。"文帝听他这么说也就算了。

高颎的妻子去世没多长时间,他的爱妾生了个男孩,文帝得知很为他高兴。皇后却非常地郁闷。文帝问她是什么原因,独孤皇后说:"陛下当复信高颎吗?始陛下欲为颎娶,颎心存爱妾,面欺陛下。今其诈已见,陛下安得信之!"文帝听了皇后的话,觉得确实是这个道理,由此开始对高颎感到强烈的不满。

此后,高颎还极力阻挠隋文帝征伐高丽,结果师出无功,独孤皇后便对文帝说:"颎初不欲行,陛下强遣之,妾固知其无功矣!"隋文帝又以元帅汉王杨谅年少,专委军事于高颎。"颎以任寄隆重,每怀至公,无自疑之意,谅所言多不用。"杨谅因此对高颎很不满意,回京后,便向皇后哭诉说:"儿幸免高颎所杀。"文帝听了这话,很是对高颎怀疑,觉得他图谋不轨。

开皇十九年,凉州总管王世积因事被杀,审讯时有宫中秘事,说是从高颎处得知,文帝极为惊异,高颎因此被问罪。当时上柱国贺若弼、吴州总管宇文弨、刑部尚书薛胄、民部尚书斛律孝卿、兵部尚书柳述等都证明高颎无罪,隋文帝看到这么多人为高颎求情,更加恼怒,一气之下把他们统统拘押起来,从此朝臣没有再敢为高颎说话的了。也就是在这一年,高颎被罢官。

不久后,隋文帝在秦王杨俊府中召高颎来一起喝酒。高颎当时非常感叹,悲不自胜,左右的人都为他流泪。文帝气愤地对高颎说:"朕不负公,公自负也。"并指责高颎"不可以身要君,自云第一也"。

但是，没想到，紧接着高颎的国令上疏揭发他，说高颎的儿子高表仁对高颎说："司马仲达当初托疾不朝，遂有天下。公今遇此，焉知非福！"文帝听后不加调查就大怒，把高颎囚禁起来加以审讯。这时宪司又奏称：沙门真觉曾对高颎说："明年国有大丧。"女尼令晖也说："十七、十八年，皇帝有大厄，十九年不可过。"文帝听了更加恼火，当着群臣说："帝王岂可力求！孔子以大圣之才，作法垂世，宁不欲大位邪？天命不可耳！顾与子言，自比晋帝，此何心乎？"这时，居然有人请隋文帝斩了高颎，但是隋文帝没有照做，而是把高颎削职为民。

开皇二十年，在杨素、杨广等的密谋和策划下，太子杨勇被废，杨广立为太子。又过了四年，杨广登基，就是隋炀帝。高颎被起用为太常。当时突厥启民可汗将入朝，炀帝要以富乐相夸，下诏征集周、齐乐家子弟及天下散乐。高颎上奏拒绝说："此乐久废，今若征之，恐无识之徒弃本逐末，递相教习。"炀帝听了非常不高兴。

高颎对太常丞李懿说："周天子以好乐而亡，殷鉴不遥，安可复尔。"高颎又因炀帝赐予启民可汗礼遇过厚，对太府卿何稠说："此虏颇知中国虚实、山川险易，恐为后患。"还曾对观王杨雄说："近来朝廷殊无纲纪。"

世上没有不透风的墙，没过多久，就有人把这些话告诉了炀帝，炀帝认为高颎诽谤朝政，便下令把他杀了。当时高颎六十七岁。

贺若弼对隋朝有什么样的贡献

在杨坚还没有当上皇帝之前，就有讨伐陈国、平定江南的愿望和打算。建立了隋朝坐上皇位之后，他首先要做的就是积极准备南下讨伐陈国。为此，他不断地访贤纳士，寻觅优秀的率兵将领，并且为此做了充分的准备，为的就是实现自己当年的愿望。

隋文帝杨坚，还多次找众大臣谋划讨伐陈国的计策。有一次，文帝与高颎商议时也谈到了这件事，于是高颎趁机推荐贺若弼，他说："朝臣之内，文才武略，没有比得上贺若弼的，陛下可以重用此人。"隋文帝其实也早就看好了贺若弼，于是立即表示赞同，并立即任命贺若弼为吴州总管，委托他负责筹办平定陈国的重大事宜，贺若弼也是很情愿地领命上任了。

隋文帝之所以让贺若弼担任吴州的总管，是因为当时吴州与寿州都是平陈的前沿重镇。当时贺若弼上任后，还作诗一首赠予寿州太守源雄，相互勉励，诗中写道："交河骠骑幕，合浦伏波营，勿使麒麟上，无我二人名。"

贺若弼

贺若弼也同其他文人一样抱有远大的志向，他一直想完成父亲遗愿，所以刚到任，他就立即着手准备，并潜心考虑，根据当前的形势，他很快就制定了十条平陈的计策，上报文帝。文帝看到这些计策，十分高兴，于是就当即赐予贺若弼宝刀一柄。这对于忠心耿耿的贺若弼来说无疑是个非常大的鼓励。

开皇九年，隋军做足了充分准备后，大举讨伐陈国，于是贺若弼也被任命为行军总管。在讨伐陈之前，贺若弼命令长江沿岸的守军在每次换防时，都故意大张旗鼓，虚张声势，表面上弄得人声鼎沸，队伍似乎很是强大。他之所以这样做是让陈军认为隋军要大举进攻。果不其然，陈军看到隋军有如此庞大的架势，于是立即全国动员，调兵遣将，但是，当他们调集了兵力后才发现只是虚惊一场。虽然是这样，陈国也不敢怠慢，如此反复了几次，陈军觉得隋军也不过是虚张声势罢了，也就不再把隋军放在心上，更不再加强防范。

但是他们没有想到，自己刚刚懈怠下来，贺若弼竟然带兵大举进攻，而此时的陈军毫无戒心，不以为然。所以当贺若弼带领大军偷袭陈朝南徐州城时，一次就成功地拿下了。

攻下南徐州城后，贺若弼率隋军继续向陈的首都建康进军，但是他提前就严格命令下属，不得侵犯陈国百姓，如有违犯严惩不贷。隋军到蒋山境内后，不巧与陈军相遇。陈军由鲁达、周智安、任蛮奴、田瑞、樊毅、孔范、萧摩诃等将军率领，人数众多，是陈朝的主力。贺若弼首先迅速打退了田瑞的进攻，旋遭鲁达等部队的夹击，被迫退兵。收兵后，贺若弼算计到，陈军打了这

国学经典文库

中华宫廷秘史

次胜仗后,必定会产生骄傲情绪,有所松懈,于是立即决定与陈军决一死战。果然不出他的所料,隋军再次发兵,竟然大获全胜。

除此之外,贺若弼的属下还将萧摩诃俘获,送到贺若弼的军帐内。贺若弼命手下将萧摩诃斩首,但见萧摩诃在临刑前神态自若,毫无惧色,对他非常钦佩,觉得这才是人间的英雄豪杰,于是就让人放了他,还对他非常礼貌。

攻打建康时,贺若弼是从东北方逼进。大将韩擒虎则从西南方逼进,并首先攻入建康城内,活捉了后主陈叔宝。贺若弼入城后,派人将陈叔宝带到自己那里,这时的陈叔宝已丧失了君王的气度,双腿颤抖,大汗淋漓,二话不说就伏地参拜。贺若弼见他这个样子,还安慰他说:"小国的君主,与大国的朝臣地位相当,等到拜见我朝天子后,可能还会封你为归命侯,你不必太过惶恐。"可见,贺若弼不是一介莽夫,也有怜悯的一面。

当时,隋文帝因为他讨伐陈朝有功,非常高兴,下诏褒扬,并亲自召见,加位上柱国,晋爵宋国公,赏食邑三千户,又将陈叔宝的妹妹赐给他当妾,另外还赏赐财宝绸缎无数。后拜贺若弼为右领军大将军,又转任为右武卫大将军。贺若弼虽然最终得到了隋文帝的嘉奖,但是,生擒陈后主毕竟是韩擒虎的功劳,为此贺若弼非常不高兴,认为自己丢尽了脸面,于是他居然公开与韩擒虎发生正面冲突,可见贺若弼也有非常小气、不豁达的一面。

隋文帝对贺若弼的厚爱和他在灭陈战争中的功勋,使贺若弼自视甚高,自以为满朝文武之中,只有自己功居"第一"。正是这样的心态,致使他飞扬跋扈,最终给他招来了杀身之祸,这样的结局是偶然的也是必然的。

当时,杨素升任右仆射,而贺若弼仍然是将军。贺若弼感觉自己的功劳超过了杨素,但是官位却没有比他高,心理上感到非常不平衡。他的不满时时表现出来,在隋文帝面前也是毫不掩饰。文帝为此十分生气,曾经责问他说:"我以高颎、杨素为宰相,而你却经常说这二人只会吃饭,这是什么意思?"贺若弼听后竟然也不否认自己说过这话,还居然说:"我跟高、杨二人十分熟悉,我确实知道他们是没有什么才干的。陛下竟然对他们那么好,给他们高官。"隋文帝听到他如此居高自傲更加恼怒,于是罢了他的官。虽然公卿奏贺若弼不把任何人放在眼里,包括隋文帝,应该处他死罪,但是文帝并没接受,觉得他的确为隋朝干了不少大事,只把他贬为平民算了。

就算是遭到了这样重大的惩罚,贺若弼也没有从中吸取教训,反而产生了更大的不满与怨恨,他曾对太子杨广大放厥词说:"杨素只是猛将,而非谋将;韩擒虎只是斗将,而非领将;史万岁只是骑将,而非大将。大将非我莫属。"

隋炀帝即位后,贺若弼因为这话便没有被起用。大业三年,贺若弼背地里非议炀帝款待突厥太过奢侈,不久隋炀帝就知道了,本来就暴虐的隋炀帝杀了贺若弼,他的儿子也都被放逐到了边塞,妻女也沦为官方奴婢。贺若弼戎马一生,最后却因为过于骄傲而落得身败名裂,家破人亡,颇令人为之遗憾。

达奚长儒有什么作为

达奚长儒的祖籍是代地,最初属于鲜卑族中诸多部落之一。达奚长儒的祖父达奚俟曾任北魏政权的定州刺史,他的父亲达奚庆曾任骠骑大将军,仪同三司。所以,达奚长儒家几代为官,家世十分显赫。

所以,达奚长儒在很小的时候,就受到家庭传统的熏陶,崇尚武略,并且有着过人的胆识。他在十五岁时继承父亲的封爵,成为乐安公。北魏大统年间,达奚长儒被任命为奉车都尉。

年轻有为的达奚长儒英勇善战,并且屡立战功,他凭借自己的实力为自己开辟了一条十分顺畅的仕途:假辅国将军,累迁使持节、抚军将军、通直散骑常侍等官职。后来又被封为车骑大将军、仪同三司,增加食邑三百户。北周武帝的天和年间,他又出任渭南郡守,迁骠骑大将军和开府仪同三司。等他跟随武帝征服北齐之后,再迁为上开府,晋爵成安郡公,食邑一千二百户。宣政元年,被授予左前军勇猛中大夫。年纪轻轻就任过了这么多的官职,在历史上也是不多见的。

也就是在宣政元年,陈军吴明彻率军侵犯北周,达奚长儒与乌丸轨率兵将吴明彻死死地包围在吕梁。陈军在得到消息后,又派骁将刘景率领七千精锐赴吕梁救援吴明彻,北周军将处于腹背受敌的不利境地。很快,达奚长儒就派人探听到陈援军从水路而来,便下令搜集几百个车轮,系上巨石,并用铁链相连,投入河道中,这样可以使刘景部的战船阻滞在河道中,不能继

续前进。于是,达奚长儒乘机突发奇兵,水陆夹击,迅速将刘景军击溃,后来又与乌丸轨夹击,很利落地擒获了陈军主帅吴明彻。杨坚取代北周建立隋朝后,无论在哪场战役中,达奚长儒都表现出了过人的智慧和胆识,因此立下大功,又被晋位大将军,出任行军总管,掌管北方边境的军事调度,以抵御突厥军的不断侵犯与骚扰。

果然,在开皇三年,突厥沙钵略可汗偕同他的弟弟率领十万多大军南下侵

白釉鹤鹿老人像

犯隋朝边塞。但是,当时隋军准备不足,军队士气低落。就在这样的危急时刻,达奚长儒率领两千精锐部队迎战敌军,在周盘陷入突厥军的重重包围。士兵们开始时都非常害怕,但见主帅达奚长儒神色自若,冷静应对,大家渐渐地恢复了士气,奋力杀敌。隋军边战边退,数次被敌军冲散,但是又在很短的时间内聚合。在与突厥军大战的几天中,士兵们的兵器损坏了,就赤手空拳与敌人肉搏,直到手都打得露出了骨头,杀死杀伤敌军万人左右。拼杀三天三夜后,突厥军最终落荒而逃。

这次战争虽然以隋军的胜利而告终,但是损失十分惨重,达奚长儒也身受重伤,五处伤中竟有两处伤穿透身体。隋文帝得到这个消息后,立即下令奖赏众兵将,对达奚长儒和他的部下称赞备至,授予达奚长儒上柱国的职位,并对阵亡的将士赠官三转,并由他们的子孙承袭。这次战争对于隋朝来说,意义十分重大。之后,达奚长儒又出任宁州刺史、廓州刺史等职,因为突厥人听说了他的威名,又经过前次战争的较量,所以不敢再来侵扰他管辖的地区。

贺娄子干在军事上有何建树

贺娄子干的祖先居代，后来因跟随鲜卑拓跋氏入主中原建立北魏政权而举家南迁，居住在潼关以西。他的祖父是贺娄道成，曾任北魏侍中、太子太傅；他的父亲是贺娄景贤，曾任北魏右卫大将军。

贺娄子干同其他将领的子弟一样自幼习武，因为骁勇善战而声名远扬。尉迟迥发动叛乱时，贺娄子干与宇文司录跟随韦孝宽出兵讨伐。当时怀州被叛军包围，情况危急，幸好贺娄子干和宇文述率领援军及时赶到，击退了围城叛军。

杨坚知道这个消息后，当即给贺娄子干写了一封信，信上说："叛贼尉迟迥派遣军队来侵犯怀州，你受命诛伐叛军，一举击退敌人。朝中大臣听说此事，对你的赞叹，一时无法用语言来表达。你应该借此机会，

贺娄子干

建立功勋，加官晋爵，不辜负朝廷对你的期望。"这封信给了贺娄子干很大的鼓舞，所以在以后的每次战斗中，贺娄子干总是身先士卒，奋勇杀敌。后来，他们攻进邺城后，贺娄子干与崔弘度擒获了叛贼尉迟迥。所以，贺娄子干因为军功被授予上开府，并册封为武川县公，还得到食邑三千户。可见，他当时的战功非常的显赫。

吐谷浑率军于开皇元年偷袭凉州，贺娄子干任行军总管，跟随上柱国元谐将敌军击退，贺娄子干立下头功，文帝又下诏给他很大的奖励。文帝考虑到边塞经常遭到敌军偷袭，便命贺娄子干镇守凉州。第二年，突厥袭击兰

州,贺娄子干率领部队救援,与敌军在可洛咳山相遇。当时,虽然突厥军人多势众,但是贺娄子干并未与敌军硬拼,而是派人切断敌军的水源。在敌军断水很多天,人马都十分疲惫的良好时机下,贺娄子干突然率军杀出,大破突厥军。由于战功,贺娄子干又被封为上大将军。也就在这一年,突厥军再次来侵犯边塞,贺娄子干从旁策应窦荣定,再一次击退了进犯敌军,大胜而归。

高足银杯

虽然,几次战争中,隋军都击败了突厥部队,取得了很大的胜利,但是文帝忧心陇西屡次被突厥袭击,便制定政策,命令边塞设置城堡,周围百姓搬离原居住的村庄,移民到城堡里,防止突厥袭击。但是贺娄子干觉得这并不是什么好的办法,更不是上上策,就上疏文帝,提出自己的见解说:"臣以为此法比起突厥袭击,对百姓的生活更加不利。以前突厥来袭,总是早上来,黄昏前就跑掉了。边塞人烟稀少,因为战事频繁,开垦的农田极为有限,现在选择建堡的地方,占用的农田很多。加上边塞的百姓,多以畜牧为生,若要聚在一起,必然发生争执。臣认为,可以在险要的地方增加守卫,并设立烽火,城镇之间相互联系。百姓虽然散居,但是不会有太大的损失。"

隋文帝看后觉得非常有道理,也就依从了贺娄子干的想法,按照他说的办。另外,文帝认为贺娄子干熟悉边塞的事情,命令他负责榆关等十个城镇的军事,后又任命他为云州刺史,经过多次战役,突厥军早已听说了贺娄子干的大名,这次更是让他们感到害怕,也不敢轻易来犯。几年后,突厥雍虞间向隋朝请降,并献上大批牛羊、马匹。

隋文帝知道后,非常高兴,于是任命贺娄子干为行军总管,率兵到西北道外迎接突厥使者。文帝将突厥所献牛马都赏赐给了贺娄子干,并下诏书表扬他说:"自从你镇守边塞,突厥军队不敢侵犯我朝疆土。今天突厥献来的牛羊,我都赏赐给你。"

后来,贺娄子干因为母亲病重辞去官职。但是朝廷认为榆关是边塞重镇,非贺娄子干镇守不可,所以又请他重新上任。开皇十四年,贺娄子干病逝,时年六十岁。文帝知道这个消息后非常哀伤,传旨厚葬。隋文帝失去这样一个重臣其实也是隋朝的一大损失,因为贺娄子干的一生确实开创了一般人难以企及的业绩。

杨汪有什么才能与政绩

杨汪的家族原本是弘农华阴人,后随其曾祖父迁徙到了河东。杨汪年少时凶悍粗野,好与人斗,但是等他长大后却变得勤勉好学。他精研《左氏传》,通晓《三礼》,所以在他做北周冀王侍读时受到了冀王的重用。后来,他又跟从沈重学习《礼记》,跟从刘臻学习《汉书》,二人称赞他青出于蓝而胜于蓝,因此他的美名在当时也广为流传,不久后升任夏官府都上士。在杨坚当丞相时,他就做到了大夫一职。

杨汪在隋文帝登基后被赐爵平乡县伯,受邑二百户,历任尚书司勋兵部二曹侍郎、秦州总管长史等职,留下了明智干练的名声,因而升任尚书左丞,但因事获罪被免职。后来他又历任荆、洛二州长史。在处理政务之余,他常常招揽门徒讲授学业,被当时的人广为赞扬。

很多年后,文帝让谏议大夫王达推荐一名好的左丞,王达便私下对杨汪说只要以良田为报,他就推荐杨汪做左丞一职。但是他没有想到杨汪居然将这件事上奏给了文帝,王达因此而获罪,而杨汪最终被拜为尚书左丞。杨汪对法令非常地熟悉,他善于分析判决果断,在当时被公认为是一个非常称职的官员。

杨汪在隋炀帝即位后又任大理卿。杨汪任职的第二天,炀帝想要亲自视察囚犯。当时被关押的囚犯有二百多人,杨汪通宵查究审案,清晨上奏,

委曲详尽，无一遗漏或错误，因而得到炀帝的称赞。在一年后，他又被隋炀帝封为国子祭酒。炀帝还命令百官从师学习，与杨汪一起讲谈议论，当时很多文人雅士竟然没有一个人能难倒杨汪。于是，炀帝命令御史把杨汪和百官的问答记录下来，阅读之后他非常高兴，觉得杨汪是一个非常难得的人才，高兴之下还赐给他一匹良马，之后对他更是百般崇敬。

登科平乐舞图

到了杨玄感举兵谋反的时候，时河南赞治（官名）裴弘策出师抵抗，但是大败而归，返回时遇到杨汪，便与杨汪私下秘密交谈。不久，樊子盖杀死了裴弘策，并将弘策与杨汪密谈之事上奏炀帝，炀帝于是开始怀疑杨汪，便将他贬为梁郡通守。后来，李密带领瓦岗军逼近东都，屡次袭击梁郡。于是，杨汪带兵抵抗，多次打败其精锐部队。隋炀帝死后，王世充推举越王杨侗为君主，封杨汪为吏部尚书，非常重用他。王世充篡位后，杨汪仍然被任用。王世充被消灭之后，杨汪也以凶党的罪名被处以死刑。侍奉几代君王的重臣就这样结束了他的一生。

隋文帝悍将史万岁结局如何

隋文帝的重臣史万岁就像汉武帝时的名将李广一样那么有名。李广以击匈奴称雄于汉，史万岁则以败突厥扬名于隋。能与李广相比的人，或许历史上也只有史万岁一人了。那么他究竟有什么样的才能呢？又是怎样一个人呢?

史万岁曾为北周沧州刺史,在他还是少年的时候,就非常地勇猛潇洒,尤其是喜欢骑射,在马上驰骋,就犹如在天上飞翔的鹰一样快捷迅速。史万岁在十五岁的时候,就开始到战场上拼搏厮杀。当时,北周、北齐两军对垒于芒山,史万岁随父居军中,观两军阵势,还没有开战,史万岁就对身边几位亲随说:"周军必败,各自准备

史万岁

逃命吧。"他的父亲史静知道他说出这样的话后非常生气,认为他这是蛊惑军心。但是,果然如史万岁所说,不久周军大败。从此以后,他的父亲就知道自己的儿子料事如神,并不是一般的人了。到了周武帝要攻打齐时,史万岁的父亲战死疆场,史万岁遂以忠臣的后代,得拜开府仪同三司,袭爵太平县公,从此步入仕途,开始了他的戎马一生。

当时,杨坚辅政静帝,并封号隋公,但是不久后便遭逢尉迟迥叛乱。于是调兵遣将,要讨伐他。当时史万岁与梁士彦为一路军,驻扎在冯翊,见有群雁飞来,史万岁就对梁士彦说:"我能一箭射中第三只,你看着!"刚说完,就听到一声弦响,第三只雁中箭落地,围观者非常地惊讶,对他更是佩服万分。

等到与尉迟迥开战的时候,史万岁更是神勇无比,每战都是他先登城,但凡有隋军怯怕的时候,他一定会驰马奋击敌军,鼓舞士气。后来叛军平定,史万岁以其威猛及军功得拜上大将军职,从此,他就开始尽情地发挥他的才能和特长了。

但是,"天有不测风云,人有旦夕祸福"。梁士彦、刘昉以谋逆罪被杀害,史万岁由于曾与梁士彦非常的要好而受到牵连,被免职降罪,发配至敦煌为戍卒。但是,人们也常说"塞翁失马,焉知非福"。史万岁当了戍卒,本以为前途渺茫,谁曾想竟一举成名。这又是因为发生了什么样的事情呢?

原来，当时敦煌的戍卒主非常勇猛，常单骑入突厥营地，掠夺羊马而能安全归来，突厥的士兵都拿他没办法，从此，该戍卒主便非常自大，并经常奚落辱骂曾为大将军的史万岁。"三军可夺帅，匹夫不可夺志"，"士可杀不可辱"，更何况是曾颇有威名的史万岁呢？于是，史万岁便请求给他一次机会。戍卒主答应，结果，史万岁独自一人骑马到了突厥营帐，掠到六畜安然无恙归来，戍卒主对此感到非常震惊，于是对他十分器重，二人还歃血为盟，结伴袭扰突厥，他的名声很快就在北夷传开了。

　　就这样，机会再次降临到了史万岁的头上。有一次，隋文帝派大将窦荣定讨伐突厥，史万岁听说后便亲赴辕门请求效力于国事。对于史万岁的名气，窦将军亦有耳闻，便欣然准许。隋、突两军列阵之后，史万岁又请求自己单骑与对方一将角斗。经对话，双方均同意，结果史万岁顷刻间便取敌方首级回来，不仅令隋军中将士佩服，更使突厥军大惊而退。鉴于史万岁军功卓著，文帝特赦免了他的戍卒身份，并封他为上仪同和车骑将军，从此他的名声也就更大了。

　　之后，被再次重用的史万岁又参加了平陈战役、再战江南的战争，都立下了非常大的军功，又被迁升为上开府和左领军将军。在讨伐南宁叛乱战役中，史万岁还推倒了诸葛武侯所立的"万岁之后，胜我者过此"的纪功碑，行军千余里，击破了三十个部落，俘虏男女两万多人，还刻石歌颂隋朝功德。

　　可以说，史万岁为隋朝立下了赫赫战功，按理说是应该得到皇帝赞赏的，但是他却因为受贿而被蜀王杨秀告发，险些被杀。幸亏尚书左仆射高颎、左卫将军元旻等人向隋文帝进言："史万岁雄略过人，每行兵用师之处，未尝不身先士卒，尤善抚御，将士乐为效力，虽古名将未能过也。"文帝念他的战绩而免其死罪，罢官为民。不久后，由于史万岁的才能，他又被任命为河州刺史，领行军总管，以防御突厥入侵。

　　开皇二十年与突厥的战争中，史万岁再次建功，急驰百余里追击，大败敌军，斩敌首级千余数，深入大漠以北数百里，突厥闻风丧胆。与他同出师的尚书左仆射杨素嫉妒他的军功，遂向文帝进谗言说："突厥原本就已经投降了，并不是故意来侵犯的，只是来塞上放牧罢了。"意思是说，史万岁并没有做什么，就这样，他的功绩被杨素一句话给掩盖了。

　　杨素为了彻底排挤掉史万岁，又借文帝废黜太子杨勇的机会，诬陷史万

岁与太子勾结,结果激怒了隋文帝,竟然不加调查就将史万岁赐死。一代名
将未战死疆场,却丧生于龌龊小人之口舌,真是天下奇冤!

智勇将军韩擒虎

　　隋文帝杨坚之所以能够迅速地统一祖国建立帝业,有赖于手下得力的
干将。在众多将军中,韩擒虎则以智勇双全获得了人们的称道和皇帝的信
任。

　　韩擒虎生得容貌魁伟,
青年时代谋略就已非常人所
比,况且还熟读了诸子百家
诗书。北周太祖听说韩雄的
这个儿子异常聪明,就想亲
自召见,果然像众人说的那
样,太祖大加赞赏。后由于
屡立战功,他从都督一直升
迁到薪义郡公。韩擒虎在任
永州刺史时,南陈派兵进犯
光州。他以行军总管的身份
接受了命令,击退南陈的进

韩擒虎

攻。杨坚做了北周的宰相后,韩擒虎又出任和州刺史。南陈派萧摩诃等将
领多次进犯江北,都被韩擒虎挡了回去。

　　隋朝建立以后,隋文帝杨坚便做好了灭南陈的准备。开皇八年(公元
588年)十月,以晋王杨广为行军统帅,兵分8路,其中以韩擒虎、贺若弼和
杨素所率的3支部队为主力,直取南陈。公元589年正月,南陈后主在宫内
大设宴席庆祝元旦,就连守卫军事要地采石矶的将士们也喝得东倒西歪。
早已做好了渡江准备的韩擒虎,乘机从采石矶偷渡过江,攻占了姑孰(今安
徽当涂南)。一路上,韩擒虎所率的部队纪律严明,秋毫无犯,深受江南人民
的欢迎。隋军一路进军到新林(今南京城南),素闻韩擒虎威信的江南百姓,

纷纷夹道欢迎,积极支持隋军的军事行动,大军得以顺利地攻至建康(南京)城下。守将任忠看到大势已去,便投降了韩擒虎,隋军顺利地从朱雀门进入城内。南陈后主听到城已被攻破的消息后,惊恐万状,就与他的两个宠妃藏在水井中,结果被搜查的隋军发现。起初,士兵向下呼喊,南陈后主不敢应声。隋军故意说要往下投石,吓得后主赶忙答应。当军士用绳子往上拉时,感到异常沉重,等拉上来时才发现还有陈叔宝的两个妃子。南陈后主被带去见韩擒虎时,已吓得浑身瑟瑟发抖,语不成声。

韩擒虎就这样为隋统一祖国,结束分裂和隋王朝的巩固,作出了一定的贡献,成为人们心目中尊敬和赞服的智勇大将之一。

古代建筑家宇文恺

公元 555 年,一个婴儿带着响亮的哭声来到了世上。他的父母虽然已经有了好几个孩子,但对这个孩子却格外喜爱,给他起名宇文恺,视为心肝宝贝。

宇文恺的家庭是当时北周王朝的皇族,他在非常优裕的环境里成长起来。宇文恺的几个哥哥都好武,整天骑马射箭。宇文恺却好文,喜欢读书。每次他的哥哥们来叫他出去骑马,他总是躲在书房里看书,不肯出去。宇文恺特别喜欢读关于建筑的书籍。他对那些雄伟巍峨的宫殿,制作精巧的檐角发生了浓厚的兴趣。稍稍年长一些后,宇文恺常常呆在书房里用小木头拼成宫殿的样式,并乐此不倦。宇文恺的父母很惊奇,没想

宇文恺

到自己的儿子竟对砖木有这样的兴趣。由于家中藏书丰富,宇文恺大量阅读建筑方面的书籍,具备了渊博的建筑知识。

这个时候,北周外戚杨坚的势力越来越大,逐渐掌握朝廷的大权。公元581年,杨坚代周自立,建立了隋朝,定都长安。为了防止北周的旧臣起来反抗,杨坚杀了许多北周皇族姓宇文的人,唯独赦免了宇文恺。因为杨坚很早就知道宇文恺是个不可多得的建筑人才,不忍心杀了他。杨坚让宇文恺建筑宗庙,并任命他当了工部尚书,对他器重有加。

隋朝的都城长安是多年的建都古城。由于时代久远,已经残破不堪。而且随着人口增长,地方也显得狭小,拥挤不堪。城里宫殿、官署、居民区混杂在一起,很是零乱,也不利于统治者防御。隋文帝早就想换个地方了。582年,杨坚下令营造新都,重新建设长安。他任命高颎和宇文恺负责主持这项工程。高颎做总管,宇文恺做副职。由于高颎对建设一窍不通,因此只是个挂名的主官,一切设计、建造都是宇文恺一手操办的。

宇文恺接受任务后,首先对汉朝长安城的周围作了勘察。他觉得新都应该依水而造,而且要处于交通的枢纽。经过认真的考察,他确定原长安城东南一带平原为新城址。这里北临渭水,东依灞河、滻水,西有沣水,南对终南山,水陆交通便利,风景秀丽怡人,是建都的理想地方。宇文恺拟定了详细的规则,绘制了平面设计图样,开始修建。

针对旧城的缺陷,宇文恺精心设计建造。他首先扩大了新都的面积。新长安城的外城南北17里多,东西19里多,城周73里多,面积相当于现在西安城的7倍多,比现在的北京城也大许多。周围城墙环绕,东西南北每面有3座城门,共有12座城门。每座城门开了3个门洞,只有正南中间的明德门特别开了5个门洞来突出它的显要地位。其次,让宫殿、官署、居民区、商业区分别建在不同的区域,以便充分发挥它们的功能。宫殿在全城的最北正中,其中南半部是皇帝处理政务,接见百官的地方,北半部是皇室居住的地方。宫殿城南开5门,正中一门叫承天门,是皇帝宴会群臣或接见外国使者的地方。官署分布在皇城里。皇城南面与宫城东面则是官吏和居民居住的地方,其中东西两面各有一市,是商业区。市里店铺林立,商业繁荣,四方珍奇宝货都荟萃在这里。整个新都街道整齐,南北有大街11条,东西有大街14条,纵横交错,形成了网格布局。宇文恺为了便于官府的管理,将全城分成100多个方块,称为"里"。里内有寺庙、商店、旅馆、酒肆,便利居民们的生活。小一些的里有东西街,开东西两门;大一些的里有十字街,开东西南北4门。到了晚上,里门关闭,十分安全。此外,城内水源丰富,汇聚成许多池塘,作为风景区。由此可以看出,宇文恺不愧是古代出色的建筑家,他考虑到了各个方面,建成了一座井然有序、布局严整的新长安城。

新长安城建成后,宇文恺请隋文帝验收。隋文帝见在几年时间里,一座崭新的城池已经出现在他的眼前,心里非常高兴,连连夸奖宇文恺。

宇文恺是我国历史上著名的城市建设规划与建造设计专家。他建造的长安城,在中国历史上是规模最宏大,规划最严整的都城,在当时的世界上也是独一无二的。

为了满足统治者特别是隋炀帝奢侈腐化的生活欲望,在离宫别墅、陵墓祠宇的设计建造上,宇文恺挖空心思,倾注了大量的心血。公元593年,文帝命令宇文恺修造仁寿宫,仁寿宫的设计建造,极尽奢靡豪华之能事,规模宏大,造型绮丽,耗用了巨大的人力物力,花了两年多时间才完工。

炀帝北巡时,宇文恺特别制作了一个大帐,其中可容纳好几千人。他还别出心裁,精心为炀帝建造了一所观风行殿,这是一座活动的殿堂,下面装有轮轴,转动自如,推移迅速,可以随时安装,随时拆卸,上面能坐几百人,可以说是世界上最早的活动房屋。

宇文恺一生效忠皇室,功成名就,官也做得很大。他给人们留下了许多精美的建筑,可惜他忘了这耗费了大量的民脂民膏,得不偿失。不论怎样,宇文恺是一位出色的建筑工艺家。

李春和赵州桥

河北赵县的洨河上,有一座雄伟坚固的大石拱桥,名叫安济桥,又称赵州桥。赵州桥在隋朝时候建成,距离现在已经1300多年了,可是,这座桥仍然横跨在洨河上。桥边的草绿了又黄,黄了又绿,也不知道经历了多少次风雨的洗刷。这座桥和野草一样,有着强大的生命力。它虽然经历了长年冰雪风霜的侵蚀,以及8次以上强烈地震的袭击,至今尚存,仍旧能承受车辆通行,不能不说是世界桥梁史上的一个奇迹。创造这个奇迹的人,就是隋朝的李春。

李春是一位普遍石匠。那时候，洨河上没有桥，人们来往很不方便，迫切需要修造一座桥。谁来负责修桥呢？大家都想到了李春。李春也不推辞，一口答应下来。

赵州桥

李春和其他工匠经过周密考察，并认真总结了前人的修桥经验，从实际出发，大胆创新，决定采用单孔长跨度大石拱型式，在河心不立桥墩。大家听了之后，都表示怀疑，说，自古以来，要修这样长的桥都是修造很多个孔来减缓坡度，也便于修建。何况，修桥哪有不修桥墩的？万一桥修好后支持不住重量倒塌下来，闹出人命来可不是好玩的。有些人也不听李春解释，当下就指责李春不负责任，要把李春换掉。李春也不动怒，他对大家说，这座桥没有桥墩并不意味着不安全。其实桥墩修多了，坏处不少。稍大一些的船就不容易通过；一发洪水也不容易泄洪。而且，桥墩长期在水中受侵蚀冲击，很容易倒塌，那样才更危险呢。其他工匠也支持李春，大家觉得有理。那些指责李春的人也就不再说话了。

修桥开始了。李春早已经丈量了洨河宽度，大约 37 米宽。他算了算，要是这座桥修成常见的半圆形（这种半圆拱一般高度是跨度的一半），那桥拱顶将高达 18 米以上。行人、车马过桥，就要像翻一座小山那样不方便。到时候，就不是走路而是翻山了。李春经过深入思考，决定改用平拱的方式，把桥造成扁圆的新月形，不仅降低了石拱的高度，而且在外形上也美观。同时，也节省了石料，减轻桥自身的重量，使桥身更加坚固。

李春选定洨河河床的粗砂层作为桥的天然地基。当然，仅有这些粗砂层远远不能承受石桥的重量。李春让工匠们在砂层上面覆压了 5 层石板作为桥台，拱石就砌在桥台上面。大桥自建成到现在，桥基仅下沉了 5 厘米。据近代测算，这座桥对地面的压力是 5—6 公斤/厘米^2，而一般粗砂地基的承受力是 4.5—6.5 公斤/厘米^2，证明这里的天然地基恰好能承受桥的重量。

1300 多年前的李春能计算得如此精确,令人叹服。

针对夏秋两季山洪暴发时河水猛涨的特点,李春在大拱券的上面安置了两个小拱。这样一来,既增加了泄洪能力,减轻了桥身所承受的压力,也节约了大量石料,而且使桥显得均衡对称,更加美观。

大家看了这些,都觉得李春想得很周到,也相信这座桥一定会修得很坚固。

李春并不满足,他想,桥最重要的是修,怎么才能把这座桥修好呢。照老办法修,太慢,也费力费料。他思考了很久,又实地进行了测量,决定顺着跨度方向来修桥。整座桥用 28 道独立的拱券并列组合起来。各道拱券单独砌置,每道拱券都能各自独立承担荷载,这样既少工省料,又便于修理。在修造过程中,李春还发明了"腰铁""铁拉杆"等技术,加强并列的石拱券的横向连结。

桥终于修好了。赵州的百姓扶老携幼,都来看桥。他们远远望见跨在洨河上的石拱桥,都说桥的形状像一道彩虹,也像一弯新月。等他们到了近前,发现桥的栏板和望柱上雕刻着许多形态逼真的龙兽。这些龙兽有的盘绕,有的跳跃,有的蹲坐,有的张目凝视,有的欢呼吞吐,个个都像活的一样。大家都夸赞李春,以前指责过李春的人也赞不绝口。

李春也很高兴,觉得自己为大家作了一件事。他可能没有想到,这座普通的石桥竟存在了 1300 多年。他自己也和赵州桥一起被后人所记取。

奇才薛道衡

番州刺史薛道衡奉旨回到洛阳。隋炀帝打算让他担任秘书监的要职。

可薛道衡一见隋炀帝就上了长达 2500 多字的《高祖文皇帝颂》。对已经逝世的隋文帝表示哀悼。字句经过千锤百炼,句句精当,字字在理。料想作为隋文帝的儿子的隋炀帝一定会高兴,满意对他父亲的赞扬。

可谁想,隋炀帝大发雷霆,视薛道衡大逆不道,写《高祖文皇帝颂》分明用意是和《诗经》中的《鱼藻》一样,对先帝大加赞颂,以讽刺自己的劳民伤财。

因此,秘书监就做不成了,隋炀帝就任他为司隶大夫,负责巡察各地。以便找出些茬子,把薛道衡整治一番。

这薛道衡是河东汾阳(今山西河津西南)人,少年时即才华横溢,任北齐散骑常侍,经常接待外宾。

有一次,南陈的傅缚出使北齐和薛道衡交谈,傅缚7岁便能背诵数10万字的诗赋,是一个稀有的天才。他一口气写出了一首50个韵的诗,送给薛道衡。

薛道衡

薛道衡也不示弱,当即作诗酬答。傅缚看了惊讶不已。两人的诗都被南北相互传诵,有人赞扬薛道衡的诗说,傅缚写诗不过是以蚯蚓投给大鱼罢了。

隋文帝初年派薛道衡出使南陈,他年前动身到南陈刚好是正月初。古称正月初七为"人日"。那天,南陈官员要薛道衡作诗。薛道衡随口吟道:"入春才七日,离家已两年。"听到的官员说,话说得不错,离家7天确实可以算作两年,但这两句平平,岂能算作诗?"只见薛道衡不慌不忙又接着吟道:"人归落雁后,思发在花前。"这两句抒发自己思归的心情发生在百花开放之前,但是预定的归期将要在燕子飞返北方之后了。这两句与前两句紧密相连,诗味盎然,情含意蕴,听者莫不叫好。道:"名下固无虚士。"

薛道衡在建康游玩,到了一座佛寺前,只听见佛堂上一个和尚高念《法华经》:"鸠槃荼鬼,今在门外。"薛道衡立即用《法华经》中的一句答道:"毗舍阇鬼,乃在其中。"僧徒虽受到不留情的反击,但心中却对他的才思敏捷佩服得五体投地。

正巧,在这个时候,朝廷议论一项新法令,群臣争执了好久,也没有定论。薛道衡当着众人的面发牢骚:"要是高颍不死,这项法律早就实施了。"

中华宫廷秘史

高颎是隋炀帝以诽谤朝廷之罪处死的。隋炀帝闻知后大怒:"你对目无朝廷的高颎这么想念吗?"于是将他囚禁起来。

薛道衡坐在监牢里,自认没有什么重大过错,就写了奏本要求早日判决,梦想奏本送上去,隋炀帝一定会赦他无罪释放,因此同时命家人准备酒席,接待祝贺宾客。

谁知,御史大夫裴蕴知道隋炀帝的心思,便上奏本曰:"薛道衡恃才傲物,依凭先帝恩典,有无君之心,每见诏书下达,便恶意私下议论,短处都推给国家,唯恐天下不乱。要判其罪名,似乎隐晦难定,但追其本意,实在是大逆不道。"

隋炀帝看后大喜,叫来裴蕴说:"你讲得很对。我年幼时曾和这个人相处过,他欺我童稚无知而专擅权威。我即位后,他自知有罪,内心惴惴不安,幸好天下无事,所以不能造反。你说他大逆不道,简直说到他的骨子里去了。"

正当薛道衡兴冲冲等待圣旨的时候,突然奏折批下来指责薛道衡大逆不道,勒令自尽。

年已70岁的薛道衡老泪纵横,他怎么也没想到他会被定为叛逆而处死。

监刑者见他迟迟不肯动手,就飞报给隋炀帝。随后,如狼似虎的刽子手赶来,用绳子活活将薛道衡勒死了。

老百姓听到这么一个大才子竟然如此冤枉地被处死,无不为之惋惜,不禁又吟起他的名句:"暗牖悬蛛网,空梁落燕泥。"

隋炀帝得知,便冷笑着道:"看他小子还能不能写出'空梁落燕泥'的诗句来。"

李密亲手毁瓦岗

正当农民起义军节节胜利的时候,其中力量最强大的瓦岗军却发生了分裂和内讧。这里面的导火索就是李密的个人野心。

李密原来是隋朝的大官。可是在昏庸的隋炀帝统治下,李密被逼得走

投无路,只得投靠了瓦岗军,摇身一变成为了瓦岗军的首领。有了个容身之所后,李密不甘心长期受翟让的节制,处心积虑地想谋取大权,利用农民军重新获得富贵。他看到翟让对军师贾雄言听计从,十分信任,就刻意拉拢贾雄,对他嘘寒问暖,显得十分谦恭有礼,把个贾雄哄得不知道东西南北了。一天,翟让对贾雄说:"李密要我立即出兵灭隋,自立为王。你看怎样?"贾雄说:"依我

李密

之见,您自己称王,未必能成功,如果立李密为王,则灭隋指日可待。"翟让说:"既然蒲山公(李密父亲曾被封为蒲山公,所以人们也称李密为蒲山公)可以自己称王,何必又投靠我翟让呢?"贾雄笑了笑说:"凡事都互相依靠。您姓翟,翟就是泽,就是汪洋大水。李密这根'蒲'如果不依靠大泽,就无法生存,所以他必须投奔您。"贾雄的一番话已经暴露了李密的野心,可惜没有引起翟让的足够警惕和防范。

后来,李密逐渐取得了瓦岗军的领导权。他重用隋朝降将,把他们笼络在自己周围,形成了一个小圈子。这样一来,瓦岗军分成了两派:一派以翟让为首,主要是瓦岗军的旧部;一派以李密为首,主要是隋朝的降将。两派之间产生了尖锐的矛盾。翟让无力解决这些矛盾,使李密有了可乘之机。

而且,翟让出身草莽,性情粗暴,有些贪财。崔世枢刚刚投降李密的时候,翟让把他关在自己的住处,严刑拷打,逼崔世枢交出金银珠宝。还有一次,翟让叫元帅府官员邢文期下楼,邢文期来得慢了一些,翟让不由分说,大骂他目中无人,打了他一棍子。这样,翟让得罪了不少人。李密手下的文臣武将纷纷劝他及早除掉翟让。

房彦藻和郑颋曾受过翟让的训斥,心中对他怀有怨恨。这两个家伙偷偷地找到李密,挑拨他和翟让的关系。房彦说:"我上次攻破汝南县城,翟司徒对我说:'你得到的珠宝为什么只给魏公,不给我? 要知道,李密这个魏公还是我立的。今后怎样,还不是我一句话!'"郑颋在旁边火上加油地说:"这

话里可有文章。您瞧翟让把您看成什么呢？您可得及早打算。"其实，李密早已拿定了主意，但他怕人议论，就假惺惺地说："如今正是争夺天下之时，怎可互相残杀，做让亲者痛，仇者快的愚事呢？"郑颐说："成大事不拘小节。您要是动手晚了，遭殃的可能就是您呢。"这番话正说到李密心坎里去了，他嘴上没说什么，心里已经开始在筹划这件事了。

　　不久，李密得到消息，说翟让部将王儒信劝翟让夺了李密的兵权，以免李密拥兵自重；翟让的哥哥翟弘也劝翟让及早称帝。李密感到再不动手，自己恐怕死无葬身之地了。

　　公元617年11月，李密在行军元帅府设宴，邀请翟让参加。翟让带着翟弘、徐世勣、单雄信等人一同赴宴。刚刚坐定，李密对他手下的将官说："今天是我和翟司徒喝酒，你们都下去吧。"李密又对翟让的卫士说："你们也都下去喝酒吧。"翟让不疑有他，对卫士说："元帅赏酒给你们，你们也下去吧。"于是，只剩下李密的卫士蔡建德抱刀立在一边。酒过三巡，李密让人拿出一张弓来，说是从隋军那儿缴获来的宝弓，请翟让鉴赏一下。翟让本是百发百中的射手，见到好弓，分外高兴，随手接过弓来。突然蔡建德举刀照着翟让的脑袋猛砍下来。翟让大叫一声，倒了下去。徐世勣见势不妙，拔腿就跑，被门外的卫士砍伤。单雄信吓得跪在地上，请李密饶命。在场的人一片惊慌，李密大声说："我们寄身山泽，同甘共苦，原是为推翻隋朝，共享荣华富贵。可是翟让专横跋扈，肆意侮辱各位将领，更不把我放在眼里。为反隋大业计，我只有把他杀了，与各位无关。"说完，李密让人把徐世勣扶到床上，自己亲自给他上药，好言劝慰。为了稳定翟让的部下，李密派徐世勣、单雄信、王伯当分别统率翟让的旧部，这才没出大的乱子。可是自此以后，瓦岗军内部互相猜忌，已经潜伏着失败的阴影了。

　　不久，李密率军围攻东都。刚刚自立为帝的越王杨侗诱降李密，想利用农民起义军来攻打宇文化及，自己则来个"鹬蚌相争，渔翁得利"。李密见久攻不下，就接受了隋朝的招降。童山一役中，瓦岗军和宇文化及的军队展开了激烈的拼杀。在战斗中，李密中箭落马。幸亏大将秦叔宝奋力拼杀，才保李密脱离了险境。经此一役，瓦岗军损失惨重。

　　这个时候，王世充在洛阳发动了兵变，推翻了杨侗，自立为王。这个人多次被瓦岗军打败，吃尽了苦头，也恨透了瓦岗军。他乘瓦岗军兵力削弱之机,向瓦岗军发动了进攻。李密骄傲轻敌,被王世充打败。李密左奔右突,最后带着两万多人,投降了唐朝,瓦岗军失败了。

李渊封他为光禄寺卿,邢国公。李密安分了一阵子,藉口去山东招抚旧部而离开长安,企图东山再起,被唐军伏击而死。

河北义军首领窦建德

隋朝末年,隋炀帝杨广昏庸腐败。他3次巡游江都,又3次发动了对高丽的战争,弄得民不聊生,哀鸿遍野。老百姓再也活不下去了,纷纷起义反隋。河北起义军的首领窦建德就是其中的一位。

窦建德

窦建德祖籍清河漳南(今山东武城东北),他家世代务农。窦建德年轻时就很有胆略,武艺超绝,又时常救济穷人,很得乡亲们的敬重。公元611年,山东大水成灾。窦建德的好友孙安祖的妻子饿死,官府还强迫他当兵去打高丽。孙安祖忍无可忍,杀了县令,藏匿在窦建德家中。窦建德见人心思反,劝说孙安祖聚众起事。他说,高鸡泊(今山东平原县恩城西北)方圆数百

里,蒲草深密,正可以在那里聚集人马,观察形势,等待时机。不久,窦建德组织了一支数百人的武装。官府发现窦建德跟叛军有瓜葛,就杀了他的全家。窦建德带领200名士兵,投靠了高士达的起义军。

由于窦建德声望很高,附近的农民都前来归附他,他的队伍也日益壮大。

公元616年,窦建德统率7000精兵,用伪降和偷袭的办法,击败了隋涿郡太守郭绚的军队,杀死郭绚,威震山东。隋王朝又派太仆卿杨义臣进剿。高士达不听窦建德的劝告,与隋军硬拼死打,损失惨重,自己也死在战场上。窦建德带着100多号骑兵重整旗鼓,接连打了几个胜利,攻占了河北的许多地方,队伍也迅速扩大到10万余人。窦建德不久称长乐王,设置百官分治郡县。

隋炀帝岂容窦建德称王,很快又派大将薛世雄攻打窦建德。窦建德镇定自若,一面选数千精兵埋藏于河间南面的大泽中,一面又让驻守各城的义军离去,声言要撤到豆子航去,用来迷惑薛世雄。黎明时分,窦建德亲率1000精兵赶至隋军营地。此时大雾弥漫,窦建德率军突入隋营,隋军措手不及,自相践踏而死者多达1万。薛世雄仅带数十号骑兵逃回涿郡,不久病死。河间一役,窦建德消灭了隋王朝在河北的军事主力。窦建德乘胜追击,攻下了河北的大部分郡县。公元618年11月,窦建德改国号为"夏",自称夏王。

窦建德自奉甚俭,平时只吃小米饭,他的妻子也不穿绫罗绸缎。每次打了胜利,所得的财物,都分给部下将士,与士卒同甘共苦,深得士卒的爱戴。他约束军队不准扰民,纪律很好,"兵所加而胜,令所到而服"。

隋朝的统治已是摇摇欲坠,推翻杨广指日可待。窦建德却逆时而动,抛弃了自己原先反隋的主张,反而转化到封建的正统观上来。隋炀帝被宇文化及杀死后,窦建德遣使吊丧。后来,他打败了宇文化及,攻破了聊城,首先去谒见萧皇后,"语皆称臣",甚至穿着素服为隋炀帝尽哀。对于那些拥隋的官吏士人,他都一律视之为"义士""忠良",备加礼遇。隋河间丞王琮长期顽抗义军,使义军蒙受重大损失,俘虏王琮后,诸将"请烹之",窦建德不准,反严令诸将"敢妄动者夷三族",并授王琮为瀛洲刺史。隋滑州刺史王轨的奴仆杀了王轨,献头给窦建德,窦建德认为"奴杀主,大逆",竟斩了王轨的奴

宇文化及

仆,把王轨的头送还滑州。窦建德背离了他所创立的农民起义军,和腐朽不堪的隋王朝越走越近。他仿效皇帝的式样,建起了天子旌旗,出入宫廷都有禁卫仪仗开道,摆出了帝王的排场。

　　此时,李渊已在太原建立了唐朝,准备一统天下。公元 620 年,李渊派大军进逼洛阳,隋朝守将王世充抵挡不住,求救于窦建德。窦建德于次年 3月,率 10 万大军,号称 20 万,驰援王世充,驻扎在河南成皋(今河南荥阳汜水镇)。李渊派他的儿子李世民率军阻击,进驻武牢(今河南荥阳西),双方僵持月余。窦建德为了打破唐军的围困,几次出战,都吃了败仗,伤亡惨重,军心也开始动荡。面对如此危急的形势,部将凌敬建议北攻河东以威胁关中。窦建德不听,认为这是"书生之见",决心同唐军决一死战。5 月,窦建德挥兵牛口(今荥阳市北)军营连绵 20 里。窦建德力求速战速胜,几次骂阵,唐军都按兵不动。如此几回,窦军也懈怠下来。李世民见时机已到,指挥唐军突然发起攻击。窦军仓猝应战,很快就被击溃。窦建德在战斗中中槊受伤,在左右的奋力护送下,逃到了牛口渚(今河南荥阳西北)。唐军紧追不舍,终于被执,被解往长安。7 月,窦建德在长安被杀害。

窦建德牺牲后,河北人民一直都很怀念他,为他建碑立祠。在河北大名建有"窦建德庙",临城县西北 25 里牛谷口有"窦王庙",在保定西南 20 里有传说中的"窦建德墓"。尽管窦建德后来背离农民起义事业,但他在纷乱之时揭竿而起,振臂高呼,从者云集,沉重打击了隋王朝的统治,加速了它的灭亡,是有历史功绩的。

隋宫秘史

中华宫廷秘史

唐宫秘史

孙桂辉⊙主编

线装书局

第一章　大唐帝王篇

唐朝作为我国封建社会的鼎盛时期,与唐高祖李渊、唐太宗李世民、女皇武则天以及唐玄宗李隆基这些胸怀大略的政治家的贤明统治是分不开的,但是唐朝几百年的历史却化为灰烬,也给我们留下了一些遗憾。那么,这些皇帝背后又有着哪些不为人知的秘密呢?以往历史上对他们的评价又是否真的客观公正呢?

李渊得天下之谜

大唐朝开国皇帝李渊原是隋朝的唐国公、岐州的刺史,大家都知道他是位仗义疏财、勇猛善战的英雄,但却很少有人知道李渊能取代杨氏统治天下,他那位德才兼备、出类拔萃、全力辅佐丈夫的妻子窦氏功不可没。

李渊的妻子是京兆平陵人窦氏,父亲窦毅在后周任上柱国,娶后周武帝的姐姐襄阳公主。入隋后,窦毅为定州总管、神武公。据说窦氏刚出生的时候头发长过脖颈,三岁时竟然和身高相等。窦氏渐渐长大,读书识字,爱读《女诫》《烈女传》等,并且过目不忘。周武帝见她相貌奇异、天资聪颖,十分喜爱,便把她留在宫中养育,在所有外甥中最疼爱她。

窦氏十分机敏,常有过人的见地,还极重亲情。武帝的皇后是突厥可汗的女儿,因为不受宠一直没有孩子。一天,窦氏偷偷地对武帝说:"四周边境还不安宁,突厥的力量又很强大,希望皇上克一己之私情,以天下百姓为念,对皇后多加慰藉。只要有突厥的帮助,江南和关中地区就不足为患了。"这些话出自一个少女之口让周武帝非常惊讶,他采纳了窦氏的意见。

唐高祖李渊

周武帝死后,杨坚通过禅让登上了皇帝的宝座。听到这个消息后,窦氏扑在床上,一边哭一边说:"真恨我不是个男儿,不能帮助舅舅家摆脱危难。"窦毅和长公主听到后吓得急忙捂住她的嘴说:"千万不要胡说,传出去是要灭门的。"

杨坚既已即位,大局已定,群雄一一翦灭,四海臣服。在这种情形下,窦氏一个窈窕弱女又能如何呢?窦氏到了出阁的年龄,求婚者络绎不绝。窦毅对长公主说:"我们的女儿才貌出众,非常人可比,不能轻易许人,一定要为她找个贤德的夫君。"

于是,窦毅和长公主商定,在自家的大门上画二只孔雀,凡来求婚者必须射两箭。夫妇俩暗自约定,只有射中孔雀眼睛的人才配得上他们的女儿。一会儿功夫,竟有几十人前来射孔雀。但是,他们不是把箭射到孔雀尾巴上,就是把箭射到了其他的地方。许多天过去了,竟没有一个人射中。一天,窦家门前来了一个身材魁梧的年轻人,他不慌不忙,慢慢拉开弓,只听嗖——嗖——两声,两只箭正中孔雀两眼。窦毅夫妇高兴极了,就把女儿嫁给了他。这个箭术高超的青年就是后来的唐朝开国皇帝唐高祖李渊,当时他是隋朝的唐国公、岐州刺史。

窦氏天资聪颖,很有才气,她还工于篇章规诫,文有雅体,善于书法,模仿李渊的字迹几可乱真,一般人很难分辨。

窦氏的政治见识在嫁给李渊以后又一次得以验证和发挥。她尽心尽力辅佐丈夫,每遇丈夫有难解之事总能一语见地,提出意见。大业年间,李渊做了扶风太守，家中养有几匹骏马。一天，窦氏对李渊说："当今皇上（指隋炀帝）又爱鹰又喜马，这您是知道的。这几匹宝马应当进献皇上，不要久留在您这里。否则，万一有人告诉皇上，您一定会受到牵累，请您仔细想一想。"李渊听后半晌无语，由于实在舍不得，还是没有采纳窦氏的意见。不久，李渊果然受到了隋炀帝的责难，很长时间没有得到提拔。

窦氏替李渊生下四个儿子，长子建成，次子世民，三子元霸，四子元吉。大业八年（612年）夏天，窦氏病死在涿郡，只活了四十五岁，李渊非常悲痛。一天夜里，天气酷热，李渊觉得很烦躁，躺在床上怎么也睡不着，往日和窦氏一起生活的情景一幕幕浮现在脑海中，特别是当年窦氏劝他进献宝马的情景格外清晰。李渊反复追思窦氏的劝告，猛然醒悟。从这以后，为了保全自己，李渊多次购买名鹰好马进献隋炀帝，从而得到了隋炀帝的称赞，不久就被提拔为将军。李渊一边落泪一边对他的孩子们说："如果早听从你们母亲的话，这个官我早当上了。"

窦氏在生下的四个儿子中最宠爱的便是次子李世民，史书中常说"后于诸子中爱视最笃"。后来，李世民当上皇帝后，有一次路过庆善宫，睹物思人，想起了母亲窦氏，回忆起当年母亲对自己的恩德疼爱，不觉悲恸号哭，旁边的随从也跟着流涕。还有一次，李世民游幸九成宫，梦中看见母亲和活着时一样。梦醒以后，李世民不知不觉潜然泪下。第二天，李世民便下诏有司开仓赈济贫瘠地区的百姓，以报答母亲的恩情。

窦氏虽然没能亲眼见到李渊登上皇帝的宝座，但是，李渊最终能成为皇帝实在是有赖于窦氏的启示啊。窦氏死后最初埋在寿安陵，贞观九年（635年），唐高祖李渊死后和李渊一起埋在献陵。公元674年，唐高宗李治上窦氏尊号为太穆顺圣皇后。

李渊为何不与反隋势力联合

很多想篡夺皇位的人，大多数都使用各种方法来扩展自己的势力，如遇其他想谋反的力量，更会抓住这个绝好的机会与之联合。面对也企图谋反隋炀帝杨广的其他势力，李渊非但没有跟他们搞联合，甚至还将其铲除。那么他这种反常的做法究竟有什么样的意义和目的呢？

李渊的祖父叫李虎，是后魏左仆射，封陇西郡公，官至太尉，成为著名的八柱国之一，他的地位在后魏非常的尊贵，所以在他死后还被追封唐国公。李渊的父亲是李昞，李虎死后他袭封唐国公的位置，北周时任安州总管、柱国大将军。公元566年，李渊出生于长安，不久由于祖父和父亲的地位，也世袭为唐国公。

隋朝初年，李渊被任命为荥阳、楼烦二郡太守，很快还被任命为殿内少监。公元613年，升为卫尉少卿。就在这一年，隋炀帝杨广不顾大臣的极力反对，发动了侵略高丽的战争，李渊便受命在怀远镇负责督运粮草。而此时的李渊早就有了反隋的念头。

当时，大贵族杨玄感便乘机利用隋炀帝不得民心，引起人们不满情绪的机会，想起兵反隋。这对于同样想谋求反隋的李渊来说可以说是一个绝好的机会，他原本可以借机与杨玄感进行联合，壮大自己的势力。

可是，他并不是像我们想象的那样去做了，而让人更为纳闷的是，他知道杨玄感要谋反后就立即飞书把此事奏闻了杨广。杨广知道后大为震惊，对李渊更加重视和信任，于是他便命李渊镇守弘化郡（今甘肃庆阳县）兼知关右诸军事，以备抵御杨玄感。杨玄感寡不敌众兵败如山倒，李渊留守如故。在这期间，李渊就很好地利用这个机会广树恩德，并招揽了很多优秀的人才。

公元617年，李渊再次被任命担任太原留守。太原是军事重镇，不仅兵源充沛，而且饷粮丰厚，军粮可供十年之用，因此得到这个宝地李渊十分高兴，意欲在太原发展自己的势力，以图大举消灭隋朝。

李渊刚到太原的时候，有"历山飞"农民起义军结营于太原之南，上党、西河、京都道路都被断绝。尽管是这样，李渊也没有与之联合，而是再次出兵击败义军，从而巩固了自己在太原的统治地位。

之后，随着李渊的势力的壮大，晋阳一带的官僚、地主、豪绅也纷纷投靠李渊。李渊又命次子李世民在晋阳密招豪杰，倾财赈施，广纳贤才。另外，他还让自己的长子李建成在河东暗中交结英俊，发展势力，而此时的杨广又远在江都，沉湎酒色，鞭长莫及。就这样，李渊得到了一个绝好的地方太原，而且势力在一天天壮大，对于他来说他就可以韬光养晦等待时机了。

李渊宠信什么样的大臣

公元618年，李渊即皇帝位后，任命的行政班子都是最信得过的人：他的密友；太原起事和攻占隋都中的他的老臣宿卫；他的亲朋故旧。高祖李渊的十二名宰相中，八人都同隋室或唐室有姻亲关系。高祖的很多最高层文武官员都是他的太原军事幕僚中的旧部。事实上，唐高祖的中央高级官员不外乎由三种人组成：隋朝的旧官吏，有老经验；北周、北齐或隋代官吏的子孙；以前各朝代皇室的遗裔。其中大多数人的出身与唐王朝创建者相同。

勿庸置疑，高祖的朝臣中最有权势的人物是裴寂（589~628年）。裴寂是北周贵族后裔，祖父是北周大夫，父亲裴孝瑜是北周绛州刺史、仪同大将军，相当于唐朝的从一品。裴寂幼孤，被其兄抚养长大。他在隋炀帝手下任过许多职务，最后做了晋阳宫副监，唐高祖便是在这里起事的。裴寂在唐王朝建立的最初阶段中提供了宝贵的帮助，他所得的酬劳也非常可观。高祖登基以后，他被任命为右仆射，知政事，终高祖统治之世未尝去职。裴寂没有什么将才，在战争中经常吃大败仗。不过，高祖厚待裴寂，视他为个人至交，经常给予各种赏赐，甚至在视朝时引与同坐。这种个人联系又因高祖第六子娶裴寂之女而更加牢固。

朝中另一位大权势人物是萧瑀（575~648年），字时文，其祖父是后梁宣帝。他是后梁明帝之子、隋炀帝皇后之弟，在隋代历任很多官职。隋朝末年，萧瑀任职于西北诸州镇，曾在此地抗击过甘肃叛乱者薛举。萧瑀自幼以孝行闻名天下，善学能书，骨鲠正直，深精佛理。萧瑀在隋朝年纪轻轻就已做到银青光禄大夫，参决要务，但后来由于屡屡上谏忤旨，被隋炀帝疏斥。特别是萧瑀谏炀帝舍高丽而防突厥，引起皇帝震怒，贬他为河池郡守。

高祖攻取隋都以后，萧瑀纳土来降，从公元618年至623年，他先做内书令，而后又与裴寂同为尚书省仆射。萧瑀是一个忠心耿耿的行政官员，对同僚持严厉批评态度，总是苛求于人，被许多朝臣厌恶和惮服。唐高祖很器重萧瑀，刚刚进京定位，就遣书招致，授光禄大夫，封宋国公，拜民部尚书。李渊之所以这么亲重他，一则萧瑀为人正直，二则累世金枝金叶，三则他又

唐宫秘史

是皇后独孤家族的女婿。因此,李渊把他看成心腹,每次临朝听政,都赐萧瑀升御榻而立,亲切地呼之为"萧郎"。唐朝革创,萧瑀最熟识国典朝仪,他又孜孜自勉,留心政事,深得李渊信任。

第三位大臣是命运不济的刘文静(568~619 年),他是太原起事的坚决支持者和定策人之一。在唐高祖第一次组织政府时,他任门下省纳言和宰相。可是,在公元 618~619 年的多次战役中,刘文静证明自己善于带兵,他和裴寂之间产生了个人恩怨。唐高祖认为这是对政权的不忠,他采纳了裴寂之言,刘文静在公元 619 年阴历九月被处决,这一事件几乎从最初起就是因为李渊偏听偏信了不实之词,对恩信诸臣没有一碗水端平。

陈叔达(635 年卒),本是南朝陈宣帝(569~582 年在位)第十六子,在隋炀帝时曾任门下省给事中,后被外放。在唐军进攻隋都时他参加了唐军,成为唐高祖的幕宾。从公元 619 至 626 年,他历任门下省纳言和宰相之职;虽然对他的政治作用不太清楚,但显然这是高祖推行政策的一个例子,即他要在最高层职位上尽量容纳各主要地区的代表性人物。

唐高祖的最后一位主要顾问是封伦(封德彝)(568~627 年)。封伦是隋朝一个刺史之子,也是北齐显宦的后代。他是河北地区的东北部人,他在隋文帝末年拜在杨素门下,杨素委他为内史舍人。到了炀帝时代,他结纳虞世基,隋炀帝游幸南方,变成了宇文化及弑君的党羽。宇文化及任命他为自己政权的纳言。宇文化及败在李密手下时,他和宇文化及之弟宇文士及逃往长安,投降了唐军。虽然唐高祖最初对他怀有敌意,但封伦以"密计"赢得欢心,被任命为中书侍郎。后来,他还升任中书令带宰相衔。从公元 621 年到 623 年,他当上了民部尚书。封伦后来还当了唐太宗对王世充作战的顾问,在此以后他表面上继续支持太宗。但他完全是个投机分子,因为在争嫡的斗争中他又秘密地帮助过唐太宗的敌手,但无人知晓此事,直到他在公元 627 年死后才露了马脚。他把此事瞒得密不透风,甚至唐太宗在即位以后还任命他为右仆射(626~627 年)。尽管封伦被历史学家诟病,把他与魏征等大臣相比时对他大加贬抑,但他显然有才干,在投唐以前就有了长期在政府当顾问和在决策机构中工作的经验,他在民部尚书任内的作为还颇得当时人士的赞誉。

以上就是唐高祖的主要大臣。他们大多数人都与唐皇室出身相类似。

大多数人都在高位,其余人中的大多数之父与祖,或者在隋朝做官,或者在隋朝以前的朝代做官;只有四个人的先世曾给南朝效劳。后来唐太宗皇室的近侍集团也大致是这个比例。唐王朝以这种方式组成的官僚体制,是它力量的源泉。它的成员们绝大多数都有从政经验。大部分高级官员都与皇室有关系,这有助于加强唐工朝的统治,能消除全国不同人士的疑虑,从而促进国家的统一。

李渊对"贞观之治"的贡献

历史上对"贞观之治"津津乐道,然而唐高祖在政治制度、赋役制度、军事制度、选官制度、法律制度以及文化方面都给唐太宗开创了新局面,"贞观之治"的取得不应该忽视李渊的重要作用。

政治体制方面,李渊在继承了隋朝制度上,又有一些发展。

唐朝中央建立的政治制度概括地说是三省六部二十四司。三省是尚书省、中书省和门下省。尚书省掌管全国政令,是命令的执行机关。下属共有六部,即吏、户、礼、兵、刑、工,每部又分四司来作为办事机关。吏部掌管官吏的选用、考核与奖惩;户部掌户籍和赋税;吏部掌礼仪和科举;兵部掌军事;刑部掌刑狱;工部掌土木工程。中书省负责皇帝诏书的起草,是决策机关;门下省则审核中书省起草的诏书,不合适的驳回修改;监察机关是御史台,职责是监督、弹劾文武百官。

地方政权机构基本是两级,即州和县。长官分别是刺史和县令。刺史每年要巡查各县,考核官员政绩,还负责举荐人才。县要负责一县的各种事务,官很小,却是最繁忙的官员。县以下是乡、里,现在的"邻里"一词便与此有关。

唐朝主要赋役制度是均田制和租佣调制。

均田制:丁男和十八岁以上中男授田一顷,包括口分田八十亩,永业田二十亩。老男(60岁以上)、笃疾、废疾的人授口分田四十亩,寡妻妾授口分田三十亩。对于贵族田地也有限制:从亲王到公侯伯子男,授田数从一百顷降至五顷。在职的官员从一品到八九品,授田数从三十顷到二顷。此外,各

级官员还有职分田,用地租补充,作为俸禄的一部分。

均田制对土地的买卖做了限制,官僚和贵族的永业田和赐田可以买卖,百姓在贫穷无法办理丧事时可以卖永业田,从狭乡(即人多地少)往宽乡(人少地多)搬迁时也可以出卖永业田。实施均田制之后,又实行了租佣调制:受田的农民,每丁每年要交粟二石,这是租。每年交绢二丈、绵三两,或者交布二丈五尺,麻三斤,这是调。每丁每年服役二十天,不服役可以折算为每天绢三尺(布三尺七寸五),这是庸。假如官府额外加了役期,加够十五天则免调,加三十天免租调。每年的加役最多三十天。唐朝的租佣调制与隋朝相比,用庸代替服役的条件放宽了很多,更有利于农民从事农业生产。

唐朝进一步完善了隋朝创立的科举制度。参加考试的一是国子监所属学校的学生,叫"生徒",一是各地的私学中通过州县保举的学生,叫"乡贡",就是地方向国家推荐、"进贡"人才。

科举分为两种,一是常举,二是制举。常举每年定期举行,制举则由皇帝临时进行,亲自主持,考试科目也临时确定,时间和录取人数不定,没有常举那么受重视。

常举的考试科目主要有秀才、进士、明经、明法、明算。进士和明经最受欢迎,因为这是做官的重要途径。明经科考帖经、经义、时务策,以帖经为重,其实就是考死记硬背。进士一科主要考诗词和歌赋,还有时务策,这科很难考。故中明经较易,中进士较难。录取比例为,明经约为 $1/10 \sim 2/10$,进士则为 $1\% \sim 2\%$,当时有"三十老明经,五十少进士"的说法。

在法制方面,隋朝末年,隋炀帝随意破坏法制,致使用法混乱。李渊占领长安之后,便约法十二条,除了杀人、劫盗、叛逆处死之外,其余一切苛刻法律全部废除。李渊称帝建立唐朝之后又废除了隋炀帝徒有虚名的《大业律》,让裴寂等人在隋文帝《开皇律》的基础上修订新律法,制定了较完备的《武德律》,这是流传下来的《唐律》修订所依赖的基础。

唐朝的军事制度即府兵制。这种制度创始于西魏的宇文泰时期,经过北周、隋朝,到唐朝沿用。在太原起兵进军长安的途中,李渊就逐步将手下军队纳入了府兵制度中。府兵制将练兵权和领兵权分离,防止将领拥兵自重,对抗中央。府兵制建立在均田制的基础上,是兵农合一的制度,士卒平时在家生产,战时出征。农闲时由兵府负责操练,提高战斗力。府兵的重要职责是轮流到京师或者边塞服役,叫作"番上",战时则出征御敌。在服役期间,可以免掉自身的租和调,但不论"番上"还是出征,所需的兵器和衣服粮食等都要由自己负责筹备。

府兵制从根本上减轻了国家的负担,它不但能扩大兵源,也能保证战斗力。

在文化教育方面,李渊也做了一些有效的工作。

在唐朝,儒家很受尊崇,儒家的经书是教学的重要内容,如《周易》《左传》《礼记》《尚书》。同时,李渊对佛教采取抑制政策。武德七年(624年),傅奕请求灭佛,认为佛教宣传的是"不忠不孝"的思想,迷惑百姓。傅奕所提倡的儒家思想是用忠孝来达到巩固政权的目的,而佛教与此背道而驰。李渊最后没有实施傅奕的灭佛思想,因为发生了玄武门之变,他退位让给了李世民。但李世民也赞同傅奕佛教"于百姓无补,于国家有害"的观点,虽没有灭佛,但毕竟没有迷信佛教。《西游记》中说唐太宗李世民极其重视佛教不太准确,和事实有很大出入。

唐高祖的文化贡献还有下诏编撰《艺文类聚》,这是一部类书,引用的古籍共有一千四百三十一种,所引的古籍保存至今的不足十分之一,为现在的人保存了很有价值的历史古籍。还有修史方面,在李渊时已经下诏开始,为后来的史书修成创造了条件,打下了基础。

总之,唐高祖李渊的工作是全方位的,严格来说,是他开创了"贞观之治",而唐太宗是完成了"贞观之治"。这正如统一全国的战争是李渊全面统领部署的,但真正统一则是到唐太宗的时候才最终实现。因此,我们不能忘记李渊对"贞观之治"的巨大贡献。

谁打下了大唐江山

隋炀帝末年,全国处在分裂之中,农民起义军和隋朝残余将领割据各地。李渊称帝时,群雄纷争。北方边境有李轨、薛举、梁师都、郭子和、刘武周、高开道;黄河流域有王世充、李密、窦建德、孟海公、徐圆朗;江淮之间有杜伏威、李子通;江南一带有沈法兴、林士弘、萧铣。面对这一形势,李唐的

战略方针是首先巩固关中根据地,然后进军关东,逐步统一全国。李渊在长安安定之后便开始了长达十年的统一战争,实际上,这些割据势力几乎都是李世民削平的。

以上邽(今甘肃天水)为都城,雄踞陇右,自称秦帝的薛举志向很大,当李渊攻占长安之后,令其子薛仁果(一作杲)率兵进攻扶风郡城(今陕西凤翔),被唐军打退。武德元年(618年)六月,薛举亲自统军进攻泾州(今甘肃泾川),高墌(今陕西长武西北),唐将刘文静等失败,薛举方欲乘胜前进,突然病死军中。薛仁果继位,居于折墌城(今泾川东北)。李世民乘机进军高墌,与秦军相持两月有余,李世民乘薛仁果粮尽、将士离心之际,在浅水原大败秦军,进围折墌,薛仁果降唐。

平定薛仁果之后,唐军把锋芒指向河西的李轨,除联络吐谷浑以孤立李轨外,主要用分化手段来瓦解李轨集团。武德二年(619年)五月,唐高祖派安兴贵到姑臧(今甘肃武威),招抚号称凉帝的李轨,李轨不从。安兴贵与弟安修仁引胡人发动兵变,颠覆了李轨的政权,河西五郡并入唐的版图。

正当唐廷经营西北的时候,代北的刘武周大举进攻太原,唐军战败,太原留守李元吉弃城逃走。刘武周部将宋金刚南下攻取浍州(今山西翼城),兵势直达夏县、蒲坂,关中震骇。唐高祖命李世民统军抵御。李世民自龙门渡河,驻军柏壁(今山西新绛西南),与宋金刚部僵持五个月之久,到武德三年(620年)四月,唐军乘宋金刚军粮匮乏,向北撤退的时机,迅猛追击。在吕州(今山西霍县)、介休(今属山西)一带,经过几次激烈的战斗,把宋金刚打得大败。宋金刚和刘武周一起逃往突厥,后来都被突厥杀死。唐军完全占领了山西地区,巩固了关中根据地,扫除了进兵关东的障碍。

这时关东形势发生了很大的变化。以李密为首的瓦岗军遭到洛阳王世充的沉重打击,已经失败降唐。据有河北地区的窦建德击溃了由江都北上的宇文化及统率的隋军残部,又渡河消灭了占据周桥(今山东定陶)的孟海公。王世充则在洛阳自称郑帝,雄踞河南,与河北的窦建德遥相对峙。江淮之间,杜伏威在与李子通、陈棱等的斗争中,取得了最后的胜利,统一了这个地区。长江中游仍有萧铣割据称王。

武德三年(620年)七月,李世民奉命率领大军出关,进攻王世充。李世民屯军北邙山(今河南洛阳北),指挥各军对洛阳采取大规模的包围。王世

中华宫廷秘史

充几次派人向窦建德求援,窦建德在武德四年(621年)三月率兵援救洛阳。李世民亲率精锐,驰往武牢,据险御敌,一举消灭了窦、王两大劲敌,加速了统一关东地区的进程。

唐廷杀掉窦建德,对他的旧部多加迫害,并下令征召窦建德故将范愿、董康买等赴长安,范愿等共推刘黑闼为首,起兵反唐,各地纷纷响应。不到半年时间,就恢复了窦建德的故地。刘黑闼自称汉东王。武德五年(622年)初,李世民再度出兵,打败刘黑闼,刘黑闼逃奔突厥。唐军虽然赢得了战争,仍然没有赢得河北的人心。过了两个月,刘黑闼在突厥骑兵的掩护下又回到河北,仍然得到旧部曹湛、董康买等支持,十天之内,刘黑闼就完全占领了以前失去的旧境,拥兵南下。这次唐高祖派太子李建成率军攻打刘黑闼,他采纳了谋士魏征的策略,对俘虏宽大处理,以安定人心,收到了一定的效果。刘黑闼在退却途中,被部将诸葛德威所执,送洺州杀害。河北和山东地区终于平定,这时已经是唐朝建立的第六个年头了。

还在唐高祖攻克长安时,就派光禄大夫李孝恭招慰山南,击破朱粲。武德四年(621年)九月,唐以李孝恭为荆湖道总管,统水陆十二军,进攻占据江陵(今属湖北)、自称梁帝的萧铣。萧铣手下大将文士弘拒战失败,萧铣出降,唐军一举平定了荆湖地区。淮南的杜伏威,已于武德二年(619年)归附于唐。武德七年(624年),高开道为其部将张金树所杀,降唐。同年,唐将李世勣讨平徐圆朗。至此,唐廷基本上削平了隋末以来分裂割据的局面,实现了全国的统一。

综观整个平乱战争,李世民居功至伟,可以说是他一手打下了大唐江山,显示了过人的谋略。

李渊立太子的风波

随着统一战争的顺利进行,李渊的思想松懈下来,安于享乐,不再对政治事务像以前那么关心了,这直接导致了皇储问题的产生。

唐高祖共有二十二个儿子,原配窦皇后生四子,唐建立后,根据立长不立幼的传统习惯,在武德元年(618年)册立长子李建成为太子,并封李世民为秦王,李元吉为齐王。建成、世民、元吉都有才干,不过,太原起事前,只有李世民参与策划,而起事之后,讨平群雄的战争中,李世民立功最大,但是李世民不是嫡长子,按照传统习惯,皇位应由嫡长子继承,所以,唐高祖即位后,便立李建成为皇太子。

由于李世民能征惯战,智勇兼备,成为唐军的重要领导人,武德四年(621年)平王世充、窦建德之后,唐高祖特任命李世民为"天策上将",位在诸王之上,并兼司徒、陕东道大行台、尚书令。在秦王府中设置官属,李世民在府中开置文学馆,招揽四方文学之士,李世民每与学士们谈至深夜。其后,李世民令阎立本画十八位学士的图像,由褚亮为赞,士大夫皆以为荣。这些人都是李世民的谋臣策士。此外,李世民南征北讨,在天策府中网罗了不少勇将猛士,如初唐名将李世勣、尉迟敬德、秦叔宝、程知节等都在天策府内。

拥有众多的谋士与勇将,秦王李世民形成当时政治上一个强而有力的集团,直接威胁到太子李建成。在专制政体之下,政治权力是具有排他性的,太子李建成为了巩固太子的地位,确保未来皇位的继承权,必然起而与秦王李世民抗衡,希望能消减李世民的势力。

李世民的官职是尚书令,相当于宰相之首。唐朝没有宰相和丞相这种官职,三省(即尚书省、中书省和门下省)的长官都视同宰相,再加上其他名称如"参知政事""同中书门下平章事"来参加政事会议。行使宰相权力的人还有不少,但秦王的权力是其他人无法相比的。

武德元年(618年)定都长安后,李渊随即立李建成为太子,李世民为秦王、李元吉为齐王。作为储君,李建成的主要职责是帮助高祖处理日常政务,而领军作战、平定各地割据势力的任务基本上都由秦王李世民承担,客观上为其建立显赫的战功创造了条件,形成了"秦王勋业克隆,威震四海,人心所向"的局面。如果仅从这一点便认定李建成的政治、军事才能远远不如李世民是很偏颇的,刘黑闼事件就是明证。

窦建德被唐军击败后,部将刘黑闼在武德四年(621年)起兵,很快重新占领旧地。李世民奉命围剿,实行残酷镇压,被俘虏的小头目都杀死示众,妻子都由唐军抓走,连刘军投降都不接受。唐军付了极大代价,勉强取胜,但仅隔数月,刘黑闼于武德五年(622年)再度起兵,定都洺州,称汉东王。

李建成接受王珪、魏征的建议，主动请令征讨，一改李世民的高压政策，实行宽大安抚，所获俘虏全部遣送回乡，百姓欣悦。刘黑闼众叛亲离，本人也被活捉。仅两个月时间就平定山东，这些都是《新唐书·隐太子建成传》承认的事实。从进入长安以前的表现来看，李建成的军事才能虽然不及李世民，但能立法令、有智谋、有胆略，是一个帅才，并非碌碌之辈。如果能够长期带兵打仗，相信也会立下不少功劳。就算当不成皇帝，至少可以驰骋沙场，不失为一代名将。但命中注定，他再也没有这样的机会了。

李建成具有太子的合法身份，得到一大批皇亲国戚的支持。他长期留守关中，在京城长安有着坚实的基础，连宫廷禁卫军也在他的控制下。高祖李渊处处袒护他，接二连三地委托他军国大事，是想在大臣和诸子中树立他的威望，为将来继承帝位打下基础。可李建成在体察民情军心上总是有负高祖厚望。凉州（今甘肃武威）人安兴贵率众归降，高祖命李建成前往原州（今甘肃固原）接应。当时正值盛夏，天气酷热，李建成玩心极重，一路上，他不走大路，专门驱使兵士在旷野荒郊随他打猎，一边赶路一边打猎，兵士们疲劳过度，不堪忍受，大部分逃散了。李建成回到长安时，队伍溃不成军，被李渊大骂了一顿。

为了让李建成熟悉军国大事，每天李渊临朝，都让他坐在自己附近，参加各种问题的讨论。遇到不太重要的问题，就让他自己处理。又命礼部尚书李纲、民部尚书郑善果为太子太保，帮助李建成出谋划策，决断各种问题。二人尽心竭力辅助太子李建成，可是李建成不习诗文，不理政务，整日无节制的饮酒，和宫人嬉闹淫乱。把两个尚书的规劝全当成了耳旁风，无奈二尚书先后托病辞职离去。不过李渊还是一心培养李建成，终于酿成了后来的"玄武门之变"。

李世民册立李治为太子的秘密

贞观十七年的一天，长安皇宫中的两仪殿发生了一起令人震惊的事件。唐太宗李世民在接见群臣完毕，百官尽退以后，留下司徒长孙无忌、司空房玄龄、兵部尚书李靖继续议论政事。

君臣正在说话的时候,太宗突然从皇座上站起,情绪异常激动地对三位大臣说:"我的三个儿子和一个弟弟竟然做出这样的事来,那我今后还会相信谁依靠谁呢?"

说完,太宗竟扑倒在地上,放声大哭,然后又抽出佩刀,朝自己的身上刺去。看到这番情景,三位大臣被吓坏了,然后也不顾什么礼节了,长孙无忌赶忙上前抱住太宗,顺手夺过太宗的佩刀,房玄龄和李靖也趁势扶起太宗,劝慰着太宗,太宗坐了起来,慢慢地止住了哭声,神情十分凄惨不堪。这到底是为什么呢? 雄才大略的一代明君唐太宗为什么会悲伤成这个样子呢?这还要从立太子说起。

武德九年太宗即位以后,考虑到立太子是件大事,便决定立8岁的长子李承乾为皇太子,李承乾武德二年生于长安皇宫的承乾殿中,因此,母亲长孙皇后就以殿名给他取了名字。李承乾非常聪明、伶俐,从小就深得太宗的喜爱。太宗每次外巡,国家的许多政务都由承乾决断,代行处理国政。不料,时光一年年过去,太子一天天长大,可他的品性却逐渐变坏了。习性散漫,生活奢侈,嬉戏无度,太宗见到他这个样子,对他很是失望。

东宫太子府,皇宫戏班中有一个十几岁的小男孩,长得十分漂亮,能歌善舞。李承乾对他十分宠爱,给他一个绰号叫"称心",日日和他厮混在一起。太宗知道这件事后非常生气,便派人把"称心"杀了,把和"称心"有牵连的几个人也处死了。李承乾对"称心"的死,痛心不已,便在东宫盖起一间房子,里面摆上"称心"的画像,又摆放了许多泥人泥马,命宫人每天早晚祭奠,他自己更是常来悼念。后来李承乾还把"称心"埋在宫中,立坟头,树石碑,并且从此长时间不上朝参拜太宗。

后来,承乾又发明了一种新的娱乐方式,与七叔汉王元昌在宫中各领一队人马,手持兵器,身披铠甲,双方布阵交战,有不愿真刀真枪参战者,马上就被绑在树上吊死,致使每次交战都要出现伤亡。东宫能够调集的人马毕竟有限,承乾对这种小规模战争场面越来越不满意了,说:"我如果做了皇帝,要在皇苑中设置万人营,那时再与汉王分兵打仗,坐观岂不更痛快。"

起初,承乾对父亲还有所顾忌,也尽量不让负责教育太子的大臣抓住把柄,但随着年龄的增长,他渐渐地不再把大臣们放在眼里,到后来根本不听了。直至发展到谁再劝谏就派人把谁杀掉。

李承乾沿着邪路越走越远。他亲小人,远贤才,喜嬉戏,爱美色,求奢侈,厌政务。李世民为此对承乾越来越不满意,便产生废太子之心。

李泰是李承乾的亲弟弟,特别喜爱诗文,颇得父亲的宠爱。李泰得知哥哥失宠以后,因二哥、三哥都没有继位的资格,便想尽快挤掉承乾取而代之。他拉拢在自己府中管事的韦挺、杜楚客等,让他们广泛结交朝中大臣,为自己做太子制造舆论,又与驸马都尉柴令武、房遗爱等二十余人结为死党,形成颠覆太子的一大势力。

承乾本来就知道父亲因对自己的不满可能会失去太子位,又觉察到弟弟的活动,更担心被挤掉。但是,他此时已无回天之力来挽回自己的影响,想再得到父亲的宠爱是不可能的了,要保住自己的地位,唯一办法就是除掉弟弟李泰。

于是,承乾先派人冒充李泰府中的人到太宗面前密告李泰有种种不法行为,结果被李世民识破;再派人去暗杀李泰,也没有成功。承乾看大势已去,便暗中招募刺客,联络对父皇有不满情绪的李元昌、侯君集等人,密谋杀入皇宫,发动武装政变,直接夺取皇位。就在这时,太宗的第五子齐王李祐在齐州(今济南市)发动了叛乱,李承乾得到了这个消息,喜形于色,他对刺客纥干承基说:"我的住处就在墙外,二十几步远就是大内,我们谋反,不是比齐王李祐更容易吗?"

虽然齐王叛乱很快就被平息,但此事更增加了李承乾政变的信心。就在李承乾满怀信心准备实施谋反计划时,刺客纥干承基因齐王李祐的事件受到牵连,在接受审讯中,主动交代了太子的政变计划。太宗知道后大为吃惊,立即命人把承乾囚禁起来,派人核实情况果真属实,便一举清洗了太子的群党,废太子李承乾为庶人,送往黔州,李元昌被赐自尽,侯君集等全部斩首。

承乾被废之后,李泰似乎成了理所当然的太子继位人,他每天都到宫中侍候,进一步讨父亲欢心;太宗本来就喜欢他,便当面表示要立他为太子。但这时大臣们的意见出现了分歧。刘洎等主张立李泰为太子,而在朝中地位显赫的长孙无忌和褚遂良等人却主张立九子晋王李治为太子。此时太宗也拿不定主意,他既不愿为立李泰使几位功臣现在或以后受害,也不想使李泰失去元老派的支持。

面对种种阻力,李泰为尽快取得太子的资格,向父王表示,在自己临终前杀掉自己的儿子,再把皇位传给九弟李治。李世民对李泰的这种宽宏大度非常赏识,便再次征求大臣们的意见,褚遂良对李泰的许诺表示怀疑说:"若魏王李泰以后真做了皇帝,还肯杀掉亲生儿子,传位于晋王吗?"

李世民对此不能保证,褚遂良紧接着提醒太宗:"当初承乾被立为太子,陛下却厚爱魏王,待迁过于太子,才酿成后来兄弟争位,太子图谋政变的悲剧。这可是血的教训。如果您立魏王为太子,为避免以后悲剧重演,请先给晋王一个妥善的安置,才能使大家平安无事。"

这番入情入理的话,说得太宗又陷入困惑之中。

这时李泰,为了早当太子真是心急如焚,他要想办法,迫使软弱的九弟李治退出这场竞争。他找到李治说:"原来你与七叔元昌关系密切,现在他因谋反被杀,你不怕受到牵连?"

这时的李治才15岁,还并没有意识到目前的处境,也不知正在争夺太子位的内幕,本来胆小软弱的李治的确被李泰的话吓住了,整天忧心忡忡,唯恐有朝一日父亲来惩罚自己。太宗逐渐发现九儿最近的神色有些不对,便追问原因,李治如实坦白了四哥对他说的那些话,李世民这才知道是李泰在暗中搞小动作,心里很不高兴,这时太宗又回想起长子承乾曾对他说过的一段话:"我本已做太子,并无其他要求,只是因为李泰,我才有了政变的动机,如果现在让李泰做太子,正好落入他的圈套,使其阴谋得逞。"

李世民现在仔细考虑这些话觉得颇有道理,就暗中决定不立李泰,而让九儿李治继承皇位。为了稳固下一任皇帝的统治,太宗召集长孙无忌、房玄龄、褚遂良、李靖几个重要臣属要统一他们的步调,以后好死心塌地地尽忠于李治,便出现了我们前面所描写的那一幕。所以大臣们都表示,听命于皇帝,不论决定立谁,都不再有异议。

其实,局势已经很明确,长孙皇后的三个儿子,太宗已排除了两个,李治就理所当然地成为唯一合法的候选人。

李世民为了防止李泰闹事,派人把他囚禁起来。决定宣布后,李世民又做了解释:"朕若立魏王为太子,则太子位似乎可以通过图谋钻营得到,就为以后没有取得太子资格的后代树立了不好的榜样。现在,太子图谋发动政变,魏王同僚谋取太子位,朕就把二人都废掉。这种方法要成一种制度,后世君再发生类似事件,也要照此办理;这样可以避免出现争夺皇位的悲剧。另外,如果魏王得主,承乾必被处死,他要巩固自己的地位,晋王的生死也难以得到保障。"

贞观十七年,15岁的李治被立为太子,承乾和李泰相争,结果两败俱伤,本无意做太子的李治坐收渔翁之利。

唐太宗之死

贞观十九年(645年)九月,御驾亲征东征高丽的太宗皇帝在遭受挫败之后,悻悻下旨班师回朝。

军队回到定州已是岁末,半年征战劳苦,加上失利的灰暗心理,使太宗毒火攻心,背上生了一个毒痈,途中颠簸,不得休息,到并州时,毒痈越来越大,十分痛苦。太子李治亲自为太宗将毒痈中的脓血吸吮干净,并坚持不肯骑马乘车,扶了太宗的步辇,步行照看数日,直到毒痈不再恶化,这才放心。

贞观二十年(646年)三月,亲征大军返回长安。由于太宗病体还很虚弱,需要静养,因此一切政务暂由太子代行,真正的大权是掌握在长孙无忌手里,太子李治只是象征性地听问一下,按照舅舅的意思盖上玉玺而已。

朝政完毕后,李治立即回到父亲身旁,侍奉汤药,这让太宗又喜又忧。作为儿子,李治的确孝顺,但作为未来的君主,他的这种缺乏独立性,软弱可欺就不能不让太宗担心万分了。但他当然也十分明白,大局已是无法更改了。

太宗这次卧病,在寝殿侧特别安置了一处院落,让太子李治居住。李治在太宗的寝宫外陪住了不少时日,也许就是这个时候,他和侍奉父皇的小才人武媚娘有了进一步的接触。

贞观二十三年(649年)春三月,太宗忽然患病,病情急剧恶化。四月一日,太宗移驾终南山翠微宫避暑。躺在病榻上,他思考着自己为李治所安排好的一切。他已经任命长孙无忌为检校中书令,知尚书、门下省事。这意味着要他掌握中书、门下、尚书三省,一旦李治即位,长孙无忌无疑便可形成独裁的局面,这一切都是为了确保李治的帝位。

与高丽的战争，本来是想彻底肃清边患，只是徒劳无功，虽然后来高丽王派太子任武亲到长安谢罪，双方言和，但太宗清醒地知道，这并不代表北部边事可以高枕无忧。太宗再次进行了远征部署，这时他却病倒了。看来，他已无力将一个完全不受外部势力威胁的大国交到李治手中了。

五月的一天，太宗把李治召到床前，退去左右，严肃地对李治说："李世勣才智有余，但是你对他并没有恩情。我今天罢黜他的官职，等到我死后，你可以用他为仆射，但一定要亲自任命他。假若下令后他徘徊观望，不要犹豫，马上杀了他！"

唐太宗昭陵

英国公李世勣，既是赫赫有名的战将，又已位居宰相。当初，太子李治初立时，有一次李世勣突然得了暴病，医方上说：以胡须的灰烬为引，可以治疗此症。太宗便亲自剪下胡须，让李世勣燃灰入药。后来，酒席宴间，太宗又曾亲切地对李世勣说："朕想在群臣中选一个可以将太子托付给他的人，遍观众人，无人能与卿相比，卿过去不负李密，现在又怎么会有负于朕呢？"

李世勣大为感动，流下了热泪，他咬破手指，写下血书，以示效忠，以谢君恩。他喝多了，大醉倒地，太宗亲自将自己的袍子解下，给他盖在身上。

太宗这样对待李世勣，无非是为了稳住李治的皇位而已。

就在太宗小心翼翼安排自己后事的同时，武才人终于按捺不住了，她清楚地看到皇帝不行了，而坐视下去，自己就只有和其他未生育过的宫人一起，被送进尼姑庵这一条出路。她把目光投向了太子李治，在他身上看出了自己的未来希望。

　　太宗终于陷入弥留状态了。五月二十六日，太宗召长孙无忌、褚遂良来到含风殿，对他们说："太子是很仁义孝顺的，你们要很好地教导辅佐他！"二人答应了，太宗舒了一口气，对李治说："有长孙无忌和褚遂良在，你就不用担心天下的事了。"然后，他又嘱咐褚遂良："无忌对我十分忠诚，我夺取天下，他出了很大的力气，我死后不要让坏人挑拨离间你们的关系。"于是让褚遂良起草遗诏。褚遂良含泪领旨。太宗大睁着双眼，望着殿顶，他还有很多不放心的事，他还有很多话要说，对这个他统治了二十三年的国家，他有着太多的留恋，对这个懦弱的儿子，他也有太多的担忧，只是，他已经没有时间了。就在这一天，贞观二十三年（649 年）五月二十六日，唐太宗驾崩，享年52 岁。

　　长孙无忌没有马上表示什么，而是请太子先行回到长安太极宫，然后将太宗的遗体仍用原来的车马，像平日那样侍卫着离开翠微宫，返回皇宫。二十八日，平安到达长安后，这才以太极殿为殡宫，将太宗入殓，正式向天下宣布遗诏，辽东战争及土木工程立即停止。

　　六月一日，太子李治即位，是为唐高宗。八月十一日，举行大葬之典，将太宗与贞观十年（636 年）十一月去世的长孙皇后同葬于昭陵。名垂青史的贞观之治，太宗时代宣告结束。

　　就在安葬大行皇帝，新帝登基的同时，作为先帝太宗的才人，武则天被送进了感业寺，落发为尼，终日为先帝祈福，以燃尽自己的生命。坚强的武则天始终牢记着天降大任的预言，靠这个预言的支持，她在宫中顽强地生活了十二年。等待着东山再起的机会，而在同时，李治并没有闲着，他为大行皇帝服丧一年，第二年改元永徽，册立王氏为皇后，开始了自己的统治。

唐高宗为什么能坐上皇位

　　（628~683 年），唐朝第三代皇帝，唐太宗李世民第九子，字为善。据说长孙皇后怀有李治后，曾梦见龙卧在自己的床上。太宗李世民也梦见有一条紫鳞锦翼的鲤鱼依绣被而卧，这些吉祥的梦兆都预示着李治是真龙天子。

在生高宗李治的前夜,长孙皇后梦见有一只大鸟在空中徘徊,慢慢地向她飞来,用手接住一看,原来是一只三只脚的乌鸦,她把三足乌献给了太宗。第二天长孙皇后把梦境告诉给太宗皇帝,李世民说:"三足乌是太阳的象征,是慈孝的乌,这个孩子将来必是一个慈孝的孩子,是苍天把他赐给我们的。"

贞观五年(631年)李治封晋王,七年(633年),遥授并州都督。太宗晚年,太子李承乾和魏王李泰间发生了争夺皇位继承权的斗争。太宗废太子李承乾,黜魏王李泰,改立晋王李治为太子。贞观二十三年(649年),太宗去世,李治即位,是为唐高宗,时年22岁。次年改元永徽。

李治即位后,严格按照父亲的遗训,重用长孙长忌和褚遂良,把李世勣

唐高宗李治

调回来做了右仆射,对他们非常信任。有人诬告长孙无忌有谋反意图,李治没做任何调查,便下令把诬告者处死。李治虽然不太精明,但经过太宗多年的苦心培养,毕竟掌握一些治国本领。长孙无忌、褚遂良、李世勣、于志宁都是贞观时代的重要谋臣,李治听从他们的安排,实际上就是继承了李世民的治国路线。李治初做皇帝的几年中被后世誉为有贞观遗风。即使在武则天参予政事以后,李治经常有病,又贪于声色,但在对政事的处理中仍遵循着太宗的遗训。

李治非常勤于政事,有治理好国家的愿望。太宗在后半期一般是每三天朝见一次百官,处理日常政务。李治坚持每天上朝,及时解决各种随时遇到的问题。直到显庆二年(657年)五月,宰相李义府提出:现在是太平盛世,每天上朝并没有多少要紧的事情可做,请改为隔日上朝。李治接受了这个建议,才改为每两天朝见一次。

李治在即位之初,便鼓励大臣们对有关国计民生的各个方面多提意见,并把每天召见十个刺史询问情况作为一项制度坚持下来。有一次,他带人出外打猎,路上下起雨来,他问谏议大夫谷那律:"用油布做的雨衣怎么样才能不漏一点水?"谷那律回答说:"要是用瓦做,肯定不会漏雨。"用瓦做雨衣

当然是指房子,谷氏的言外之意,是批评李治本来就不应出来打猎游玩。李治接受了批评,从此废除皇帝游猎的常规。显庆元年(656年),李治询问减轻百姓负担的办法。来济指出:不必要的劳役是老百姓的一大负担,出工则违误农时,出钱又需花费很多,建议免除一切不紧迫的徭役征发。李治虚心采纳。李治善于纳谏成为弥补他天赋不高的重要措施。

贞观时期的法律相对前代来说是疏阔的,李治对此也继承下来。有一次,他问大理寺卿唐临:现在监狱中关有多少犯人?唐临回答说有50多个,只有2人需要处死。李治对囚犯如此之少、死罪率低的情况表示满意。李治又去视察监狱,发现里面很平静,没有囚犯乘皇帝视察之机喊冤求救。他感到很奇怪,便问囚犯是怎么回事,得到的回答是:唐临的处置都非常恰当,我们并不感到冤枉。李治对此十分赞赏,号召执法人员都向唐临学习。

贞观年间,从天竺国来一术士,声称有长生不老之术,李世民对此很相信,给他优厚的生活待遇,让他配制长生不老药。这位术士为拖延时间,开出一张非常奇特的药方,所需药物不仅遍布全国各地的深山大川,有些还需要到天竺等国寻找。为尽快制药,太宗派出大批人四处购求,但术士终于没有成功,被李世民打发回去。李治继位后,这位已白发苍苍的术士又来献方,李治对此根本不信,他说:"自古以来哪有什么神仙?秦始皇、汉武帝都曾四处求访长生药,结果是徒费钱财,骚扰百姓,谁也没能长生。如果真有长生不老之人,现在他们都到哪里去了呢?"这位术士被当场赶走。李治对此能有这样的见解,确是难能可贵。

李治性格宽容仁厚,极重感情,在对宗室皇亲的待遇上从不吝啬,但对于他们放纵不法的行为,也不姑息纵容。高祖李渊生二十二子,太宗生十四子,都先后封王,女儿都是公主,女婿均为驸马,他(她)们作为皇室成员,往往仗势欺人。李渊最小的儿子滕王李元婴生活奢侈,横行不法,欺凌百姓,胡作非为。李元婴经常带着大队人马,领着猎狗,深夜出入城门,人喊马嘶,闹得鸡犬不宁,四邻不安;有时随便用弹弓打人,甚至把活人埋在雪堆里,以此取乐。李元婴与太宗的七子蒋王李恽都是搜刮民财的能手,四处盘剥、掠夺,民愤很大。在一次普赐诸王时,李治说:"滕王叔叔和蒋王哥哥都善于自己经营,我看就不必赐给财物,只赏给他们两车麻,让他们回去做串铜钱的绳子吧。"李治虽没有严厉地惩罚他们,却使他们当场出丑,教育了他们一下，从此以后二人大大收敛了自己的行为。

李治在位二十五年，在执政期间，虽没有惊天动地的功绩，也没有表现出特殊的治国才能，却由于他基本继承了太宗的治国路线，本人也比较谨慎，故政治局面基本稳定，经济仍保持持续繁荣的势头，人口也不断增加。永徽五年（654年），风调雨顺，粮食大面积丰收，洛阳地区的粟米每斗只卖两个半铜钱，粳米每斗也只卖11个铜钱。贞观年间全国人口300万户，至永徽三年（652年）已有380万户。

李治是一个平凡的人，也是一个平庸的皇帝。他完全信任长孙无忌等人，尽量恪守父亲遗训，承贞观遗风，虽无所建树，尚能使国泰民安。当他想摆脱元老大臣的束缚，自己独掌朝政时，大权很快被武则天和一帮新的大臣所控制。他没有驾驭群臣独执政柄的本领，只能被他人所左右。虽然李治在后期仍不断有求贤纳谏之举，但已于事无补。麟德二年（665年），李治问："隋炀帝因拒谏而亡国，我常以此为戒，经常主动征求意见，却为何没人提意见呢？"李世勣答道："皇帝做事处处正确，群臣实在提不出意见。"事实是因皇后废立事件后，不断有人因提出异议而受到惩罚，大家不敢随便讲话。两年后，李治又责备群臣不举贤，李安期则直率地回答："不是天下没有贤才，也非群臣有意埋没人才，只因以前有人举贤，结果被举者尚未发挥才能，荐举者已以交结朋党罪受到惩处。皇帝若真心求贤，谁不愿把自己认识的贤能荐举出来呢？"此时的风气已与贞观和永徽初年大不相同，"贞观之治"也走上了末路。

唐中宗李显登基之谜

唐中宗李显生于大唐显庆元年（公元656年），是武则天为高宗生下的第三个儿子。李显起名显，赐名哲，实指望这个儿子能成为聪颖贤达之士，以稳固她在后宫的地位。然而，李显降生后，各方面都与他的两位兄长李弘、李贤相差甚远。不学无术，得过且过，既无治国的胆略，亦无理政的才术。

武则天作皇后时，先是废掉了非己所出的太子李忠，改立她亲生儿子李

弘为太子;不久又废掉李弘,改立次子李贤;最后又对李贤不满,把三子李显推上太子宝座。唐高宗驾崩后,太子李显继位为中宗,太子妃韦氏封为皇后。成了皇后的韦氏心中开始盘算弄权的计划,在她的唆使下,软弱无主见的唐中宗提拔了韦后的父亲韦玄贞为豫州刺史。无奈此时武则天虽然成了皇太后,却把实政大权牢牢攥在自己手中,使得韦后无法通过中宗为所欲为。不到一年时间,唐中宗仅因一点小事得罪了母亲武则天,武则天就出面将中宗贬为庐陵王,发配到边远的房州,另立第四个儿子李旦为睿宗,自己总揽朝政。

李显携韦后在荒僻的房州住了一年,不久又按武则天的旨意迁往均州,在均州过了两年,又被勒令迁回房州。武则天之所以这样让他们反复搬迁,就是为了防止他们长居一地,聚集发展起自己的势力来对抗朝廷。经过几年的折腾,武则天觉得他们的锐气已经消磨得差不多了,也就允许他们长居房州了。

唐中宗李显

武则天几度废立太子和皇帝,大权暗握仍觉得不够过瘾,索性在天授元年又废掉唐睿宗,自己为圣神皇帝,结束了垂帘听政的时期。为了巩固自己的地位,消除异己,她在京城洛阳大事捕杀李姓皇室子孙和拥戴他们的大臣。消息传到房州,中宗与韦后心惊胆战,夜不安眠,每次听说朝廷使节前来,中宗李显就吓得面无人色,生怕是皇帝母亲派人来下诏赐死。

在这种极度的惶恐中过日子,懦弱的李显失去了生存的勇气,他曾几次想要撞墙自杀,但都被韦后拦住,韦后劝解他道:"福祸无常,活着就有希望,何必自己送上死路!"中宗心想:反正只不过是一死而已,只要没有逼到最后关头,权且活着,就可以等待时机降临,何必急急忙忙自寻死路呢!这样一想,他又稍微安定下来,与韦后共同支撑着艰难痛苦的岁月。

武则天称帝后,很多人对她破天荒的女皇帝做法不满,各路英豪纷纷起兵声讨。在扬州就有徐敬业揭竿而起,为了使自己的行动名正言顺,他打起了"匡复中宗"的旗号。武则天心中有些惊慌,她一面派遣大将李孝逸率领三十万大军前往征讨,一面又派宠侄武三思前往房州察看中宗的动静。

武三思到了房州,见到了中宗和韦后,在叙谈中竟被韦后的美貌和风韵迷住了。只见韦后身材袅娜多姿,皮肤白皙滑腻,龙髻高盘,眸含秋水。因为要讨好来使,韦后对他媚眼频送,百般逢迎,怎么不叫好色成性的武三思心神荡漾呢!

聪明的韦后早已看出武三思的心思,心里暗暗拿定主意,她深知只要稳住武三思,就可以在武则天面前讨到好处,为了这个,她自己付出些色情又算得了什么呢? 更何况这个韦后,生就风流淫荡的性情,能在这穷乡僻壤制造些风流韵事,还正合她的胃口。

当天夜里,韦后精心梳洗打扮一番,然后一个人悄悄摸到武三思下榻的馆舍。武三思似乎心有所待地正秉烛夜读,其实他哪里读得进去,眼前只是飘浮着韦后诱人的身姿和媚人的神情。忽然,他闻到一阵脂粉的浓香,随即韦后飘然而至,武三思忙不迭地起身相迎,口中连称:"下官何幸,蒙娘娘深夜造访!"

韦后娇媚地一笑,已走近前来,伸出洁白的玉腕,轻轻掩住武三思的口,悄声道:"噤声! 灭烛!"武三思心领神会,一口吹灭蜡烛,一把把韦后拉进了自己的怀中。如此,一个如饥似渴,一个投怀送抱;一个仗势猎色,一个卖色求利,清晨临别时,韦后叮咛道:"武郎千万不要辜负我呀!",武三思指天为誓:"我一定在天后面前竭力保全。"

送走武三思后,韦后在房州踌躇满志地等待着京城传来好消息。而武三思回朝后也并未食言,他在武则天面前极力宣扬中宗与韦后的忠孝之心,然而出于种种顾虑,武则天并没有急于召中宗夫妇返朝。直到圣历元年,在宰相狄仁杰的力劝下,武则天才派人把中宗和韦后从房州接回洛阳,复立中宗为皇太子,这时距离弘道年中宗被贬房州已经十五年了。

中宗回宫五年以后,趁武则天卧病之际,张柬之、桓彦范、敬晖、袁恕己、崔玄暐等五位大臣,率领御林军攻入长生院,逼迫武则天让位给太子李显。就这样,中宗在失位二十年后,又被推上了皇帝宝座,韦后自然也恢复了皇后的身份。但唐中宗对张柬之等人并不感激,他觉得自己已被接回来作了皇太子,继位为皇帝是迟早的事,张柬之等人的举措,不过只使他提前了些时日而已,况且还让他担了一些不可预知的风险。这个软弱无识的皇帝,对排挤自己、给自己带戴帽子的武氏家族的人却反而没有一点恶感,张柬之等人发难之时,他还特意叮嘱说:"杀别人可以,武氏之族,系我中表之亲,不可滥杀!"让诸位力保李唐天下的大臣哭笑不得。

唐中宗一生为何与僧人有缘

唐朝有一个皇帝,在他出世刚满一个月时,就举行了出家落发剃度的仪式,他就是佛光王唐中宗皇帝。

高宗在位时,与玄奘法师的私谊很厚,则天皇后又是曾经出过家的,当然对玄奘法师的才德很是钦佩。有一天,高宗皇帝在玄奘法师面前以开玩笑的口吻,指着则天皇后说:"皇后怀孕若生男子,听其出家,拜你为师。"就像两家通好,指腹为婚似的。

永徽六年十一月间,则天皇后难产,高宗即命宫人在佛前上香,祈求平安。果然,上香不久,则天皇后就分娩了。唐中宗诞生时,神光满宫,自庭烛天,因此号名佛光王。高宗生了皇子,君无戏言,玄奘法师真的来向他要佛光王出家,并请求高宗实现诺言,让佛光王出家,绍隆三宝。可是真正向高宗要人出家时,高宗又舍不得了。于是十二月五日,高宗下令为佛光王度僧七人,代表佛光王出家,不过婴儿满月的那一天,仍请玄奘法师为佛光王举行剃发皈依出家礼。

因此佛教中有寄名出家沙弥,多是因为父母恐怕幼儿多灾难,长不大,就把小儿送到佛寺内,拜一师父寄名出家。到了此子长大成人,要娶亲结婚前,一定要去寺内向师父赎身,举行一次还俗的仪式。此时,寄名出家的假和尚要跪在佛前,由他的师父责骂一顿,说他如何不守佛家的清规,犯了不容宽恕的戒法,再假意打他两下,逐出佛门,这样寄名子才能够结婚。

还有一种是用金钱买人替自己出家的有钱的人。由于生病而许下愿望——待病愈后出家,可是病好后又舍不得出家,就拿钱买一个人,替他出家。这个人在寺内一切生活费用,都由还愿人负责。因此有些有钱有势的替身出家后,也就仗势欺人,连寺内住持对他也没有办法,因为他是某某大人的替身。寄名出家、替身出家的先例,大约就是从佛光王开始吧?

唐中宗即位后，因为他从小就皈依三宝，寄名出家，因此对佛教的信仰始终不退。就是逊位在房州时，仍然不断持诵药师如来名号，并请义净法师，翻译药师经两卷，其他如实叉难陀、菩提流志、义净法师等译经场所，中宗都曾参加协助。对于有道高僧，也都曾迎请到宫中供养，如慧安神秀二禅师。在高僧面前，中宗都以弟子之礼相待，尤其对六祖惠能大师的仰慕特别突出，屡次派专使诏请。中宗在神龙元年四月间，又特降御札，召请六祖。中宗虽然如此的诚心邀请，可是六祖仍然以有病推脱，坚辞不去。

后来，中宗召请神僧万回入宫，赐号法云公圆通大士，住在集贤院内，并派两个宫女侍奉他。万回出生在贞观六年五月，幼小时，他的哥哥在数千里外当兵，他常常代妈妈送东西给哥哥，早去晚回，万里路程，一天往回，因号万回。高宗闻其名，诏他入宫，度他出家为僧，则天在位时，常常把他迎到宫内，赐其锦衣，派有宫人侍奉。有一天，万回忽然要吃他出生地阌乡河的水，左右的人一时仓皇不知所措。万回说："掘堂前地下有穴，你们掘地可以得水。"侍从们立即掘地，果然得水，万回大师饮水后，就安然而逝。中宗为其赐号国公，并葬在集贤院内。

景龙元年，中宗遣专使到泗洲将僧伽大师迎来宫中供养，度惠、俨惠、岸木叉三人作为大师侍者同来，中宗亲笔为大师所居住之寺题额曰"普光王"。不久，僧伽大师又迁住荐福寺。第二年京城大旱，中宗下旨请僧伽大师祈雨，只见大师用瓶水向空中散洒，不久就看到浓云从大师住的地方涌出天空，骤然间大雨倾注而下。不久，僧伽大师圆寂，世寿八十岁，神采如生，皇上本想为大师在荐福寺塑像建塔，但当圣旨下达后不久，就有秽气满城。中宗不得已，在大师灵前焚香允诺，将大师的灵柩送回泗洲，祝祷后马上就异香郁然。

神龙二年八月，中宗下诏，凡天下童子，举行试经义，如考试经义通顺，就合格度之出家为僧。试经度僧就是从这里开始的。沙门智严是于阗国王子，不过他从小就来唐为官，到了中宗登位时，已经授为将军，封为郡公。可是就在他高官厚禄之时，忽然看破红尘，在景龙二年，请求舍家为寺，中宗允诺了，但坚持让其在家中为僧。

景龙元年，中宗又诏请道岸法师入宫，为妃嫔们传授三皈五戒，并留住禁中。有一天中宗到来，诸法师们见到万岁驾临，大家都避席而起，独有道岸法师长揖而已,皇帝也不以为忤,反而认为其德量很高,并将其容貌外形绘画在林光宫的墙壁上。在图形上,皇帝还亲笔题字赞道:"戒珠皎洁,惠光清净,身局五篇,心融八定。学妙真宗,贯通实性,维持法务,纲纪得政。律藏冀兮传芳,像教因而光盛。"道岸法师能得到大唐天子为其绘画题句,实为难得,难怪道岸法师的门徒皆以此为荣。

后来,高宗的旧宅同圣寺,有一棵在天授年中就枯死了的柿子树,这时忽然重荣复活,中宗因此大赦天下,赐封百官爵禄,普度僧尼道士数万人出家。中宗的身边,一直都有僧人为伴,而其一生,更是与僧人结下了不解之缘。这也许是当时大唐佛教盛行的表现吧!

唐高宗有着怎样的婚外恋

唐高宗李治登位后,依靠褚遂良与长孙无忌辅政,无为而治,倒也国泰民安。但是,他的后宫却很不平静,太子妃王氏被册立为皇后,却一直没有个一男半女,后宫虽有刘氏的皇子李忠和萧淑妃生的皇子李素节,但终究不是正宗,不便仓促册立为太子。为此高宗很是烦恼。

王皇后怕萧淑妃的儿子李素节会因母亲得宠而被立为太子,这样就会动摇她的皇后地位,便通过她母亲魏国夫人找皇后舅舅去说动长孙无忌和褚遂良,请立高宗长子李忠为太子。因为李忠的母亲刘氏地位微贱且无宠,李忠立为太子后,可由皇后抚养,母子感情一旦建立,皇后在宫中的地位也就不会动摇了。由于长孙无忌的帮助,李忠果然于高宗登位的第三年被立为太子。

萧淑妃看穿了王皇后的意图,很不甘心,就同皇后展开明争暗斗。两人常在高宗面前相互攻击,弄得高宗左右为难,十分烦恼,这样更使他怀念起昔日的意中人武媚娘。

这一年的五月,是太宗驾崩三周年,高宗服孝三年期满了。他亲自去感业寺烧香,为父亲超度亡灵。实际上,还有一个无法启口的目的,是想去寻访一别三年的旧情人武媚娘,从而实现当年向她许下的诺言。

祭罢太宗,高宗信步走入后园,来到一座小佛堂,他一眼就看到其中的那一位尼姑,虽然剃光了头,身上装束也淡雅无异,然而桃花如旧娇艳,风姿依然娟丽。衣领宽大的法衣,掩饰不住她那体态的百种风流。三年不见,武媚娘更丰满成熟了。

一看到皇帝,武媚娘一句话也不说,眼泪先涌了出来。高宗又怜又爱,失声道:"你也在这里。"一双含泪的凤眼,似有三分哀怨,七分深情,轻轻地说道:"皇上没有忘记我……"还没说完,已哭成泪人了。

而高宗是个软心肠的人,见此情景,也不觉流下眼泪,情不自禁地又动手为她擦去脸颊上的泪水。他轻轻地拥着武媚娘柔软的身体,问长问短。武媚娘则说一句,掉一串泪,两下里情意绵绵,叙不完的别后相思,直到天色已晚,高宗才依依不舍地离开佛堂,并答应很快会派人来接她进宫。

要说这位武媚娘同高宗的这段风流韵事,还要从太宗在世时说起。

有一年,唐太宗得了一场小病,当时还是太子的高宗就进宫侍奉自己的父亲,恰巧武媚娘也在那里。太子见她面若朝霞,眼若秋水,身材袅娜,模样轻柔,更兼有一种娇滴滴的迷人情态,东宫姬妾,无人可及。太子不禁心魂摇荡。凑着机会,他同武媚娘在偏殿搭起话来。

"你真漂亮,叫什么名字?"太子问。

"媚娘。"媚娘看出太子对自己有意,说话就更轻柔了。此时,她脑子里飞快地产生一个念头:在皇上眼里,她已经没有多少魅力了,那么,牵住眼前这位未来天子的心,将是她飞黄腾达的唯一希望。

"你真了不起,那一年在父皇面前自告奋勇,想制服烈马,男人也没有这样的勇气,你却能把烈马制服。"

两人交谈着,感到十分投机,太子见四下无人,忍不住上前拉住武媚娘的手。

武媚娘没有挣脱,反而把另一只手轻轻压在太子的那只手上。一双会说话的大眼睛,毫无顾忌地凝视着太子。凭着她对太子的了解,知道要驾驭这个男人的心,真是太容易了。

犹如一股电流通遍太子的全身,他觉得热血沸腾起来。他顾不得什么了。一下子把武媚娘搂进怀里,贪婪地吮着她的嘴唇。

武媚娘闭起眼睛,让太子尽情发泄心中的激情。但很快,她又用力挣脱太子怀抱,边整理头上的云发,边催促:"殿下请快回去,以免引起皇上怀

中华宫廷秘史

疑。"

从这以后,太子像着了魔。白天,他捕捉着武媚娘的身影,哪怕多看到一眼也好,每次武媚娘都给太子回眸一笑,那含有无限情意的眼神,会使太子站在那里痴痴地发半天怔。夜晚,太子常常无法安眠,难以抑制心头的骚动。睡梦中,也同心上人在相会。二十出头的太子,尽管妻妾成群,但这一次,在他眼里才算真正的恋爱。

贞观二十三年五月,乘着太宗病危,在武媚娘的卧室内,两人竟不顾礼法,成就了好事。梦寐以求的美人总算得手了,太子异常兴奋,尽管他仁孝,对父皇有很深的感情,但为了那挡不住的诱惑,内心深处竟时时冒出希望父皇驾崩的念头。

一天,唐太宗在昏睡之后睁开眼睛,见武媚娘站在榻边,便对她说:"朕自得病以来,医治无效,反日益见重,看来将不久于人世了,朕死后,你将如何自处?"

武媚娘连忙跪下,说:"妾蒙圣上隆恩,本该追随陛下而去,但陛下龙体未必不能康复,妾宁愿削发为尼,长斋拜佛,为陛下祈求福寿。"

唐太宗听后点点头说:"好,你既愿意这样做,也省得朕为你操心了。"

不久后太宗驾崩了,凡受过太宗召幸的宫人们,都像武媚娘一样,被送入尼庵。她们一个个都哭得像泪人儿,只有武媚娘没有哭,她有自信心。因为一次太子进到她的卧室,呜咽着问:"你难道甘心撇下我吗?"

武媚娘仰头一望,见太子这几天消瘦了许多,头上竟添了几根白发,不由心头一酸,流着泪对太子说:"圣命难违,只好去了!"

太子拉住她的手说:"此一去何时才能再相见呢?"说着流出了伤感的眼泪。

武媚娘也哭着对太子说:"不久,殿下就要回长安即位了,也许到那时后宫妃妾成群,美不胜收,未必还会再想起妾了……"

"怎么会呢?我想忘也忘不了你呀!"太子动情地拉起了武媚娘的一只玉手,贴在自己的脸上。

"我入尼姑庵,殿下能再同我相会吗?"

"当然,你若不信,我可对天发誓,不过你要耐心等待,等我安排好一切之后,一定会来庵中接你回宫。"

"这可是天子的誓言啊!"武媚娘放心了,不过,她又进一步说:"殿下深情,妾已领受,但求殿下一件信物,让妾留下做个念想。"

太子忙从腰间解下一个九龙玉坠,递给武媚娘。武媚娘接过玉坠小心地珍藏在怀里,他们就这样依依不舍地分手了。

永徽二年武媚娘实现了她梦寐以求的希望,再次到了宫中。之后,为实现她的女皇梦继续做了很多她该做的事情。

武媚娘为何被送进宫

利州都督武士彟,原是并州文水(今山西文水县)一个农家的儿子,从他年轻的时候就务农在家,后来他弃农经营木材而治家。武士彟自幼刻苦读书。隋朝末,利用财力谋得品级很低的武职小官,并不惜重金结交权贵。后来他为唐朝开国皇帝的高祖效劳,当时任隋朝北都太原府留守的李渊,每次巡视太原附近各地区经过文水时,他都精心安排,极尽盛情,并赠送大量金银财宝,因而升任太原留守府衙门的行军司铠参军。

李渊太原起兵之初,武士彟先静观局势之变,等到隋炀帝在江都为臣下所杀,李渊已进兵攻下长安时,他才追随从军。唐建朝李渊登帝位,武士彟便也得到了一个光禄大夫的职位,并被封义原郡公,后又升至工部尚书。

唐太宗李世民继位后,武士彟又升为利州都督、荆州都督。武士彟的元配夫人在文水乡下的相里氏,为他生了两个儿子。入唐后,他又继娶隋朝观德王杨雄的侄女、年轻貌美的杨氏为妻。杨氏生有三个女儿,其中第二个女儿就是后来历史上威名赫赫的女皇武则天。

武士彟的前妻相里氏所生两个儿子都极不争气,武士彟对二子虽全力培养,但二子仍难脱农家的俗气,如今富贵的家庭却又增添了骄傲自大的性格。这使一生历尽艰辛的武士彟大为失望。因此,他希望借杨氏的高贵血统,生一个优秀的儿子,将来能为武家光耀门楣。

不料,杨氏连生两胎都是女孩。武士彟和杨氏抚摸着刚刚落地的二女武则天,相视无语,他们多希望她是一个男孩! 或许是为了抚慰心灵失落,无意中,他们把武则天打扮成男孩模样。

贞观元年(627年)十二月,武士彟任为利州都督。这时武则天已经3岁多了,她随兄姊们跟随心事重重的父母来到利州。

　　武士彟一家来到利州不久,得知闻名遐迩的相术大师袁天纲奉旨自成都往长安觐见皇上,将途经利州。武士彟认为这是千载难逢的良机,绝不可失,立刻盛情相邀。请求袁天纲为他们全家看相。武士彟最关心的是杨氏能否生个男孩,因而首先让他给杨氏看。袁天纲看过之后说:"夫人骨相非凡,将来理应生贵子。"

　　武士彟听后非常高兴,对袁天纲恭言道谢。

　　接着,武士彟让奶妈把仍穿男孩衣服的武则天抱来,也让大师看看命相。

　　袁天纲走到跟前,仔细端详着武则天的相貌,又让奶妈把孩子放在地上,则天立刻活泼地跑起来,袁天纲见此情景,脸上显露出惊讶的表情,然后颤巍巍地说:"此郎君龙睛凤颈,日角龙颜,贵人之极也。只可惜是个男孩,若是女孩,将来必为天子。"

　　袁天纲以无法抑制的惊奇神色说出这石破天惊的话,在武士彟心里如同晴天一声霹雳,脸色顿时变得苍白无色。当武士彟从惊呆中清醒过来,急忙挥手令家人和奶妈全部退下,靠近袁天纲,战战兢兢地问:"袁先生,此话是……真的吗?"

　　武士彟想进一步证实此话,因小则天确实是个女孩。

　　此时,袁天纲已冷静下来,十分诚挚地向这位都督大人恭贺道:"大人,在下从不说谎欺人。多年来不知为多少人相过面,如今有幸见到如此富贵之相,也不枉为相家一回啊! 只可惜他是个公子,不过将来必有大福大贵。"

　　武士彟为袁天纲的真诚厚义深深感动,但他深知其事的利害,绝不敢说出小则天的真实性别。

　　第二天一早,袁天纲离去时,武士彟亲率僚属送至利州城外,又赠重金以为谢礼。回府后,立刻聚齐全家,严戒他们昨晚袁天纲所说的话绝不可外泄,否则有灭门之祸! 但武士彟自己仍不放心,有点半信半疑地对全家说:"则天女娃男装,可袁天纲连是男是女尚没有看出,所以他的话大可不信,不过,他是奉旨入京的有名人物,相术虽不精确,你们不可有半点非议,否则传扬出去对我武家不利,总之,你们要把昨天的事全部忘掉,不管什么时候都

唐宫秘史

不能张扬出去。"

自这以后,武士彟让全家忘掉的事,他自己却忘不掉,袁天纲对武则天的惊人预言,时时在武士彟脑海里盘旋。他不相信一个女人会成为天下之主,自古以来还没有这样的先例,但充满野心的武士彟又想,或许我的女儿就是打破先例的那一个,即使不可能成为天子,册立为皇后该是有可能的。对女儿而言,皇后也就是一国之主了。

对这一美妙的预言,一旦有了合理的解释,幻想的世界也变得绚丽多彩。武士彟想到这里,看了看身边的武则天,这时则天正冲着父亲笑呢,武士彟看到则天那天真无邪的笑容和美丽的面容,似乎看到则天长大之后,那种仪态万千,花容月貌,国色天香的仪态。他突然萌发了一个念头:"则天要成为绝代佳人,一定把她送进后宫去。"

武士彟为此给则天取了个漂亮的名字即"媚娘"。

从此,把媚娘送到皇宫,就成了武士彟有生以来最大的愿望。他把这一愿望深深藏在心里,连对夫人杨氏也没有透露半个字。武士彟对媚娘更加爱护和关心,媚娘也越来越聪明伶俐、健康动人。

贞观五年(631年),武士彟荣升荆州大都督。荆、并、益、扬四州是四大都督府,一贯为人所重视。

这时媚娘已长到了5岁,和其他高官公子一样,开始跟家庭教师读书,她的悟性确实超乎常人,武士彟见此当然非常高兴,百忙之中还抽出时间关心教育媚娘,这段生活是武则天一生最幸福的时光,她身为大都督的掌上明珠,在优雅丰足的环境中,过着没有争斗、没有嫉妒、没有困苦的生活,有的只是幸福和快乐。

贞观九年(635年),武士彟得了重病,这时他已被朝廷封为礼部尚书。在病危之时,武士彟紧紧地拉着夫人杨氏的手,对她说:"媚娘长的太出众了,若嫁一个普通人,实在太委屈她了。我死后,你要好好抚养她,待她长大后,一定要送到天子身边。为此,我已在京城做了些安排,到时你去找他们就行了。"

说完,他又令家人叫来小媚娘,示意全家全部退出去。当屋里只剩下他们父女俩时,武士彟久久凝视着如花似玉的女儿,向她讲述了沉积在心中多年的秘密,要女儿记住袁天纲的预言,最后又叮嘱道:"此事只能铭记在心中，绝不可对任何人说，知道吗?"

小媚娘望着父亲温暖和殷切的目光，似懂非懂地点着头说:"我记住爹的话，绝不说出，绝不违背爹的意愿，长大后一定进宫侍奉皇上!"

武士護满意地闭上了眼睛，带着对女儿美好的梦走了，带着对武氏家庭未来辉煌的憧憬走了。这梦幻和憧憬后来都成为真实的现实，而武士護没有想到的是这美好和辉煌的结果，是以其子孙的家破人亡而告结束的。

武媚娘失宠之谜

武媚娘的美貌终于传到了天子唐太宗的耳朵里，这时，贤明的长孙皇后刚刚去世，太宗精神抑郁正想找个寄托，于是，他下诏召媚娘入宫。

杨氏接到圣旨，惊恐万状，她不知道这是福还是祸，她出身贵族，对上流社会特别是皇宫的情形略知一二。她知道加入"后宫三千"的行列，究竟能不能得到天子的宠幸还是一个未知数。

杨氏看到召媚娘入宫的圣旨，抱着年仅 14 岁的媚娘，伤心地哭了。

媚娘静静地看着母亲，神情自若地对母亲说:"能见到天子，不是很幸运的事吗? 或许这是女儿的福分，母亲何必这样难过呢?"

此时，媚娘脑海里，浮现出父亲临终的面容，她好像又听到了父亲弥留之际单独对她说的那个秘密:"一个叫袁天纲的相术大师的预言。"

现在圣旨到了，终于向这条路迈出了第一步，媚娘想:"绝不让父亲失望。"

这样，贞观十一年十一月，年仅 14 岁的媚娘，怀着对宫廷神秘生活的憧憬和父亲对自己的嘱托，进入了掖庭宫。

媚娘入宫后，因为她是奉旨入宫，立刻由掖庭令赐给才人名号，正五品。之后，又经过二三个月的训练，由宦官带领，来到甘露殿第一次为太宗侍寝。

走在昏暗绵长的走廊里，媚娘的心紧张得都要跳出来了，她抬起宽宽的额头，心中默默地念着:"终于到觐见天子的时候了!"

在屋内淡淡的灯光下，太宗看着面前这比传闻更美的丽人:大而明亮的眼睛，带着几分羞赧，同时露出几分好奇和挑逗的目光。脱下衣服后，只见未成熟的身体修长而纤细,洁白的肌肤如细腻的羊脂,光滑而又柔软,乍看上去,聪颖却不太成熟,具有一种说不出的性感魅力。是一个奇妙的混合体!

在愉快中,太宗轻轻地问道:"你叫什么名字?"

"我叫媚娘。"媚娘答道。

"好一个美妙的名字,真是人如其名,今后你就以'武媚'为号吧。"

"多谢圣上赐号。"武才人娇滴滴地道谢。

经过第一次体验,武媚娘本能地感觉到自己侍寝有术,能使皇上如意。

第二天一早,就经过掖庭令,送来了皇上的赏赐。此后,每隔几日,武媚娘就得到太宗的宠召,再度侍候皇上。

由于武媚娘受宠,所以遭到其他宫女们的嫉妒和怨恨。身边充满着怨气,使她常常觉得非常压抑。但武媚毕竟是武媚,这位超常好强的少女,以超然态度,对抗着周围的事情,武媚这傲慢的态度,更激起了宫女们对她的怨恨。

就在武媚春风得意的时候,一场灭顶之灾降落在她的头上。

这一时期,白天常看到太白星。太白星在白天出现,这是什么征兆?太宗心中犯疑。他忽然想起不久前民间广泛流传的一本叫《秘记》的书,书上说:"唐三世之后,女主武氏代有天下。"

太白星相与《秘记》有无联系?

太宗急忙把太史令李淳风秘密召来,热切要求李淳风对这一星相作出解释。

李淳风做了番观察占卜之后,战战兢兢地说:"经臣观察天象,占卜后的结果,这次太白之妖的确是女主昌的征兆。而且,这个女人已在陛下宫中。自今不出30年,她将成为天下之主,杀绝大唐的子孙。太白之妖正是这个征兆。"

说完,李淳风偷偷抬头看了太宗一眼。

太宗愤恨地说:"既然如此,凡是可疑的人都尽快杀掉,以绝后患。"

李淳风继续说道:"况且30年后,此人已老,自然会生慈善之心,祸患也可能减轻。现在如果把此人杀掉,上天或许以后会生出更强壮的人物,灾祸将会变得更大。到那时,恐怕陛下的子孙都会被灾祸灭绝。"

面对这位渊博多识的李淳风所说的一切，太宗不得不打消了杀戮宫人的念头。

太宗也不知道后宫数千宫女中，有几个姓武的。但心里首先想到的，就是最近自己宠幸的才人武媚。这朵刚刚绽开的花蕾，全身上下都散着一股迷人的引力。自皇后去世以后，武媚成了太宗极大的精神寄托。深深宠爱的武媚，为什么偏偏姓武？

从这以后，在太宗的心目中，武媚已变成了一个可怕的妖女，他告诫自己，无论如何不可再宠幸和接近武媚了。

武才人就这样莫名其妙地失宠了，开始她自己也不知道是什么缘故。原先嫉妒、憎恨她的宫女们，终于得到发泄的机会，她们对武媚恶意嘲讽、辱骂。宦官们也露出了嘲弄的嘴脸。

处于孤立无援的武媚，正为不明不白而失宠的原因苦恼时，她花钱买通了一位宦官，宦官告诉了她有关民间流传的秘密："唐三代而亡，女主武氏代天下。"

这一突如其来的传说，像一股电流掠过了武媚的全身，她突然想起父亲临终时对她说的那个"预言"，心立刻咚咚地狂跳起来。难道这真是天意吗？如果传说中的女主真是指我的话，不正和袁天纲的预言相吻合了吗？

失宠的谜终于解开了，但留给武媚后来的路更加艰难了，直到她后来遇到太子李治，才又给武媚的女王梦带来一丝希望。

武媚娘怎样得到太宗的喜爱

唐太宗一生爱马，又嗜弓马，特别是对骏马嗜好以致成癖。

贞观十二年（638 年）初，太宗听说西域刚进贡了一批名马，其中有一匹叫狮子骢的骏马，它身高体大，威武雄健，通体丈余有三，毛色漆黑闪亮，飞奔起来不亚于黑色闪电。当太宗看到这狮子骢时，禁不住连连叫绝。此骏马站如墙，腿坚如柱，鬃毛密长如披肩，尾大如巨帚，只因它暴烈如火，桀骜不驯，好端端的一匹名骏，白白拴在马厩里。

这一天太宗亲自带领刚刚进宫的武媚娘、侍女和文武大臣们亲自来到

驯马场观看驯马。当太宗和武媚娘来到马厩时,那狮子骢像是对当前的处境不满似的,它刨动前蹄,摇动巨尾,还不时高昂着头,嘶叫起来。像是在咆哮:"唐太宗,你们大唐王朝奈何不了我,还是让我回到自由的大自然中去吧,那里是我驰骋之地。"

唐太宗见此情况,于是就向随从文武官员问道:"这么好的马,白白被困厩中,实在可惜。诸位爱卿,谁能与朕驾驭得了它呢?"

很多大臣都知道这马有烈性子而不敢上前,而出人意料的是,站在太宗身边的武媚娘突然说道:"陛下,臣妾倒想试试看。"

太宗饶有兴趣地转身问武媚娘:"就凭你这稚嫩的千金之体,能驾驭烈马?"

武媚娘很自信地回答说:"臣妾自幼随父在军中,马上马下习以为常。不是臣妾夸口,只要圣上给臣妾三样东西,保管把它制得服服帖帖。"

太宗好奇地问武媚娘要哪三样东西,武媚娘答道:"臣妾要一条铁鞭,一个铁锤,一把匕首。陛下,只要有这三样东西,臣妾以铁鞭教之,铁鞭轻则鞭其皮肉,重则鞭入其骨;如不驯,臣妾再以铁锤击碎其骨,疼至骨髓;如仍不驯,臣妾就用匕首刺之,断其咽喉,让它一命呜呼! 如此三样东西,何愁这匹良骏不驯,陛下您说呢?"

太宗听完武媚娘的话,觉得武媚娘确实不是一个寻常女子,不禁称赞道:"朕原以为像你这样弱不禁风的女子,只会伴朕侍寝,想不到你小小年纪,竟有如此胆略和气魄,不管你能否驯烈马,只要能有此般压倒须眉的勇气和胆略,是亦足矣!"

从这件事之后,唐太宗更加喜爱武媚娘。虽然,太宗不仅沉醉于媚娘床笫枕席之间的温情和妩媚,更喜欢她那超人的刚毅和过人的胆气,这二者,乍看起来是相互矛盾的,是水火不相容的;然而,它却和谐地统一在武媚娘的身上。这是一种外柔内刚,刚柔相济的性格。后来如果不是发生了"神秘的谶语"事件,武媚娘也许能更早地实现她的"女皇"梦。

武则天真的杀死了亲生女儿吗

唐高宗永徽六年,二十九岁的武则天奉诏离开感业寺,二次进宫,被高宗封为昭仪。武则天进宫后,发现后宫里王皇后与萧淑妃在明争暗斗。王皇后妒忌萧淑妃生下皇子,怕"母以子贵",失去自己的皇后地位,于是支持高宗召武则天回宫,目的是想利用武则天去夺萧淑妃的宠,自己坐收渔利。武则天是何等精明之人,很快猜中了王皇后的意图,所以将计就计,极力巴结王皇后,流露出千般万般感激之情,王皇后被她的虚情假意迷惑,竟视她为知己,不断在高宗面前夸赞武则天,贬损萧淑妃。高宗庸懦无能,不能处理朝政,常由宰相帮他出主意。武则天使出浑身解数,把李治紧紧的抓住,更以卑词屈利,稳住王皇后作她的踏脚石。一来二去,没有多少时日,王皇后的目的达到了,萧淑妃失宠了。但是,武则天并不以此为满足。她千方百计笼络后宫的人,收买宫监作耳目,暗察失宠后的萧淑妃的不满言行。终于事遂人愿,萧淑妃被高宗打入了冷宫,贬为庶人。

武则天下一个对手就是王皇后了。这王皇后本是高宗的结发妻子,为人持重,举止娴雅,又有外廷的重臣们拥戴,扳倒她谈何容易?况且要废立皇后可不是小事,得跟大臣们商量。因此此前高宗想封武则天为宸妃时,大臣们据理反对,高宗就没敢轻举妄动。他不想为这么一件小事儿引起朝臣的不满。武则天十分清楚,这次要废掉皇后一定要争取朝臣们的赞同。为此,她绞尽脑汁、苦思冥想如何向皇后之位逼近。

武则天

首先,她想从太尉长孙无忌那里打开缺口。长孙无忌不仅身任宰相兼顾命大臣,还是高宗的亲娘舅,他这一关通过,其余的大臣便不在话下。一天,武则天陪高宗带厚礼亲自到太尉府,当场给长孙无忌的三个正在读书的儿子封官,还命人送来十车珍宝、金银、绸缎,然后婉转地提出废后一事,但是长孙无忌迟迟不表态,高宗和武则天只好悻悻而回。

接着,武则天又暗中指使宫人把一个写有高宗名字和生辰八字的小木偶,埋在王皇后卧榻下面的砖地里;然后派人到高宗那里密报,说王皇后怨恨皇上,跟她母亲魏国夫人用"厌胜"之术诅咒皇上早死。高宗见密告之人是王皇后的近侍,岂能生疑? 待挖出木偶之后,见木偶的七窍和心口全都插着铁针,高宗气疯了,不问青红皂白,当即下令不许王皇后的母亲魏国夫人再进宫来。高宗全然没有想到这是栽赃,终于下决心要废后。

然后,在宣布废王皇后立武则天的朝堂上,武则天坐在高宗身后的珠帘内,随时替高宗出谋划策。当坚决反对武则天为后的褚遂良说了一大通理由后,武则天竟在帘内大喝:"怎么还不快扑杀此獠!"幸亏长孙无忌及时求情,高宗才未治褚遂良的罪,朝会不欢而散。就废王立武之事,朝臣们分成了三派:反对派、赞成派和中立派。其实,"中立派"明是中立,实质上等于赞同。反对派虽然有长孙无忌和褚遂良等顾命大臣,但还是少数。

武则天看得非常清楚,要想巩固自己的地位,最好是攻击代替防御,要争得后宫的独霸地位,非把王皇后彻底打倒不可,于是武则天深思熟虑之后,使出一记"狠招"——上演了一出残杀爱女的"苦肉计"。

武则天进宫后的第二年,生下儿子李弘。又过了一年,即永徽五年,武则天再次临盆,生下了一个小女孩。这个小女孩长得眉清目秀,白白胖胖十分可爱。刚过百天,便会咧着小嘴,笑嘻嘻地伸着小手要人抱。高宗把她看成掌上明珠,每天下朝都要到太极宫里瞧她几眼。

有一天,王皇后因事到太极宫找高宗不遇,偶然间见到了这个小女婴一人在屋,不由得抱起来逗弄了一阵。过了一会儿,武则天回来,听说此事,便心生一计,狠下心来,把自己天真可爱的小女儿活活掐死了。不多一会儿,高宗进来,发觉爱女已死,气急败坏地大叫:"谁杀死了我的女儿? 谁杀死了我的女儿?"他当然不会怀疑武则天会下此毒手,再一查问,知王皇后方来过,于是"谋害小公主以泄私愤"的罪名便落到王皇后头上。

形势急转直下,浑厚懦弱的高宗终于不顾一班老臣的反对,把坚决反对立武氏为后的褚遂良贬到外省作都督,紧接着王皇后被废。永徽六年,册封武则天为皇后,武则天想当皇后的愿望终于实现了。武则天被立为皇后,唐高宗还洋洋洒洒地下了一道诏书,其中特别援引汉宣帝见太子不乐,令选自己后宫美女王政君以娱太子的故事,用汉元帝与王政君的关系来比拟唐高宗与武则天,减轻"父子同科"带来的讥讽,真是煞费苦心。

武则天对亲生女儿下得了这般毒手,似乎超出常理,难以置信。分析前因后果就会清楚:这位才智超群的女性,饱尝了近十年才人的冷落之苦,她不甘心屈居皇后淑妃之下,决心以非常手段夺得后位。她出身贫寒,又曾侍奉过先帝,名声不好;而且,当时无论后宫还是外廷都没有拥戴她的人。单枪匹马的武则天要实现自己的梦想,只有拿亲生女儿的性命作赌注。她的冒险成功了,她的后位浸透了小公主的鲜血!为达目的不择手段固然是武则天的天性使然,但也是她成就大业的无奈选择。

试看古往今来,封建帝王、政治权臣为谋尊位,哪个人对自己的骨肉手软过? 在他们心中,权力才是第一位的。武则天亲手害死亲骨肉也就不难理解了。

武则天怎样从宫女成为皇后的

唐高宗永徽元年,当时已经 29 岁的武则天奉诏离开感业寺,再次进宫服侍皇上,虽然她当时只是个宫女的身份,但是,由于唐高宗对她钟爱有加,于是很快她就凭借自己的心机和魅力被高宗封为昭仪。

武则天进宫后在当卑微的宫女的那段时间里,很快就发现后宫里王皇后与萧淑妃在明争暗斗。王皇后妒忌萧淑妃生下皇子,怕"母以子贵",失去自己的皇后地位,于是才支持高宗召武则天回宫,目的是想利用武则天去夺萧淑妃的宠,自己坐收渔利。

而没过多久,武则天就看出了王皇后的心思,而武则天作为一个超出人们想象的聪明女人,很快就卷入了这场争斗之中,她将计就计,极力巴结王皇后,并时常对她流露出千般万般感激之情,而王皇后又不及她聪明,于是很快就被她的虚情假意所迷惑,不久后就视她为知己,不断在高宗面前夸赞武则天,贬损萧淑妃。

而唐高宗不但庸懦无能,还没有能力处理朝政,所以就常由宰相帮他出主意。于是,武则天看准时机,使出浑身解数,把李治紧紧地抓住,更是竭尽全力,尽力稳住王皇后做她的踏脚石。就这样,在她的精心策划下,没有多少时日,王皇后达到了自己的目的,萧淑妃失宠了。

但是，武则天并不以此为满足。与此同时，她还千方百计笼络后宫的人，尤其是收买宫监做耳目，暗察失宠后的萧淑妃的不满言行。终于事遂人愿，萧淑妃被高宗打入了冷宫，贬为庶人。王皇后对这样的结果特别满意，于是对武则天更加信任和喜爱。

然而，王皇后并不知道，她自己以为最好的"知己"武则天却把她当成了自己的下一个对手。王皇后是高宗的结发妻子，为人持重，举止娴雅，又有外廷的重臣们的大力拥戴，扳倒她又谈何容易？况且要废立皇后可不是小事，得跟大臣们商量，并且要把绝大多数大臣聚集到自己的手下来。

但是此前，唐高宗想封武则天为宸妃时，大臣们据理反对，高宗就没敢轻举妄动。他还没昏庸到为这么一件小事儿引起朝臣对自己的不满。武则天心里也十分清楚，这次要废掉皇后一定要争取朝臣们的赞同。她当前的状况已经引起了大臣们对自己的厌恶，那么要把他们拉拢过来实在是不容易，而她必须绞尽脑汁、苦思冥想如何赢得大臣的赞同，进而夺得皇后的位置。

经过精密的思考和策划后，她首先从太尉长孙无忌那里打开缺口。长孙无忌不仅身任宰相兼顾命大臣，此外，他还是唐高宗的亲娘舅，他这一关通过，其余的大臣便不在话下了。所以在一天，武则天要求亲自陪高宗带厚礼亲自到太尉府，当场给长孙无忌的三个正在读书的儿子封官，另外还命人送来十车珍宝、金银、绸缎，然后婉转地提出废后一事，但是长孙无忌哪能对这么大的事情说出自己的意见，于是他迟迟不表态，高宗和武则天只好悻悻回宫。

长孙无忌不想卷入这场宫廷之争中，也知道武则天非等闲之辈，所以不敢参与。而武则天看到他这关很难通过，于是她接着暗中指使宫人把一个写有高宗名字和生辰八字的小木偶，埋在王皇后卧榻下面的砖地里；然后派人到高宗那里密报，说王皇后怨恨皇上，跟她母亲魏国夫人用"厌胜"之术诅咒皇上早死。

而唐高宗一听起初也有所怀疑，但是他看到密告的人是王皇后的近侍，也就不再对此怀疑了。唐高宗为此异常气愤。于是就立即派人到王皇后那里去查证，果然在她那里搜出了木偶，唐高宗见木偶的七窍和心口全都插着铁针，当时就怒不可遏，不问青红皂白，当即下令不许王皇后的母亲魏国夫

乾陵

人再进宫来。而高宗全然没有想到这是栽赃,终于下决心要废后。

就在宣布废王皇后立武则天的朝堂上,武则天就已经坐在高宗身后的珠帘内,并随时替高宗出谋划策。但是,坚决反对立武则天为后的褚遂良说了一大通理由,武则天听后非常气愤,于是在帘内大喝:"陛下怎么不斩了这个一心为王皇后讲情的人?"幸亏长孙无忌及时为褚遂良求情,高宗才未治褚遂良的罪,就这样朝会不欢而散。

但是,之后就废王立武之事,朝臣们分成了三派:反对派、赞成派和中立派。而事实上的"中立派"明是中立,实质上等于赞同。反对派虽然有长孙无忌和褚遂良等顾命大臣,但还是很少的一部分人。

武则天对此看得非常清楚,她知道如何巩固自己的地位,于是她开始改变原来的攻击策略,取而代之的是防御,她更明白要争得后宫的独霸地位,就必须把王皇后彻底打败,于是武则天深思熟虑之后,使出一记"狠招",就是历史上一出残杀爱女的"苦肉计"。

武则天进宫后的第二年,生下儿子李弘。又过了一年,即永徽五年,武则天再次临盆,生下了一个小女孩。这个小女孩长得眉清目秀,白白胖胖十分可爱。刚过百天,便会咧着小嘴,笑嘻嘻地伸着小手要人抱。高宗更是对她喜爱有加,把她看成掌上明珠,每天下朝都要到太极宫里瞧她几眼。

一天,王皇后有事到太极宫找高宗,偶然间见到了这个小女婴一个人在屋玩耍,她看到这么可爱的孩子,就不由得抱起来逗弄了一阵。过了一会儿,武则天回来,听说此事,便心生一计,狠下心来,把自己天真可爱的小女儿活活掐死了。

不多一会儿,高宗回来了,他发觉爱女已死,气急败坏地大叫:"谁杀死了我的女儿？谁杀死了我的女儿？"他当然不会怀疑武则天会下此毒手，再一查问，知王皇后方才来过，于是"谋害小公主以泄私愤"的罪名便落到了王皇后头上。

就这样，王皇后的地位变得更加岌岌可危，懦弱的高宗由于痛失爱女对王皇后忍无可忍，于是终于不顾一班老臣的反对，把坚决反对立武氏为后的褚遂良贬到外省做都督，紧接着王皇后被废。在永徽六年，册封武则天为皇后，武则天想当皇后的愿望终于实现了。

武则天对亲生女儿下得了这般毒手，似乎超出常理，难以置信。但是分析前因后果我们就会明白：这位才智超群的女性，饱尝了近十年才人的冷落之苦，她不甘心屈居皇后淑妃之下，决心以非常手段夺得后位。她又曾侍奉过先帝，名声不好。而且，当时无论后宫还是外廷都没有一个和她站一处的人。

所以，单枪匹马作战的武则天要实现自己的梦想，只好拿亲生女儿的性命做赌注。她的冒险成功了，而这样的行为在历史上仅此一次，她为了权力而不惜杀害亲生女儿的做法实在令人不齿。

武则天是怎样成为唐高宗的宠妃的

武则天是中国历史上唯一的女皇帝，是中国历史上杰出的女人，她的工谗善媚手段罕有其匹，诚如骆宾王在《讨武檄文》中所说："入门见妒，蛾眉不肯让人；掩袖工谗，狐媚偏能惑主。"

武则天不是一般的女人，她知道唐太宗的年龄比自己大了许多，她不可能跟唐太宗一辈子，她和那些有机谋的妃嫔一样，在为唐太宗死后自己的出路寻找靠山。

自承乾太子因声色犬马被唐太宗革去太子位，最得唐太宗宠爱的儿子就是魏王李泰，宫中的妃嫔都暗暗和他私通声气，再加上魏王李泰年轻貌美，有几个放荡的妃嫔竟暗暗地和他结下私情，每当他一进来就像一盆火一样地迎向他，但武则天对他总是冷冷的，避得远远的。她有她自己的想法，尽管她也存心想找一个少年美貌的皇子。但她更需要一个忠厚少年，一旦得宠之后，可以颠倒操纵，偷眼看那魏王，是一个浮滑阴险的少年，将来决不能成大器，便是成了大器，也是一个无情无义的薄情郎君，因此任好色的魏王如何对她温存体贴、殷勤馈送，她总是不理不睬，她暗中选定的目标是生性懦弱、身体多病、忠厚老实的晋王李治。

只要是男人，在女人的一再挑逗之下，总会明白是怎么一回事，更何况是武则天这样的美人。一天，李治入厕所以后，武则天用金盆盛水捧给李治洗手，颔首半跪，使出轻佻浅逗的手段，清澈的盆水中倒映出武则天的如花面容，李治终于按捺不住一团热烘烘的欲火，情不自禁地蘸起水，轻轻地向武则天的脸上弹去并戏吟道："乍忆巫山梦里魂，阳台路隔恨无门。"武则天立即答道："未曾锦帐风云会，先沐金盆雨露恩。"

一个是心旌摇曳，一个是色授魂与，就这样成就了好事。李治是一个忠厚的男人，在枕头上立下誓，愿生生世世不忘今日之情。武则天是个有能力的女人，她侍奉了唐太宗这么多年，当然知道唐太宗的性格。在武则天的调教下，李治在唐太宗面前乖巧起来，日益讨得唐太宗的欢心。魏王李泰担心父皇会立李治为太子，就对李治百般刁难，并暗中胁迫李治。此事后来被唐太宗得知，加上长孙无忌坚决请求立李治为太子，于是太宗在贞观十七年（公元643年）立李治为太子，李治住进了东宫。

东宫靠近后宫，武则天与李治的来往更加密切，就连李治的正妻王氏也看出残云零雨来，但想到自己能有今天的地位，全靠武则天的妙计胜人，便睁只眼、闭只眼地忍耐下来。因此在唐太宗病情加重之日，正是他仁孝的太子与美艳的才人感情迅速加浓之时，在唐太宗奄奄一息的时候，武则天竟然怀上了太子李治的儿子。

唐太宗驾崩后，按照唐代后宫的规矩，凡是经过先皇召幸的妃子、女官，特别是"世妇"及"御妻"等人，均须离开内宫而入寺为尼，武则天当然也不例外，随众来到感业寺水仙庵出家。面对青灯古佛，回首往事，那悠悠岁月，仿佛繁华一梦，24岁的武则天，正是女性身心均臻于圆熟的年龄，却日夜谛听着钟鼓和更漏，任芳华虚度，思念起如今已贵为天子的李治，心中时而涌起蓬勃的希望，她觉得终究会有一天，自己会再对宫灯重施脂粉。

然而等待的时间也太久了，武则天已经快到30岁的大关，她的希望与信心在递减，她有些埋怨李治，甚至自怨选错了人。就在她万念俱灰的时候,喜从天降,唐高宗和后妃一行驾临感业寺,为唐太宗的忌辰悼念祈福。看着旧日的情人一袭袈裟,留着个光头,忠厚的李治竟流出了眼泪,其他人还认为皇上是思念亲生父亲唐太宗而落泪呢,但王皇后却十分明白其中的原委。"莫道相对无言语,一点灵犀暗里通。"武则天更是兴奋得双颊泛起醉人的红晕,唐高宗怜爱的眼神,不时缠绕在武则天身上,只要皇帝还记得,还念着旧情,武则天就知道还有办法。

事实上,唐高宗和王皇后都是借着为唐太宗进行五周年忌辰来见武则天的。对唐高宗来讲,他一直就没有忘记武则天,只是由于即位之初,诸多军国大事要他进入状态,并进行必要的调整与安排。再加上他也还受制于开国以来的元老集团,不得不谨言慎行,以蓄养自己的威望。同时出身名门贵胄的王皇后,处处用礼法对他加以管制,另有一个萧淑妃也分散了他一些感情,因此一下子还没有顾及武则天。至于王皇后更是非见武则天不可,因为王皇后出身名门,太过贤德方正,使得高宗兴味索然,萧淑妃乘机把高宗掌握在自己的手中。萧淑妃吹得一口好箫,做得一手好汤饼,还能学市井中骂人的口吻与皇帝打情骂俏,更兼不断变换手法刺激皇帝的新鲜感。于是王皇后醋劲大发,想起了武则天,便不惜用"饮鸩止渴"的办法来对付萧淑妃,当她在感业寺中看到唐高宗和武则天两人的表情时,她暗暗地笑了。

唐高宗思念武则天,但碍于祖训,加上他本人的懦弱,暂时还一筹莫展,此时萧淑妃又为高宗生了个儿子。怒气冲冲的王皇后经过秘密的安排,居然把武则天悄悄接进宫中,蓄发换装,在高宗永徽六年的一个春夜里,不着痕迹地把武则天送到了唐高宗李治的怀抱中。

武则天第一次入宫是 14 岁,做了太宗的小女人;第二次入宫是 29 岁,以成熟的风情与母性的柔情,把比她小 4 岁的唐高宗撩拨得如痴如醉,第二天便被册封为昭仪,算是"九嫔"之首,仅次于皇后及"四夫人",在后宫已是排名第六的人物了。

武则天篡位之谜

武则天当上皇后的同时意味着与她争宠的王氏、萧氏悲苦命运的到来,二人骤然间滑向了没有光明的无底深渊。为防止"野火烧不尽,春风吹又生",机智而富权术、阴狠而毒辣的武则天当然要斩草除根,王皇后以谋杀武则天女儿的罪名被废为庶人。王皇后、萧淑妃被废以后,囚禁在后宫的一所密室之中。密室四面高墙,没有门窗,只有一扇小门开了一个很小的孔,以通食器,门外有武氏派人看守。王氏、萧氏困在其中,昼夜不见日月,终日只有以泪洗面,互诉悲苦。

　　一天,高宗李治想起了被废的王皇后和曾经忘情恩爱的萧淑妃,不知道她们情形如何,想去看看。内监引寻着高宗,来到密室,见门禁森严,只有一个小孔用以通递饮食,李治不禁恻然心动,为之神伤。李治走过去,大声说:"皇后、良娣,你们还好吗?"王皇后、萧淑妃听见是皇上的声音,而且就在门外,两人喜出望外,泣不成声地说:"妾身以罪弃为奴婢,请皇上别这么称呼我们。"呜咽流涕之后,她们喘喘气又说:"陛下若是念在往日恩情的份上,就请让我们重见天日,将这里赐名为回心院。"李治伤感之下,泪眼朦胧,满口答应,"朕即有处置。"

　　武氏立即得到了心腹的奏报,待高宗离去,马上派人杖王皇后、萧淑妃各一百,直打得两人血肉模糊。然而,武则天还是不放过打入冷宫的王皇后及萧淑妃,终于在武则天软硬兼施、寻死觅活的纠缠下,唐高宗下诏将王皇后和萧淑妃赐死了。

　　按照惯例,后妃赐死不外乎鸩毒及自缢,而武则天却命人将王皇后及萧淑妃两人斩断手足,投入酒坛之中,说是让她们骨软筋酥吧!王皇后至死不发一言,萧淑妃则厉声披发大叫道:"愿阿武为鼠我为猫,生生扼其喉!"萧淑妃的话像钉子一样,一个字一个字地钉在武则天的心坎上,此后纵然宫中老鼠成群也不准养猫。好一阵,武氏常梦见二人披头散发、血淋淋地前来索命。武氏大为憎恶,请来巫师镇邪,不久,徙居蓬莱宫,但还是时而梦见两人。后来,武氏便干脆迁都洛阳,终生不回长安。为表达自己对二人的憎恶,武氏下令改王氏为蟒氏、萧氏为枭氏,中宗即位以后才复得其姓。

　　武氏进宫不到三年,就权谋夺取了皇后的地位。武则天巩固了在后宫的地位后,就加紧利用唐高宗为病魔所困的机会,将大部分政务都操纵在自己手里,向皇帝的宝座进军。为此,她还须首先在那批元老重臣中树威。

　　武则天所做的第一件事就是将反对派大臣褚遂良、长孙无忌等贬官流

中华宫廷秘史

武后行从图

放。没多久,李治因害了一场病,整天头晕眼花,有时难以睁眼,索性就将朝政大事全部交给武后处理。武则天执掌大权后,逐渐不把无能的李治放在眼里,使李治成为徒有虚名的皇帝。

从此,武则天更加肆无忌惮,一切任人行政大权多取决于她。她加紧培植自己的势力,依靠李义府、许敬宗,一连做了几件惊人的大事:废太子李忠,改立自己的儿子李弘为太子;封死去的父亲为周国公,杀死王皇后的舅舅。武后这一系列举动,令朝野百官无不侧目,一个个望风承旨。武后专权弄事,自然令外朝重臣极为不快,他们结成一体,窃窃私议,准备废后另立。而高宗也不满武后的挟制,同样有废后的想法。

千钧一发之际,武后的心腹宫女奔告武后,武后立即赶到大殿,面见高宗,质问这一切是为什么? 高宗羞缩,吞吞吐吐。武后表现得无限委屈,声泪俱下,对高宗恩威并用。高宗哪经得住这个,连忙为自己开脱,说:"都是上官仪教我的!"武后找出了罪魁祸首,便指使许敬宗构陷上官仪。于是,王伏胜、上官仪、李忠被杀。自此以后,武后不敢大意,常与高宗同朝听政,李治想有所为而不能,每次视事,政无大小,武后就垂帘于后。满朝官吏皆谏之,李治只是拱手听命而已,国人把武则天与高宗并称为"二圣"。不久,武则天自称"天后",堂而皇之地颁布了十二条施政方针,俨然造成了一个独揽朝纲的局面。

唐高宗李治在位34年,后20年几乎不裁政,全部交给武后裁夺。武后在36岁以前,替高宗生了四个儿子、一个女儿,此后便开始参与政务,醉心权术。高宗病体不支,一旦驾崩,颇得人望的太子自然会继承皇位,临御天下,这样,武后只能回到后宫,不能干政。这对于权力欲极旺的武后来说,无异于一死。因此,武后像杀死她的女儿那样轻松地决定,结束太子的生命,将太子李弘鸩杀。太子李弘死后,立次子雍王李贤为太子。不久,李贤又失欢于武后,废为庶人。武后的第三子李显被立为太子。

弘道元年十二月,高宗死去,太子李显即位,为唐中宗,武后为皇太后,总揽朝政。李显即位以后,打算把自己的岳父韦玄贞升为宰相,并授给自己乳母的儿子一个五品官。这时,韦玄贞刚从普州参军升为豫州刺史,接着再拜侍中为宰相,显然升迁太快。因此,宰相裴炎坚决反对,发生争执。这位不谙世事、年轻气盛的皇帝气哼哼地说:"我把天下都给韦玄贞有什么不可,何况一个侍中呢!"

裴炎把这事报告了武则天。武则天立即召集百官到乾元殿,裴炎与中书侍郎刘某及御林将军带兵入宫,宣太后令,废中宗为庐陵王,幽于别所。李显这时还不明白,问:"我有何罪?"武则天斥责他:"你要把天下让给韦玄贞,这罪还小吗?"

武则天所以选中李显继承帝位,是因为看到了他的昏庸,认定他称帝也成不了大气候,废立都掌握在自己手中。另一方面,武则天也是遵照高宗遗嘱让李显称帝。而且这时武则天称帝的时机尚不成熟,不敢贸然行动,用李显作为缓冲。

李显被废后,武则天的四子豫王李旦即位,是为睿宗,居别殿,不得干预朝政,武后旋又幽禁李旦及诸子于宫中,不出门庭达十余年。李旦的宝座还没坐热,因武则天要当皇帝,李旦只好让位,并且请母亲赐自己姓武。尽管这样,也没有消除武则天对他的疑虑,还是把他废为庶人,赶出京城。不久,武则天又把李旦怀有身孕的妻子也赶走,致使两口子沿途乞讨,风餐露宿,苦不堪言。李旦的三儿子李隆基就是在逃难时出生在路边的破草棚里。

公元684年,武则天改东都洛阳为神都,立武氏七庙,百官改名,为做女皇帝奠定基础。接着大量采用娘家诸武用事，残酷镇压政敌。五年后，武则天宣布改唐为周，自称圣神皇帝，经过36年的经营，武则天终于获得皇帝的称号。她登位时已67岁，是中国历史上即位年龄最大的帝王，她也是我国历史上一位刚强机智的杰出政治家、思想家。

武则天究竟有多少个男宠

武则天是中国历史上唯一的女皇帝，封建时代杰出的政治家。李唐王朝二百九十年的历史，有近半个世纪是由这位女性皇帝导演的。她一生的功过，经受了一代又一代人的褒扬与贬斥。在那喋喋不休的贬斥声中，因她曾拥有过几个男宠，成为亘古难泯的丑闻，也因此而成为政敌攻讦诅咒的靶子。

武则天在个人生活方面，曾专门设置"控鹤监"，专习床前供奉，薛怀义、沈南、张易之、张昌宗等人，都先后成了他的男宠。高宗死后，首先入侍武则天的是薛怀义。薛怀义原名冯小宝，本是洛阳街头卖膏药的小贩，因为身材魁梧，健壮有力，又能说会道，善收善放，是千金公主勾引来的情郎。武则天知道后横刀夺爱，居然称心如意。当时宫中经常举行佛事活动，为使冯小宝方便出入宫中，武则天就让他剃发为僧，出任洛阳名刹白马寺的主持，又将其名改为"怀义"，赐给薛姓。凭着过人的聪明，薛怀义又因督建万象神宫有功被擢升为正三品左武卫大将军，封梁国公。后来还多次担任大总管，统领军队，远征突厥。

薛怀义仗着有武则天撑腰，一时气焰熏天。一天，薛怀义在朝堂之上与丞相苏良嗣相遇，苏良嗣看不惯他的嚣张气焰，命令左右随侍的人结结实实地打了他几个耳光。薛怀义捧着红肿的脸向武则天哭诉，不料得到的答复是："这老儿，朕也怕他，阿师以后当于北门出入，南衙宰相往来之路，不可去侵犯他。"可见武则天对于嬖幸的男宠，以及为她办事的大臣，两者的分量是分得清清楚楚的。

对这件事，武则天的最有名的宝贝女儿太平公主曾当面说过她母亲："为什么不选择姿禀拔萃的人，用来帮助游赏圣情，揭除烦虑，何必去宠幸那些市井无赖之徒，为千秋万世所讥笑呢？"武则天颇为感慨地答道："你讲的确实很正确，早几天宰相打薛怀义的嘴巴，就正好是欺侮他是市井小人啊！假如是公卿子弟通晓文墨的，南衙又岂敢随便侮辱他！"

后因武则天宠幸御医沈南，薛怀义恩宠渐衰，气极之下，竟偷偷将明堂焚毁。武则天知是薛怀义所为，但也自觉难堪，未予追究，反令薛怀义主持重修明堂。后薛怀义愈发娇纵，并张扬武氏私事，为武则天所厌恶。在武则天授意下，太平公主率人将其缢杀。

薛怀义死后，时过中年的沈南侍奉武则天。七十多岁的她又陷入了寂寞烦闷之中，喜怒无常，脾气暴躁。此后，太平公主把自己的姘夫、太宗时凤阁侍郎张九成的儿子张昌宗兄弟推荐给武则天。这两个二十岁左右的美少年，不但聪明伶俐，通晓音律，而且更有侍寝的本领。武则天以为这回是公卿之子，大臣们讲闲话的可能会没有，于是马上给二人加官四品。从此，二张俨若王侯，每天随武皇早朝，待其听政完毕，就在后宫陪侍。

武则天还是遭到了反对，大臣狄仁杰原来就逼着武则天撤除了秽乱深宫的"控鹤监"，这次他又硬着脖子对武则天说："臣过去请撤'控鹤监'，不在虚名而在实际，今天'控鹤监'的名虽已除去，但二张仍在陛下左右，实在有累皇上的盛名，皇上志在千秋，留此污点，殊为可惜，愿罢去二张，离他们是越远越好。"

对此武则天没有大怒，只是拐弯抹角地加以解释："我早已知道你是忠正老臣，所以把国家的重任委托给你。但这件事情你不宜过问，因为我嬖幸二张，实际是为了修养身体。我过去躬奉先帝，生育过繁，血气衰耗已竭，因而病魔时而相缠绕，虽然经常服食参茸之类的补品，但效果不大。沈御医说：'血气之衰，非药石所能为力，只有采取元阳，以培根本，才能阴阳合而血气充足！'我原也以为这话虚妄，试行了一下，不久血气渐旺，精神渐充，这绝不是骗你的，我有两个牙齿重新长出来就是证明。"

说完把两个刚长出来的牙齿露给狄仁杰看。不可一世的女皇武则天张大了嘴巴向狄仁杰逼来，使得狄仁杰这位忠耿正直的大臣一时之间窘迫异常，狄仁杰不得不作出让步，但仍不屈不挠地说："游养圣躬，也宜调节适度，姿情纵欲，适足贻害，但我知道陛下不会像历史上的秦、胡二皇后，希望陛下到此为止，以后不能再加添男宠了。"武则天和颜悦色地说："你讲的是金玉良言,今后我一定会有所收敛的!"朝堂之上,君臣竟以猥亵之言争论男宠的事,可说是千古少见的事,武则天能够做到这样也算难能。

张易之和张昌宗属世家子弟,宰相之后,此二人先被任为中郎将和少卿,后屡屡加官,因武氏年事已高,政事多委张氏兄弟,二人权倾朝野,连武则天的侄儿武承嗣、武三思等人都争着为二人执鞭牵马。二张恃宠而骄,不仅在后宫恣意专横,而且结党营私干预朝政,引起了众怒。神龙元年,宰相张柬之等发动复辟唐朝的政变,将二张诛杀。其实二张对唐朝的复辟也是有功的。

武则天依靠历史的条件、特定的婚姻、个人的才干书写了一段辉煌的女皇历史。作为一个女皇,一个精明的政治家,武则天蓄养男宠应该说主要是为了显示女皇帝的威权。二张入侍时,武则天已年满七十三岁,就算生活优裕,养生得法,服用春药,也难使一个老妪返老还童。她这是在向众人炫耀,既然男子为帝可以有成群的妃嫔,女人登基也应该有侍奉的男宠。而且,武则天在宠幸面首时,唐高宗早已作古,她是孤身一人;皇帝妃嫔成群在当时是合法制度,武氏身为女皇,男宠前后不过数人,即使与历史上不荒淫的皇帝相比,也是少之又少。因此,对武则天还应该全面的、历史的、公正的给予评价。

唐高宗为何信奉佛教

唐高宗李治是太宗皇帝的第九子,字为善,小名雉奴,他在二十多岁就登上了皇帝的宝座,在位三十四年。高宗做太子时,就依玄奘法师受过了菩萨戒。玄奘法师请太宗皇帝作三藏经教序时,有一篇菩萨藏经序后,就是高宗在太子时奉诏所作的,内中有"余以问安之暇,证以妙法之宝,奉述天旨,微表赞扬,或命有司缀于卷末"。其实这两篇序文皆冠于经首。

贞观二十二年,皇太子住在东宫,当时天气阴晦,他的身体一直都很疲倦,由于追念母仪,内心深感难过。后来,李治就鸠材择地,创建了一所大慈寺,为文德皇后追崇冥福。这项工程从春天开工,一直到十二月方才竣工。后来,在寺旁又建了一座雄伟的佛塔,诏选京城德高望重的沙门五十位,各

度六人,同居新寺。那一次晋山典礼的仪式特别隆重,太子备了宝车五十乘,迎接五十位大德,并有采亭宝刹数百具、新请到的梵本诸经以及瑞像舍利等,一同迎到寺内奉安,演奏的乐队是太常九部乐与长安万年音乐。华幡导引入寺,京城差不多每一寺都参与了这一游行盛会。太宗皇帝在安福门楼上执炉致敬,等待经像等行列走过,对此盛况,太宗皇帝颇为高兴。

高宗登位后,又制大慈恩寺碑。有一次高宗谒大慈恩寺上香礼佛,慈恩寺沙门做了一首五言律诗道:"皇风扇祇树,至德茂禅林,仙草为日彩,神幡曳远阴,绮殿笼霞影,飞阁出云心,细草希慈泽,恩光重更深。"高宗皇帝也做了首五言诗和慈恩寺沙门道:"日宫开百仞,月殿耸千寻,花蓋飞团影,幡虹拽曲阴,绮霞遥笼帐,丛珠细网林,寥廓烟云表,超然物外心。"

显庆元年正月,皇太子在慈恩寺斋僧五千人,与玄奘法师谈起翻译经典的事。太子询问前代译经的经过,玄奘法师答道:"晋宁以来,译经都要设置监阅、详辑之类的官员。前秦苻坚时昙摩难提译经,黄门赵整执笔;姚兴时罗什法师译经,兴及姚崇执笔;后魏菩提流支译经,侍中崔光笔授。以至梁陈周隋各王朝,也都是如此。就是在本朝贞观初年,波颇那罗译经,先帝文皇帝也敕令赵郡王孝、詹事杜正伦为监护。如今大慈恩寺,极其庄丽轮奂,是为今古罕俦,可是尚未建碑,贫道住守此寺,关于建碑的事,我想启禀皇上知道。"

不久,黄门侍郎薛元超将玄奘法师与太子所谈译经以及建碑之事,奏闻皇上,高宗欣然同意。数日后,高宗命中书令崔敦礼宣读敕旨诏曰:"大慈恩寺玄奘法师,新翻经论,今特令左仆射于志宁、吏部尚书来济、礼部尚书许敬宗、黄门侍郎薛元超、中书侍郎李义府、杜正伦协助看阅,或有不妥的地方,随笔润色。"

朝罢后,高宗又派遣内给事王君德前去告诉玄奘法师,说他已经诏令多人来协助其翻经的事项,至于慈恩寺碑的事,他想自己撰作,不知法师意下如何?玄奘法师接到王君德的报告后,马上率领大众,上朝陈请。不久高宗亲制的大慈恩寺碑文撰好。

四月八日,玄奘法师率领京城缁素,盛备幢幡宝辇、香花梵仪,来迎接皇帝的御碑,皇上也特派太常九部音乐,以及长安、万年二县的乐戏。同时,京城的戚里侯王们,也都全部参加了迎送的行列。高宗皇帝自己站在安福门上观看。玄奘法师迎迓大慈恩寺碑的导从,采用天竺的法仪,隆重庄严,皇帝见此盛况,龙心大悦不已。

显庆四年九月间,有智琮、弘静二法师,奉诏入内宫与皇帝谈经论道。他们在谈话中说起阿育王塔的故事,因为年岁久远,虚假弘护。高宗说:"莫不是童子施上的阿育王么? 如近处有之,那就是八万四千佛塔之一了。"智琮法师答道:"未详虚实,不过古老传说,名阿育王寺言不应虚,又有传说三十年一次出现,前在贞观初,已经出现一次,大有感应,今已期满,请皇帝开一次如何?"皇帝说:"能得舍利这是莫大善因,你可以先去佛塔的地方,行道七天,有了瑞应,方可开发,寡人御施钱五千,绢五十匹,以作供养。"于是智琮法师与给使王长信等,于十月五日出发,六日夜晚到达。智琮法师一到就进入塔内,专精苦修,精修了将近七日,仍然没有看见什么光明瑞现,到了十三日的晚上三更,法师在自己臂上,剜肉燃灯供养,专注一念,心无异想,忽听塔内佛像的下面有振裂之声,智琮法师闻声往下看时,但见瑞光流溢,渐渐上涌,塔内三尊佛像,各个放光,智琮大喜,想要叫僧众来看时,又见塔内走出很多僧徒,合掌而立,说是同一寺的人,过了一会儿光盖渐歇,冉冉而下,去地三尺不见群僧,这时方知是圣者隐现,因此赶快将来使召来同看瑞相。他们到了塔内,余光薄地,流辉满布,百千种光,若有旋转,久久方才消失。到了第二天早上,他们再进去看时,在地上寻得舍利一枚,光明鲜洁,又细心的在地上找到了七粒舍利,放在盘内,一枚独自转绕,余下舍利,各放光明,炫人眼目。智琮法师将所见的瑞应,奏闻皇上,高宗派常侍王君德等人,送绢三千匹并造阿育王像。

高宗皇帝敕封智琮法师住持会昌寺,并修饰舍利塔,供奉舍利以开众生的福慧。初开塔的那天,有二十多人共同下塔,获得的舍利,大家共见。其中有一人看不见舍利,他恨自己业障太重,气得拔自己的头发,哀哭号叫,十分凄惨,然而还是看不见。有人将舍利放在他手掌上,虽然他自己也觉得手中有东西,但是还是看不到什么。当地的人民,在圣旨未来前几天,就看到寺塔上,现出红色的光华,周照远近,有的看见一条长虹,直上天际,有的看见光照寺域,丹赤如画,寺僧们就知道舍利不久就可以出现了。

这塔内的那粒舍利,形状如小指,骨长一寸二分,内外孔口方正,下平上圆,内外光净,它的光相的变异也没有标准,各人所见的颜色不同,舍利开出

后,前往参拜的道俗人等,连接二百里间往来不绝。佛法的感应,实在不可思议,同时也看出盛唐时代佛法的兴旺了。

唐中宗被废之谜

嗣圣元年(684年)五月的一天,从均州(今湖北武当县)通向房陵(今湖北房县)的乡间小道上,几辆马车在慢慢地行驶。第一辆马车上坐着的一位青年男子,面容憔悴,目光呆滞,似乎有重重的心事和无限的忧愁。

他就是唐中宗李哲(后改为李显)。武则天称帝以后,李哲被废为庐陵王,幽禁在皇宫一所冷落的庭院中。后来,又被流放到遥远的南方。此时,李哲正是在流放的途中。他望着碧绿的原野,深深地感到这充满生机的大地和自己的心绪是那样不协调,中宗为什么会沦落到今天这种地步呢? 这还要从唐高宗去世中宗继位时说起。

弘道元年(683年),高宗头痛发作得很厉害,眼睛已经看不清楚东西了,没过多久高宗就一命归天。

唐高宗死后,皇太子李哲即位,史称唐中宗,尊母后武氏为皇太后,册封韦氏为皇后。韦氏是长安人,关陇大户出身,祖父韦素在贞观年间担任太宗第十四子曹王书官,父亲韦玄贞为普州(今四川省)参军。祖、父两代都没有做过较大的官。

韦氏不但聪明美丽,而且好胜心极强,有主见,这正是李哲个性中所缺少的,因此韦氏初到英王府做女官,就很得李哲的宠爱,李哲对她几乎是百依百顺,言听计从。高宗晚年立李哲为太子时,她就是太子妃了。

李哲从来没有想到自己会当皇帝,因为他是老三,何况两个哥哥先后立为太子,可结果都被母后加害,没能登上帝位,当他真的做起了至高无上的天子,心情十分兴奋,又很惶惑,不知道前边等待他的是什么。

韦氏更是十分高兴,一人得道,全家高升。她的父亲韦玄贞从一名小官一跃而升为豫州刺史,但是韦后仍不满足,在她的要求下,中宗又准备升韦玄贞为侍中。

中书令裴炎觉得中宗这样做有点太过分了,他觉得韦玄贞并无大功,只

是倚仗皇后父亲的身份一下子晋升高位,未免升得太快了些,就提出了不同的意见。他向中宗提出了自己的看法,但中宗根本听不进裴炎的意见,裴炎再三劝谏,惹得中宗大发雷霆,怒冲冲地对裴炎说:"我是天子,只要愿意,就是把天下送给韦玄贞又有何不可?"

裴炎听了,心想自己身为国相,倘若中宗真的这样做了,万一太后怪罪下来,谁担当得起?便把中宗的话全部告诉了武则天。武则天听后,大为恼火。她早已窥视着皇帝的宝座,何不借故废掉中宗,自己取而代之呢?结果,在武则天的主持下,中宗被废为庐陵王。

而韦氏怎么也没有想到,皇后的宝座还没有坐热,就被拉了下来。她随着中宗,被幽禁在宫中,老父一家人被流放去岭南,但是身处逆境的韦氏,不像中宗那样终日愁眉苦脸,唉声叹气,而是耐心地忍耐和等待,她觉得总有一天会有出头之日,她还常常在枕边悄悄地教导和安慰中宗:"现在不能说抱怨的话,保命要紧,你绝对不要流露出丝毫怨恨情绪,应该等待机会,我不相信将来永无出头之日。"

她还再三叮嘱中宗:"从现在起,你要学会忍耐,一切都要逆来顺受!"

就这样出现了前边所说的那一幕。

三个月后,武则天下令将庐陵王一家流放到均州,还没有走到均州,在半路上又接到诏令,要他们再迁到房州,房州地处武当山,县城只有几百户人家,既贫瘠又闭塞,州刺史奉命负责监督,在生活上也很苛刻。中宗一家人过着愁苦的生活,还时时担心会有大祸临头。

不久,传来李敬业以"匡复庐陵王"为号召,兴兵造反的消息,中宗更加惊恐不安。房州刺史加强了对中宗的监视,而朝廷三天两头有急使来房州。中宗更加害怕,终日失魂落魄,干脆想自杀一死了事。可韦氏劝他说:"像你这样懦弱无用,将来怎能成大事,依我看,李敬业如得胜,我们的性命就难保,如他兵败,我们还是有生路的。"

她还满怀信心地安慰中宗说:"常言道,祸福无常,我们要坚定信心。"

就这样韦氏带领全家,苦苦度日,当时他们的孩子三女一子,还都很幼小,一家人的吃穿漱洗,都由韦氏一人操劳,十分辛苦。她不仅是中宗的贤内助,而且是中宗的精神支柱,中宗一刻也离不开她,感激之余,他对妻子说:"你真了不起,我怎么报答你呢?向你许个愿吧,要是老天有眼,有朝一日我能出头，不论你去做什么，都可随心所欲。"

就这样中宗一家熬过了二十个年头。于是在神龙元年（705年）中宗终于又登上了皇帝的宝座。

唐睿宗怎样禅让帝位的

延和元年（712年）六月，不知从什么地方传出一句谣言："根据星象看，皇帝将有大灾临头，皇太子应当即位。"

显然，制造这个谣言的目的是为了挑拨睿宗和太子李隆基的关系。

睿宗共有六个儿子，长子李成器，次子李成义，三子李隆基，四子李隆范，五子李隆业，六子李隆悌，除第六个儿子早亡以外，其余五子之间的关系向来非常和睦、笃顺。据说，李隆基曾经特制一个大枕头和一床大被子，兄弟五人共同枕盖，以示友好。唐朝宫禁中像李隆基兄弟之间这样友好相爱的，还不多见。不仅如此，睿宗和儿子之间的关系也充满了爱护和谅解。尤其是和三子李隆基之间更为突出。

唐睿宗

在李隆基杀韦后、发动政变之前，怕连累了年迈的父亲，事先就没有告诉睿宗。待政变成功以后，李隆基亲自赶到相王府向父王叩头谢罪，说明了形势所迫，不能预先告诉父王的苦衷。相王老泪纵横，一把抱住儿子说："我的儿子呀，我们社稷的祸害只有你来平定了，你要拯救百姓于水深火热之中，全仗你了，你还有什么罪呢？"李隆基听后父子相抱而泣。

平定韦后，相王复位，李隆基被立为皇太子。所以，当睿宗听到这谣言后，不但不恼怒，反而说："传德可以避灾，我的主意打定了，让皇太子即位。"

到了七月，睿宗便颁布诏令，把帝位传给皇太子。当李隆基知道这一情

况后，心情难以形容，赶紧去拜见睿宗，一边叩头，一边流泪表示拒绝。睿宗却心平气和地对他说："我是因为你立的功劳才能够第二次即皇帝位。现根据星象既然帝位有灾，我何不退位回避。只有圣德和大功大勋，才可以转祸为福。现在把帝位传给你，岂不正是时候，你何必拒绝呢？难道非等到灵柩前即位才算是孝吗？"

李隆基听后，只好点头答应。

延和元年（712年），李隆基在武德殿登上帝位，史称唐玄宗。睿宗退位自称太上皇。

本来别有用心者制造谣言是为了离间国家，却没想到因睿宗和玄宗的贤明，反而适得其反，被后人传为佳话。李隆基即位以后，使唐朝进入了充满活力的"开元盛世"。

唐玄宗登基传奇

唐玄宗李隆基是唐高宗与武则天的亲孙子，唐中宗的侄儿，他的父亲李旦被封为相王时，身为临淄郡王的李隆基被派离京城，担任潞州别驾。李隆基虽然只在潞州待了一年半的时间，但这一段经历对其一生非常重要，可以说李隆基正是在这个地方和这段时间里积聚力量而发迹的。

当年，李隆基在潞州时，才20多岁，正是意气风发的年龄，所以他像一切胸怀大志的年轻人一样常与同僚、朋友们在一起纵论天下大事和自己的宏伟目标。在当时潞邸的后花园里有一座"德风亭"。亭西有条辇道直通游岭（今牛岭），岭上也建有一座"看花梳洗楼"。李隆基就是在这个地方常和当地名士及幕僚、契友们一起赏景赋诗，谈论国事。

每当李隆基谈到自己的祖辈唐太宗的赫赫功绩时，他就仰天长叹，好像有着无限的感慨。但是，一旦人们话及当朝的唐中宗、韦后时，他只是微微发笑，不置一言。这也充分说明了经历过武则天酷吏政治的李隆基，在政治上城府很深。

但他毕竟是个有志青年，每当酒到微醉的时候，他就情不自禁地离席起舞，吟唱起汉高祖的《大风歌》："大风起兮云飞扬，威加海内兮归故乡，安得猛士兮守四方。"这就毫无保留地透露出了他远大的政治抱负。

李隆基在潞州的时间非常短暂,但已显露出他的政治才能。因为在很短的时间内,他就在潞州实行了很多的德政,而且他还非常喜好礼接士大夫,爱护百姓,很受当地人民的欢迎。

而当时大的政治状况是,当时朝政昏暗,朝野都很沉寂,人们更是在黑暗中等待希望之光的出现,潞州当然也不例外。那么,皇孙李隆基的出现,他的远大抱负和杰出才干,使他身边的人们似乎看到了唐朝的希望。

而封建社会的人们对于天意非常看重,于是,很多人开始附会各种自然界的奇特现象来为李隆基将来当皇帝制造舆论。有人开始就制造出,他到潞州不久,就出现"月重轮"现象,也就是我们今天说的"月晕",人们就附会说这是"瑞之大兆"。当地还有这样的一个传说,九月初九重阳节,李隆基与同僚到壶关(今山西壶关)羊头山去游玩,人们望见那个方向有紫云出现,光彩照日。

更有趣的是,当时人们传说:有一天,在李隆基内寝的墙上,忽有蜗牛篆成"天子"二字,他看见后,十分惊惧,立即除掉,但不几天又出现了。这些所谓的符瑞,有的是人为地编造,有的是牵强附会,在今天我们是断然不会相信的,但在当时的状况下起到了为李隆基夺取皇位做舆论准备的重要作用。

于是在第二年,李隆基回京参加完"祀南郊"大典后,便再没有回潞州,而是留在长安,暗中蓄养"才勇之士",等待机会。果然,在公元710年,阴险狡诈的韦皇后竟与女儿安乐公主合谋,毒死了自己的丈夫唐中宗,企图效法武则天临朝称制,这种大逆不道的行径,激怒了朝野上下,于是李隆基抓住了这个绝好的时机,联合他的姑姑太平公主,交结禁军高级将领钟绍京、葛福顺、陈玄礼、李仙凫等,发动兵变,夺取玄武门,杀死韦后和安乐公主,拥立自己的父亲李旦做了皇帝,这便是唐睿宗。没过多久,睿宗就宣布传位于李隆基,自己做了太上皇。

唐肃宗报恩救张氏兄弟

至德二年(757年)十月,失陷于安禄山的西京长安,东京洛阳相继被收复,唐肃宗这时才入居于长安,十二月,太上皇李隆基自成都迁入长安,又住进了居兴宫。

参加安禄山之变的有张均和张珀兄弟俩按罪应当处以死刑。然而肃宗却有意饶恕二人一死,转奏太上皇,请求太上皇降旨赦免二人,不料太上皇却说:"均、珀二人世受国恩,可他们不仅甘心降贼,而且都是叛贼的权要人物,特别是张均,死心踏地的为贼卖力,毁我大唐江山,罪不可赦。"

肃宗叩头再拜说:"儿臣若没有张均、张均的父亲张说,哪有今日!昔日儿臣为太子时,屡次被人诬陷,有三次差点送了性命,都是张氏兄弟从中保护,才得今日,今天二人罪应当死,可作为儿臣若不能保护,倘若张说黄泉之下有知,一定会怪罪儿臣的。"

说完后,肃宗伏在地上大哭起来。

李隆基看到此景也有些动心了就说:"看在你的面上,可赦张珀不死,流戍岭外,终生不得放归。张均十恶不赦,无君无父,说什么也不能赦他,你也不必再说了。"

肃宗无奈,只有听命。

肃宗为何如此这般保这二人,原来这里还有一个鲜为人知的隐情。

肃宗本是太上皇的第三个儿子,李隆基为太子时与杨氏良媛所生。当时太子李隆基正遭到姑母太平公主的忌恨,千方百计想废其太子地位,而当时朝中大臣也分成两派势力。所以李隆基的一举一动都受到太平公主监视，李隆基对此心中十分惶恐，处处小心谨慎。唯恐被抓住什么把柄而遭到太平公主的攻击。

也就是在这时，李隆基知道杨良媛已怀孕了，心中十分不安，唯恐被太平公主知道。这时，张氏兄弟的父亲张说是东宫的侍读，经常出入于东宫，李隆基便秘密同张说商量说："良媛有孕，这事若被太平公主知道了，一定又要做为一件攻击我的话柄，说我内多嬖宠，在父皇面前搬弄是非，不如趁早用药堕胎，免得给太平公主留下把柄。"

唐肃宗塑像

张说听了太子的话，大为惊慌，忙说："龙种岂能随便堕胎？"

李隆基又说："目前顾不了那么多了，为了保全一子，太平公主必会加害于我，实在不值。我下定决心，务必为我寻得一剂堕胎药，千万不可对任何人泄露。千万！"

张说只好从命出东宫寻药，但他总觉得此事实在不该这样办，堕胎毁子损母，不堕胎将危及太子，真是两头为难。于是，他想了个主意，备两剂药，一为保胎药，一为堕胎药，由太子自己随便使用，一切听天由命，李隆基得药后，趁夜深人静的时候，在密室自取一剂亲自煎煮，然后给肃宗母亲杨良媛服下，服药后，杨氏腹中毫无反应，却安安稳稳地睡了一夜，第二天仍不见动静。

李隆基当然不知道这里的奥妙，只以为一剂无效，须再服一剂。于是这夜又秘密煎煮第二剂药，怎知他连夜辛苦，一边熬药一边竟朦朦胧胧睡着了，并进入了梦乡，忽见一金甲神人，在药炉前环行一圈，然后用戈将药炉拨倒，李隆基见状突然惊醒，急忙起身去看，果然看见药炉早已倾翻，炭火也已经被浇灭，李隆基感到非常惊异。

第三天张说又进东宫。李隆基将此事密告张说。张说听后忙拜贺道："这恐怕是上天的旨意，一定是天神在保护龙子！臣早就说过，龙种怎可随便堕胎。"

此后把准备两剂药的秘密告诉了太子，并说："殿下此子将来必有大福大贵，愿殿下顺天意行事，不仅不会有祸，而且会获福上天呢！"

李隆基听从了张说的劝说，堕胎一事就这样放下了，到后来，杨良媛果然生一龙子，即肃宗。

再后来睿宗让位于太子李隆基，后太平公主因谋反而被赐死，杨良媛得晋贵嫔，后又生一女，即肃宗唯一的妹妹宁亲公主。

为此事，肃宗及母杨贵嫔，颇为感激，为了报答张说的恩德，在宁亲公主长大以后，将宁亲公主下嫁给张说之子张珀。所以张珀又是肃宗唯一的同胞妹夫。张均也因这层关系，与肃宗来往密切。张珀曾深得李隆基的喜爱。

因为张珀得宠，所以深受杨国忠的忌恨，便经常在李隆基耳边进谗言。

天宝十年（754 年）安禄山入朝以破奚、契丹有功，欲调授宰相，李隆基有同意的意思，杨国忠知道后便对皇帝说："安禄山虽有军功，但大字不识一个，用他为宰相，恐怕别人会笑我大唐无人。"

李隆基听了杨国忠的话，没有用安禄山。后来安禄山知道了此事，杨国忠又对李隆基说："安禄山好像已经知道了想要任他为相而后来又不用这件事，所以表现的十分抑郁，这一定是张珀将此事告诉了安禄山。"

李隆基听后大为恼火，将张氏兄弟贬出京城。

张氏兄弟根本不知道是怎么回事，却突然遭贬，所以特别忌恨李隆基。觉得他恩将仇报。安禄山进长安叛反时，二兄弟均投降了安禄山。

因此就出现了前边肃宗为张氏二兄弟求情的一幕。

可是肃宗却忘了，他身为一国之主，怎能念私情而不顾国法，这样何以能治理好一个国家？

唐顺宗人瘫心不瘫

贞元二十一年（805 年）的元旦，唐德宗登殿接受百官朝贺，王公大臣，

文武百官依次排列三呼万岁,只有太子李诵不能入朝谒见,因为,这时的李诵已患病三个多月了。

说起太子李诵真是命运多舛,这些年的坎坷还不算,还没等到做皇帝,便在 44 岁上突然患了风疾,变成了聋哑人,这不但使年迈的德宗十分伤感,就是文武大臣们也都非常悲伤,尤其是与太子结为莫逆之交的几个侍臣,包括官居翰林待诏的王叔文、翰林学士韦执谊、监察

唐顺宗

御史柳宗元、刘禹锡等人。他们早已同王叔文一起结为朋党,成为太子的心腹之臣,这些人一直把自己进身的希望寄托于太子的早日登基。

谁知太子突然成了瘫子和聋哑人,德宗对此悲感交集,经常叹气流泪不止,时间不长也生起病来,而且一天比一天重,皇上一病,竟是 20 多天不能临朝主持政事,大臣们既担心着德宗的病情发展,又听不到太子病愈的消息,弄得人心惶惶。

贞元二十一年正月二十三日,德宗李适病死在皇宫中的会宁殿。宦官李忠直等秘不发丧,而大臣们对德宗的病情一无所知。

忽然有一天内廷传出话来,宣召翰林学士卫次公起草遗诏,卫次公以为德宗已到弥留之际,拟定草稿后,却有一名宦官说:"嗣君为谁,尚未定夺,如何写遗诏?"

卫次公听后非常吃惊,便说:"太子虽然有病,但久居储位,中外归心,即使太子不行,也应立广陵王(李诵的长子李纯),否则,势必酿成大乱。

李忠直本有异心,听到这话,知道很难违背人心,这才传话说:"皇上已驾崩,口授遗诏,立太子李诵为嗣皇帝。"

丧言发布以后,文武百官极为震惊,每个人脸上都流露出紧张的神色。大臣们倒不是感到德宗死的意外,主要是不知太子是否已康复,病中的李诵能不能管理国家,一旦不能,皇位空虚,国家又会陷于混乱之中,百姓们又要受流离之苦。

唐宫秘史

就在人们担惊受怕的情绪还没有消除，在德宗发丧的日子里，太子李诵身着孝服，在九仙门接见了百官。对此，大臣们又惊又喜，惊的是太子已瘫痪了，怎么还能到九仙门会见群臣呢？喜的是国家又有了新君主，这就避免了可能出现的政局动荡。

就在这样的气氛中，两天以后，李诵在太极殿正式登皇帝位，史称唐顺宗。

李诵虽然口不能言，但脑子非常清楚，由于身体瘫痪不能坐立，又不会讲话，处理国政只好采取特殊的形式。他居住的地方挂一个帷帐，宦官李忠直和顺宗的爱妃牛昭容陪侍左右，百官上议，就在帷幕外由牛昭容代传是否准予其奏。

一般情况下都由唐顺宗信任的大臣王叔文等人将朝中事由转告给牛昭容再转奏给顺宗。顺宗也正是依靠他所信任的大臣在他在位期间办了几件很有气势的事，一扫宫廷中的污浊，震动了朝廷内外。

宦官在德宗末年专横跋扈，他们霸占了长安的田舍名园和最好的地方，掌握了长安郊区一半以上的土地。宦官负责宫市，最初还只是以低廉的价钱强买，后来就索性派一批人，称为"白望"，到长安东西两市和热闹的街坊中，看到好的东西就强行索取，甚至还向卖者强征进奉门户和脚价银。还有一些叫"王坊小使"的宦官，他们是专门为皇帝饲养猎鹰猎犬的，每年秋天他们都打着皇帝的旗号带着鹰犬到长安市郊，恣行掠取，所到之处，地方官都要供奉厚礼，百姓们把这些宦官都视为强盗。

更令人咋舌的是，这些宦官们甚至把捕鸟的网张到老百姓的家门口和水井上，不让人们出门打水，还说："不能惊动我们奉献给皇帝的鸟雀。"他们还经常聚集在酒店里大吃大喝，却不给分文，临走时，留下一筐蛇，对店主人说："这些蛇是为皇帝捉鸟的，你们要好好喂养，不能让它们饥渴。"直到店主们赔钱送礼，他们才肯把蛇筐带走。正是这些宦官的专横，给百姓带来了极大的苦难。

顺宗对这些情况早就略知一二。所以，在他即位后，便通过王叔文等人颁布诏书，停止了宫市和王坊小使，宦官的气焰受到了沉重的打击，长安百姓非常高兴。

此外，顺宗还下令把禁闭在宫中的三百名宫女和六百名教坊女妓也全

部释放,让她们和家人团聚。

顺宗不但打击了宦官,还打击贪官。德宗末年京兆尹李实,恃宠强愎,无视国法,百姓们对他不敢正眼相看。

贞元二十年(804年)春夏长安地区大旱,关中歉收。李实却仍然在百姓身上拼命搜刮,进献皇帝。德宗向他询问民间疾苦,可李实却昧着良心回答说:"今年虽旱,收成还好。"

就因为他谎报灾情,大旱之年,朝廷仍没有减免租税,民间穷苦无依,被迫拆去房屋,卖掉瓦木,甚至有的还卖掉了麦苗,以供赋敛。

贞元二十一年,顺宗了解到了上述情况,下诏免除长安地区的租赋,但李实又违诏仍然向百姓索赋,致使百姓们更是雪上加霜,顺宗知道后,立即下诏令王叔文把李实贬为通州(今四川省达县)长史。这消息一传出,长安人民顿时轰动开了,许多人都拾砖头石子,藏在袖口中,准备投打李实。李实吓得只好偷偷地由月营门从苑西逃走了。

就这样,这位瘫子皇帝为平民百姓,实实在在地办了几件好事。

唐宪宗如何平定藩镇割据

唐宪宗李纯是顺宗的长子,即位时已经27岁。据说李纯从小就非常聪明,在他6岁时,一次,德宗把他抱在膝上问:"你是谁的儿子,坐在我的怀里!?"

李纯回答说:"我是第三天子。"

德宗听了,非常惊异。

宪宗即位后,很想有番作为,特别是针对藩镇力量过大,时刻危及中央朝廷这一情况,想方设法削弱藩镇的力量,以更好地继承祖业,使大唐再次兴旺。

正是在这种情况下,宪宗即位四个月后,决定重用宰相,打击割据一方的藩镇。

当时,处于割据状态的藩镇主要有两个地区,一个是河朔三镇,一个是淮西地区。宪宗对河朔用兵是从元和四年(809年)开始的,那时他即位已经四年多。

中华宫廷秘史

抬蹄战马俑

　　尽管酝酿了这么长时间,最初的进展仍然很不顺利。当时,成德节度使王士真刚刚病死,他的儿子王承宗要求宪宗允许他继位,宪宗表示,王承宗必须交出德、棣二州(今山东省陵县、惠民东南)为条件,才能同意他的要求。王承宗不肯,宪宗决定出兵征讨。这一仗整整打了一年,最后不了了之。正当宪宗无计可施的时候,元和七年(812年),魏博节度使田季安病死,将士们拥立田季安的侄子田兴继任,田兴表示拥护宪宗。这样,田兴当节度使以后,魏博地区就归属了中央朝廷管辖。这一变化对宪宗非常有利。

　　元和九年(814年)冬天,宪宗决定乘势出兵讨伐淮西地区的吴元济。淮西辖有三个州。这一战事进行的也很不顺利,断断续续直到元和十二年(817年)十月,一员大将率领精兵9000多人,在一个风雪交加的夜晚,偷袭蔡州城,最后解决吴元济的抵抗。

　　元和十四年(819年)卢龙、成德两镇自行归顺了朝廷。这样,自安史之乱以来一直威胁中央的藩镇割据才表面上结束了。它耗费了宪宗整整14年的时间,在这14年当中,宪宗也从人力到物质上付出了很大的代价。

唐穆宗年纪轻轻为何死于非命

　　唐穆宗是一个荒淫的皇帝,在他刚即位不久,就纵情享乐。一次,他到丹凤楼颁布诏书,大赦天下之后,就宣召歌舞艺人到丹凤门内表演杂戏。穆宗完全陶醉在歌舞之中,早把国家、百姓忘在九霄云外。这年六月,皇太后移居兴庆宫,穆宗和六宫侍从又乘机聚会在太后住处纵情地欢宴。从此以后,每隔三天,穆宗都要观看一次手搏戏和杂戏,对国家政务越来越不关心,国家也开始陷入一片混乱之中。

唐穆宗如此荒淫无度和昏庸,监察御史杨虞卿为此感到非常忧虑。一天,他上奏穆宗,指出国家尚未平静,百姓还多疾苦,皇上不能高枕无忧,还特别强调自古帝王,居危思安之心没什么不同,但居安思危之心却互有长短,这就是能不能成为圣明帝王的差距。但是,穆宗听了他的话不但不理会,反而依然我行我素。

御史大夫柳公绰的弟弟柳公权字写得非常好,穆宗于是就任命他为翰林侍书学士。一次,穆宗问柳公权:"你的字怎么写得这样好呢?"

柳公权回答说:"用笔在心,心正则笔正。"

穆宗听后,知道柳公权是乘机劝谏,脸色一下子变了,然后就没再说什么悻悻离开。但是,这对他荒唐的行为没有起到任何的作用。

他诞辰那天,在宫中尽情地游玩,致使苑内假山倒塌,压死了七个侍从。但是这事发生没多长时间,穆宗又到新建成的永安殿看百戏,到安国寺观盂兰盆会,妃嫔随从,车仗华丽,大家玩到尽兴而归,丝毫不对之前的事感到悔悟。

长庆元年(公元 821 年)二月初九日,穆宗又在麟德殿观赏杂技和音乐,他高兴得手舞足蹈,情不自禁地对给事中丁公著说:"听说外面百官公卿们经常欢宴,一定是民间太平,五谷丰登,我感到非常宽慰。"

丁公著听后却冷冷地对他说:"这样的风俗不见得是好事。"

穆宗很好奇地问他:"为什么不是好事呢?难道你不觉得这是天下太平的表现吗?"

丁公著说:"国家自天宝以来,奢靡之风日盛,竞相游宴,沉于酒色,致使政务荒废,百官怠职,这难道对朝廷和皇上有益吗?"

穆宗听后不但不反省自己,反而脸上露出无所谓的表情。

还有一次,穆宗在宣政殿接受群臣册号之后,又到丹凤楼大赦天下。就在这时,幽州监军使上奏:"本月十日幽州军乱,节度使张弘靖被囚禁,判官韦雍等人被害。"文武百官听了，均感震惊。

但是穆宗觉得这没有什么，对此也丝毫没有加以重视，只是颁布一道诏旨，贬张弘靖为吉州刺史。幽州就这样又成了藩镇的割据势力。不久后，镇州监军宋惟澄又上奏："七月二十八日夜里军乱，节度使田弘正并家属、将佐三百余口被害。"不久，冀州刺史王进岌被杀。这样，镇州、冀州也成了藩镇割据的势力范围。过了一段时间，

唐穆宗

穆宗又得到消息说，瀛州也发生了兵乱，观察使卢士玫被囚禁。就这样，由于穆宗的荒淫和不问政事，河朔三镇再次变成了藩镇割据的势力范围，宪宗年间取得的一点成绩，在短短的时间内就全部消失殆尽。可以说，这样的结果是必然的，因为是唐穆宗这样一个荒诞的皇帝一手造成的。

但是，更可笑的是唐穆宗不仅是一个昏庸的皇帝，而且还是一个希望长生不死的君王，他很早就开始服用金石之药。尽管处士张皋曾经上疏劝谏，不要因为希冀长生而被人下毒陷害，但是穆宗一点也听不进去，还是坚持服用。结果，事情终于还是如大臣所料，悲剧很快就发生了，长庆四年（公元824年）正月，穆宗终于中毒身亡，只活了30岁。可以说，这样的结局是他的悲剧，但是对于当时的人民来说，可能是一种最好的解脱。

唐宪宗死亡之谜

唐宪宗在位十五年，尽管有许多可以称颂的地方，但是，他还是没有实现中兴唐室的愿望。原来，宪宗虽然重视发挥宰相的作用，去平定割据的藩镇，但同时，他对宦官也非常宠信，特别是包庇宦官吐突承璀。

吐突承璀年幼时以小黄门的身份侍奉东宫，和当时还是太子的宪宗关系密切。宪宗即位后，命吐突承璀为内常侍，管理内省事务，并授为左监门将军，不久，又提升为左军中尉、功德使。元和四年（公元809年）在平定地方节度使王承宗叛乱时，宪宗任命吐突承璀为河中、河南、浙西、宣歙等道赴

镇州行营兵马招讨使。对此，朝廷谏官向宪宗指出，自古以来还没有人用宦官做军事出征兵马元帅的。宪宗没能听取这些意见，当吐突承璀率领禁军出征上路的时候，还亲临通化门楼送行，再三勉励。吐突承璀出师一年没有任何功绩，便秘密派人暗通王承宗，劝他上疏请罪，作为罢兵和解的条件。王承宗照办了，朝廷的军事行动遂告结束。事后，有人揭发吐突承璀的通敌行为。宪宗只是把吐突承璀降为军器使。不久，又升他为左卫上将军，管理内侍省事务。

宪宗不仅包庇宦官，而且在后宫里也多内嬖，还企图长生不老。宪宗生前没有册封过皇后。王妃郭氏的父亲是驸马都尉郭暖，母亲是代宗的长女升平公主。宪宗为广陵王时，纳郭氏为妃；元和元年八月，册封为贵妃。元和八年（公元813年）十二月，百官上表三次请立贵妃为皇后，宪宗都以种种借口推脱而没有允许。其实，宪宗所考虑的，主要是郭氏为名门望族，怕立皇后对自己约束过紧，影响和妃嫔的往来。直到元和十五年（公元820年）闰正月，穆宗即位以后，郭氏才被封为懿安皇太后。至于宪宗的孝明皇后郑氏，更是后来宣宗即位后才正式追封的。宪宗在位十五年中，虽然一直没有册封皇后，但他的儿子竟有二十个之多，由此也可以看出他后宫生活的多宠。

宪宗还希望自己长生不老。元和五年（公元810年）八月，他问大臣李藩：神仙的事是否可信？李藩给了否定的解释。对此，宪宗虽然口头上表示同意，但心里却始终坚信不疑。不久，他就开始服用方士们进献的金丹。当起居舍人裴潾上表劝阻时，他还大发脾气，把裴贬为江陵令。

元和十五年（公元820年）正月，宪宗因服食金丹中毒，身体感到不适。就在宪宗病重时，宦官王守澄、陈弘庆等人将他杀害，死时才四十三岁。宪宗终究为所宠信的宦官杀死，这大概是生前所没有料到的吧！

元和十五年正月三十日，宦官王守澄、韦元素等人拥立宪宗第三子李恒在太极殿继承了帝位，是为唐穆宗，当时二十六岁。穆宗即位后的第二天，在宦官们的怂恿下，把宰相皇甫汸贬为崖州司户；第六天，又把道士柳泌和僧人一通乱棍打死。这样，朝中再也没有人知道宪宗是被宦官害死的了。

唐宫秘史

唐穆宗为何不问国事

穆宗是一个荒淫的皇帝,在他刚即位不久,就纵情享乐。二月初一日,他到丹凤楼颁布诏书,大赦天下之后,就宣召歌舞艺人到丹凤门内表演杂戏。穆宗完全陶醉在歌舞之中,早把国家、百姓忘在九霄云外。这年六月,皇太后移居兴庆宫,穆宗和六宫侍从又乘机聚会在太后住处纵情地欢宴。从此以后,每隔三天,穆宗都要观看一次手搏戏和杂戏,对国家政务越来越荒疏。

对于穆宗的嬉戏,监察御史杨虞卿很感忧虑。一天,他上奏穆宗,指出国家尚未平静,百姓还多疾苦,皇上不能高枕无忧,还特别强调自古帝王,居危思安之心没什么不同,但居安思危之心却互有长短,这就是能不能成为圣明帝王的差距。谁知,穆宗对此一点也不理会。

御史大夫柳公绰的弟弟柳公权字写得非常好,穆宗召他为翰林侍书学士。一次,穆宗问柳公权:"你的字怎么写得这样好呢?"柳公权回答说:"用笔在心,心正则笔正。"穆宗听后,知道是柳公权乘机劝谏,脸色一下子变了。

尽管这样,穆宗依然我行我素。七月六日是他的诞辰,这一天,他在宫中尽情地游玩,致使苑内假山倒塌,压死了七个侍从。不久,穆宗又到新建成的永安殿看百戏,到安国寺观盂兰盆,妃嫔随从,车仗华丽,大家玩到尽兴而归。

长庆元年(公元 821 年)二月初九日,穆宗又在麟德殿观赏杂技和音乐,他高兴得手舞足蹈,情不自禁地对给事中丁公著说:"听说外面百官公卿们经常欢宴,一定是民间太平,五谷丰登,我感到非常宽慰。"丁公著却回答说:"这样的风俗不见得是好事。"穆宗问为什么,丁公著说:"国家自天宝以来,奢靡之风日盛,竞相游宴,沉于酒色,致使政务荒废,百官怠职,这难道对朝廷和皇上有益吗?"穆宗听后,脸上露出无所谓的神色。

七月十八日,穆宗在宣政殿接受群臣册号之后,又到丹凤楼大赦天下。就在这时,幽州监军使上奏:"本月十日幽州军乱,节度使张弘靖被囚禁,判官韦雍等人被害。"文武百官听了,均感震惊。穆宗倒觉得没有什么,只是颁

布一道诏旨,贬张弘靖为吉州刺史。幽州就这样又成了藩镇的割据势力。八月初二日,镇州监军宋惟澄又上奏:"七月二十八日夜里军乱,节度使田弘正并家属、将佐三百余口被害。"不久,冀州刺史王进岌被杀。这样,镇州、冀州也成了藩镇割据的势力范围。过了一段时间,穆宗又得到消息说,瀛州也发生了兵乱,观察使卢士玖被囚禁。就这样,由于穆宗的荒淫和不问政事,河朔三镇再次变成了藩镇割据的势力范围,宪宗年间取得的一点成绩,在短短的时间内就全部丧失了。

穆宗不仅是一个荒嬉的皇帝,而且还是一个希望长生不死的君王,他很早就开始服用金石之药。尽管处士张皋曾经上疏劝谏,穆宗还是坚持服用。长庆四年(公元 824 年)正月十一日,穆宗终于中毒,病死在皇宫中的寝殿,只活了三十岁。

唐敬宗为何死于非命

穆宗由于服金石之药而中毒身亡,他的长子、十六岁的李湛即位,是为唐敬宗。敬宗依然宠信宦官。他即位之初,就下诏赏给神策军军士每人绢十匹,钱十千。在嬉戏废政方面,敬宗比穆宗更是有过之而无不及。敬宗即位的第三个月,就在中和殿、飞龙院和宦官们击球,还在中和殿大摆乐队,唱歌跳舞,极兴而止。

长庆四年三月二十二日,文武百官已经到朝很久,敬宗还迟迟没有上殿。有的大臣年纪很大,体力不支,长久地站立,几乎要摔倒。后来,谏官左拾遗刘栖楚在一次上朝结束时,以头叩击地面,血流不止,规谏敬宗说:"皇上正是年轻体壮之时,怎么能贪图安逸,留恋女色,以至很晚还不坐朝呢?先帝的灵柩还没有葬入地宫,歌舞之声就已经喧嚣于外。我很怕这样下去,国家不能长久。"敬宗看他这个样子,连忙示意宰相李逢吉上前劝阻。李逢吉会意,一边扶起刘栖楚,一边说:"你不必再叩头,皇上已经知道了。"刘栖楚站起,擦了擦头上的血,又对敬宗谈起宦官的事。刘栖楚还没有说几句,敬宗又表现出不耐烦,双手乱挥。刘栖楚愤愤地说:"皇上既然不听臣的话,我就把头叩碎!"中书侍郎牛僧孺恐怕敬宗发怒,就对刘栖楚说:"你所奏的事情,皇上已经知道,不必再讲了,可到门外等候。"刘栖楚出去后,敬宗还想让内官杖责他,只是由于李逢吉、牛僧孺再三劝阻,敬宗才没有加罪。由于敬宗整日嬉游,不问朝政,皇宫中闹起了大乱子。

长庆四年四月十七日,敬宗即位三个月后,当时,长安城中有个占卜术士苏玄明,和洗染坊工匠张韶关系密切。一天,苏玄明对张韶说:"我曾为你卜过卦,你应当在皇宫中的御殿内吃饭,我可以陪伴你。"张韶听后,十分怀疑地问:"我是染工匠,你是卖卦的,我们怎么能到皇宫中的御殿饮食呢?"苏玄明很正经地回答:"我听说,当今皇上昼夜游猎,出入无常,这正是我们可以利用的好机会。"原来,张韶在染工坊干活,经常往宫中送货物,时间长了,认识了把守的卫士,卫士对他也就不再详加盘问。苏玄明和张韶就利用这个机会,秘密联络染工一百多人,把兵器和人藏在柴禾车中,装作往宫里送东西的样子,从右银台门进入皇宫。

他们相约黄昏的时候起事,不料进入右银台门时,守门的卫士发现车子和平时不同,便上前询问载的是什么东西。张韶以为计谋泄露,便将门卫杀死,命令手下的人拿起武器,一边呼喊着一边冲入了内宫。当时敬宗正在清思殿击球,听到喊杀声,不由得一惊,急忙命人了解情况。身旁的宦官外出探望,刚走出不远,张韶等人已经持刀杀向前来。宦官急忙把这一情况上奏敬宗,敬宗感到事情紧迫,仓猝之间,想带领大家去右神策军军营。有的宦官提醒他:"贼人入宫,不知道有多少人,右神策军又离这里远,容易出事,不如前往左神策军军营,路近且快。"于是,敬宗和宦官们直奔左神策军军营。左神策军中尉马存亮听说敬宗来到,急忙出迎,跪倒在敬宗面前,捧着敬宗的脚哭了,并把敬宗背入营中。随后,马存亮命令大将康艺全带领五百名神策军骑兵前往迎接二位太后来营,又命令大将尚国忠带领大队人马迎击张韶。这时,张韶、苏玄明和他们的同伙已经打入清思殿。张韶登上皇帝的宝座,拿起食物,一边吃着一边对苏玄明说:"果然如你所占卜的那样。"苏玄明看张韶自得的样子,惊问:"难道事情到此为止了?"张韶不满地回答:"这地方怎么能长久地呆下去呢? 一旦禁兵来到,我们如何抵抗?"说完,张韶把殿上的宝器全部分给了手下人,并让他们攻打弓箭库。由于遭到守卫的禁军抵抗,没有成功。这时,马存亮派遣的左右神策骑兵来到,和张韶、苏玄明展开了激战。日近黄昏时,张韶等寡不敌众,最后全部被杀。到第二天,敬宗才从左神策军军营回到宫中，下令鞭笞了九仙门等三十五名门监，又把染坊使田晟、段政直流放。

张韶事件发生四个月后，八月初一的早晨，又发生了宦官季文德勾结马文忠等一千四百人企图造反打入皇宫的事件。由于阴谋泄露，这一千四百人被敬宗降旨全部乱棍打死。由于敬宗荒嬉过分，致使宫廷不断生事，许多大臣曾向他进谏，但敬宗根本不把大臣的话放在心里。敬宗越来越迷信道士，企图长生不老。他曾经派遣中使往湖南、江南等地采药；派道人杜景先往淮南、岭南等州求访异人；甚至还在内宫里修山建院，专门供奉道士二十多人讲解道术。敬宗还常常在夜间到宫中各处捕捉狐狸，宫中称此为"打夜狐"。

宝历二年(公元826年)十二月初八日深夜，敬宗猎取狐狸结束后，和中官刘克明、田务成、许文瑞打球，然后，又和打球军将苏佐明、王嘉宪、石定宽等二十八人饮酒。敬宗喝得非常高兴，全身燥热，便到内室更换衣服。就在这时，殿上的灯烛突然熄灭，刘克明等人乘机把敬宗谋害在室内。敬宗死时才十八岁，在位仅仅两年。这都是他自己荒淫无度造成的，真可谓自食其果。

唐武宗为何重道抑佛

会昌五年(公元845年)八月的一天上午，京城长安皇宫正殿里一片肃穆。唐武宗李炎端坐在大殿正中，文武百官分列在殿的两旁，中官正高声宣读皇帝诏旨，声音清悦有力："佛教败坏国风，蛊惑人心；佛寺耗费人力，浪费人财；一个农夫不种地，就要忍饥挨饿，一个农妇不养蚕，就要挨冷受冻。现在天下僧尼，多不可数。为革除积弊，自今以后，拆毁佛寺，僧尼还俗。"中官宣读完毕，大臣们交头接耳，有的摇头叹气，有的点头称是。散朝后，几匹快马立即从长安城出发，分赴各地，把武宗的这一旨意传到全国各地。不久，一场大规模的抑佛运动开始了。全国许多寺庙被拆毁，很多僧尼遭驱逐。一时间社会沸腾，人人惊恐。

那么，武宗为什么要灭佛呢？本来，武宗是没有资格当皇帝的。最初，

敬宗有五个儿子，长子晋王李普，次子梁王李休复，三子襄王李执中，四子纪王李言杨，五子陈王李成美。敬宗死后，传位给自己的弟弟李昂，是为文宗。文宗考虑到帝位是从长兄那里继承来的，想将皇位还给兄长的儿子，所以，就想立李晋为太子。不料，大和二年（公元 828 年）李晋病死。

在内宫妃嫔们的怂恿下，大和六年（公元 832 年）十月，文宗册立自己的儿子鲁王李永为太子。李永的母亲王昭仪，被封为德妃，因为后来逐渐失宠，郁闷而死。与此同时，杨昭容越来越讨文宗宠爱，她害怕李永将来即位对自己不利，便常常在文宗面前说太子的坏话。李永不能辩解，心情非常烦躁。开成三年（公元 838 年）九月一天夜里，李永回到东宫少阳院，又听说杨昭容唆使父亲废他，便一气之下，杀死了十几个宫人。不久，他也得暴病而亡。李永死时，文宗曾前去察看，见他五官流血，四肢青紫，认为是被人毒死，但考虑到没有证据，又害怕杨昭容乘机闹事，只好不作声，把太子李永埋葬了事。

开成四年（公元 839 年），文宗又和大臣讨论立储问题，在宰相李珏支持下，决定立陈王李成美为皇太子。一天，文宗在会宁殿宴请百官，演剧作乐，有个杂技节目是"小儿爬杆"。只见一个儿童爬杆而上，一个中年男子在杆下走动，神情极为惊惶。文宗不知道是什么原因，便向左右大臣询问。大臣们告诉文宗，那个中年男子是孩子的父亲，担心孩子掉下来，所以表现紧张。文宗听后，想起了

唐武宗李炎

自己死去的儿子李永非常感慨，哭着对大臣们说："我贵为天子，还不能保全一个儿子。"宴会散后，文宗越想越心烦，便命人把乐官刘楚材、宫人张十十等召来，斥责他们陷害太子，并且把他们杖杀。

开成五年（公元 840 年）正月初二日，文宗得了暴病，宰相李珏、知枢密刘弘逸奉密旨，以皇太子李成美监国。但是，左右神策军中尉仇士良、鱼弘志却假传圣旨，迎立穆宗第五子颖王李炎为皇太弟，李成美仍为陈王，并在一天夜里，仇士良等人带领军队到颖王住处十六宅，把李炎迎进少阳院。四

日,文宗被害,仇士良等拥立李炎继承了帝位,随后又把陈王李成美杀害。李炎就是唐武宗,当皇帝时二十七岁。

因为武宗李炎当皇帝是在很偶然的情况下被仇士良、鱼弘志等人拥戴实现的,所以,他称帝以后,就想永远保住皇位。可是,怎样才能永远保住皇位呢? 他想,那就只有长生不死,而要长生不死只有成仙才行。就这样,修道成仙成了武宗日夜向往的目标。为此,他开始和道士密切接触。

开成五年九月,武宗即位刚八个月,就把道士赵归真等八十一人召入宫中,在三殿修金箓道场。他还亲自到三殿,在九天坛亲受法箓。当时,左拾遗王哲上疏,认为王业之初,对道教不应当崇信过分。然而,武宗不听,甚至对王哲的上疏看也不看。此后,武宗一心向道,大修道观,拜请道士讲法。赵归真命手下的小道士们为武宗修炼长生不老仙药。武宗每次服后,都感到精神振奋。但时间长了,他的身体渐渐枯瘦。对此,武宗才人王氏曾劝他:"皇上日服丹药,无非是想求得长生不老,现在却日益消瘦,形似枯槁,应当小心谨慎,少服才好。"武宗回答她说:"我要的就是换骨。"这样,武宗身边聚集了大批道士,他们日夜在武宗周围大讲佛教的坏话,说他不是中国本教,白白地蠹耗生灵,应当排斥、铲除。武宗听后,很以为是,于是下令裁减全国佛寺,废除佛寺原有的特权。

武宗抑佛,而他却深信道教。会昌六年(公元 846 年)三月,由于他吃合金丹中毒日深,损害了中枢神经,得了神经错乱症,口吐白沫,不能说话。当月二十三日,武宗身死,年仅三十三岁。可怜的武宗,终于死在深信不疑的道教术士手中。

唐宣宗李忱真的当过和尚吗

唐宣宗李忱在位十三年,明察慎断,执法无私,恭谨节俭,惠爱民物,具有贞观之风,可以和唐太宗李世民相媲美。也许这个评价有些夸张,但也确实肯定了他较为贤明的一个侧面。他在位期间,国家安定,社会的政治、经济等方面都得到了发展。据记载,大中十三年,国库充足,各种货物堆积如山,户部的钱币多得几乎无法计算。各州的情况也是如此,有的州积钱甚至多达三百万缗。

值得一提的是,李忱本来是唐宪宗的妃子郑氏所生,自幼口吃,很少开口说话,人称"痴儿"。宪宗本来是想立李忱为太子,但却被李昂抢先做了,是为唐文宗。李昂死后不久,其弟李炎即位,是为唐武宗。武宗封李忱为光王,但却经常欺负自己的叔叔李忱。不管侄儿武宗怎么取笑和耍弄他,他也毫无表示。

据说,武宗曾经逼害李忱,导致他不能居住在长安,只好潜逃为僧。传说光王李忱为僧时最初的落脚点是浙江海宁的镇国海昌院,原名庆善寺,俗称北寺,初建于梁。当家方丈齐安原系唐室宗亲落发为僧的,李忱就在此地当了一名小沙弥,取法名为琼俊。齐安发现他举止不凡,便另眼相看,倍加礼遇。

登基以后的李忱,几次派使者来迎齐安,都被婉言谢绝了。不久,齐安圆寂,李忱为此十分伤心,特地写了悼诗,还大兴土木,扩充寺院,建造舍利塔,并令光禄大夫、御史中丞卢简术书写塔碑,表达自己报答恩师的心情。

李忱与齐安为师徒的故事流传极广,所以北宋时苏轼游海宁,特地撰写七绝《悟空塔》:"已将世界等微尘,空里浮花梦里身;岂为龙颜更分别,只应天眼识天人。"此中是指齐安早就辨识落难时的人即是光王李忱。

据说李忱还与唐末高僧黄檗禅师希运相从。他在海宁当沙弥时,有次正逢黄檗来海昌院说法,两人还曾当面谈论佛法。传称黄檗有天眼,早就看出李忱的帝王之相,就邀请他同游,就此,李忱离开了海宁,先后赴江西、湖南诸地,又随黄檗隐居安徽。

武宗病重时,因五个儿子年幼,未立太子,但继承皇位怎么也不会轮到李忱。大宦官马元赞趁机矫使诏命,特立李忱为皇太子,全权处理国事。他以为弄个呆子当皇帝,自己将来好控制朝政,哪里想到,李忱即位以后,待人处事有规有矩,一反痴呆性格,这才知道李忱的痴是假装的。马元赞虽然因拥主有功,受到宠信,但他也不能不佩服李忱这个有心计的人,再也不敢小看他了。

登基以后李忱的节俭表露无遗。首先是他对自己的衣食住行用度方面严格要求。在衣着服饰方面,他一反历代帝王追求奢华的风气,不讲究穿戴。平时在宫中,他经常穿着洗过的衣服。待上朝召见文武大臣时,才换上信义服。有时上朝也穿着洗过的衣服,看似旧了些,他也不以为耻。在饮食方面,李忱也不铺张浪费,每日三餐的饭菜也比较简单,从不挑剔。他的出行也不讲究排场,他曾下诏废除出行前先用龙脑、郁金香铺撒地面的陋习,认为这样做太奢侈浪费,根本没有必要。大臣们见皇帝如此节俭,都上行下效,也注意节俭起来。因此,在官场中形成了一种崇尚节俭的风气,都以节俭为荣。

李忱对自己的子女们也严格要求。他曾下诏说:"我要用俭朴来教育天下,应当从我的家属开始。"李忱的长女万寿公主下嫁给起居郎官郑颢。按照宫中常例,公主出嫁时,乘坐的车子应该用白银装饰,可是李忱却打破常规,下诏令改银为铜,他还亲笔给女儿写了一个诏令:"假如违背了我的告诫,将招致太平公主和安乐公主那样的灾祸。"他的告诫是什么呢? 谨守妇道;以俭朴为德;不要轻视丈夫和丈夫的家族;不要干预政事。可谓言简意赅,语重心长。

有一次,郑颢的弟弟患了重病,李忱派人前去探望。使臣回宫后,李忱问万寿公主在哪里,回说在慈恩寺看戏。李忱听了非常生气,叹气说:"我曾经责怪士大夫家不愿和我结亲,现在才知道其中的原因。"于是,立即把万寿公主召进宫来,严厉地责备她道:"哪有小叔子生病,不去探望问候,竟然去看戏的呢!"公主站在石阶下,不得不认了错,李忱才让她回去。官员们见皇亲国戚都安分守法,都不敢骄横妄为了。

另外,李忱还有平易近人的美德。在上朝时,他听大臣们奏事,当然摆出了一副威严的架势,但却没有烦躁和怠惰的神情。下朝后,他和朝臣们说说笑笑,谈家常,说趣闻,总是和颜悦色,无所顾忌,气氛非常融洽。对身边的重臣们,在平时如同对待客人一样,很尊重对方,总是客客气气的。甚至对宫中的侍役,他也不歧视。他能够叫得出每个侍役的名字,知道他干什么差事,谁要是生了病,他还亲自前去探望,有时还私下里赏给病人一些物品作为安慰。他的平易近人,使人尊敬他,他的威严又使人怕他。当这样皇帝的臣子只有兢兢业业了。

鉴于唐武宗与寺庵争夺劳动力和财富,几次下令灭寺勒令僧尼还俗,而宣宗又相当崇信佛教,兴寺庵,所以有人从这里推断,也许宣宗曾经出家为僧的说法是某些僧尼或文人捏造的。不管宣宗曾经是否出家,仅从唐代中后期几位皇帝来看,有的荒淫,有的奢侈,有的骄横,有的昏庸。而李忱能做到恭谨节俭,以礼待人,也算是难能可贵了。

唐懿宗为何如此奢侈无度

唐懿宗李漼即位时,国势衰败,时称"国有九破,民有八苦"。"九破"是指:终年聚兵;蛮夷炽兴;权豪奢僭;大将不朝;广造佛寺;贿赂公行;长吏残暴;赋役不等;食禄人多而输税人少。"八苦"是指官吏苛刻;私债争夺;赋税繁多;所由乞敛;替逃人差科;冤屈不得申理;冻无衣,饥无食;病不得医,死不得葬。

在这种情况下,国内不断爆发农民起义,南诏也不断派兵侵扰。后来,在初步平定了内乱和外患之后,昏庸的李漼却看不到老百姓的忍耐是有限度的,以为天下太平,连天下都是他家的,想怎么干就怎么干,于是他的心思就大都用在吃喝玩乐上了。

李漼的宴游是出了名的,那种挥霍无度、奢侈腐败,实在令人咋舌。他酷好音乐,殿前常年供奉的乐工多到五百人,每月举行大型的宴会不下十余次,山珍海味无不收集,美酒歌女,八方贡献。据说有一个叫李可及的乐工,善于作新曲,深得李漼宠爱,竟被封为左威卫将军。大臣刘蜕见此事如此荒唐,一再进谏,李漼不但不听,反而将刘蜕黜为华阴令。

李漼又不惜兴师动众,出游长安附近的名胜古迹和离宫。出游的时候,警卫和内外诸司随从前呼后拥,多达十万人,浩浩荡荡绵延数十里,耗费钱财无法统计。这还不算,他每次出游大多是临时灵机一动,事先并不通知当地官员。因此,京师周围的州郡,只得常年花费巨资养着一批仪卫、歌女,并准备车马、粮草、服装等物资,以免皇帝突然驾到而无法供应,遭至贬官甚至丧命的下场。

李漼如此荒淫,官僚们也竞相效仿,于是贪污成风,专以害民为能事。宰相路岩及其下属生活奢靡,弄权纳贿,他的心腹亲信边咸的家产可供全国军队两年的军饷。至德令陈蟠叟上书奏报边咸的种种恶行,李漼不但没有惩办边咸,反而是非不分,把陈蟠叟流放到边远地区。李漼的昏庸简直到了黑白不分的程度。朝野上下,一片乌烟瘴气。皇帝身边的禁军将士中一些刁钻之徒,以成倍的利息向京都长安的富室贷款,然后贿赂皇室的亲信宦

中华宫廷秘史

官,打通关节,可以买到节度使的职位。当就职以后,便疯狂搜刮民财,除了偿还高利贷之外,还积蓄了大量钱财。

据说,定边的节度使李师望搜刮的财富以百万计,手下士卒特别痛恨他,恨不得生吃了他。后来,李漼以窦滂代替李师望,而窦滂的贪残又甚于李师望。还有一个小小长葛县令严郢,罢任之后,在当地建造豪宅,里面有林泉花木,简直是个大花园,他还兼并良田万顷,大置庄园,而百姓被榨干了血汗,只能生活在水深火热之中。真是富者田连阡陌,穷者无立锥之地。朝廷这样腐败,统治怎能继续下去?百姓无法生活只有起来反抗了。

咸通九年,终于再次爆发农民起义,这就是历史上著名的桂戍兵起义。起义不久,队伍便发展到二十万人,动摇了朝廷的统治。后来,虽然朝廷派重兵镇压了这场起义,但李漼并未从中接受教训,奢侈无度的恶习仍没有改变,并且愈演愈烈。

李漼的女儿同昌公主下嫁韦保衡时,他陪送的妆奁里有好几斛用金子制成的麦粒和用银子制作的米粒。公主的家里,井栏和药臼等用具都是金银制品,门窗桄扇和壁上全部装饰着珍宝。至于衣饰、陈设等,更是穷奢极侈,耗费约五百万缗。所行婚仪的豪华程度超过唐朝以前的任何一个公主。一年之后,同昌公主病死,李漼自制挽歌,饬群臣奉和,令宰相以下所有官员都去吊祭。李漼还诬陷给公主治病的医官用药不当,把二十多个医官处死,把医官家属三百多人投入狱中。一些大臣见事不公,劝谏李漼别滥杀无辜,竟被李漼贬为地方官。同昌公主的葬礼也非同一般,仅护丧仪仗就长达数十里。乐工李可及作叹百年曲,率几百人为地衣舞。殉葬的物品全用珠玉制成,大臣们也都以金贝、车马和华服等致祭,每种祭品都是一百二十车。这么多的贵重物品,在墓地上却一把火烧掉了。后来人们把灰烬收集起来,用水冲洗,竟淘出许多金银珠宝来。

李漼在位十四年,只活了三十二岁,就一命呜呼到阴曹地府宴游去了,死后留下的是万世洗不掉的骂名。

唐僖宗为何听命于宦官

宦官原本是宫中地位低下的奴仆,但是在唐朝中后期,宦官开始得势,甚至连天子的废立也常常由他们来决定。可以说,唐朝后期八十余年的国君都是被宦官所掌握。

懿宗共有八个儿子,唐僖宗是懿宗的第五个儿子,受封为普王,十二岁时即位。据记载,当时懿宗病危,下诏立其为太子,还称赞他温顺谦和,宽厚孝敬,有天子的风范,仿佛他继承天子之位是由于人才出众而被父王赏识。其实,僖宗是在懿宗驾崩之后,由宦官神策军左军中尉刘行深、右军中尉韩文约所立,僖宗即位当天就封两人为国公,负责处理一切军国政务。

唐僖宗

少年继位的僖宗多少有点贪玩,不安心呆在皇宫之中,常常到兄弟们的王府里玩耍、斗鹅,使得鹅价上涨到五十万钱一只。僖宗还与宫中的小太监们打得火热,使得他们恃宠而骄、横行霸道。对于跟他一起玩的伙伴,高兴起来就大肆赏赐,几乎每天都要支出上万两。

同僖宗最亲近的宦官是田令孜。田令孜是四川人,本姓陈,唐懿宗时跟随义父田某进入内侍省当了宦官。由于他读书识字、且有谋略,还在僖宗当普王时就负责侍候僖宗,两人关系十分亲密,经常同床共眠。僖宗即位后,称呼田令孜为父亲,并任用他为左神策军中尉,把政事都委托给他处理。田令孜知道僖宗十分昏庸,因此对其玩乐不但不加劝阻,反而大肆助长。例如僖宗赏赐无度、国用匮乏时,田令孜让僖宗身边的小太监们劝僖宗没收长安的中亚商人和国内商人的宝货,如有反抗者,送到京兆府打死。得来的钱财,又用于僖宗的玩耍享乐。

田令孜摸清了僖宗的性格,完全不把他放在眼里。国家大事全由田令孜代办,因此他卖官鬻爵、胡作非为,根本不同僖宗交代,直接打着僖宗的名义,下发诏旨。当时朝中几乎没有人敢提出反对,连当朝宰相也对田令孜阿谀奉承,什么事情都顺着田令孜的主意行事。唐末王仙芝、黄巢起义爆发后,田令孜和官员们竟然瞒着僖宗,使他依然沉迷于享乐。左拾遗侯昌蒙嫉恨这样的朝政,于是上书痛斥宦官专权,结果被赐死在内侍省。

后来,黄巢率领大齐军进入长安,唐僖宗仓惶出逃,有几十个天真的军士不让僖宗离去，说黄巢是帮助皇帝清除田令孜这些奸臣的，结果田令孜立即将这伙人全都杀死，带着僖宗逃往四川。当年玄宗在安史之乱时避难于蜀中，没想到僖宗步此后尘，也来到四川避难。除了四川地理条件优越，还因为田令孜本是四川人，他的兄弟陈敬瑄担任四川节度使。这样，僖宗来到四川，就便于他们兄弟二人的控制。

僖宗逃到四川，田令孜由于保驾有功，晋升为左金吾卫上将军、晋国公。田令孜下令犒赏从驾诸军，却不给当地的"黄斗军"（因戴黄帽而得名）任何好处，导致黄斗军叛乱。田令孜下令将其首领毒杀，以为这样就可以平定了事，结果激起黄斗军更加强烈的不满和反叛。这时，田令孜下令关闭宫门，禁止百官出入。后来，黄斗军失败，左拾遗孟昭图上书说，从长安出发时，不带百官，只带宦官，这是不合祖制的，皇帝是九州天子，不只是宦官天子，希望皇帝罢黜宦官，重用百官。结果，田令孜根本不把奏疏交给僖宗，而是假传圣旨，贬斥孟昭图为嘉州司户参军，又派人在路上把他害死。

由于成都驻跸之处比长安狭小很多，僖宗十分不高兴，每日都与嫔侍喝酒赌钱来麻醉自己，有时回想起在长安的生活，不禁泪流满面。每到这时，田令孜就说些宽慰的话，赞美皇帝的圣明，一定可以很快将黄巢小贼消灭掉。僖宗也真是昏庸，听到赞美的话，居然信以为真，又接着玩耍起来。

后来，黄巢起义被镇压，唐僖宗又回到长安，田令孜以为全靠他运筹帷幄才取得胜利，于是更加恣意放肆，根本不听从僖宗的命令。说起这种情形，僖宗自己也流泪不止。但是，此时田令孜已经担任左右神策十军使。指挥的军队有新军54部，每部1000人，左右神策军各27都，总数在10万人以上。

由于长安官员众多、兵士繁杂，财用经常不足，田令孜为了增加财源，准备在安邑、解县的盐税上打主意。原来这两处归盐铁使管辖，黄巢起义时唐朝把它交给河中节度使王重荣代管，由王重荣向中央交一部分食盐。田令孜派义子匡佑来到河中，由于他态度傲慢，引起河中军士的清冽不满。匡佑回到长安，劝说田令孜削除王重荣的盐铁利权，于是田令孜将河中盐利收归中央，以便用盐税补养他的军队和打击王重荣。王重荣满腹愤怒，他既不愿意放弃利益，也为了向田令孜表示抗议，于是联合河东节度使李克用的沙陀部，起兵反叛。田令孜亲自率领左右神策军反击，结果溃败长安，只好带着唐僖宗再度出逃,到了凤翔,又要逃往兴元,僖宗不愿再走,田令孜派兵挟持强迫僖宗前行。

后来僖宗回到长安,内外文武官员纷纷上奏请求赐死田令孜,但僖宗不忍心,只是任命他为剑南监军使,仍然留在身边。后来田令孜内外交困,不得人心,只好称病回乡,后被下令流放到儋州(今广东儋州市),但他却依靠兄弟陈敬瑄并不前往流放地。由于僖宗的昏庸无能,导致田令孜这样的宦官在唐朝后期无比猖狂,这也预示着唐朝正在走向灭亡。

第二章 皇后妃子篇

唐朝这个女性极为活跃的朝代，也给予了皇后妃子不同于其他朝代女子的命运。她们为了保全自身而讨好自己所侍奉的皇帝。而她们处于这样一个淫乱的朝代，也给后人留下了很多不齿的做法。但是，也有窦氏、长孙皇后这样的贤妻良母，她们所做的一些事情也为大唐的发展作出了不寻常的贡献。这些不同性格和品质的女人，到底有着怎样的命运呢？最终的结局又是否如她们所愿呢？

窦氏如何与李渊成连理

北周末年，官居上柱国、金州总管、爵封神武公的窦毅，有一个非常出色的女儿，这一年女儿到了要出嫁的年龄，窦毅要在京城长安为女儿择婿。这位窦小姐的母亲是周武帝宇文邕的姐姐襄阳公主，这就意味着，谁能攀上这门高亲，谁就能成为皇亲国戚。消息传开，城里城外王孙贵族，豪门子弟争相来到窦府求婚。

窦毅择婿的方式非常奇特。他一不问家世财产，二不挑剔容貌气度，只是在园中置设了一门屏帐，屏帐上画了两只孔雀。凡有求婚者，不管老幼美丑，每人必须在百步之外处张弓射箭，谁若能射中孔雀的眼睛，谁就可成为窦毅的乘龙快婿。

于是，四面八方的英杰纷纷上门试箭进行角逐，来的人数几乎将窦家的门槛都要踏断了。可竟没有一个人能射中目标，个个都是乘兴而来，最后败兴而归。几天下来，窦府门前渐渐冷落，没有人再来射箭了。

窦夫人襄阳公主见状不免责怪丈夫，不该别出心裁出这种花样，最后挑不到女婿，反遭别人笑话，可窦毅却手捋长须，笑着安慰公主："夫人不必多虑，我女生有奇相，自有奇福，智识不凡，必有奇才相配。夫人难道忘了先帝当年的那些话吗？"

原来，窦家小姐生而不凡，一出生，头发就垂及颈处，长到三岁，发长及地，人人称奇，幼时读经书就才智过人，过目成诵，聪颖非凡。他的舅舅武帝宇文邕十分喜爱窦小姐，把她接进宫中抚育，还常常随侍武帝的左右。

她小小的年纪，就对政事十分关心而且有独特的见解。武帝的皇后阿史那氏是突厥可汗之女，武帝一向对待皇后不好。尚在年幼的窦小姐曾私下对舅舅说："如今四方未靖，突厥的势力也很强盛，愿陛下以国家为重，好生礼待皇后，这样就可安抚突厥，壮大陛下的江山，而江南、关东就不敢扰我江山了。"

武帝听了深以为然，很高兴地接受了外甥女的劝谏。事后，他感叹万分地告诉窦毅，说："此女才貌不凡，以后不可妄以许人。"

窦毅回到家中，又把这件事告诉了妻子襄阳公主，决定为女儿郑重选择一位贤婿，所以窦毅才想出了前面那种奇特的方式。

一两天之后，又有人求见。是一个少年后生，至多十六七岁年纪。此人姿貌雄伟，眼大隆高，天庭饱满，英武之中，又透出一种倜傥、豁达之气，窦毅一看，此人绝非等闲之辈，就有三分喜欢，施过礼，这位后生自报家门：姓李名渊，字叔德，陇西成纪人氏。父李昞，乃安州总管、柱国大将军。

窦毅一听，原来是唐国公李昞的公子，出身将门，又增添了三分满意，宾主叙了一会儿话，窦毅将李渊带到后园，授予他两支箭。他对李渊已存关照之心，别人试箭，每人只有一次机会，窦毅则给了李渊两次机会，二箭中只要一箭射中，即可入选。李渊也不说话，张开满弓，对准屏上孔雀"嗖嗖"连发二箭，竟是不偏不倚，一中左目，一中右目。窦毅一看大喜过望，称赞不已，连连说道："老夫今日得佳婿也！"

于是，这桩婚姻就定了下来，不仅门当户对，而且才貌相当，长安城中，人人称道：真是天生的一对。

窦氏怎样助李渊成就事业

窦氏和李渊结婚以后，彼此非常恩爱，窦氏从小生长在皇宫里，熟谙政治，喜欢读史书，所以窦氏在唐朝开国过程中，为李渊做开国皇帝起了重要作用。

周武帝死后，杨坚以受禅让的方式，通过武力登上了皇帝的宝座，听到这个消息以后，窦氏扑在床上，一边哭一边说："只恨我不是个男儿，不能帮助舅舅一家摆脱危难。"

窦毅和襄阳公主听后，吓得急忙捂住她的嘴说："千万不要胡说，传出去要遭灭族之罪的。"

他们知道杨坚的毒辣，朝中凡有同情宇文氏的大臣，无不被斩尽杀绝。

窦家在提心吊胆中过了一二年，平安无事。窦毅仍拜为定州总管，并保持着爵位。作为宇文氏的姻亲，窦家居然没有受到牵连，除因窦毅谨慎自守，对隋文帝小心侍奉之外，还同他与李渊家结下的这门亲事有关。李渊的母亲是北周柱国大将军独孤信的四女儿，隋文帝独孤皇后的姐姐，独孤皇后十分喜爱外甥李渊，因此，窦家又成为新的皇家姻亲。

李渊因姨母独孤皇后的关系，很受隋文帝的宠爱，拜为谯、陇二州刺史。

李渊七岁就承袭父亲爵位为唐国公，炀帝即位后，又升莱阳太守，先后召为殿前少监、卫尉少卿。少年权贵，春风得意，不免使李渊有些自负。曾有一名叫史世良的相士对他说："你的面相不凡，日后一定能成就大事。"

李渊对此深信不疑，更加自命不凡。他见炀帝荒暴，颇失民心，便产生了想做皇帝的野心，一面结纳四方豪杰，收买人心，一面又偷偷命人在京城一带散布谣言，说："桃李子，有天下，杨氏灭，李氏兴"，等等。

窦氏对丈夫的这种做法有自己的见解，以为这样做未免锋芒太露，担心这样做既不成事反会招致杀身之祸，她几次劝李渊说："当今天子无道，且度量狭隘，猜忌成性，相公羽翼未丰，宜虚心自匿，以免羁祸。"

李渊不以为然地认为："我乃天子表亲，皇帝纵然昏暴，也不至相残到我头上。"

在扶风太守任上时，李渊曾得人馈赠数匹千里马驹，视为心爱之物，窦氏劝丈夫说："当今皇帝最爱猎鹰和骏马，曾四方征求，多多益善，相公不是不知，今相公有此好马，应速速进献御上，不可久留，否则，有人告诉皇帝，恐怕就会受到牵连。"

李渊听罢，虽觉夫人言之有理，但又不愿割爱，最后还是留了下来。后来，炀帝果真知道了此事，下诏把李渊责备了一番。

不久，"李氏将兴"的谣言传到了炀帝的耳中，引起了炀帝的不满和疑忌，他留心注意朝内公卿，见蒲山郡公李密长相奇特，就认为是他干的，便找了个罪名将李密革去官职爵位，迫使李密投奔瓦岗军。后来，炀帝又怀疑到李浑身上，然后诬陷李浑谋反，不仅将李浑斩首，还灭了他三族。当时，李渊正在担任弘化留守，为炀帝征伐高丽督兵运送粮饷，接济军士，听到这些消息后，心中十分害怕，后悔当初行事过于鲁莽，没有听夫人的话。

过了几天，朝廷突然诏书宣召李渊回京去见炀帝。李渊吓得心惊肉跳，只怕炀帝怀疑到自己头上，他踌躇再三，认为此行凶多吉少，还是不去为妙，于是，便装出得了大病的样子，向朝使推说自己重病在身，无法去朝见天子，又拿出许多金银，托朝使复命时在炀帝面前尽力替自己周旋。朝使受到了重贿，自然照办不误。炀帝知道李渊病得厉害，也就罢了。

李渊有一个外甥女王氏，在后宫中任女官。炀帝问王氏："你舅舅何故几个月也不来见朕？"

王氏回答说："只怕病重，未曾痊愈。"

炀帝听后微笑着说："索兴死了，倒也完事。"

王氏听了不免也为舅舅担忧，赶快写信告诉李渊。李渊见信更加心神不定。他知道自己已危在旦夕，随时可能遭到炀帝无情的惩罚，就在这时，窦氏身染重病，李渊也不敢把这个危情告诉窦氏。

大业八年夏天，窦氏病死在涿县（今河北涿州），李渊非常伤心，就在妻子去世的这天夜里，由于天气酷热，李渊又觉得烦躁，躺在床上，无论如何也睡不着，往日和窦氏一起生活恩爱的情景一幕幕浮现在脑海中，特别是当年窦氏劝他进献宝马的情景，尤其显得清晰。李渊反复追思窦氏的话，猛然醒悟，他决心为了自安之计，按窦氏生前的建议，采用韬晦之计，故意放纵自己，收受下属的贿赂，做一个贪财好色的赃官，以掩盖自己的真迹。果然，当

炀帝派遣的耳目把李渊这种形状禀报炀帝之后,炀帝便对李渊放下心来。

李渊还千方百计投炀帝所好,不惜重金搜罗骏马和鹰犬,不时进献给炀帝,使炀帝对李渊渐渐信任。

大业十　年,李渊被加授山西汪东慰抚大使;大业十二年,迁右骁卫将军;十三年,升任太原留守。到这时,李渊更加感念妻子窦氏的远见卓识,他把四个儿子召来,流着眼泪对他们说:“如果当初我听你们母亲的话,早就可以做到这样的职位了。”

后来,李渊太原起兵,进而开创帝业,成为唐朝的开国皇帝,为了纪念这位才貌双全,同自己患难与共的贤明妻子窦氏,李渊即位后追赠窦氏为太穆皇后。窦氏虽然没能亲眼见到李渊登上皇帝的宝座,但是,李渊最终能当上皇帝,实在是有赖于窦氏的启示。

张妃如何胜秦王

李渊当了皇帝以后,一心迷恋酒色,对朝中之事无心处理。对他最信任的刘文静、房玄龄、宇文士及、陈叔达、长孙无忌、杜如晦、尉迟敬德等一班忠直官臣,也渐疏远。

亲近的只有宫中的嫔妃。尤其是张贵妃、尹淑妃。由于窦皇后已去世,后宫中大事小情多由张、尹二妃做主。李渊对二妃所言之事,是有求必应。

张妃原本是一农家女子,其父是一农户,家中十分贫穷。可张妃自幼就长得美丽动人让人喜欢。有一灾年家中断粮,父亲哭泣着对女儿说:“咱家若有二亩土地,也要把你养大成人。无奈现今只有你自己去求个活路吧。”

女儿明白父亲的意思,也不答话只是默默地流泪。

就这样,张贵妃被卖给了城中一家大户当了养女。时隔不久,又被隋炀帝选进了晋阳宫中。隋炀帝几日雨露之后,便将她冷落在宫中,这张妃本是个淫荡之妇,正在凄凉难受之际,唐皇李渊来到,并被选中侍奉,枕席之间,颇得唐皇宠幸。李渊登基她也做了贵妃。

张氏做了贵妃,并没忘了自己的老父亲“能有自家二亩地”的愿望。她在隋宫中就知道皇家在上党有千亩良田,旱涝保收,收成十分丰厚。

一日，在枕边张贵妃向唐皇替父亲讨赏，唐皇正高兴，说："要金要银张妃只管开口。"

"臣妾不要金也不要银。"张妃说。

"要星星，还是要月亮，说出来让朕听听。"唐皇大方地说。"臣妾想替父亲讨要上党的千亩皇家御田。"

"区区千亩土地，明天你写一奏章，朕准奏就是了。"唐皇言毕，便和张妃寻欢了起来。

果然，第二天张妃一奏即准。并另下一道诏书封张贵妃之父和另几个宠幸的嫔妃之父或兄为列侯。

张贵妃拿了两道圣旨，高兴得手舞足蹈，立刻吩咐人在城中为其父选一处深宅府第，打扫收拾干净后，在门前大书"张府"二字。又吩咐人到乡间，把他父亲接来城里，沐浴更衣住进了富丽堂皇的张府中。

张贵妃叫了身边一名内监带领了十余名新招来的家奴，去上党点收御赐的良田。谁知，来到田边，那里早有庄丁看守。

原来，唐皇看秦王李世民不贪钱财，办事又公道，便下了一道谕旨：所有没收的田地，全部由秦王李世民处置。秦王得了这谕旨后，便论功赏赐给了众文武大臣。上党的那块良田，赏给了攻打洛阳立了头功的淮安王李神通。

这看护田地的便是淮安王的庄丁。那边张贵妃派去的内监自恃是宫中之人又有圣旨，十分猖狂。淮安王的庄丁倚仗人多势众，毫不相让。双方一语不合便动起手来，混打中，打死了张家家奴。一看出了人命，两家这才罢手。张家内监拉了淮安王家看地的庄丁头，一同进京城见官。他们一同来到太尉衙门，内监抢步上前击鼓喊冤。

太尉大人听有人喊冤，急命升堂。太尉大人升堂坐定，刚问完原、被告大概情况，便觉不好。这原告是皇上李渊宠妃张氏的内监，被告是战功赫赫的淮安王家庄丁，这来头小官如何敢再问，便亲自来到秦王府中，请秦王判断。

秦王听后十分惊异："所有田地的处置大权，皇上已交本王，怎又另给了张家？"便急忙亲自上张府查问。张妃老父拿出唐皇的谕旨，秦王看了后，无话可说，也不知如何是好，只好把这桩公案拖了下来。

张贵妃知道此事后，本想她家有唐皇圣旨在，不论谁判此案，上党良田都跑不了,行凶之人也跑不了。可是,事隔许久仍无下文。张贵妃断定是秦王捣鬼,便向唐皇哭诉秦王有旨不遵,如何欺侮她家中老父。

唐皇一听大怒,立刻派人把秦王李世民唤进宫中。不等秦王礼毕,唐皇便大喝道:"好个大逆不道的儿子,连朕的旨谕也敢违抗!"

吓得秦王连忙辩解道:"儿臣绝不敢抗旨不遵,只是儿臣已按父皇圣旨,事先已把上党千亩良田论功敕封给了淮安王。"

"我的圣旨?"唐皇也糊涂了。

"父皇不是曾下了一道圣旨,让儿臣全权处置所有田地吗?"

"朕的新旨下了,就要按新旨办。"唐皇施辩道。

秦王趴在地上低着头再无话可说,只连连称:"是、是、是。"

这时在一旁的裴寂,也看出了是非,但又不能直言,只好上前劝解几句,扶起秦王,叫宫人送回家中。

第二天,一道圣旨下到秦王府中,要秦王收回上党良田,赏给张妃之父。行凶之人发配充军,秦王李世民无奈只好按旨行事。

张妃虽然如愿以偿,但对秦王的怨恨却深深地刻在了心上。在这以后时时处处散布秦王的不是。

同时,这事使好多朝臣寒心,李世民乃唐皇亲子,又是战功赫赫的秦王,竟斗不过一个嫔妃,别说我们这些大臣了。

齐王妃真爱李世民吗

唐朝皇家在历史上淫秽乱伦成风已经众所周知了,什么子占父妾,父夺子妻,后宫养奸,兄占弟妾等,无所不有。而"一代明君"李世民杀弟占妻,开创唐代放荡轻佻之风。

李世民的弟弟李元吉被他杀害时,年仅24岁,留下一妃杨氏,杨氏的年龄与李元吉相当,长得体态丰润,性情柔媚,面如出水芙蓉,当时在诸王妃中最为娇艳。

当年李世民、李建成及李元吉各植党羽,相互争斗时,杨氏与李世民的长孙夫人却是一对莫逆之友,来往密切。李元吉想加害李世民时,杨氏就曾在暗中谏阻,希望李元吉不要与李世民为仇而加害于他,可李元吉就是不听,最后落得家毁人亡,子嗣同诛的下场。

杨氏这时正值花期妙龄,怎能禁得孤身空房。此时她举目无亲,更是寂寞清苦。长孙夫人念及过去她俩的情意,常邀请杨氏进府畅叙旧情,好言相慰,帮杨氏分解烦闷。

有一次,长孙夫人又邀杨氏来府上,娣姒俩在后室谈兴正浓时,忽传报说太子回府,杨氏躲藏不及,便同长孙夫人一起起身相迎,待世民落座后,杨氏忽然从侧旁走到李世民面前,双膝跪倒在地,竟自请死罪,她对李世民说:"亡夫李元吉欲谋害太子,我曾私下多次劝阻,无奈他不听贱妾良言,今日死有余辜。奴妾知道是有罪之身,无颜再面对太子,长孙夫人仁慈德厚,请太子赐奴一死,以表一片忠心!"杨氏边哭边说,还长跪不起。

李世民

李世民过去就听说李元吉的妃子杨氏的艳名,初次相见,便是跪下向他请死,弄得李世民不知如何是好,长孙夫人见此急忙起身上前劝慰杨氏,可杨氏一句话也不肯说,只是一个劲地哭。

而李世民身为英雄豪杰,诛杀兄弟时都没有动容,可今天这此情此景竟让他牵动了情肠,便情不自禁地俯视杨氏,平日只闻王妃中杨氏娇美卓群,今日一见,果真名不虚传。李世民不免有些心慌意乱,急切中更不知要说什么。只好离座摊开双手,连声说:"王妃请起,王妃请起,有话站着说也无妨。"

长孙夫人把杨氏扶起,杨妃仍哭泣不止。李世民劝慰说:"王妃不要过于悲伤,李元吉谋反,国法不容。但这事与王妃无关,自当宽待。只要我李世民在世一日,一定全力保护王妃,休戚与共,忧乐同堂。况且你与夫人情同姐妹,现你孤身一人寂寞清苦,不妨住过来,彼此也好有个照应,我也就放心了。"

说完,李世民还嘱托长孙夫人要好好待杨氏。长孙夫人本来就是个温

国学经典文库

中华宫廷秘史

和贤德的人,自然不会慢待了杨氏。

李世民本来就是一个风流英雄,见杨氏如花似玉般的娇丽,心中早就有了安排,特命为杨氏选择了雅静阁院,供她安居,室中,一切布置都是按杨氏喜爱安排的。还特意从自己身边拨夫几位心腹得力的侍女侍候杨氏。

自从杨氏移居东宫以后,李世民无一日不在思念杨氏,杨氏那娇滴滴的仪态和俊俏的面容,总是在他眼前晃来晃去。但李世民毕竟不是一个昏庸之辈,他不能不顾忌杀弟而占其妃的恶名,可心中又确实割舍不下。所以也不敢轻举妄动,只好从长计议。

开始,每次去看望杨氏,太宗都是与夫人一起去,慢慢地他开始越来越不避嫌疑,便独自到杨氏的室中坐坐,说说话,渐渐地发展到眉来眼去,彼此心照不宣。

一天深夜,时已三更,杨氏早已安寝,忽有守夜的侍女入报:"太子驾到!"

杨氏慌忙起床,略整衣容,急忙出来迎接,与李世民见过礼并说:"不知太子殿下深夜至此,失礼之处望太子赐谅!"

李世民也不直接回答杨氏,只是说:"父皇召我等商议禅位之事,后又赐宴,所以多饮了几杯,回来晚了,一时也睡不着,散步到此,请王妃不必多礼。"

李世民的这番话,似是随口无意中说出的,实内有深意,他在暗示杨氏,他就要做皇帝了,已无所顾忌,所以才敢深夜来这里,另外我已有醉意,情不能自禁了。

杨氏也是个聪明人,自然明白,又问李世民:"不知太子殿下何日行内禅礼?"

李世民听后虽然面带喜色,但是他仍不直接回答杨氏,而是说:"父皇威重德高,虽年过花甲,可龙体健康,禅位之事,我劝父皇以后再说,怎奈父皇一生戎马辛劳,年事已高,不愿再受此劳苦,想过几年清闲的生活。如此说来,我也没有推辞,恭敬不如从命。内禅之礼就定在本月甲子日。"

李世民越说越高兴,简直是神采飞扬,杨氏听后赶紧伏身下拜,称贺道:"殿下贤德英明,万民仰慕。今得主天下,真是国家社稷之幸事,百姓之福啊!"

说罢，跪行君臣大礼。李世民借几分酒意，一面双手扶起杨氏，一面说："我尚未正式受禅，岂可如此拜贺。"

杨氏脸上泛起了红潮，不觉手轻轻抓住了李世民的手，慢慢地站了起来，此时正值仲秋八月，皓月当空，李世民便提议："王妃可同我赏月？"

杨氏颔首掩面，笑而不答，在一侧的侍女说道："赏月怎能没酒，让侍女们搬些酒肴果点来，岂不更妙？"

李世民连忙拍手称是。就这样，李世民与杨氏一夜赏月对饮非常的愉快。

自古英雄难过美人关，李世民当然也不例外，他也禁不住美色的引诱，此时早把什么名声、国体抛到了脑后，许诺杨氏："待我登基后，将你纳入后宫，封为贵妃。"

果然就在李世民与杨氏幽会第二天，内禅诏颁下，高祖李渊自称太上皇，传位与李世民。

武德九年，高祖正式传位于太子，李世民在东宫显德殿升座，接受百官朝贺，这便是历史上赫赫有名的唐太宗。

又过了十天，太宗册长孙夫人为皇后，果真公然封杨氏为妃。李世民此举不仅使满朝文武大臣惊诧不已，就连长孙皇后也大感意外，这时她才明白，由于自己的好心，无意中成全了他们，可此事太伤太宗的名声，不免有些后悔，但今木已成舟，无法补救，长孙皇后一向为人仁德谦厚，且心地宽容大度，依然待杨妃十分亲热，心存歉意的唐太宗看在眼里，不由对长孙皇后更添几分敬意。

贞观十年，杨妃为唐太宗生下一子，取名李明，唐太宗立杨妃为贵妃，并为他们母子建了一座豪华的宫殿，自己一有时间就腻在那里，与杨妃母子一同取乐。

此时，贤淑温婉的长孙皇后见太宗似乎淡忘了兴业大志，便出面劝阻太宗稍事收敛，却引起了太宗不满，甚至准备废后和废太子。幸好有谏议大夫魏征极力反对，此事才就此作罢。但是这时，有人向唐太宗进言，说杨妃之所以极力取悦陛下，是因为她思念丈夫，将伺机杀害陛下，好为死去的丈夫和子女报仇。

但是，唐太宗对此丝毫没有顾虑，他认为杨妃原本就不忠于齐王，而且

中华宫廷秘史

她深深地爱着自己岂有杀害情郎为怨夫报仇的道理?

其实,杨妃最早的确是如痴如狂地爱着充满英雄色彩的李世民。但是,玄武门之变以后,由于丈夫和孩子的惨死,她对李世民是又爱又恨,内心充满了悔恨和耻辱。因此,她在为丈夫讨得一点名分作为补偿后,就索性放纵自己、麻痹自己,她也就无心谋害唐太宗了。后来,在长孙皇后的同意下,将李明过继到齐王李元吉名下。

唐太宗确为古代少有的一代明君,但他过于贪恋女色,干出了杀弟占妻之事,确为平民百姓所不能接受的。不能不说这是他性格中的一大缺陷。

为何说长孙皇后是一代贤后

唐太宗的皇后长孙氏,是东京洛阳人,先祖本源于北魏皇族拓跋氏,曾为宗室长,因号为"长孙氏",以为姓。长孙家族为名门望族,祖父长孙兕曾任北周右将军,父亲长孙晟,任隋朝右骁卫将军,是隋朝文帝和炀帝两朝的名将。

大业五年(609年)长孙晟因病去世,从此家道开始渐渐没落。长孙皇后的生母高氏,是隋朝洮州(今甘肃临潭县)刺史高励之女,治礼郎高士廉的妹妹,高氏在丈夫长孙晟死后,为庶生子长孙安业所不容,高士廉便将寡居的妹妹高氏和外甥外甥女接到自己家中,这男孩是唐初的名将长孙无忌,女孩便是长孙皇后。

长孙氏自幼喜欢读书,而且知书达礼。隋大业年间,长孙氏在舅舅高士廉家颇受舅舅和舅母的喜爱,在她13岁那年的一天晚上,舅母张氏在一个夜晚,看到长孙氏住的地方有一匹非常高大英俊的大马,高有二丈,鞍辔俱全,张氏当时感到非常吃惊,觉着自己这个外甥女确不是一个等闲之人,就把此事告诉了高士廉。高士廉听后,也觉得此事非同一般,便找了个算命先生为长孙氏算了一卦。

算命先生说:"马是坤的象征,变而为泰,其意是大。啊,这个女子确实非同一般,今后贵不可言。"

果真,隋朝大业九年,高士廉任治礼郎,认识了宫殿内少监唐公李渊的次子李世民，高士廉看李世民才识不凡，便将 13 岁的外甥女许配与 16 岁的李世民，从此长孙氏开始了她真正的人生道路，真应了算命先生的话，成为大唐王朝的第一位皇后，并且对李世民创建"贞观之治"起了极为重要的影响，在她在位的十几年中，具有多种美德，被后世称为古代贤后，载誉千年。

长孙皇后

武德元年（618 年），李世民的父亲李渊在长安称帝，李世民被封为秦王，长孙氏也被封为秦王妃，由于在灭隋建唐的过程中，李世民军功显赫，威望很高，逐渐产生了想当皇太子的政治野心，这引起了太子建成的猜忌，太子建成又很害怕李世民夺去他的储君位置，他勾结齐王元吉不断加害于李世民，于是兄弟之间的关系弄得非常紧张，长孙氏看到这种情况，在处理各种问题时更加谨慎小心。

她对唐高祖李渊极尽孝道，对高祖的嫔妃们也极为恭顺，因为长孙氏的为人忠厚和贤惠，博得了宫内很多人对长孙氏的好感，不仅如此，他们对李世民也另眼相看，由于长孙氏的弥合，使李世民兄弟之间的矛盾在很长时间内都没有公开化，这对李世民暗中夺权非常有利。在时间上为李世民争取了主动。

武德九年（626 年）六月初四，李世民在玄武门发动政变，当李世民带领将领们正要冲入宫中的时候，长孙氏突然骑着一匹快马赶到，亲自勉慰将士们，还为他们洒酒壮行。这使李世民和他左右的人都非常感动，使将士们士气大振，玄武门政变成功以后，李世民对长孙氏的此举非常感激。

玄武门之变的第三天，李世民被册立为皇太子，负责处理国家一切政务。这一年的八月，高祖李渊退位，自称太上皇；李世民在东宫显德殿正式即皇帝位，成为历史上有名的唐太宗，长孙氏被册为皇后，她的父亲长孙晟也被追封为司空、齐献公。长孙氏被册为皇后以后，生活依然非常俭朴，从不追求奢华，对她左右的人仍然谦和大度，这使李世民对长孙皇后更加喜爱和尊敬。

长孙皇后的哥哥长孙无忌与唐太宗在晋阳起兵前就是布衣之友，在玄武门夺嫡之变中又立了大功，因而很受唐太宗的信任。唐太宗准备将当时

已任吏部尚书、封齐国公的长孙无忌再加封为尚书右仆射。对哥哥长孙无忌受到这种殊遇,长孙皇后感到非常不安,她多次向唐太宗表示自己的心迹说:"我已经托身皇宫,得到了尊贵的地位,实在不愿意兄弟和其他亲人在朝廷中居要职,皇上不记得汉代吕后和外戚擅权的教训吗? 这些应当引以为戒。希望皇上不要让我的兄弟在朝中掌握大权。"

唐太宗没有采纳长孙皇后的意见,仍托付于长孙无忌重任。为此,长孙皇后很着急,她连忙私下命内侍召长孙无忌进宫,将自己的想法告诉了哥哥,并希望哥哥能理解自己的苦心。长孙无忌是个明白人,愉快地答应了妹妹的要求。

由于唐太宗的格外信任,长孙无忌被特许可"出入卧内",因此第二天早朝之前,他先进入太宗的寝殿,诚恳说明自己不想担任右仆射之职的苦衷,希望太宗视朝时不要提出这项任命。太宗无法说服他,只得同意。

长孙皇后有个异母哥哥叫长孙安业,是个无赖酒鬼,长孙晟死的时候,长孙皇后与哥哥的年龄还小,长孙安业对他们兄妹俩非常刻薄寡恩,但长孙皇后不计前嫌,多次请求唐太宗对长孙安业厚加恩礼,使他一直做到监门将军的官位。

但是,长孙安业并没有因此而改变自己的恶劣品德,对唐太宗和长孙皇后根本不知道感恩,反而恩将仇报。贞观元年末,右武卫将军刘德裕等人造反,长孙安业竟参与预谋。事发后,唐太宗十分震怒,想杀掉长孙安业。

长孙皇后知道此事后苦苦为长孙安业求情,她流着泪对太宗说:"安业的罪是万死无赦。但安业以前对我非常不好,这是天下人都知道的。现在如果皇上把他杀了,不了解内情的人,一定会说是因为皇上宠爱我,安业才得受极刑,这不是败坏了皇上和国家的名声吗?"

唐太宗听了,觉得长孙皇后的话有道理,就免去了长孙安业的死刑。

唐室规定,皇帝姑母为大长公主,皇帝的姐妹为长公主,皇帝的女儿为公主。唐太宗共有9个女儿,其中唐太宗最喜欢长孙皇后所生的长乐公主,因此,在长乐公主将要下嫁的时候,唐太宗命令有关司署机构给长乐公主的礼品,几乎是当年长公主的一倍,这件事被大臣魏征知道后,对此提出了不同意见,他直言规劝唐太宗说:"长公主是公主的长辈,虽然她们和皇上的关系不同,可能皇上对她们感情上有差别,但道理本身并没有差别。如果给公主的礼品超过了长公主,这在道理上是讲不通的。只会让外人看出皇上在感情方面有近有疏,请皇上还是再三考虑考虑。"

唐太宗听后,心中很不高兴。回到后宫后,把魏征所说的话告诉了长孙皇后,长孙皇后听后不但没有生气,反而高兴地说:"我过去曾经听说皇上很倚重魏征,但不太清楚是什么原因,今天听了他规劝皇上的话,才感到他是用道理说服皇上不要感情用事,魏征真是一个真正对国家有用的大臣啊。"

过了一会儿,长孙皇后又说:"我和皇上是结发夫妻,互相礼让,彼此恩爱,情深义重,即便如此,因为皇上是一国之君,也经常要观察皇上的脸色,不敢轻易触动皇上的威严,何况魏征只是一个大臣,和皇上有君臣之别,情疏礼隔。真是忠言逆耳利于行啊!"

随后,长孙皇后特意派人去魏征府上赐给绢400匹,钱40万,以资奖励。

从这以后,魏征更加无所顾忌,凡是皇帝有所过失,总是直言相谏,有时言词激切。有一次,唐太宗下朝后怒气冲冲地回到后宫,见了长孙皇后说道:"总有一天,我非杀了这个'乡巴佬'不可!"

皇后听后惊讶地问:"这个乡巴佬是谁呀?陛下为何发这么大的火?"

唐太宗答道:

"还有谁,是魏征,这个人自恃是个净臣,终日喋喋不休,竟日间当着众臣的面羞辱朕,所以朕非杀了他不可,以解朕的心头之恨。"

魏征出身贫苦,因生计所迫,曾出家为僧,朝中有些权贵豪门之士看不起他,背后称他"乡巴佬"。

长孙皇后听了,也不答话,退回室内,换上举行大典时才穿的皇后朝服,走到太宗跟前行礼拜贺,唐太宗见后十分惊讶,只听长孙皇后说道:"臣妾闻君王英明,臣子才敢正义直言,我朝能有魏征这样的忠臣,全靠陛下英明有识,臣妾怎能不向陛下道贺呢?"

唐太宗听了长孙皇后的话茅塞顿开,转怒为喜,感到自己对魏征的态度错了,他感激而又钦佩地对皇后说:"多亏皇后及时提醒,明日早朝,朕一定向魏征道歉,并予以当众嘉奖,使大臣们都明白,'君待臣以礼,臣事君以忠'的道理。"

长孙皇后不仅对皇上贤明大度,而且对后宫妃嫔们所生的庶子,视若亲生,而对自己的三个亲生儿子——太子李承乾、魏王李泰和晋王李治都训诫甚严,常教导他们,当以谦逊为先。太子承乾的乳母遂安夫人多次向长孙皇后说东宫器用缺少,希望向皇上奏请多给一些。长孙皇后没有采纳遂安夫人的意见,说:"作为太子,应当忧虑的是德不立而名不扬,怎么能总想着器物不够而忘了国家呢?"

就这样,长孙皇后以自己的仁厚严于律己而宽以待人。

贞观八年(634年)秋天,一个金黄色的季节,长孙皇后陪伴唐太宗李世民来到九成宫游玩休养,因旅途疲劳,偶感风寒,长孙皇后到九成宫后就病倒了。尽管御医多方治疗,病情始终没有好转,并且延续了两年的时间。

贞观十年(636年)盛夏,唐宫内气氛异常,上上下下心情沉重,眼看着长孙皇后的病越来越厉害,唐太宗急得茶饭无思。

这一天,急得六神无主的太子承乾对母亲说:"为了给母后治病,该吃的药都吃遍了,可母后的病总不见好转。我去请奏父皇,请他下诏大赦天下,并令道士作法,祈求上天护佑,为母后求福。"

长孙皇后听了太子的话,叹了口气,摇了摇头说:"人总是会有生有死,这并不是人所能改变的。即使释放囚徒能管事,可我一生并没有做过恶事呀!如果祈祷上天能灵验,那么福不都可以求到了吗?这些都是不可能的。况且,赦免囚犯是国家大事,怎么能因为我一个人而破坏国家法制呢?"

承乾听了母后的话,觉得言之有理,但又不甘心,就把与母后的谈话告诉了左仆射房玄龄,房玄龄报告了唐太宗和各位大臣。他们听了,没有一个不感到难受和悲伤,他们被皇后此时此刻生命垂危,还这样深明大义的精神感动了,于是,纷纷请求太宗赦免囚徒,唐太宗终于同意了。长孙皇后知道此事后,再三请求太宗不要这样做,最后唐太宗才没有下令实施。

在长孙皇后病危与唐太宗诀别之际,正是大臣房玄龄遭贬黜之时。长孙皇后再三向唐太宗请求,说:"房玄龄跟随陛下多年,处事小心谨慎,参与国家机密要事,从来没有坏过事,因此劝陛下,顾全大局,请不要把他罢免了。"

唐太宗见皇后临终之前,仍牵挂着此事,忙含泪答应下来。接着长孙皇后又嘱咐道:"我的本家有幸和皇上结成姻亲,所以才有享不尽的荣华富贵。但他们并不是依靠才德获得高位,这很容易闹出乱子,所以求皇上不要让他们在朝中掌握大权,只以外戚的身份入宫请见,我就放心了。"

过了一会儿,长孙皇后又说道:"自古圣贤都崇尚节俭,只有无道之君才大兴土木,劳及百姓。我死之后,请因山而葬,不须起坟,也不用棺椁,所需之物,都用木瓦。俭薄送终,就是皇上对我最好的怀念了。"

说完,长孙皇后已是泪流满面,这时唐太宗更是难以抑制心中的悲痛,禁不住失声痛哭。听了长孙皇后的留言,只是不住地点头。长孙皇后最后说:"愿陛下今后要亲君子,远小人,纳忠谏,拒谗言,省劳役,止激畋,使大唐国永昌盛,妾在地下也就能瞑目安心了!"

说完这些话,握着太宗的那只手突然松开,溘然长逝了,这位历史上少有的贤德皇后,只活了36岁。同年十一月,她被葬入昭陵。

自从长孙皇后去世后,唐太宗就像丢了魂一样,心情非常悲伤。来到皇后居住的玄政殿,看到人去楼空,睹物思人,从此再也听不到皇后那温柔、诚挚的规劝了,唐太宗的心都要碎了。唯有桌上放着的一本《女则》三十卷,是皇后生前采集古代妇女卓著事迹撰写成的。书在人亡,太宗边流着眼泪,边翻阅。他对左右大臣感叹道:"皇后此书,足可垂范百世,朕非不知天命,知道人死不能复生,可确因皇后一死,使朕失去了一位贤内助,所以朕格外的思念和哀伤。"

长孙皇后死后的13年中,太宗虽也贪恋过女色,但皇后的位置却整整虚空了13年,其中当然有诸多因素,但唐太宗对长孙皇后的钦佩、敬仰、怀恋之情是不可否认的。因此,后代史学家对长孙皇后的评价也极高,认为她确是一位封建帝王后妃的楷模。

徐妃直言进谏留千古佳话

徐妃,名惠,她天资聪颖,5个月就能开口说话,而且口齿清晰、伶俐,4岁的时候能口诵《论语》《毛诗》等经典著作。8岁的时候能写一些通篇流畅、颇有文采的好文章,表现出超常的天赋。

唐太宗李世民很欣赏徐惠知书善文,于是下诏将徐惠召入宫中,纳为才人,那时她才11岁。

唐太宗作为皇帝,虽然在他在位时颁布了一系列深得民心的法律、法令,出现了贞观之治这样前所未有的盛世。但是他不会也不可能没有他的阶级局限性。李世民晚年的好大喜功,对外频频发动战争,由于战争需要人力、物力、财力保障,这必然加重了百姓的负担。为此,徐妃利用一切可能的机会劝说太宗,极力阻止对外发动战争。

贞观二十二年(648年)春天,唐太宗出游玉华宫,徐妃上疏太宗,指出近年来战争、劳役的双重压迫,东征高丽,西讨龟兹,加上修建皇宫,使士兵马匹疲于战争和劳累之中,船车都忙于运输,势必造成田园荒芜。同时还告诫太宗。"百姓的痛苦、疲劳是叛乱的导火索,当百姓不堪重负时,必然会起义反抗。"徐妃希望唐太宗能减少兵役、劳役,让百姓休养生息,发展生产。

唐太宗李世民在位当政时期,很少兴修离宫、别馆,这当然是与他吸取隋炀帝灭亡的教训不无关系,另外就是与徐妃的劝谏不能说全无瓜葛。在一次上疏中,徐妃劝谏太宗要无为而治,不可大兴土木,徐妃以为:"招募工匠大兴土木,必然会给百姓带来困扰,使他们不能安心务农,假使皇帝能给百姓带来便利,让民众自由耕作,而不是整天奴役他们,普天下就太平无事了,五谷丰登,百姓自然就可以安居乐业,欢天喜地。"唐太宗正是采纳了徐妃的这些建议,使大唐更加强盛。

徐妃非常痛恨玩物丧志的人。她认为珍玩伎巧,是国家沦丧的根本所在。珠宝玉器,是迷人心窍的毒药。珍玩珠宝盛行民间,必然会败坏淳朴的民风。所以徐妃认为:"做皇帝应提倡节俭而不奢华,应该给后人留下治国的法制、原则,让人们都遵从,这样大唐朝才会永远立于不败之地。"

唐太宗对徐妃的进谏非常赞赏,给予她很丰厚的赏赐。徐妃的父亲也被提升为水部员外郎。

徐妃为李唐王朝作出了很大的贡献,为此唐太宗也给了她很高的荣誉。对于太宗的知遇之恩,徐妃非常感激。

贞观二十三年唐太宗死后,徐妃因思念太宗,忧劳成疾,病情一天重似一天,而她却不准许医生诊治,她曾充满深情地对她的亲人说:"我之所以这样,就是想早日死去,假若真有来世,就让我日夜侍奉于太宗身边。太宗待我仁厚,即使做牛做马我也心甘情愿。"

永徽元年(650年),徐妃告别人世,终年24岁。唐高宗继位后,被追谥为"贤妃"。并按照徐妃生前的愿望,葬于昭陵,使她得以永远陪伴在太宗身边。

韦后究竟是个怎样的女人

韦后是唐中宗的结发妻子,并对中宗再次登上帝位起到了无可替代的作用,但是她一向不守妇道,而且为人阴险狡诈。太子李重俊死后,中宗依然过着游乐享受的生活,韦后也依然放纵淫欲。而且韦后想当女皇,安乐公主想当皇太女的愿望越来越强烈了。

中宗的四个儿子中,长子重润、三子重俊已死,次子重福获罪流放去均州,剩下的幼子重茂,年仅十岁。中宗很想立重茂为皇太子,但是遭到了韦后的强烈反对,她想让安乐公主当上皇太女,对不是自己生的儿子根本不放心。

这时,武三思的走狗宗楚客因平叛有功已进位宰相,他为了讨好韦后与安乐公主,便主动为安乐公主当上皇太女担任参谋。宗楚客有很大的野心。假如安乐公主册为皇太女,将来真的当上了女皇帝,自己"佐命"有功,便可控制朝廷大权。

在宗楚客的指使下,安乐公主与韦后向中宗进谗言,说相王李旦和太平公主串通李重福谋反。中宗起初有些相信,命御史中丞萧至忠审问。萧至忠一番忠言,说明相王当初如何真心诚意地主动让出帝位,现在绝不可能参与夺取帝位的谋逆,把中宗的疑心一扫而光。

后来又发生了一些事情,使一向对韦后忠心不二、言听计从的中宗也产生了疑窦。

先是定州(今河北定州市)人郎岌冒死上书,说韦后与宗楚客勾结,企图谋反。中宗阅后,有些疑心,恰被韦后走来看见,韦后见此大发雷霆,一定要中宗下令杀死郎岌,中宗无奈只得革去郎岌的官职,命郎岌在家里反省,但韦后不肯放过,暗嘱心腹,派人将郎岌活活打死。

接着,又有许州参军燕钦融上奏,说皇后淫乱,干预国政;安乐公主、武延秀以及宗楚客等人互相勾结,朋比为奸,危害社稷国家,应予以严惩。

中宗看后，复杂的心情是难以言喻的，既为燕钦融的"危言耸听"震怒、吃惊，又为"这也许是事实"而痛苦烦恼。他瞒过韦后，悄悄地将燕钦融召入宫内当面质问。燕钦融毫无惧色，把皇后及其他人的丑行，一一列举事实，详细说明，说得中宗哑口无言，不得不相信。最后，中宗神色惨淡地说了句："朕日后再召你进来。"就让燕钦融退下。

在内侍的引导下，燕钦融从内殿退出，经过一道宫门，当走到宫院外时，忽然两厢走出一帮武士，为首的正是宰相宗楚客，他手持敕书，说是奉皇上诏命，立刻将诬陷皇后与安乐公主的燕钦融打死，霎时间，乱棒齐下，血肉横飞，燕钦融就这样惨遭殃杀。

事后，中宗尽管没有责罚宗楚客伪造诏令的非法行为，但燕钦融所列举的一系列事实，似无数块石头紧压在中宗的心头，他闷闷不乐，心情沮丧，对韦后也失去了往日的亲近，常常有意无意地躲开她。

中宗的变化使韦后非常恐慌，就连安乐公主也不安起来，她现在对父皇完全失望了，因为从现在的情况看来，中宗无论如何也不会同意册立安乐公主当"皇太女"，而如今韦后的地位说不准也会发生动摇，怎么办？母女商量的结果，竟然定出了一条恶毒的、灭绝人性的计谋，杀死中宗，韦后登位做皇帝，立安乐公主为"皇太女"。

中宗很喜欢吃饼。一天他坐在神龙殿批阅奏章，韦后亲自为他做了一笼饼，命宫女送去。中宗取来便吃，越吃越香，竟一连吃了七八个，谁知过了一会儿，他忽然发出一声惨叫，两只手猛抓胸部，倒在龙榻上翻来滚去。

内侍们慌忙报告韦后，等韦后慢慢走来时，中宗已是两眼翻白，说不出话来。他痛苦地挣扎了一会儿，便咽气了，享年55岁。愚昧、懦弱的中宗，两次登位，第一次只做了40天的傀儡皇帝，然后被幽禁了20年之久。第二次也只做了6年皇帝，因为放纵韦后，娇宠安乐公主，最后他自己做梦也不会想到竟死在了最亲密的妻子和最心爱的女儿手中，成为中国历代皇帝中少有的悲剧。

唐中宗死后，韦后显得很冷静，她一面指挥宫女们料理中宗的尸身，一面严令左右，任何人不得走漏皇帝暴崩的消息。然后，她假传中宗命令，让韦氏子弟掌握的禁军，分兵把守长安各城门，另派一支军队前往均州，阻止被贬的中宗次子李重福入长安。

唐宫秘史

一切布置停当后,她才发出丧报,在中宗的梓宫前,立中宗幼子李重茂为皇帝,尊韦后为太后,临朝称制。于是,韦后便成了又一个武则天,但是,韦后的好梦太短了,仅得志18天,就被相王李旦的儿子临淄王李隆基发动了又一次"玄武门之变"杀死了。安乐公主及上官婉儿也没能逃脱李隆基的刀下。

至此,肃清了韦氏家族及宗楚客等一帮佞臣党徒。唐室因韦后淫乱,中宗愚昧造成的混乱局面终于结束了。

江采苹是怎样成为唐玄宗爱妃的

梅花,以其清雅脱俗、孤傲高洁,曾受到无数文人雅士的钟爱和赞赏。吟梅颂梅的诗词也无以数计,但要说到真正的知梅嗜梅,并将梅品溶入自己灵魂的,莫过于唐玄宗宠爱一时的梅妃江采苹了。

江采苹是福建莆田珍珠村人,出生于唐玄宗先天元年,父亲江仲逊是一位饱读诗书又极赋情趣的秀才,且精通医道,悬壶济世,是当地一位颇有名望的儒医。江家家境富足,只生有江采苹一人,却并不因为她是个女孩、断了江家香火而不悦,反而倍加珍爱,视为掌上明珠。早在江采苹初解人事时,不知是什么契机而爱梅如狂,深解女儿性情的江仲逊不惜重金,追寻各种梅树种满了自家的房前屋后。深冬临春的时节,满院的梅花竞相开放,玉蕊琼花缀满枝桠,暗香浮动,冷艳袭人,仿佛一个冰清玉洁、超脱凡尘的神仙世界。幼小的江采苹徜徉在梅花丛中,时而出神凝视,时而闭目闻香,日日夜夜陶醉在梅花的天地中,不知寒冷,不知疲倦。在梅花的熏染下渐渐长大的江采苹,品性中深深烙下了梅的气节,气度高雅娴静,性格坚贞不屈,刚中有柔,美中有善;配上她渐渐出落得秀丽雅致的容貌、苗条颀长的身段,仿佛就是一株亭亭玉立的梅树。

生长在书香门第,父亲又极赏识江采苹的颖慧,自小就教她读书识字、吟诵诗文,江仲逊曾向友人夸口道:"吾虽女子,当以此为志。"唐朝时期人们思想较为开放,加之江仲逊是一位开明秀才,因此,对女儿寄予如此重望是不足为怪的。江采苹确实不负父望,九岁就能背诵大本的诗文;及笄之年,已能写一手清丽俊逸的好文章,曾有"萧兰""梨园""梅亭""丛桂""凤笛""破""剪刀""绮窗"等八篇赋文,在当地广为人们传诵和称道。除诗文外,江采苹对棋、琴、书、画无所不通,尤其擅吹奏极为清越动人的白玉笛、表演轻盈灵捷的惊鸿舞,是一位才貌双全的绝世女子。因此,远近的年轻人都感叹道:"不知谁家儿郎有此福气,能够娶得江采苹为妻,真是三生有幸啊!"

身处遥远南国的江采苹为什么会进入皇宫为妃呢?这得从高力士替唐玄宗选美说起。当时正值玄宗开元盛世,才识盖世的唐玄宗李隆基治国有方,国家兴盛,四海承平,内有贤相,外有名将,一派昌荣之景。志满意得的唐玄宗渐渐开始追求享乐,优游宫苑,享受声色犬马之乐。于是扩建宫室、创设梨园、广征美女、巡幸狩猎,无不穷奢极欲,极尽铺张豪华之能事。岁月在安乐中飞快地流逝,朝廷名相姚崇、宋璟,及得力大臣张说、王琚等相继谢世,接着韩休、张九龄等素为唐玄宗所敬畏的大臣也先后告老还乡。一时朝中得力之臣锐减,唐玄宗似乎失去了可以自如挥洒的臂膀,不由地产生了萧瑟垂暮之感,曾豪壮一时的他也不得不感叹岁月的无奈。紧接着,深受玄宗宠爱的萧淑妃因产后血虚突然离开了人世,这一打击对唐玄宗而言,绝不亚于失去众贤臣。别看唐玄宗是一个位极至尊的雄杰人物,却极重儿女之情,虽有后宫佳丽数千人,却对萧淑妃情有独钟,心灵最深层的爱系挂在萧淑妃身上。萧淑妃的卒亡使唐玄宗不胜悲痛,曾一度失去了对儿女之情的兴致,焚烧了宫中的珠玉锦绣,放出宫女数千人,自己则沉湎于往日的追忆之中,日见衰萎。

面对唐玄宗的景况,玄宗的心腹宦官,曾经屡参机要政事、迭建奇功、倍受重用的高力士,不免忧心忡忡,担心玄宗从此一蹶不振;于是,力劝唐玄宗征选天下绝色多情美女,借以改变目前枯寂的心境。

唐玄宗被高力士劝说得动了心思,但他认为,如果按惯例由各郡、州、县推选美女。选出的不过是些庸脂俗粉而已,于是改由高力士亲自出马,选人在精不在多,而且要秘密进行,不必惊扰地方官府,就这样,高力士领了密旨,轻车简从秘密出京,从汉江顺流向东,经江汉、广陵、钱塘而至闽地,各处明察暗访,着力搜寻,却终无满意的人。

到了闽地后,一日在茶楼品茶,实际上也是为了探听一些社会上的风闻。突然听到一群儒雅的年轻茶客提到江采苹,众口一致地称赞她才貌无双、知书达礼、性情温婉、清秀脱俗。高力士心中不由暗喜,想到:"这正是皇上此刻最需要的女人啊!"

于是,高力士来到珍珠村,暗中观察了江采苹好几天,果然是一个清丽绝世的女子。他接着以宫廷特使的身份来到江家,表明来意,江家自然也只有应承的份。于是以重礼相聘,携江采苹回到长安。到长安时,正值梅花盛开,高力士早已探知江采苹性喜梅花,人品又可与梅花比洁,为了使人与花相得益彰,他特意在梅林深处安排酒宴,请唐玄宗临视江采苹。

唐玄宗龙驾停在梅林旁,徒步进入梅林,凉风微拂,清香袭面,玉凿冰雕般的梅花映入眼帘。困郁已久的他感觉到一丝怡人的清新。待见到江采苹,只见她淡妆素裹,含羞低眉,亭亭立在一株盛开的白梅下,人花相映,美人如梅,梅如美人,煞是清雅宜人,唐玄宗顿时心喜,积郁为之烟消云散。在美人的陪侍下,唐玄宗开怀畅饮,江采苹言语文雅,性情温柔,使唐玄宗感到一种温馨的抚慰,对她产生了深切的爱怜之意。待问到江采苹擅长何艺时,采苹回禀能吹笛。于是命人取来白玉笛,朱唇轻启,吹出一段《梅花落》,笛声清越婉转,吹笛人仪态万方,四周的梅树随着笛音不时撒落几许花瓣,唐玄宗仿佛置身于琼楼玉宇,不知是天上、还是人间。随后,江采苹又奉旨表演了一段惊鸿舞,身影轻如飘雪,衣带舞如白云,使得唐玄宗不知不觉地又进入了另一个幽雅灵逸的世界。从此,唐玄宗对江采苹爱如至宝,大加宠幸,封其为梅妃,命人给她所住宫中种满各式梅树,并亲笔题写院中楼台为"梅阁"、花间小亭为"梅亭"。后宫佳丽虽多,唐玄宗自此不复他顾。

唐玄宗是个重感情的人,对兄弟十分友爱,宋王成器,申王成义,是玄宗之兄;歧王范、薛王丛是玄宗之弟。玄宗即位之初,时常长枕大被与兄弟同寝,不时设宴与兄弟同乐,还曾在殿中设五帏,与各王分处其中,谈诗论赋,弹奏丝竹,议谋国事,相处得十分融洽。唐玄宗获得梅妃后,迫不及待地想介绍给他的诸位兄弟,于是特设一宴招待诸王,席间他得意地向兄弟们称道:"这是梅妃,朕常称其为梅精,能吹白玉笛、作惊鸿舞,今宴诸王,妃子可试舞一曲。"

梅妃先是吹奏白玉笛一曲,笛音曲折婉转,引人神驰。宋王成器也善吹笛,歧王范善弹琵琶,玄宗更是妙解音律,五位兄弟都十分领会梅妃笛声的神韵。笛声刚落,梅妃又翩翩起舞,漫舞轻,如惊鸿般轻盈,如落梅般飘逸,五人又看得如痴如醉。

舞罢,唐玄宗命人取出珍藏的美酒"瑞露珍",让梅妃用金盏遍斟诸王,当时薛王已醉,恍惚中被梅妃的仪态迷住,一时神魂颠倒,竟然伸出脚来,在桌下勾住梅妃的纤足纠缠不放,梅妃竭力保持镇静,不动声色使力争脱,转身躲入梅阁不肯再出来。玄宗发觉后问道:"梅妃为何不辞而去?"左右答称:"娘娘珠鞋脱缀,缀好就来!"等了一会,不见出来,玄宗再次宣召,梅妃派人出来答复说:"娘娘突然胸腹作痛,不能起身应召。"没有梅妃助兴,这一夜的兄弟宴乐也就到此结束了。

娴淑识体的梅妃并没有把薛王调戏她的事张扬出来。但是薛王第二日早晨酒醒,想起昨夜宴席上的荒唐行为,不禁大为惊惧,于是袒肉跪行来到宫中,向玄宗请罪,羞愧地说:"蒙皇上赐宴,不胜酒力,误触皇嫂珠履,臣本无心,罪该万死!"唐玄宗宽容道:"汝既无心,朕也就不予追究。"事后,玄宗回后宫问起梅妃,梅妃情知薛王是酒后失态,所以不愿意让玄宗知道,担心影响兄弟之情,玄宗问她时,她还竭力否认。见她如此顾虑皇家骨肉之情,大度地息事宁人,唐玄宗对她不由得又产生了一种既爱且敬的心意。

又一个霜冷梅开的日子,一同踏雪赏梅的唐玄宗对梅妃说:"久闻爱妃才高,入宫前所作八赋,翰林诸臣无不赞叹称绝,卿既然酷爱梅花,何不即景作一梅花诗?"梅妃谦和地答道:"贱妾乡野陋质,怎能有大雅之作,谨以咏梅花小诗一首,聊为陛下佐酒。"随即信口吟出:

> 一枝疏影素,独抗严霜冷;
> 早晚散幽香,香飘十里长。

吟完,玄宗正要夸赞,忽然内臣报岭南刺史韦应物、苏州刺史刘禹锡求见,这两位都是当时著名的诗人、儒官,因听说梅妃爱梅,又能吟诗作赋,心生敬慕,特挑选了当地的奇梅百品星夜兼程到长安晋献。梅妃和玄宗都十分高兴,命人植在梅妃院中,重赏了韦应物和刘禹锡,并把梅妃所写咏梅诗赐与二人品赏,两位大家读后赞道:"果然诗如其人,是仙中女子呀!"

这天雪霁初晴,玄宗与梅妃在梅阁临窗赏梅弈棋。梅妃自小精于棋道,两人对弈,玄宗屡屡败北,因而颇有些不悦。善解人意的梅妃起身笑道:"此为雕虫小技,误胜陛下,请不要放在心上,陛下心系四海,力在治国,贱妾哪里能与陛下争胜负呢!"一番话说得入情入理,玄宗也就为之心中释然了,暗暗为梅妃的贤淑达理而欣慰。

梅妃受玄宗专宠达十年之久,这期间,梅妃以自己的品性和贤德影响着唐玄宗,使玄宗以德治国,整个国家继续保持着开元盛世的强盛。

梅妃是如何与杨贵妃争宠的

开元二十八年,唐玄宗在骊山行宫遇到了自己的儿媳、寿王妃杨玉环,一下子被她的美艳和娇媚所迷惑,从此再也不能放下,至天宝四年八月,终于册立杨玉环为贵妃。自从杨玉环进宫后,梅妃在玄宗心目中的地位逐渐降低,杨贵妃与梅妃成了并立于玄宗后宫的两株奇葩,如果说梅妃像一株清雅高洁的梅花,杨玉环则以其丰腴娇艳取胜,宛如一株艳丽富贵的牡丹,两人一瘦一肥,一雅一媚、一静一动,形成了鲜明的对比。此时已过花甲之年的唐玄宗,十几年面对孤芳自赏、淡雅恬静的梅妃,不免有些意兴阑珊;而突然出现的杨贵妃,不但丰满性感的体态充满了逼人的诱惑,还有她那热烈的情感、媚人的眉目、活泼的性格,就像一团炽热的烈火熏灼着已近暮年又不甘衰老的唐玄宗,深深地吸引着原本充满活力的玄宗。于是杨贵妃与梅妃开始了后宫中的明争暗斗。

杨贵妃像一团火,撩拨着唐玄宗的情欲,使他为之心惑神迷。而且杨贵妃还招来了她的大姐韩国夫人、三姐虢国夫人以及八姐秦国夫人,她们简直就是四株奇香异花,环绕在唐玄宗四周,粉白黛绿,奇幻万千,使得垂垂老矣的玄宗感受到了一种新鲜而强烈的刺激,终日与她们周旋嬉闹,无暇顾及朝政,更没有精力来管上阳东宫的梅妃了。

然而,过度的香艳又让人思念淡雅的好处。又是梅花绽放的季节,唐玄宗漫步梅园,睹花思人,心中暗生一丝悲凉,这天晚上借口身体不适,没去杨贵妃宫中,独宿在翠华西阁。夜深人静,梅妃淡雅的身影像一阵清风似的拂入他的心头,于是密遣一贴身小太监,用梨园戏马到上阳东宫驮梅妃前来叙旧。见到略带惊慌的小太监,梅妃有些吃惊地问道:"既然是陛下宠召,为何要深夜暗中而来?"小太监嗫嚅地回答:"想必是担心贵妃娘娘知道。"梅妃对此大惑不解,心想:"堂堂一国之君,为何如此怕那个肥婆?"

国学经典文库

中华宫廷秘史

虽然梅妃觉得心中窝囊，但又不忍玄宗久等，还是梳洗打扮了一番，乘马来到了翠华西阁。两人一见，恍惚觉得分别了一个世纪，梅妃更见消瘦而益显清雅，玄宗也比过去略显苍老，一双旧日鸳鸯又相拥在一处了。玄宗轻怜蜜爱，梅妃关切知人，说不尽地缠绵悱恻，不知不觉就相拥坐谈到了金鸡报晓。朦胧的晨光中，阁前突然闪现出金步摇翠，紧随着一阵环佩叮当，内侍惊报："贵妃娘娘已到阁前，如何是好？"

唐玄宗闻报一阵惊慌，连忙穿衣起身，抱着梅妃，把她藏到屋内夹墙中。杨贵妃不待宣召，推门而入，劈头问玄宗："梅精在何处？"玄宗假装若无其事地回

杨贵妃

答："不是在上阳东宫吗？"杨贵妃接着狡黠地说："何不宣来，我们一同到骊山温泉享乐一番！"玄宗不知如何对付了，只好支支吾吾，最后索性装聋作哑。然而一贯骄泼的杨贵妃决不善罢甘休，柳眉倒竖，勃然大怒道："肴核狼藉，御榻下有妇人金钗，枕边留有余香，这夜是何人为陛下侍寝，欢睡到日出还不视朝，陛下可去面见群臣，妾在这里等陛下回来。"

唐玄宗见她如此放肆，有些恼羞成怒，拉上锦被面朝床里又故意睡去，悻悻地说："今日身体不适，不能视朝！"杨贵妃眼看事情闹僵，拿出看家本领，装痴卖娇，哭闹了一番，然后愤愤地回娘家去了。玄宗心里不乐，暗想："堂堂一个位极至尊、富有四海的大唐天子，竟然受制于一个泼辣的小妒妇，可悲可叹！"此时，梅妃心里也是这么想："皇帝召幸妃子，原本是名正言顺的事，何苦深夜密召，现在又躲躲藏藏，像是犯了什么不可告人的罪过，究竟是怕什么呢！真的要是当面锣、对面鼓地闹开，又能怎么样呢？"然而，她这位英武绝伦的皇帝丈夫，居然这样惊慌失措，可见对杨氏惧怕之深，实在让她又怜又恨。杨贵妃走后，唐玄宗和梅妃都觉得兴味索然，玄宗翻身睡去。梅妃在小太监的护送下，匆匆返回冷寂的上阳东宫。

玄宗一觉醒来,已经日上三竿,身边不见了梅妃,一问才知是小太监把她送走了,一股无名的怨气猛然迸发出来,怒气冲冲地命人将小太监推出斩首。可怜这个尚未成年的小太监,在杨贵妃与梅妃的爱情争夺战中,莫名其妙地成了牺牲品。

梅妃独居上阳东宫,整日无精打采,郁郁寡欢。这天黄昏,忽闻岭南有驿使到来,梅妃猛然精神一振,以为是像往日上一样,岭南刺史万里迢迢呈献梅树。但久久不见有人来上阳东宫禀告,经打听才知,是呈献荔枝给杨贵妃享用的,因杨贵妃嗜食荔枝,所以岭南派人以竹筒盛着新摘的荔枝,快马飞骑火速送到长安。昨日送梅今送荔,前思后想,怎不叫梅妃黯然神伤,身世浮沉,方知人情冷暖,今非昔比,梅妃不由得泪满衣襟。杨贵妃回娘家不久,唐玄宗不堪思念,派特使把她接回宫中,这次送来的荔枝,也是特地为给她消气的。

冬尽春回,翠华楼上一片花团锦簇,唐玄宗正在这里召见远道前来进贡的扶桑国使者。贡品中有许多晶莹绚丽的珊瑚与珍珠,看得唐玄宗眼花缭乱,这时忽然想到了梅妃,又已是许久不曾顾及她了,于是命左右密封一斛珍珠赐给梅妃,是旧情难忘,也是一种怜悯和补偿的心意。梅妃此时已是心冷至极,突然见到赐品,委屈与怨恨同时涌上心头,连同涌上的还有她清高孤傲的品性,竟然冒着忤旨之险,断然拒绝接受赐品,把珍珠原封不动地退了回去,同时附上诗一首:

柳叶蛾眉久不描,残妆和泪湿红绡;

长门自是无梳洗,何必珍珠慰寂寥。

玄宗见诗怅然不乐,杨贵妃在一旁则添油加醋,说了许多风凉话。玄宗对此百般感慨,觉得诗意幽怨,情意颇深,于是让梨园子弟谱上乐曲,在宫中演唱,名叫"一斛珠",后世的"一斛珠"曲牌就是从这里开始的。

春去秋来,梅妃在上阳东宫已经度过了十年寂寞岁月,常常对花临月,悲叹流光易逝、青春不再,她不知道玄宗的心目中,是否还有她梅妃的一丝影迹。一天,她特地把高力士找来寻问,高力士劝慰道:"皇帝绝对忘不了梅妃,只是碍着贵妃娘娘的面,无可奈何罢了!"既然皇帝旧情不忘,梅妃心中也就又萌生了一线希望,慎重地对高力士说:"我听说汉代陈皇后遭冷落后,幽居在长门宫,曾以千金买通司马相如,为她作了《长门赋》献给汉武帝,武帝见赋动情,陈皇后因而又重受恩宠。今天难道就没有像司马相如那样的才子吗?我也不惜千金,请您为我找一位这样的才子,作赋以感动皇上可以吗?"

在这场爱情的争夺战中,杨贵妃那一方是人多势众,风头正盛;而梅妃这边则人单势薄,眼看已败下阵来。俗话说"树倒猢狲散",虽然梅妃是高力士一手选拔出来的,但在梅妃失势的时候,他也不愿再站在梅妃一边而得罪贵妃娘娘。碍着情面,高力士不便拒绝,因而顺水推舟地说:"一时之间,没有合适的人选,娘娘文才绝世,远胜汉代陈皇后,为何不自作一赋献给皇帝呢?"

梅妃觉得他说得在理,求人不如求己,自己心中确实埋着许多感慨需要陈述,于是微笑点头,回房中苦苦构思,写成一篇《楼东赋》。赋写成后,梅妃又用心誊正,派人送给唐玄宗。唐玄宗看完《楼东赋》,回忆起如烟的往事,嗟叹良久,更想起梅妃的许多好处,不由地对她心有愧意,连续几天愁眉不舒。杨贵妃知道这件事后,竟气愤地奏称:"梅精江采苹,竟敢借赋宣泄不满,惹怒陛下,实应赐死!"玄宗颇不耐烦地说:"她无聊作赋,用来抒发心中积郁,通篇毫无谎言狂语,怎么能赐死?"

梅妃苦心经营的《楼东赋》,原本已触动了玄宗的爱怜之心,但经杨贵妃的一搅和,也就没有什么实际效果了。梅妃在上阳东宫企盼着《楼东赋》给她带来些命运的转机,但终究是石投大海,只是开头时泛起些轻微的涟漪,并没有产生预期的震撼效应。就这样,受宠一时的梅妃,再也敌不过风骚霸道的杨贵妃了。

梅妃与玄宗重温旧梦了吗

"安史之乱"暴发后,唐玄宗携杨贵妃逃往西南,仓促之中没有来得及带走上阳东宫的梅妃。后长安陷落,城中兵荒马乱,梅妃孤苦无依,既害怕又怨恨,她思量:"昔日曾蒙皇上恩宠,今天虽被抛弃,但也不可辜负君恩,如果不死,必定会被贼寇糟踏。"为了保住自己的清白之身,本就已对前途失去信心的她,决定自己把自己送向生命的终点。于是,她取了一束白绫,挂在楼前一株古梅树上,然后慢慢把头伸进结好的套中,准备在自己喜爱的梅树上结束自己的一生。就在她气息将绝的时候,突然冲进了一位白衣女子,一身短靠,手持一柄长剑,斩断白绫,救下梅妃,用白驴把她载到了白云山中的小蓬瀛修真观。

后来,杨贵妃被逼死在马嵬坡,军队重振,平息了战乱,收复了京城。这时,唐肃宗早已在灵武即位,玄宗被尊为太上皇,从蜀中返回长安后,闲居在兴庆宫中。英武一世的唐玄宗,已真正进入了暮年,再也无需操心政事,基本上靠回忆打发时光,在往事的追忆中,他最多的就是思念杨贵妃和梅妃。

杨贵妃已无缘再见,而梅妃下落不明。高力士从一个擅长绘画的旧臣手中求得一幅梅妃画像,神情酷似,献给玄宗聊慰思念之情。玄宗见画后,沉默良久,一阵长叹后,提笔在画上题下一首七绝:

忆昔娇妃在紫宸,铅华不御得天真;

霜绡虽似当时态,争奈娇波不顾人。

题完后掷笔泪下,回想当年那些繁花似锦的日子,爱妃相伴,情意绵绵;而今却形单影只地蜗居在兴庆宫中,受尽了孤独寂寞的煎熬。失去的太多,处处都使他触目伤情。饱尝失意的他,这时才体会出梅妃冷落在上阳东宫的十余年是一种怎样的心境啊!

后来有人探来消息,说动乱之中梅妃曾被人救走,应该还活在世上。这消息对唐玄宗而言,就像久处幽暗之中突然见到一线光明,他精神为之一振,随即下诏全国:有知梅妃下落者,立即奏报,必予重赏;有护送来京的,奖予六品官,赐钱百万。并且调遣手下不少人四处探寻。几经周折,最后广平王探得了梅妃的消息,并获得了梅妃的一封亲笔信,信是写给玄宗的,信中历述避乱始末,并满含深情地写道:"残喘余生,朝夕之间与梅同落,若陛下不忘旧情,让我重见君颜,有如落花重缀枝头,是我做梦都不敢想的,伏候圣诏。"

玄宗读信后感怀涕零,迫不及待地在信上批示道:"让她速返宸家,勿复徒悲清夜;缅怀旧情,共话新曲。"

广平王奉诏派遣香车宝马、内监宫女,隆重地迎接梅妃入宫。在兴庆宫中二人相见,梅妃哭拜在地上久久不起,劫后重逢,悲喜交集,情不自禁;玄宗好言抚慰,一边劝梅妃,一边自己也泣不成声。一曲人间的悲喜剧,此时

已演到了高潮。

见礼之后，梅妃想依旧回到上阳东宫，玄宗揽住她说："向来疏远了梅卿，心中殊感不忍，故有珍珠投赠，并非无情；今当重叙旧好，怎么能离开我呢？"梅妃于是留在兴庆宫中，与玄宗重温鸳梦，情深意长。两人相伴赏梅吟月、对弈鼓琴，仿佛又回到了从前的岁月，对中间十余年的事，两人都尽量避而不谈。当时京城中流传着这样的民谚："梅花已逐东风散，梅萼偏能留晚香。"说的就是杨贵妃红极一时之后，终在马嵬坡香消玉陨；梅妃则在受尽冷落后，在兴庆宫又重新伴君得宠。

可惜这样的好景不长，梅妃在战乱流离中拖垮了原本虚弱的身体，回宫不过几个月的时间，因偶感风寒，体弱无法治愈，最终酿成重疾，半月之后悄悄离开了人世。唐玄宗得梅妃而复失，大哭失声，哽咽地对高力士诉说："梅妃与朕就像再世姻缘，今又离我而去，命运为何如此悲惨啊？"他用贵妃的礼节厚葬了梅妃，又命人在她的墓地四周种满各种梅树，并亲手为她写下悼文："妃之容兮，如花斯新；妃之德兮，如玉斯温。余不忘妃，而寄意于物兮，如珠斯珍；妃不负余，而几丧其身兮，如石斯贞。妃今舍余而去兮，身似梅而飘零；余今舍妃而寂处兮，心如结以牵萦。"

梅妃江采苹的一生都与梅紧紧联系在一起，不但爱梅，而且将梅的品性溶入了自己的精神，其清雅高洁，不是俗人所能比拟的。在与杨贵妃的爱情争夺战中，她虽然一时屈居下风，但她那种淡雅的风格永远都不会从多情皇帝唐玄宗的心海中抹掉，不论杨贵妃怎样的香艳浓烈，总也掩不住梅花那一缕幽幽的清香。

唐玄宗为何迷恋杨玉环

玄宗李隆基是风情中人，对于感情并不像人们想象的那么专一。他先后爱过很多女人，包括他在迷恋杨玉环时，对于梅妃也不能忘情，同时还有一位名叫念奴的美女常常随侍左右。当念奴每每执板吟咏的时候，总要眼送秋波，向玄宗传达万种风情，玄宗则总是乐于享受，后来《念奴娇》便成了宫中的一种曲牌。

玄宗即位前，任潞州别驾，喜欢赵丽妃。随后，又移爱于钱妃、皇甫德仪、刘才人，直至武惠妃。武惠妃四十多岁死去，这年，玄宗五十二岁。后宫美人很多，竟没有一个令玄宗中意的。这对于多情种子玄宗来说，无处寄托情怀，无异是一种酷刑。于是玄宗整日郁郁寡欢，时常发怒。这时，有近臣进奏说，杨玄琰有个女儿，名叫杨玉环，现为寿王妃，姿质天成，玄宗闻言大喜，也不管人家是自己的儿媳妇，当即吩咐人暗中招来观看。

杨玉环是薄州永乐（今山西芮城）人，她是隋梁郡汪氏的四世孙，父亲杨玄琰。长大以后，她被聘为玄宗的儿子寿王李瑁的王妃。如果玄宗不贪色忘礼，横刀夺爱抢自己的儿媳妇，杨玉环也许会一生平静，过一种悠闲的相夫教子的贵夫人生活，她也就不会为世人所知。然而，玄宗忘情夺爱，却从此改变了她的生活。

不看不打紧，一看之下，玄宗傻了眼。杨玉环长得美艳无比，而且能歌善舞，智慧过人，聪颖异常。这样丰艳照人，风情万种的女人没法不让一个正常的男人动心，何况风流种子李隆基？李隆基傻眼一阵以后，缓过神来，觉得这令人馋涎欲滴的美女，还不能马上搂过来，因为她不是王妃，是自己的儿媳妇，起码先得改变这种身份。于是玄宗吩咐，让杨玉环先入籍女道士，赐号太真，尔后再迎入后宫，最后独享专房，令六宫粉黛失去颜色。

寿王见媳妇被父皇抢去，半句话也不敢说，只好忍气吞声。玄宗为了补偿，便聘韦诏训的女儿为寿王妃。寿王除听任摆布，又能如何呢？

杨玉环擅长歌舞，通晓音律，善解人意。玄宗极为喜欢，渐渐迷恋，不能自拔。不久，杨玉环专宠后宫，宫中称她为娘子，仪体规制等同皇后。天宝初年，杨玉环被册封为贵妃。杨玉环何以如此迷人，令玄宗神魂颠倒，春宵苦短日高起，从此君王不早朝，这当然有原因。那么人们不禁要问，杨玉环如何使玄宗如此迷恋于她呢？是她的天生丽质，肌肤白皙如"凝脂"？还是她的"回眸一笑百媚生"的迷人媚态？还是她的羽服霓裳，能歌善舞？

杨玉环姿容出众，不仅体态丰腴，肌肤细腻，且面似桃花，这对于重于声色的玄宗，也是具有吸引力的。史书记载，杨玉环入宫，玄宗初次见到她时，她一身女道士打扮，鬓发腻里，纤秾中度，加上气质高贵，举止闲雅，顾盼生情，其娇容美貌，活脱脱的像汉武帝倾国倾城的李夫人。玄宗喜不自胜，不能自已，吩咐她宽去衣带，沐浴汤泉，好仔细看看她的体态。玉环肌肤如雪，

莹白柔嫩,从泉中出浴后,又体弱力微,无力披上罗衣,娇态浑然,容颜焕发,光彩照人。这番情景,在玄宗的眼下一一展现,怎能不被美色所迷惑呢?

杨玉环正式进见时,玄宗命乐工演奏《霓裳羽衣曲》,她跟随着音乐翩翩起舞,实在令玄宗心动不已。然而,最能使玄宗如痴如狂地迷恋杨玉环的,应是她有过人的聪颖,善于掌握男人的心理,又善解人意。例如在她被赐死时也毫无怨言,这又怎能不使玄宗皇帝日后此恨绵绵无绝期,直至抑郁而死呢!

玄宗熟悉音律,这在唐朝诸位皇帝中算是佼佼者。他自幼喜爱音乐,素质高,会作曲,能舞蹈,不少弟子曾在梨园都受过他的训练。而杨玉环身材好,体态美,又擅长旋律快速的西域舞蹈,加之杨玉环是个琵琶名手,古书记载:有一次,玄宗倡议用内地的乐器配合西域传来的五种乐器开一场演奏会,当时玄宗兴致勃勃,手持羯鼓,杨玉环弹奏琵琶,轻歌曼舞,昼夜不息。对于玄宗而言,精于音律的杨玉环当然就显得格外有魅力。

另一种意见认为玄宗会迷恋上杨玉环,固然有其自身的一些魅力在起作用,而更主要的应是当时社会环境与皇家小家庭的变化在起决定作用。时值唐朝进入全盛时期,当朝皇帝骄奢心难免会代替求治心。玄宗对政治逐渐失去兴趣,对政事也产生倦怠感,在宰相与宦官的迎合下很快就倦怠政事,后来玄宗就任由李林甫等专权擅政,自己落得清闲,这样就有了时间纵欲享乐了。

玄宗与玉环两情相悦,心心相知。玄宗在玉环面前,不是什么皇帝,而是一个多情的男子,对妻子爱恨交织。玉环在玄宗面前,也不像一个承欢献媚的妃子,却是恩爱家庭的娇妻,敢说敢笑,敢打敢闹,娇情无忌,媚态万种。就这样,英明文武的玄宗皇帝,再也没有了以前的锐利,他被玉环深深吸引,以致君王从此不早朝,险些葬送了大唐江山。

杨贵妃为何被唐玄宗二逐

杨贵妃入宫以后,很会迎合皇帝,加上她性情聪慧,所以很快就深得玄宗的宠爱。

杨贵妃凭着自己的美貌和聪慧,以及比玄宗小三十六岁年龄优势,使得玄宗时常像对娇美、可爱的女儿一样任她撒娇使性。时间一久,杨贵妃逐渐骄纵起来,竟敢对贵为天子的皇上冷落、讽刺、嘲笑、挖苦,甚至摔打,激得玄宗一时震怒,竟将她驱逐出宫,这样的事共发生过两次。

第一次发生在天宝五年(746年)七月,即杨贵妃被召幸的第七年,被册封为贵妃的第二年。

杨贵妃入后宫以后,梅妃并未介意,梅妃仍常得召幸,而杨贵妃刚入后宫时也不敢放肆,但时有忌怨,二人渐生敌恨,开始时讥讽,你讥笑我"杨肥",我嘲笑你"梅瘦"。开始还仅限于容貌体态上的相互攻击,后来发展成互进谗言和诽谤,竟达到避路而行,见面谁也不理谁的程度。

玄宗虽然喜欢梅妃,但她本性文雅娴静,缺乏老年男人喜爱的娇媚气质,玄宗和她在一起总难以纵情尽兴。而杨贵妃恰恰迎合了玄宗,她本性娇媚,感情奔放热烈,玄宗和她在一起时能淋漓尽致地表现人的自然本性,总是沉浸在欢快愉悦之中,渐渐地玄宗就疏远和冷淡了梅妃,杨贵妃渐得专宠。

天宝四年(745年)八月,杨玉环被正式册为贵妃后,梅妃被迁入上阳东宫,几乎被玄宗遗忘了,而对杨贵妃是宠爱更深,且娇惯放纵,杨贵妃也是渐生任性骄横,时常对玄宗使性。玄宗也只好一味讨好、哄慰。

天宝五年七月的一天,玄宗至翠花西阁,盛夏之季,烈日当空,株株梅树枝叶憔悴泛黄,不禁触景生情,感念起它的主人梅妃,不禁长叹一声。这时高力士随侍在身边,他知道玄宗本是一多情种,也知道玄宗此时的心情,加上梅妃是高力士亲自选来的,心中对梅妃的处境非常同情,平日梅妃对高力士也很倚重,高力士很敬重梅妃的品行性情,便不失时机地奏道:"陛下为何长叹?"

"朕是睹物思人啊!力士呀,朕已有一年没有看到梅妃了吧?不知她此时是否也像这梅树一样憔悴无神?"

高力士便有意激玄宗说:"陛下是想把她召来,但又担心杨贵妃怨恨陛下吧?"

高力士的激将法果然有效,玄宗竟即刻命高力士去上阳东宫宣召梅妃。

梅妃进宫后,玄宗便携梅妃入席共饮,追叙旧情。情浓日短,不知不觉

已是星斗阑干,双双酒酣。两情断割一年,今日重续,别具浓情蜜意,柔情似水。

　　而杨贵妃见玄宗一日未归,到了深夜还没见人影,便命人去接,回报说陛下已在翠华西阁召幸梅妃。杨贵妃听后,立刻妒火冲天,怨情汹涌,一夜都没有入睡。

　　第二天一早,门上的兽环声打破了翠华西阁的宁静,也惊醒了正在依偎酣睡中的主人。玄宗知道这一定是杨贵妃来了,急忙披衣而起,将梅妃和衣抱入另室,让其暂避一时,随命启开阁门,杨贵妃快步闯了进来。

　　"天已大亮,陛下为何不去视朝?"杨贵妃极不高兴地对玄宗说。

　　玄宗见杨贵妃这样问,自知理亏,便谎言说:

　　"朕昨日偶感风寒,身体不适,故未能及时早起视朝。"

　　"陛下何必对妾说谎!想必是贪恋梅精,终夜欢娱,身体疲劳而不能早起吧?"

　　杨贵妃面带冷笑,伶牙俐齿地嘲讽道。

　　玄宗分辩说:"她,朕若爱恋她,何必将她弃之上阳宫。"

　　杨贵妃仍是不依不饶,手指床下的凤鞋和床上的翠钿说:"藕断丝连。否则,那凤鞋、翠钿从何而来?"

　　说着走上前去,把翠钿拿到手中,竖起柳眉说道:"大臣们想是待朝已久,此时不见陛下视朝,一定以为是陛下迷恋臣妾,臣妾如何担当得起。请陛下还是放臣妾回寿王府吧,免得被人戏弄指责。"

　　说罢,将手中的翠钿抛在了玄宗脚下,转身欲走。不想"杨贵妃要回寿王府"这句话和随之摔打的举动,一下刺痛了玄宗的要害之处,气得这位年近古稀的老皇帝全身颤抖,须发倒立,厉声喝道:"站住。你竟敢如此出言不逊,难道朕不能将你驱逐出宫吗?"

　　"陛下是大唐天子,一言九鼎,臣妾立刻出宫。"

　　杨贵妃仍不示弱,斜视玄宗大声说道。

　　玄宗并非真要废逐杨贵妃,只是被逼到这份上,立刻召来高力士说:"贵妃欺君犯上,即刻驱逐出宫,送还杨家。"

　　说罢,拂袖愤然而去。高力士见皇上真的动了大怒,也不敢多问,只好将贵妃送到了她哥哥的府中。

唐宫秘史

不说杨府上下,远近族亲都惶惶不可终日,杨贵妃也悔恨自己做的太过分了,哭得像泪人一般。

宫中的唐玄宗,废逐杨贵妃出宫后,白日尚恨恨不平,当夜幕降临,宫灯点起,这位一生酷爱声色的风流皇帝,突然产生了一种不可言喻难耐的孤寂和惆怅,坐立不安,举止失常。从黄昏到月上中天,他几次无故发火,甚至怒骂、打罚内侍。他已深深感到,没有杨贵妃在身边的生活是多么的索然无味。他取过横笛,悲凉、幽怨的笛声在夜空中久久回荡。

高力士看到玄宗的一举一动,心里非常明白,长叹一声对玄宗说:"贵妃回府时一路痛哭不止,几乎像泪人一样,她已知罪悔错,请陛下宽恕,召她回宫吧!"

玄宗此时恨不能立刻见到贵妃,但一时又放不下皇帝的威严和架子:"刚刚遣出,朕怎么好召回?而且夜已深,宫门早已关闭,如何出宫?"

高力士知道玄宗心急如焚,就献计说:"可开安兴坊,过太华公主府,轻车简从,不待天亮,老奴就可把贵妃送到陛下面前。"

果然如高力士所言,平明时分,杨贵妃由高力士悄悄接回宫中。贵妃含泪下拜,泣声谢罪。玄宗此时见到贵妃,怒气早已烟消云散,只是宽慰,随即扶上龙床。

杨贵妃与唐玄宗第一次较量,就这样轻而易举地大获全胜。自此,玄宗对她的恩宠更隆更深。

第二次发生在天宝九年(750 年)二月。这一天,玄宗在殿中宴请诸王。席间,诸王各奏音乐,嗣宁王李琎(玄宗长兄宁王李宪之子)颇善吹笛,特取紫玉笛吹奏玄宗所作《凌波曲》。李琎眉清目秀,年轻貌俊,引得杨贵妃时时瞩目,待他吹笛,更是缠绵缭绕,不由意动情牵,久久凝视。这些玄宗自然看在眼中,不禁心生醋意,只是不便说出。

待罢宴撤席,诸王拜辞离去,玄宗去后室更衣,杨贵妃便取来嗣宁王吹过的紫玉笛,也依音度调,吹起《凌波曲》。

玄宗听到贵妃的笛声立即出来,眼见刚才嗣宁王所用紫玉笛,立即醋意大发,说道:

"嗣宁王刚刚吹过的笛子,口泽尚存,你怎么能去吹?成何体统!"

贵妃听后毫不理会,直吹到终曲方才慢慢放下。玄宗一时气的在室内乱走,不禁越想越生气,"皇家尊严何在!"竟乘着酒性,把杨贵妃再次赶出皇宫。

杨贵妃的哥哥杨国忠因杨贵妃得宠而得高官厚禄,见杨贵妃被玄宗废逐出宫,立刻慌了手脚,无计可施,便向诡计多端的户部侍郎吉温求问。吉温自然愿为效劳,便立刻进宫奏事,又从容地说:"刚才进宫听说陛下已将贵妃娘娘斥逐出宫,愚臣以为,贵妃有忤圣意,应当死罪,只是她承蒙陛下宠爱,自应死于宫中。陛下难道会吝惜宫中这一席之地给她就戮,而让她在宫外受辱吗?"

吉温知道玄宗是不会忍心赐死杨贵妃的,所以此言想激玄宗将贵妃召回。二人只要一见面,便会冰融雪化。

玄宗听后点头不止,及退朝用膳,便命张韬光将御前佳肴数种携赐杨贵妃。贵妃见御赐佳肴,顿时痛哭流涕:"请张公转奏陛下,臣妾罪当死,蒙圣上隆恩,从宽遣放没有立即赐死。然而臣妾自思一再忤旨,不应再生,今天应当即死。臣妾无从谢陛下,唯有发肤是父母所给,余下则都是陛下所赐,所以,只有断发一缕,聊报圣恩。"

杨贵妃墓

说罢,用剪刀剪断一缕秀发,请张韬光转呈玄宗。杨贵妃又哭着说:"为我转奏陛下,以此作诀别之物!"

张韬光受杨家厚赠而归,将杨贵妃的秀发搭在肩上,再次进宫,他哭着叙述了贵妃对他说的话。

玄宗此时正茫然若失,见到贵妃的一缕青丝,又听了贵妃所说的话,不禁大惊失色,即刻派高力士去杨府召回杨贵妃,贵妃毁妆入宫,拜伏无言,只是呜咽流泪。玄宗大为不忍,亲手扶起贵妃,命侍女替她整妆更衣。重新夜宴,恩爱更深。

玄宗与杨贵妃这两次悲欢离合,不仅没有产生一丝一毫的隙怨,每次和好后,玄宗对杨贵妃的宠爱反而更深。杨贵妃以自己的美貌、聪慧、妖媚,彻底征服了昏庸老朽的唐玄宗的感情,获得了牢固的专宠地位,把一切女人统统挤出了玄宗的感情世界。

杨贵妃生死之谜

历史上有这样的记载:杨贵妃,名玉环。美貌如花,通晓音律舞蹈。初为唐玄宗之子寿王妃,后得玄宗喜爱,天宝四载(公元745年)封为贵妃。因其集三千宠爱于一身,其兄姐皆显贵,堂兄杨国忠把持朝政。公元755年安禄山叛乱,杨贵妃与唐玄宗逃至马嵬驿。随军诛杨国忠,并请玄宗赐杨贵妃自尽。缢亡。一说其以替身代之缢,其逃向了东瀛。而对于杨玉环与唐玄宗的爱情,杨玉环与安禄山是否有什么隐情一直是人们最关心的。现在让我们一起重温杨贵妃的故事。

美人受宠,荣显家门

杨玉环天生丽质,加上优越的教育环境,使她具备有一定的文化修养,性格婉顺,精通音律,擅歌舞,尤其善弹琵琶。

开元二十二年七月,唐玄宗的女儿咸阳公主在洛阳举行婚礼,杨玉环也应邀参加。咸阳公主之胞弟寿王李瑁对杨玉环一见钟情,唐玄宗在武惠妃的要求下当年就下诏册立她为寿王妃。婚后,两人甜美异常。这样看来实际上在名分上杨玉环是唐玄宗的儿媳妇。

开元二十五年十二月初七,唐玄宗宠爱的武惠妃病逝,因此郁郁寡欢。在心腹宦官高力士的引荐下,唐玄宗知道这个叫作杨玉环的寿王妃姿色无双、倾国倾城,于是正在失去武惠妃的哀伤和孤寂中挣扎的唐玄宗,把目光投向了貌似武惠妃的儿媳妇杨玉环。

开元二十八年十月,与李瑁成亲五载的杨玉环离开寿王府,根据唐玄宗的命令来到骊山,此时她仅仅22岁,唐玄宗时年56岁,玄宗命令她先出家为女道士,为唐玄宗的母亲窦太后荐福,并赐杨玉环道号为"太真"。

天宝四年,唐玄宗把韦昭训的女儿册立为寿王妃后,遂迫不及待地册立

杨玉环为贵妃，唐玄宗自当年废掉王皇后就再未立后，因此此时一进宫就深得唐玄宗宠爱的杨贵妃就相当于皇后。

唐玄宗对杨贵妃的宠爱有一件事体现得很清楚。杨贵妃十分喜欢吃荔枝，而荔枝这种水果产地离京都很远，一日而色变，二日而香变，三日而味变，四五日后，就色香味都去尽了。唐玄宗为了让自己心爱的杨贵妃吃上新鲜的、色香味俱全的荔枝，就派人将刚摘下的荔枝，一个驿站一个驿站地换快马于当日送到京城，因此杨贵妃一

唐玄宗

看到快马荡起的尘埃，就知道有人送她爱吃的荔枝来了。于是在唐朝诗人杜牧写下了这样的诗句："长安回望绣城堆，山顶千门次第开。一骑红尘妃子笑，无人知是荔枝来。"

杨贵妃能歌善舞，并且通音律，弹得一手好琵琶，而唐玄宗本人也非常地爱好音乐。杨贵妃本就"天生丽质难自弃，一朝选在帝王侧。回眸一笑百媚生，六宫粉黛无颜色"。再加上唐玄宗的宠爱，正所谓"后宫佳丽三千人，三千宠爱在一身"。唐玄宗亲自为杨贵妃谱《霓裳羽衣曲》，在召见她的时候，令乐工奏此新乐，赐杨贵妃以金钗钿合，亲自插在杨贵妃的头发上。唐玄宗曾经对后宫人说："朕得杨贵妃，如得至宝也。""今夕密誓，妾死生不负。"唐玄宗李隆基与杨贵妃的爱情故事令人们千年难忘，白居易《长恨歌》里的"七月七日长生殿，夜半无人私语时"，写的就是七夕月夜唐玄宗和杨玉环互相盟誓的爱情故事。

杨贵妃的美丽，估计是谁都不能抗拒的，再加之杨贵妃机敏的目光往往在唐玄宗心念一动的时候就能够理解、猜到他的心意，而且能洞察时机，每每想出新鲜的点子，使唐玄宗沉溺不可自拔。由于她的美丽与聪明，"春宵苦短日高起"，从此唐玄宗成天沉迷在杨贵妃的温柔乡中，不知觉悟。唐玄宗的英明睿智在杨贵妃的温柔乡中渐渐消磨殆尽。由于他在位的后期，任用奸相李林甫、杨国忠，终于酿成了天宝"安史之乱"。

自从杨贵妃被封为贵妃后，她的家人便利用唐玄宗对杨贵妃的宠爱肆无忌惮。杨贵妃的三个姐姐也都美艳绝伦，分别被唐玄宗封为韩国夫人、虢

唐宫秘史

国夫人、秦国夫人,她们可以自由出入宫廷,势倾朝野。"姊妹兄弟皆列士,可怜光彩生门户。遂令天下父母心,不重生男重生女。"可见杨氏家族的荣显,甚至改变了当时重男轻女的社会风气。当时京都有歌谣说:"生男勿喜女勿悲,生女也可壮门楣。"但也不全然是因为杨贵妃。杨贵妃的堂兄杨国忠,之所以能当上宰相固然和杨贵妃是有一定的关系的,如果没有杨贵妃把杨国忠推荐给唐玄宗,杨国忠可能一辈子都是一个小混混。但推荐之后,杨国忠能否登上权倾朝野的高位,主要还是靠他自己。应该说,杨贵妃把杨国忠荣登显赫的大门打开了,但杨国忠本人靠他自身不仅成功地登堂了,而且还入了室,真正地达到了权力的巅峰。

自私而可悲的张皇后

乾元元年(758 年)广平王收复两京,唐肃宗迎太上皇李隆基回长安。也就在这一年,张淑妃终于实现了她当皇后的梦想,被册封为皇后。李辅国也被晋封太仆卿。此时二人更是狼狈为奸,内外勾结,势倾朝野,常任意干预政事,令肃宗十分恼火。但肃宗觉得张皇后对自己有恩,也不便将她怎么样。

张皇后被封为皇后以后,仍不满足,她屡次提出"子以母为贵"的成例,要肃宗立自己的儿子兴王李诏为皇太子,肃宗没有答应她的要求,因为肃宗觉得李诏虽为嫡出,但毕竟年纪太小,还是决定立长子李豫为太子。

太上皇李隆基回长安后,闲居在兴庆宫中,这时的他,已是 75 岁的老人了。这位昔日的风流天子,不是悼念杨贵妃,就是追忆梅妃,常常触景生情,悲伤掉泪。肃宗颇能体谅父亲的心情,常去太上皇的兴庆宫探望,凡从前侍奉过太上皇的人,一律召还,仍去供奉太上皇。但是,太上皇仍然郁郁寡欢,有时明明是一件喜事,也会因太上皇的感伤或是触景生情的悲泣而闹得不欢而散。

不久,张皇后的儿子兴王李诏得了重病,时间不长便死了,张皇后悲极生怨,把儿子的死归咎在太上皇身上,说他整天哭哭啼啼,宫中的晦气殃及了兴王,她又同李辅国一起在肃宗面前数落太上皇的种种不是。李辅国还借故提出让太上皇迁出兴庆宫，住进西宫。

　　张皇后和李辅国的连连逼迫太上皇，使肃宗怏怏不快，生起病来。李辅国便假传肃宗诏命，调铁骑 500 人，到于睿武门外，将太上皇逼入西宫，囚于甘露殿，殿中因很久没有人居住，一片萧瑟，只有老太监数人，器物用具都不完备，太上皇见此十分伤心，没办法，只得将就住下。就这样张皇后和李辅国仍不肯罢休，供给太上皇的食物用品越来越差，每顿都是冷菜剩饭，肃宗也受到了张皇后的约制，从此不敢去西宫内看望太上皇。

　　上元三年（762 年）老病缠身的太上皇李隆基终于结束了凄苦的晚年生活，享年 78 岁。

　　肃宗本来身体欠佳，听到父皇驾崩的消息，更是悲悔交集，病势急转直下，就在肃宗病危之际，宫中又发生了一场内乱。原来，这时李辅国的权势越来越大，连张皇后也得受他挟制，可张皇后哪里肯受李辅国的气，所以两人开始互不相容，竟至视若仇敌。

　　张皇后看肃宗病成了这个样子，知道肃宗活不了多久，怕李辅国弄权危及自己，便召太子李豫入宫，对他说："李辅国出入禁中，统领禁兵，设假诏书逼迁太上皇，现在又挟制皇帝，罪大恶极。趁着皇帝现在还在，请太子设法及早把李辅国除掉，否则，他很可能阴谋叛乱。"

张皇后

　　太子听了张皇后的话，流着泪答道："今日皇上病危，此事不便告知。若骤然发兵诛杀李辅国，皇上恐怕受不了如此惊吓，还是等皇上病稍好些再说吧！"

　　张皇后看太子不愿与自己合作，又去找肃宗的次子越王李系商量。李系早就十分痛恨李辅国，听了张皇后的话，正合他的心意，便一口应承下来。

　　可是，因越王行事不密，走漏了风声，李辅国决定先下手为强。

　　起事那天，张皇后遣人去召太子，说皇上病危。太子受令，立即赶往，刚走到凌霄门，李辅国与党徒程元振等一班宦官走出来，拦住太子说："宫中恐有他变,殿下不可轻易入内。"

太子现在根本听不进李辅国的话。说皇上已危在旦夕,我不能因怕死而不进去。就这样太子闯进了飞龙殿。

李辅国这时伪传太子令,带领羽林军闯入肃宗内室,逼张皇后出来,张皇后见此景知道大事不妙,便哀求肃宗救命,此时的肃宗还剩下一口气,看到眼前的这一切是又气又急,一口气没上来,立刻就不能讲话了。

李辅国现在哪管这些,牵着张皇后就往外拖,将张皇后及其左右几十名侍从一并收捕,囚于冷宫。他还派人去将越王李系及其亲信宦官朱光辉、马英俊等人全部拘捕,幽禁起来。

可怜肃宗此时仅一人留在寝殿,无人问津,又惊又怕,又急又怒,一会儿便一命呜呼了。这个称帝六年的一国之君就这样凄惨地死去了。

也就在这一天张皇后和越王等人全部为李辅国杀死,认贼为友的张皇后就这样结束了她自私而可悲的一生。

独孤氏为何死后被追封为"贞懿皇后"

贞懿皇后独孤氏是唐代宗的贵妃,她生性贤德,在宫中,深得代宗的宠爱。

独孤氏是曾为三朝外戚显赫一时的独孤家族的后裔。她父亲独孤信曾任左威卫录事参军。

独孤氏长得异常美丽,是以美色闻名而被选入宫中。

唐代宗在位期间,中宫位虚,"贞懿皇后"是独孤氏死后追赠的。那么独孤氏生前为什么没有被立为皇后呢? 有人猜测,是太子生母沈氏一直下落不明的缘故,代宗在位 17 年,也一直没有终止寻访沈氏,在这方面,代宗是有情义的。

独孤氏对不册自己为皇后不仅没有丝毫的怨言,而且非常理解代宗,为此更得代宗喜爱。所以代宗每遇朝中疑难大事,都与贵妃商量,贵妃每次都再三避让,说:"妇人见识浅短,不当参预国家大事。"

代宗为了讨贵妃欢心,便去访寻贵妃的后家侄辈,赐以官爵。哪知贵妃

知道后,便竭力辞谢,说:"妾父元擢,与李辅国同党,原负罪于国家,还免于一死,已是万幸,岂可使罪人之后,多得功名。"

像独孤贵妃这样谦让贤明的人在唐代的后宫中是不多见的。

大历十年(775年)的六月,是独孤贵妃的四十岁大庆,代宗便在御园中张灯结彩,为贵妃庆贺。

入夜,灯火齐放,密如繁星,笙歌处处,代宗这个多情天子,更是兴奋异常,与贵妃在御园中一直游玩到夜深月落,才回宫中安寝。

谁知这独孤贵妃娇怯怯的身体,受不了这般劳累,第二天便病倒了,代宗皇帝真是心急如焚,把早朝也废了,终日陪伴在贵妃的病榻前,调汤弄药。

但从来是好事易破,这位贵妃病后20多天,竟香消玉殒了。

代宗怎能受得了这沉重的打击,抱住贵妃的身体,嚎啕大哭,后宫中多少妃嫔宫女,围着劝说,可代宗就是不听,从早哭到晚,好似害了疯癫病一般。他把独孤贵妃的遗体一直殡于内殿,日日探视竟有好几年不忍移出宫去,直至大历十三年十月才予以安葬,代宗还特命宰相作哀词褒扬独孤贵妃的德行,以寄托自己的哀思。后又追封独孤妃为"贞懿皇后"。

沈太后留千古之谜

建中二年(781年)二月二日。京都长安,太极殿上,文武百官在宰相杨炎的率领下,正向皇帝贺喜。40岁的皇帝德宗,更是满脸的喜悦,高兴万分。朝臣们也是个个欢欣鼓舞,高兴异常。

唐代制度,皇帝只是单日接受文武百官的朝贺,可今天为双日,为什么今天皇帝违背常规而上朝接受朝贺呢?想必是朝中有大喜事,否则不会如此。

原来这喜事并非什么军国大事,而是皇帝的家事,是皇帝唐德宗因失散而下落不明长达22年之久的母亲睿贞皇太后沈氏在洛阳城中找到了。

睿贞皇太后沈氏,本湖州(今浙江吴兴)一良家女子,玄宗开元末选入东宫为宫女,当时肃宗李亨为太子,沈氏被遣往侍奉李亨的长子广平王李豫,也就是以后的代宗。

那时代宗只有十五、六岁,见沈氏长得贤淑美丽,加之二人朝夕相伴,沈氏又生得十分聪慧伶俐,深得代宗的喜欢,渐渐生了爱慕之心,竟使沈氏怀孕,肃宗性本仁厚,也不责怪,便将沈氏赐给代宗为内侍女眷。

天宝元年(742年)沈氏为代宗生下长子德宗李适。沈氏虽然为皇太子的长房生下了长子,可是,由于她并非是代宗的合法妻室,所以在代宗宫中似乎没有什么名分。

天宝十五年(756年)五月,在德宗15岁的时候,安禄山叛唐后进逼长安,玄宗李隆基带领朝中几名大臣及杨贵妃、太子李亨及诸皇子皇孙半夜仓促逃离长安,可却没有带嫡长孙生母沈氏。

安禄山攻占京都长安以后,将被唐玄宗遗弃在皇宫里的王子王孙的妃妾们,都拘押在东都洛阳的掖庭里,沈氏也不例外。

唐肃宗在灵武称帝以后,封代宗为天下兵马大元帅,至德二年(757年)十月,东都收复,代宗入东都洛阳时,沈氏已在洛阳被关押一年多了。代宗从掖庭中找到了沈氏,又将她收入在洛阳宫中,从此沈氏再也没有回到西京长安。

代宗被立为太子后的乾元二年(759年)九月,史思明再度攻占洛阳,沈氏便下落不明,或逃或死,无人知晓。

等到代宗再次打败史思明的儿子史朝义,收复洛阳时,又派人到处寻访,可十多年来一直杳无音讯。

德宗即位后,仍然着意向四处寻访生身母亲,并遥尊生母沈氏为"睿贞皇太后"的尊号,还在涵元殿具册、立牌、上皇后朝服,朝中大臣都要参拜。

这样一来,引起民间不少人假冒沈太后。

这一年,洛阳城内忽有一老妇人,能详细追述宫中的情形,自称是沈太后,德宗派去洛阳寻访太后的朝使不能确认,特请示德宗,要他派遣宫中的宦官或宫女去验证,女官李真从前曾随侍过沈太后,她到了洛阳后,见到这位老妇人。觉得很像当年的沈太后,又盘问了一些宫中的细节,以及当时发生的事情,都回答的不错,李真也一时难辨真假,突然她想起沈太后左手指有伤疤,便拉起了老妇人的左手,看到左手上确有一条伤疤,难道真的是沈太后?李真也不敢拿主意了。

众宦官及地方官们贪功心切.便将这位老妇人迎于东京洛阳的上阳宫,

以太后礼拜之,奉之如真太后一般。又将喜讯报告京城。一时朝廷上下,无人不知无人不晓皇帝的生母沈太后已访到了,文武百官无不高兴。德宗李适与母亲失散二十多年,思母心切,听到奏报,更是喜不自胜,欣喜若狂,还管他什么双日不受朝贺的法度,见朝中文武百官入宫贺喜,便上朝接受朝贺。这便是本篇开始所描写的那一幕。

谁知过了一两天之后,高力士的养子高承悦入朝上奏德宗道:"此老媪并非真太后,乃是臣之养父高力士的养女。"

德宗听后大吃一惊,又命高力士的养孙樊景超去洛阳验视。樊景超见了这位老妇自然熟识,他们属姑侄关系,他便对姑母说:"姑母,太后岂可冒充? 你怎敢如此大胆,实在不可理喻! 难道姑母真的不怕死吗?"

这位老妇人还不肯承认,樊景超又厉声喝道:"有诏令下,高女伪充太后,令即速解往京都治罪!"

一听这话,老妇人方知事情不妙,立刻吓得发抖说:"这不是我的本意,是别人强迫我这样做的!"

原来,高力士的这个养女,少年时曾入掖庭做过宫女,常同沈太后相见,凑巧的是,她与沈太后年龄相当,相貌也有相似之处,沈太后曾为儿子削肉脯而割伤过手臂,高女也因剖瓜伤了手指,两人形迹几乎相同。高女见皇帝寻访太后多年而无下落,产生了假冒的念头,以图富贵。但是她尚不敢明说出口,正在洛阳寻访太后的朝使为贪功,虽有疑惑,仍是以假作真促成了这件事。

德宗接到樊景超的据实陈明详情以后,并请求治其罪。

德宗则摇头说:"不可! 不可! 朕为寻母宁肯受百次欺骗而求得一真。如今若惩治高氏就会得罪天下,日后谁还敢为朕出力查访,这不岂是大违了朕的初衷吗?"

高氏就这样被免罪放还。

自此以后,各地又有奏称访得沈太后者,但后又都不是真的。又经多方查访,最终也没有寻找到下落。

沈氏之事,成为千古之谜。

唐宫秘史

不做贵妃宁当贫民的王珠

唐德宗当太子的时候，经常到一位叫王承升的大臣家去，二人志趣相投，一次二人正在王承升家客厅中开怀畅饮，只听后面书房中传出一阵阵悠扬的琴声，德宗听罢拍案叫绝，便追问何人所弹。王承升回答是其妹妹王珠在弹琴。

德宗这才想起曾听到别人讲述王承升之妹不仅姿色过人，而且棋琴书画，无所不通，德宗让王承升请其妹出来相见。王承升见太子夸奖妹妹，自然非常高兴，急忙进后院请妹妹打扮与太子相见，谁知这位王珠小姐对太子毫不热心，不愿出来相见并对哥哥说："我一个女孩家，并不图荣华富贵，还是不见太子吧！"

但王承升怕得罪太子，好说歹劝，王珠才来到前厅与太子施礼。

德宗见王珠虽不施粉脂，却有天姿国色，止不住内心冲动。这次一面之交后，德宗果真恋上了王珠，整日朝思暮想，饮食无味。

皇太后得知此事后，就托宗室大臣李晟夫妇去王家传谕，要纳王珠为太子妃。

谁知王珠知道此事后，无论怎么劝说也不愿进宫做太子妃。后来被哥哥逼急了，她就先施缓兵之计说："我现在年纪尚小，不懂得宫中礼节，如到宫中有失礼的地方，恐怕要连累全家，望哥哥转告太子，待太子继承皇位，册立我为贵妃时，再进宫也不迟。"

王承升知道妹妹的性格刚烈，如逼得过急，恐怕要闹出人命来，只好把妹妹的这番话告诉了德宗。德宗听后也无可奈何，渐渐地对王珠一事就淡了下来。

几年后，王皇后病死，德宗因此而心情忧伤，整日闷闷不乐，这时，德宗又想起了王承升的妹妹王珠，便立即让翰林学士关通玄捧着皇诏，册立王珠为懿贵妃，并召她立即进宫。王珠万般无奈，又因为有言在先，也只好服从皇命，来到德宗身边。

自王珠进宫以后，德宗与她形影不离。甚至连上朝会见大臣也懒得进

行了。为了讨好王贵妃，整天与贵妃花天酒地，把贵妃打扮的如天仙一般，整日都有八个侍女左右侍候贵妃，特别是贵妃在宫廷中活动时，总是前呼后拥，好不威风。

为了让王贵妃欢喜，德宗还特地为她建造了一座水晶楼。但尽管德宗对王珠百依百顺，这位贵妃自进宫还从未露过笑脸，任德宗怎么哄劝，她整日沉默，少言寡语，弄得德宗皇帝也不知如何是好。

水晶楼完工这天，德宗在此大宴宾客，然而王贵妃却迟迟不到，德宗亲自去请，王贵妃突然跪在德宗身边，放声大哭。德宗见此大为吃惊，问其缘由。王贵妃边哭边说："万岁爷饶了妾吧，妾自知命薄，受不了万岁的天恩大宠，更受不了宫廷中的这般拘束的生活。妾自入宫以来，无时无刻都在想念家中，心如刀割，万岁爷如可怜妾命小福薄，务求放妾出宫，还妾自由，妾将永远感激万岁爷天高地厚之恩。"

德宗本来正在兴头上，听王贵妃说出这番话，大为扫兴，只好悻悻而去。

德宗还有两个妃子，一个是李夫人，另一个是左贵嫔。本来就因为王贵妃入宫以后使她们受到德宗的冷落而忌恨王贵妃，当她们知道德宗对王贵妃有怨言后，就在德宗身边挑拨，说王贵妃恃宠而骄，竟敢对皇上无礼。又说她生来命贱，受不了荣华富贵。德宗听了这些话后，对王贵妃渐渐疏远了。

一次德宗又到贵妃的住处，看到王珠头发散乱，身着百姓的布衣，正与宫女们混在一起干活，见此德宗气不打一处来，王珠见德宗后，只求让她出宫，德宗更为恼火，骂道："你真是个贱骨头，无可救药！"

德宗立即下令除去王贵妃的名号，让她穿上入宫时的衣服，送回了王家。德宗又把王珠的哥哥王承升召来，对他说："你妹妹真是穷命女子，朕不强留，将来可选一军校与她相配，但不准让她嫁仕宦之家。"

王承升受到皇帝讥讽，心中闷闷不乐，很想回到家中责骂妹妹几句，但一看回到家中后的妹妹笑逐颜开，一副天真烂漫的样子，和家中的几个丫鬟们弹琴嬉戏，很是快活，也就不忍心再责备她了。

王珠回到家中不久，中书舍人元士会到王承升家玩，碰巧与王珠相见。这位元公子眉清目秀，深通音律，被当时文人称为"才子"，他曾与王珠认识并颇有好感，两人还在一起讨论过音律之事，后因王珠成了太子妃，元士会

也娶了夫人，因而多年未见面了。

此时恰好元士会的夫人病故，王珠也被赶回了家中，二人再次相见，不由引发旧情，很快便相恋起来，并情愿结为夫妻。但因德宗皇帝有言在先，不准王珠嫁官宦之家，元士会为了爱情，竟辞官为民，携王珠双双返回故乡，过起了平民百姓的生活。

贵妃王珠，自愿放弃皇后不做，不慕荣华富贵，甘愿出宫嫁给无职无官的平民百姓做妻子，这在唐代后宫的嫔妃中是绝无仅有的。

与武宗生死相随的王才人

唐武宗一生未立皇后，身边最宠爱的并且对他影响最大的就是贤妃王氏。武宗之所以宠爱王贤妃，不仅由于她美丽的容貌，更重要的是她聪慧机智，善解人意，考虑问题多有见地，成为当时武宗身边的一个得力助手，武宗即位后，有立王贤妃为皇后之意，但是由于门庭的关系，怕引起众大臣的反对，只好立为王才人。

武宗执政时年仅 27 岁，在唐朝后期，还算是一个稍有作为的皇帝。这与王才人的帮助是分不开的，王才人不仅在生活上细心地照顾武宗，还常为武宗出谋划策，她对武宗提议：先利用各地节度使与仇士良等宦官的矛盾，封仇士良为观军容使，这样一来，外示尊宠，实际上把他架空，以削减宦官的力量，她的建议使武宗茅塞顿开。

会昌二年（842 年）四月，武宗令中书省起草诏书，削减禁军的粮饷。在此之前，天子诏令是由宦官传递经办的，而今仇士良等却不能参与。仇士良恼怒地说："果真如此，我将率领禁军兴乱示威。"

武宗知道后，气愤地说："纯属奸人之辞。"

还当面斥责仇士良："削减粮饷之事，纯属朕的意思，且尚未实行，你何必出此狂言？"

一向骄横的仇士良听后心里有些害怕了，赶紧俯首请罪，从此，仇士良的权势受到很大限制。

之后，武宗又撤回了由宦官充任的监军，并解除了宦官担任的禁军职务,使宦官的力量大大减弱,最后使一向骄横的仇士良被迫退休还家。

在民族关系方面,武宗执政后,王才人力劝武宗缓和与黠戛斯、回纥及吐蕃等少数民族政权的关系,从而赢得了边境的和平。

有一次,武宗想让人为他选几个扬州的歌女到宫中,王才人对此事非常不满,批评皇帝这样做会玩物丧志,下属也回绝说:"如果皇帝不正式下诏,我就不能挑选美女。"

武宗经过思考后,由生气变成了惭愧,立刻停止了这种做法。

武宗在位期间,大灭佛教,深得人心,但是在灭佛的同时,又过于信奉道教,从一个极端走到另一个极端,特别是他深信道士赵归真的说教,认为人能返老还童,因此,天天服所谓的仙丹,把原来健壮的身体搞得面黄肌瘦。王才人看到这种状况,忧心忡忡,她几次劝阻武宗。说来也怪,凡事武宗都愿意听王才人的,唯独此事,武宗却不听,继续用丹,直至不久大病缠身,连床也下不了了。

武宗病重后,王才人始终陪伴在武宗左右,端茶送水,毫无怨言。

会昌六年(846年)三月,武宗已到了垂危的阶段,人瘦得已不像样了,一天,他长时间注视着在床前忙碌的王才人,不觉两眼涌出泪水,好不容易才从嘴里吐出一句话来:"朕要和你永别了,朕委屈你了。"

王才人听后心如刀绞,强忍着泪水说:"陛下大福未尽,如何说出这样的话呢?"

武宗还想说什么,但却发不出声音了,只是两眼直勾勾地望着王才人,目光久久不肯离去。王才人猜到了武宗的心思,哽咽着说:"陛下万岁之后,妾一定和陛下生死相随。"

武宗听后竟微微露出了笑容,点了点头,没过多久,便瞑目而逝。

王才人忍痛为武宗料理完后事,并将自己多年来的私蓄全部拿出来分给后宫的妃嫔官人,然后在武宗遗体前点香祭祀,流着泪说:"陛下,妾身随你来了!"

便解下衣带,在武宗的遗体前自缢而死。

王才人死后,即位的宣宗追封她为贤妃,并将她的遗体同武宗一起葬于端陵,实现了武宗和王才人生死相随的愿望。

杜秋娘为唐朝做出了哪些贡献

杜秋娘曾经是江南的歌伎,虽然她出身微贱,但是却不像一般的女子,她独禀天地之灵秀,出落得美丽无双,而且还非常聪慧,她占尽了江南少女的秀媚,而且能歌善舞,甚至还会写诗填词作曲,作为歌伎曾风靡了江南一带。

杜秋娘十五岁时,她的名气就传到了镇海节度使李锜的耳朵里,于是李锜设法以重金买入府中充任歌舞伎。一般的歌舞伎都是学一些现成的歌舞,为主人表演取乐。但是人小心高的杜秋娘却不甘埋没在李府成群的歌舞伎中。于是,不久后她就暗自思量,自写自谱了一曲《金缕衣》,在一次李锜的家宴上,声情并茂地演唱给李锜听。

杜秋娘

而李锜此时已年过半百,却也雄心不减,当他听了杜秋娘唱的一曲《金缕衣》,心中的欲火不禁被煽动起来。在他看来,这小曲充满了挑逗,虽然他已不是"少年时",但临近暮年,似乎更要抓住美好年华的尾巴,及时享受生命乐趣,杜秋娘太知他的心思了!

顿时,李锜对杜秋娘大为欣赏,当时就决定把她收为侍妾。于是,李锜与杜秋娘就成了一对忘年夫妻,但因两人都热情如火,所以春花秋月中,这对老夫少妻,度过了许多甜蜜醉人的岁月。

之后,唐德宗驾崩,李诵继位为顺宗,但是顺宗因病体不支,在位仅八个月就禅位给儿子李纯,就是唐宪宗。唐宪宗年轻气盛,一登基就决心扭转国内藩镇割据的离散形势,因而采取强制手段,试图削减节度使的权利。

就这样,身为节度使的李锜也受到了打击,为此他大为不满,倚仗手中的兵力,举兵反叛朝廷,在朝廷大军的镇压下,叛乱很快平息,李铸也在战乱中被杀。

杜秋娘就这样经过了百般周折,作为罪臣家眷被送入后宫为奴。虽然身份卑微,但是凭着她的美貌和过人智慧,她很快又成了歌舞伎。一次,聪慧的秋娘趁着为唐宪宗表演的机会,再一次声情并茂地表演了《金缕衣》。

唐宪宗李纯正年轻,曲中那种热烈的情绪更是深深感染了他。而演唱的杜秋娘明艳而雅洁,气韵在众佳丽中独高一格,不禁为之心动;况且此曲还是由她亲自创作,才情也不一般。于是,没过多长时间,杜秋娘被唐宪宗封为秋妃。

之后,杜秋娘深受宪宗宠爱,她的一笑一言,一举一动,都别有风韵,令年轻的宪宗为之沉醉,他们出双入对,特别像当年杨贵妃与唐玄宗。但是,比起纵情放荡的杨贵妃,杜秋娘又略高一筹,她不仅与宪宗同享人间欢乐,而且还不落痕迹地参与了一些军国大事,用她的慧心和才智,为唐宪宗分忧解劳。这在众多皇妃中是不多见的。

唐宪宗刚刚即位的时候想尽快建立功绩,提高自己的威信,于是对藩镇采取强压手段,引起藩镇纷纷的不满。但是,后来番邦犬戎侵犯大唐边境,宪宗竟然对藩镇施以宽柔政策,不但抵御了外侮,而且取得了本土的安定,使唐室得到中兴。宪宗有着这样的转变非常令人惊讶,其实这除了大臣的建议外,重要的还是靠秋娘枕边风的吹拂,她以一颗女性的柔爱之心,感化了锋芒毕露的唐宪宗。

国家太平后,手下有大臣劝谏唐宪宗用严刑厉法治理天下,以防再度动乱,这建议颇合宪宗的性格;但秋娘闻言则建议他以德治天下,合情合理,让唐宪宗也依了她的意见。

可见,秋娘不仅是唐宪宗的爱妃和玩伴,而且还是他处理朝政的主要帮手,几乎占据了宪宗的整个身心,使宪宗对其他佳丽丝毫没有兴趣。当国家逐渐平定昌盛之后,宰相李吉甫曾劝唐宪宗可再选天下美女充实后宫,他却断然拒绝了。好在秋妃是个深明大义的女子。

杜秋娘虽然拴住了宪宗的心,但并没使他沉溺于享乐而忘却国事,相反的倒是潜移默化地帮着他治国安邦。

但是好景不长,元和十五年初,唐宪宗就不明不白地驾崩于中和殿上,年仅

唐宫秘史

43 岁,正值年盛体强之时。有人说宪宗是服食长生不死金丹中毒而亡,也有人说是内常侍陈弘志蓄意谋弑,但是当时宦官在朝中势力庞大,也就无人胆敢往下追究了。

此时,24 岁的太子李恒在宦官马潭等人拥戴下嗣位为唐穆宗,改元长庆。当时进宫 12 年,已 30 多岁的杜秋娘,在宫廷中颇有声望,而且朝中重臣也对她相当佩服,所以皇帝的更迭,政治的风暴,并没有影响她的地位,在某些军国大事上,唐穆宗也像唐宪宗那样经常听取她的意见。

之后,杜秋娘被指命为穆宗的儿子李凑的保姆,负责皇子的教养,杜秋娘自己没有孩子,便把一腔慈母之爱倾注到李凑身上。但是,唐穆宗李恒是个好色荒淫的皇帝,即位后,很快就沉迷于声色游乐之中,国家动荡不安,他也不闻不问。而杜秋娘只在一边冷眼旁观。

长庆四年,不满 30 岁的唐穆宗竟又莫名其妙地死去,于是刚刚 15 岁的太子李湛继位为唐敬宗。这位小皇帝童心未泯,性躁贪玩,特别喜欢游戏和在深夜里捕猎狐狸,天天带着一班宦官伴臣东游西荡,花样百出,还不时地发一顿小皇帝脾气,无缘无故地将身边人痛打一顿,根本谈不上操心国事。

宝历二年的冬天,唐敬宗夜猎回宫后,又与宦官刘克明一伙人在大殿上酗饮。夜深酒醉,唐敬宗内室更衣,殿上灯火忽然被一阵狂风吹灭,待再点亮时,人们发现小小年纪的唐敬宗被杀于内室,这时他才十七岁。

接下来,枢密使王守澄又与宫内宦官内外勾结,保举唐敬宗的弟弟江王李昂入宫,成为唐文宗。但是文宗年幼不事,朝廷大权实际落在一些大臣和宦官手中。杜秋娘眼看着李家皇帝一个个被宦官所杀,又一个个在宦官操纵下登基,简直成了宦官手中的玩偶,倍感气愤。

于是杜秋娘就开始悉心调教漳王李凑,使他养成一副有胆识的个性,并立志要做一个有所作为的君王。眼看时机即将成熟,杜秋娘周密筹划,与朝中宰相宋申锡密切配合,企图一举除掉王守澄的宦官势力,废掉文宗,把李凑推上皇帝的宝座。

然而,事情似乎已经成了必然,由于宦官的耳目众多,虽然杜秋娘的计划十分隐秘,但仍被王守澄知道了。幸好没有把柄落在他们手中,不便严加处置,结果是李凑贬为庶民,宋申锡则谪为江州司马,而杜秋娘也削籍为民,放归故乡,结束了她漂泊不定的一生。

细细数来,很多宫中女子的命运都由别人掌握,但是出身微贱的杜秋娘,却敢于凭着自己的才智,书写了一段辉煌的历史,她从不屈于命运的安排,虽然无法改写唐朝走向灭亡的悲剧,但是却为唐朝做出了一些贡献。

第三章　皇子公主篇

作为皇子公主这么高贵人人景仰的身份到底是祸还是福？他们的祸与福是由别人来操纵还是由自己掌控？生在这样一个年代，长在达贵的家族是他们乐意的，还是他们无法选择的？原因很多，人们对此更是众说纷纭。在激烈的皇位之争中他们身不由己，他们又有着各自的目的，总的来说，他们其实也渴望自由和生存，而当时的那个年代，到底赋予他们一种什么样的命运呢？他们为自己的幸福生活和自己的梦想又做过怎样的抗争呢？

平阳公主与"娘子军"

"娘子军"一词，现在多用来形容由女子组成的队伍，像著名的《红色娘子军》，但恐怕很少有人知道，历史上第一支娘子军的建立者是一位身份高贵的公主，她就是唐高祖李渊的女儿——平阳公主。

平阳公主是唐高祖李渊的第三个女儿，李渊嫡妻窦氏的爱女、太宗李世民最亲近的妹妹。她是一个真正的巾帼英雄，才识胆略丝毫不逊色于她的兄弟们。平阳公主当然姓李，可是她的芳名叫什么，正史上却没有记载。后世只好给她胡乱起个名字叫李秀宁。

大约在平阳公主16岁的时候，唐国公李渊将自己的三女儿嫁给了武将柴绍为妻。婚后，柴绍携妻定居长安城。

在隋末纷乱的时局中，李渊的胜出机会起初并没有那么大。他的地盘在遥远的山西边境，远离首都长安和东都洛阳，手下兵力也不足，而且天天要面对突厥的进攻。最要命的是，李渊的家眷全都在长安，身边只有次子李世民跟着。

经过数年韬光养晦，隋大业十三年（617 年），李渊起兵反隋，密约柴绍到太原相会。柴绍非常为难，对平阳公主说："我俩一同离去怕事发泄露，留下你一个人又怕起事后被隋廷捉住，这可如何是好？"妻子说，"你尽管一个人走，我妇道人家，躲起来很容易，到时候自有办法。"于是柴绍就独自逃走了。

柴绍离开后，平阳公主立刻动身回到鄠县（今陕西户县）的李氏庄园，变卖家产，招引山中亡命之徒，得到数百人，起兵响应李渊。她又派家僮马三宝说服附近的"盗贼"何潘仁、李仲文、向善志、丘师

平阳公主

利等投降，攻克长安附近不少县城。当年九月，平阳公主率领义军，势如破竹，连续攻占了户县、周至、武功、始平等地。这支由女人做主帅的义军，军纪非常严明，平阳公主令出必行，整支军队对她肃然起敬。这支军队得到了广泛拥护，老百姓将平阳公主称为"李娘子"，将她的军队称为"娘子军"。娘子军威名远扬，很多人都千里投奔而来，不久，平阳公主的娘子军就超过七万人了。

平阳公主收编的手下都是杀人不眨眼的强盗，如果没有几分真本事，就是男人也镇不住他们，何况兵源来自原来不相统属的系统，能够在短时间内将收编的乌合之众变为一支百战百胜的劲旅，取得如此大的战绩，平阳公主的组织能力和指挥能力实在是出类拔萃。

平阳公主在军事上的直觉与见地堪称天才，隋将屈突通就曾经在她手下连吃几场大败仗。李世民在渭北转战时，主要就是依靠平阳公主和娘子军的参战，才能连克强敌。

公元 617 年 9 月，李渊主力渡过黄河进入关中。他发现平阳公主已经为他在关中打下了一大片地盘。李渊派柴绍去迎接平阳公主，平阳公主挑选了一万多精兵与李世民会师渭河北岸，共同攻打长安。柴绍属于李世民的部下，与平阳公主平级。夫妻二人各领一军，各自有各自的指挥部（幕

府)。平阳公主的一万多精兵就称为"娘子军"。

攻克长安后,李渊封赐这位军功赫赫的女儿为"平阳公主",逢年过节的赏赐也数倍于其他女儿。武德六年(623年),平阳公主病逝。高祖李渊命以大辂、麾幢、虎贲等仪仗恭行丧礼,并加前后部羽葆鼓吹。宫廷太常回奏说:"依礼,妇人丧葬无鼓吹。"高祖说:"鼓吹,军中之乐器也。当年公主亲自上阵,有开国大功,不是一般女子能比的。怎么能不用鼓吹呢?"并按"明德有功"的谥法,谥之曰昭。

平阳公主恐怕是中国封建史上唯一一个由军队为她举殡的女子了。而娘子军一词也从此流传后世。

相传,山西阳泉娘子关原名"苇泽关",因平阳公主于此驻兵而得今名。娘子关南门之"宿将楼",桃河彼岸之"点将台",绵山之"避暑楼"均为平阳公主所建。

太子李承乾为何造反

武德九年(626年)唐太宗即位后,考虑到立太子是件大事,便决定立八岁的长子李承乾为皇太子。李承乾于武德二年(619年)生于长安皇宫中的承乾殿,因此,母亲长孙皇后就以殿名给他起了名字。李承乾年轻时非常聪敏,很为太宗喜爱。太宗居丧期间,国家的许多政务都由他决断,太宗每次外出巡视,也让他留守长安,代行处理国政。不料,时光一年年过去,李承乾逐渐变坏了。他习性散漫,生活奢侈,嬉戏无度。太宗对他越来越不满。

东宫太子府中有个十四岁的女乐手,名叫尹伊,弹得一手好琵琶,长得十分美丽,能歌善舞。李承乾对她十分宠爱,给她起个绰号叫"称心",每天都和她厮混在一起,简直寸步不离。太宗知道这件事后非常生气,派人把尹伊杀了,和尹伊有牵连的几个人也都被处死。李承乾对尹伊痛悼不已,便在东宫庭院中盖起一间房子,里面摆上尹伊的画像,又陈列了许多泥人泥马,命宫人每天早晚祭奠。他自己也常来到这里,面对尹伊的画像,一边呼唤着"称心,你死得好冤哪!"一边哭泣。长久在小屋中徘徊有时就在小屋中睡着了。李承乾还把尹伊埋在宫中,立坟头,树石碑,并且因此怨恨父亲,长时间不上朝参拜太宗。

李承乾无心学习朝政，整天沉浸在歌舞酒宴中。他把一百多奴仆组织起来习歌练舞。这些仆人们像北方胡人那样，梳起高高的发髻，穿起五颜六色的舞衣，打着鼓、敲着锣，像巫人跳神那样疯狂地摇摆。李承乾还派人造许多大铜炉和铜鼎，让他的奴仆们偷来许多牛马送进宫中，他亲自用这些炉鼎煮牛马肉，熟了以后，就召集自己喜欢的人一起大吃大喝。吃腻了，喝烦了，李承乾又让奴仆们穿起突厥人的衣服，梳起突厥人的发辫，披上羊皮袄，五个人挤

李承乾

在一个毡房中。东宫中的庐帐一座接一座，好像来到了北方大草原。李承乾还命人造了许多五狼头纛，让奴仆们个个持戟拿枪，练习阵法。一时间，东宫里幡旗飞舞，喊声连天，又使人觉得来到了遥远的北方战场。李承乾和仆人们住在庐帐中，吃饭时烧火烹羊，睡觉时头脚相接。有时实在无聊，李承乾就装着可汗死的样子，躺在地上一动不动，让手下人号啕大哭。一次，他们正在做这种滑稽戏时，李承乾忽然站起对众人说："如果我有天下，就带领数万骑兵到金城去，到阿史那思摩（突厥的可汗）手下当一员将领，该是多快活啊。"

李承乾变坏了，是不是太宗没有对他管教呢？不是的。最初，太宗为了加强对李承乾的教育，选派了许多有学问的人做太子的老师。右庶子李百药是太子比较早的老师。他针对李承乾留心典籍和爱好嬉戏的特点，写了一篇《赞道赋》的文章，以古来储君成败的事迹对李承乾进行讽谏。由于李承乾毫不觉悟，两年后李百药不得不辞职。

太宗又选中书郎杜正伦当太子的老师。当时李承乾正犯脚病，不能上朝。太宗特意嘱咐李正伦说："太子有病不来上朝不算大事，可他不爱惜贤才却令人担忧。如果太子不听教导，可来告我。"李承乾果然不听杜正伦教诲。为了给太子施加压力，杜正伦便用太宗的话吓唬他。谁知李承乾上表

太宗，反告了杜正伦一状，词语中还连带了唐太宗本人。一天，太宗责备杜正伦说："你怎么能在太子面前泄露我的话呢？"就这样，杜正伦也没有成功。

此后，光禄大夫张玄素又当了太子的老师。鉴于李承乾久居皇宫，荒废学业，张玄素便引古人"勿以小恶而不去，勿以小善而不为"的话规劝他。李承乾极为反感，甚至派遣自己的胡奴，在更深人静的时候去打张玄素，使张玄素险些丧命。于是，张玄素也不得不辞职而去。

在这以后，太宗又以散骑常侍于志宁为太子老师。一个夏天农民大忙的时节，李承乾不顾农时，征调大批工匠官奴在东宫营造亭台，数月不停。于志宁劝谏说："东宫是隋朝修建的，当时的人就以为很奢侈华丽的，怎么你还在里面营造亭台呢？费那么多财帛，用那么多人力，这会败坏皇家的道德，引来人们的非议。"李承乾对这些话根本听不进去，还秘密地派遣刺客张师政、纥干承基刺杀于志宁。刺客看见于志宁住在茅草房中，生活很清苦，和李承乾居住的东宫相比，简直有天地之别，就没有忍心动手。于志宁对太子的教育也失败了。

李承乾沿着邪路越走越远。他不仅亲小人，远贤才，喜嬉戏，爱美色，求奢侈，厌政务，而且，对严厉管教他的太宗也逐渐产生了忌恨。李承乾制定了暗杀和政变的两套计划，想除掉太宗。他先派遣刺客纥干承基前往谋杀，没有成功，于是决定发动宫廷政变，逼迫太宗退位。他的阴谋还没有来得及实现，贞观十七年（643年）二月，齐王李祐就在齐州（今山东济南）发动了叛乱。李承乾得到了这个消息，曾喜形于色地对纥干承基说："我的住处西墙外，二十几步就是大内，我们谋反，不是比齐王更容易吗？"不料，齐王的叛乱很快被平定，太子李承乾的阴谋也彻底暴露。太宗把李承乾及党羽一网打尽，命长孙无忌、房玄龄、萧瑀、李勣、孙伏伽、岑文本、马周、褚遂良等大臣共同审理。李承乾一一招供。面对亲生儿子妄图杀父的阴谋，渐渐步入晚年的太宗皇帝心如刀绞，这比当年的玄武门之变还要可怕，自己杀了亲兄弟，得到太子宝座登上皇位，可自己的儿子却等不及，竟要杀掉还在皇位上的父亲。不过，李世民还是网开一面，留了李承乾一条命。

其余罪犯都由杨世勋等人审讯办理，案犯一一被定了罪。汉王李元昌被赐酒自尽，李安俨、赵节等斩首。遭受牵连的还有东宫张玄素、令狐德棻等人，都以扶植不力废为庶人。由于贺兰楚石没有抓获，侯君集一时没有判

中华宫廷秘史

刑。

太子被废为庶人，唐太宗尽管心如刀绞，但是能够保住儿子的命也算是对得起自己和儿子了。不过，还有更烦心的事等着他，就是谁来做太子。

李治为什么能当上太子

李承乾被废了，谁继位东宫当太子呢？魏王李泰每天入宫侍奉太宗，以博取太宗的欢心。

李泰是唐太宗的第四子、李承乾的胞弟。年幼时非常聪明，特别喜欢诗文，长大以后，对经籍、地理之学尤有兴趣。太宗对李承乾逐渐疏远时，就开始有意识培养李泰。还在贞观十年（636 年）二月，太宗借口李泰喜欢文学，对士大夫非常讲究礼节，命他在魏王府建置文学馆，听任李泰自由选择学士。太宗这样做，显然是为李泰当太子创造条件。李泰手下的人心领神会，他们出谋划策，让李泰奏请撰著《括地志》一书。太宗大力支持，拨了许多经费，给撰写的人优厚待遇。《括地志》一书最后编成，李泰在朝廷中获得了好名。不仅如此，太宗对李泰的赏赐越来越多，到贞观十六年（642 年）二月，对李泰每月的赏赐已经超过了当时还是太子的李承乾。

李承乾被废，太宗理所当然地准备立魏王李泰为皇储，当面对他作出了许诺。谁知对此事一直缄口不言的越国公、司徒长孙无忌，这个时候却突然提出了反对意见。

长孙无忌是太宗长孙皇后的胞兄，李承乾、魏王李泰的亲舅舅，权倾朝野，又是皇帝至亲。他的意见当然有着举足轻重的作用。长孙无忌从来就不喜欢魏王李泰，他深知这个外甥为人大奸似忠，心地歹毒多疑，且没有容人之量。长孙无忌清醒地认识到，一旦魏王李泰即位，自己这个并不曾拥立他的舅舅，是不会有什么好日子过的。长孙无忌心目中已有了最佳的人选，他中意的是妹妹长孙皇后的幼子、太宗的第九子、十五岁的晋王李治。他喜欢李治的仁善，喜欢李治的笃厚，甚至喜欢李治的软弱。长孙无忌以为：当今国事已定，大唐已不再需要一位才气纵横，英姿勃发的天子，作为守成的君主，只要仁厚宽恕，知人善任就足够了。当中书侍郎岑文本等人协力赞成

太宗立魏王为嗣的主张时,长孙无忌却站出来,以不容反驳的语气,坚决地拥护年轻文弱的晋王李治,在毫无准备的情况下,李治被长孙无忌仓促地推到了历史的帷幕前面。然而,李世民根本就没有要立晋王李治的意思,因为这个儿子太不像自己了。

李治,贞观二年(628年)六月生于东宫的丽正殿,小名叫作"雉奴"。贞观五年(631年),封为晋王,七年(633年),授并州都督,因为年幼一直不曾离京就藩。李治从小颖悟好学,仁厚孝顺。对于骑马射猎之类的事却丝毫不感兴趣。

对文学的特殊喜爱,培养了李治敏感多情的文人气质。长孙皇后去世时,李治只有九岁,但已十分懂事,痛伤之情使太宗及朝臣都感动不已。正是因为他的性格过分仁慈脆弱,使得在金戈铁马、朝野风云中奋斗了一生的太宗,从未想过要让李治来继承自己的事业。

李治幼时学习《孝经》,太宗曾问他学习的心得,李治一本正经地回答说:"所谓孝,开始是侍奉双亲、然后是侍奉君主,应该进思尽忠,退思补过,宏扬君主的美德,匡救君主的不足。"太宗听了十分高兴,拍着他的头鼓励说:"能这样做,足以事父兄,为臣子了!"可见太宗心目中,自始至终只想让李治为弟为臣,并没有想让他做皇帝的意思。然而长孙无忌却提出让晋王李治为皇嗣。他是个谨慎稳重的人,只要他说出口,必然经过了深思熟虑,不易更改,这一点,太宗十分了解。他只有暂时沉默,考虑如何应付。

第二天早朝,太宗用欣慰的口吻向众臣讲道:"昨日李泰自己投入朕的怀中,说:'儿臣蒙父皇如此厚爱,今日如同再生,儿臣唯有一子,待儿臣百年之后。当为陛下杀之,传位于晋王!'"

谏议大夫褚遂良站出来反对:"陛下失言了,愿陛下三思。安有陛下百年之后,魏王执权为天下之主,而能杀其爱子,传国于晋王?过去,陛下立承乾为太子,但宠爱魏王,礼数超越于承乾之上,嫡庶不分,才形成今天的局面。前鉴不远,陛下今日坚持要立魏王,请给晋王作出妥善的处置,这样才能保证国家的安全!"

一席话点醒了太宗,在两仪殿单独召见长孙无忌及司空房玄龄、兵部尚书李世勣,另一边站的是惴惴不安的晋王李治。太宗缓步走下御座,目中含泪:"我三子一弟的所作所为,实在令朕痛心失望已极。"

太宗说着大哭，扑倒在御床之上，长孙无忌等人无不大惊失色，争着上前扶抱太宗。太宗又刷地抽出佩刀，刺向自己的心窝，长孙无忌死死地抓住太宗的手腕，夺下了他手中的佩刀。

好半晌，太宗才从激动中平静了下来，他坐在御榻之上，脸色异常苍白。"请问陛下欲立谁为嗣？"问这句话的时候，长孙无忌心中已经知道了答案。"朕欲立晋王。"太宗缓缓地吐出这几个字，已显得有气无力了。长孙无忌马上施礼："臣谨奉圣命，如有异议者，臣请斩之！"太宗抬手拉过晋王李治，说："你的舅舅答应你了，还不谢谢他。"晋王慌忙下拜。太宗多少恢复了些精神，道："卿等都赞成了，不知其余众臣是什么意见？"长孙忌成竹在胸地回答："晋王仁孝，天下归心，陛下若不放心，尽可向百官询问，必无异辞，不然，臣罪该万死。"太宗于是聚百官于太极殿，询问立嗣之事，众人异口同声："太子之位，非晋王莫属！"

太宗下定决心后，将得知消息，匆忙赶到承安门试图挽回败局的李泰幽禁于掌管土木建筑的将作监，任他百般请求，太宗只是避而不见。

第二天，太宗亲驾太极宫正门则天门，册立晋王李治为太子。长孙无忌出任太子太师，房玄龄为太子太侍，萧瑀为太子太保，又任命李大亮、于志宁、马周、苏勖、高季辅、张行成、褚遂良等为属僚，大赦天下，赐酺三日。四月，降李泰为东莱郡王。九月，李承乾被流放至黔州（四川彭水县），李泰改降为顺阳王，流放均州郧乡县（湖北均县北），属下党羽全部流放岭南。两个竞争对手，退出了政治斗争的舞台。

从此，太宗就将全部的心血，倾注到眼前这个自己与长孙皇后的幼子李治身上。他希望李治能很快地适应自己的身份，尽快地成熟起来，像一个真正的、雄心勃勃的储君一样。然而，很快，他便失望了。他遗憾地发现，这个幼子既无做天下之主的迫切愿望，也无成为一国之君的雄才大略。不过仁厚的李治也有他值得称道的地方。四月底，李承乾、李泰被贬后，仍暂时幽禁。一天，李治突然上奏太宗，说据报，李承乾、李泰生活条件极差，希望太宗能批准予以改善。太宗很感动，马上批准了他的请求。私下里，太宗也有几许欣慰，看来为了保全他们兄弟三人，自己选择的继承者是选对了。

太宗每当遇到适当的场合，往往借题发挥地点拨李治。看见李治吃饭，就说："你要知道稼穑的艰辛，才能经常有饭吃。"看见李治骑马，就说："你应知道马匹奔驰的劳累辛苦,而不让它耗尽全力,这样才能常有马可乘。"见李治坐船,就说:"水能载舟,也能覆舟,百姓就像水,君主就如船。"见李治在树下小憩,就说:"木头要以墨绳为准则才见正直,国君要接受劝谏才会圣明。"

李治的唯唯诺诺,毫无主见,使得性情刚烈果断的太宗既疑虑又厌烦,他又想起远在安州的吴王李恪。英武年轻的李恪是李世民同隋炀帝的女儿杨妃所生的儿子。在唐太宗的十四个儿子中,唯有李恪是真正的皇族。李恪的文武之才不仅在他的兄弟们中间出类拔萃,而且深得唐太宗的喜爱。然而,李恪却为长孙无忌所不容。李世民在长孙皇后死后提出要立杨妃为后,可是以长孙无忌为首的重臣们却说:"炀帝之女岂可为唐朝皇后!"这样的反对使李世民发怒说:"我真恨不得自己是个昏君!"

面对庸懦的嫡子李治,太宗产生了改立爱子李恪为太子的念头。太宗暗中召来了长孙无忌,与之商议:"朕看李治性情懦弱,恐怕难以承担天下,固守社稷。吴王李恪在英武果断方面很像我,我想改立他为太子,你觉得如何?"

听太宗此言一出,长孙无忌马上坚决地表示反对。太宗有些气急败坏,说:"你再三反对立吴王,难道因为李恪不是自己的外甥吗?"长孙无忌不想太宗一针见血就道破了自己的私心,不免有些慌乱,但马上就镇静下来,一方面搬出那套嫡子继承的正统言论,让太宗激动的心慢慢平复。一方面让李治极力表现出仁孝宽厚的一面,让太宗慢慢接受守业君主就该如此,李治的太子地位在长孙无忌的竭力维护之下,终于稳定了下来。

唐太宗在立太子问题上大费周章,长孙无忌起了关键作用。虽然他把自己的外甥推上了皇位,却没有想到会败在李治皇后武则天的手里,真是"机关算尽太聪明,反误了卿卿性命。"

章怀太子李贤之死

武则天与唐高宗共生四个儿子,长子李弘、次子李贤、三子李显(又名哲)、四子李旦。其中次子雍王李贤天分最高,他聪明好学,自幼便熟读《尚

书》《论语》《礼记》《诗经》等，过目不忘，深受父皇的钟爱。李贤身体非常健壮，长于弓箭，狩猎，朝臣们都认为他有文武双全的祖父太宗遗风。

李弘死后，李贤被立为太子。

李贤被立为太子后，高宗就全力培养他，屡次命李贤监国，实习朝政。李贤处理政务，有条不紊，颇称能干。他召集著名学者到东宫注《后汉书》，在士人中威望很高。参与注书的有太子左庶子张大安、马刘纳言、洛州司户参军格希元、学士成玄一、许叔牙等。这实际上是以注书为名，在政治上增添羽翼，在后党北门学士之外并立太子军的另一宗派，这使武则天大为不满。

仪凤四年（679年）五月，高宗再次命太子监国。武则天又一次面临失去权威的危机。她加紧训诫控制，命北门学士撰《少阳正范》和《孝子传》送给太子熟读，并接连写信责备太子李贤不要无礼、不逊。可李贤并不服从，武则天对此越来越不安，母子矛盾日益加深。

出身巫师的明崇俨，擅长巫蛊之术，巧妙地讨好武则天。武则天也想借助一些超越人力的东西来帮助自己，因而对明崇俨的巫术非常满意，便推荐给高宗，要他为高宗施法医病。如此一来，高宗果然在心理方面觉得轻松多了。这样，明崇俨在天皇、天后两方面都受到了信任和重用，一跃而为正五品的正谏大夫。

明崇俨看出武则天与太子之间有隔阂，为了讨好武则天，便悄悄对武则天说："看来太子没有继承天子的命，而英王的相貌，与祖父太宗陛下很相似，英王的相貌高贵。"

这话传到了李贤的耳朵里，他又气又怕。

仪凤四年五月的一天夜里，明崇俨深夜出宫，在回家的路上，突然遇刺身亡。

武则天和高宗知道后立即令大理寺迅速破案，但几经折腾，还是无法找到凶手及指使人。

武则天怀疑刺客必是太子李贤派去的，当时还有许多人都认为暗杀明崇俨的凶手就藏在东宫。

自从发生了明崇俨被杀事件以后，武则天再不能容忍太子李贤了。便指使人向高宗告发太子李贤生活糜烂，好声色，与户奴赵道生等人发生同性恋的不正常关系。而且还有叛逆的企图。高宗立即命宰相薛元诏、斐炎和御史大夫高智周审理此案,搜查东宫。竟在马厩里搜出了数百套武器。赵道生也被迫承认明崇俨是他受太子指使杀的。

高宗一向喜爱太子,想宽容他。但武则天竟执意要依法从事,说:"身为太子,阴谋造反,天地不容,应当大义灭亲,决不可原谅他。"

调露二年(680年)八月,太子李贤被废为庶人,押回京师被幽禁起来。不久迁往巴州。文明元年(684年),在废中宗李显后的第三天,武则天派人去巴州将李贤杀死。

李贤一案牵连了许多人。李贤的一批党羽被杀,宰相兼左庶子张大安等十余人被流放,李贤三个儿子都被幽禁在宫中。

武则天作为母亲,对自己的亲生骨肉竟如此残忍,除了想当"女皇"的诱惑外,据说还因李贤不是武则天亲生的,而是其姐姐韩国夫人所生。

武则天有两个姐姐,都有倾国倾城之貌,大姐嫁贺兰越石,生下一儿一女便早早地守寡了。永徽年间,武则天入宫为昭仪,大姐以大姨的身份携女儿出入后宫,得到高宗的暗宠,被封为韩国夫人。女儿贺兰氏同母亲一样,姿色艳丽,更令高宗神魂颠倒,封为魏国夫人,还想纳为妃。

武则天知道后,醋性大发,妒火难忍。乾封元年封禅后,趁武惟良、武怀运以岳牧身份参加封禅又跟随回京师之际,在武惟良所献的食物中放了毒药,毒死了魏国夫人。又嫁祸于武惟良兄弟,起到了一箭双雕的作用。既除了在宫中和她争宠的外甥女,又发泄了从小欺凌自己的两个堂兄的私愤。

永徽五年(654年)底,韩国夫人忽觉自己怀有身孕,不久即将生产。这可难坏了皇帝和韩国夫人这对偷情的人。恰在这时,武则天在去拜谒昭陵的路上不足月小产,孩子夭折。可是,有人就这事做了巧妙的安排,以姐姐的私生子顶替小产夭折的孩子。武则天觉得当时她的地位还不稳固,多一个儿子将使她在后宫的地位更加稳固,何况那时王皇后、萧淑妃还在。所以这个顶替的私生子可能就是李贤。当然,谁为此事张罗以及这事的真假与否,至今还是个谜。

无论李贤是否亲生,武则天为了实现当女皇的梦,决不容忍任何阻碍她君临天下的势力,这一点是明确的。这样看来,李贤的死也就实属必然了。

中华宫廷秘史

皇太子李重俊是如何死的

神龙二年十月，唐中宗因洛阳有关韦后与武三思有奸情的所谓谣言不息，有失他天子的面子，决定迁回长安。这一年，中宗立第三子李重俊为皇太子。韦后因重俊不是自己的亲生儿子，所以劝阻过中宗，但中宗不听。太子李重俊聪明有为，做事果断豁达，但身边没有良师引导，有时不免缺少明智。

迁回长安后，朝廷上下出现一种崇尚奢华、游乐的风气。中宗从小酷爱玩球，上行下效，太子也迷上了玩球，整天沉湎其间。武三思同太子素无来往，在立储问题上，中宗也没有同他商量过，又见韦后不喜欢太子，而太子更不懂得尊重他，就对太子渐渐不满起来。

武三思的儿媳、中宗和韦后最宠爱的女儿安乐公主李裹儿，有着同母亲一样的性格，骄横、好强、欲望太多。她对自己的美貌、受帝后宠爱有足够的自信，因此，很想做"皇太女"，将来好做女皇帝。她常常说："连侍妾出身的阿武尚能做皇帝，我是公主，为什么不能当皇太女。"

但是，对她百依百顺的中宗唯独这个要求始终不肯满足她，还是立李重俊为太子，安乐公主对这个庶出的哥哥很看不起，她同丈夫武崇训一起，背后都称太子为"奴"。

韦后和武三思的仇视，安乐公主与驸马的轻蔑，很快就使太子感觉到了。当他听说他们背后骂他"小子"或是"奴儿"时，心中的怒火直往外窜，他暗下决心，找准时机给他们点颜色看看。

可是这个不谙世事的年轻人，不懂得朝内力量的对比，只想凭一腔热血，也像当年他的祖宗李世民发动玄武门之变一样，诛灭武三思，逼中宗退位。他分析下来，觉得满朝文武，唯有辽阳郡王李多祚一个人值得信赖，并能提供帮助，就去找李多祚说出了自己的心思。

李多祚是参加神龙革命的有功之臣，他为人厚道，从不居功自傲，没有野心。对于武三思的擅权，早已愤恨不已，可因为是武将，从不多加议论，所以武三思没有将他当作政敌。

见太子流着眼泪向他倾心诉说,这位忠诚、爽直的战将受了感动,他答应了太子的要求,决定帮助他起事。他又联络了部将李思冲、李承况等人协助太子。

神龙三年(707年)七月上旬,一天半夜时分,太子李重俊和李多祚、李思冲等人假称皇帝急诏令,率羽林军三百多人袭击武三思的府第。武三思正拥着美女侍妾们饮酒作乐,儿子武崇训也陪坐一旁,安乐公主进宫还没有回来,不防羽林军一拥而入,见一个杀一个,把武三思父子牵到太子马前。太子一见这两个十恶不赦的大坏蛋,气不从一处来,拔出佩剑,一剑一个,把他俩杀死,又下令军士们杀尽武三思全家。接着,太子命左金吾大将军成王李千里(唐太宗的孙子)及其儿子天水王李禧分兵把守各处宫门,自己同李多祚一起杀入肃章门,直奔中宗、韦后的寝殿。

此时,中宗与韦后、上官婉儿以及安乐公主等人夜宴方罢,还没有睡下,忽见右羽林军中郎将刘景仁飞奔前来报告:太子谋反,已带兵杀入肃章宫。中宗一听吓得浑身发抖,韦后大骂:"我早说过你这儿子不是东西,不听我的话,死路一条。"

还是上官婉儿镇静,她说:"皇上皇后不必再争,事到临头,宜速速拿定主意,尽快消灭叛乱才是。依臣妾看,玄武门坚固可守,请皇上皇后立即登上玄武门楼,一来可暂时避免杀身之祸,二来可宣布紧急诏命,征调兵马讨逆。"

中宗、韦后觉得上官婉儿言之有理,便跟着她来到了玄武门,上了门楼。上官婉儿宣称有诏,令刘景仁立即率领在玄武门值夜的一队飞骑百余人严密守在门楼下,抵御叛兵杀人。这时,李多祚领兵来到玄武门,见中宗登上门楼,又有飞骑守卫,不敢贸然行动。中宗斥责李多祚说:"朕待你不薄,为何助太子谋反?"

李多祚回答说:"武三思淫乱宫闱,臣等奉太子令,已将武三思父子正法,太子与臣并无谋反之意,只是请求陛下准许肃清宫闱之乱,臣立即退兵,再向陛下请罪。"

一听武三思父子已被杀,韦后、上官婉儿以及安乐公主立即哭作一团,拉住中宗的衣襟,要他报仇。李多祚又高呼:"上官婕妤,勾引武三思乱宫,是第一等罪犯,请陛下速速将她交出来!"

中宗还没答话，上官婉儿已是泪水满面，跪在中宗脚下，说道："臣妾并无这等事，请陛下明察，臣妾死不足惜，只恐叛贼先索要臣妾，再索要皇后，最后就是陛下了。"

这时，韦后令杨思勖手执佩剑，向中宗请求下楼同叛军拼杀。中宗答应后，杨思勖下楼迎面碰上羽林中郎将、李多祚的女婿野呼利，一剑砍下去，把野呼利杀死，又指挥飞骑，一拥而上，同李多祚的羽林军交战。

看到下面的一片混战，上官婉儿附在中宗耳边说了一番话。中宗向城下大声宣道："叛军们听着，你们原是朕的亲信宿卫，为何跟着李多祚谋反？若能立刻反正，杀死李多祚，朕不但不计前罪，还另加封赏，保证你们的荣华富贵。"

羽林军士们本来以为太子和李多祚是奉诏令起事的，现听到中宗的亲口宣告，方知自己跟着李多祚成了叛逆，各人都有老小家口，未免动心。大家沉默了片刻，突然"哇"地一声吼叫，一齐拥向李多祚，将他乱刀砍死。李思冲、李承况等将领也被杀死在乱军中。只有太子带领几十名侍从，突围而出，逃向终南山。

兵部尚书宗楚客调动兵马迅速平息了这场叛乱。太子在终南山树林中休息时，被手下士兵刺死，割下首级献给了朝廷。中宗闻报后，毫不痛惜，反将儿子的首级献入太庙，并奠祭武三思和武崇训的灵柩。甚至还把儿子的首级挂在朝堂示众。

对中宗的这种做法，大臣们非常气愤，但都是敢怒不敢言，更不敢接近太子的首级，只有一个小官，永和县丞宁嘉勖，路过长安，见到太子首级后，心里十分难过，就脱下衣服包住首级号啕大哭。这事被宗楚客知道后，报告给中宗，中宗便把宁嘉勖流放到岭南。不久宁嘉勖就病死在岭南了。到后来，睿宗继位后，追念这位仗义执言的县丞为"忠义而重名节"。追赠永和县丞。

李瑛等皇子有怎样的命运

武惠妃害死王皇后，便想继立为后，唐玄宗命群臣廷议，遭到了许多大臣的反对。有的说，武惠妃是武三思的侄女，不能立为后；有的人认为，武惠妃不是太子生母，立为皇后之后，她自己有儿子，势必动摇储位。这时的唐玄宗，还不是十分昏昧的君主，见大臣们多数都不赞成此事，只得将立后之事搁置起来。

武惠妃图皇后位受阻之后，心里既不痛快，又不甘心，又想为自己的儿子寿王李瑁谋取太子地位，她同黄门侍郎、同中书门下三品李林甫勾结起来，让李林甫暗暗伺察太子李瑛的过失，以便乘机进谗。

太子李瑛，是玄宗为藩王时的宠姬赵丽妃所生，玄宗刚即位时，赵丽妃宠冠后宫，玄宗立李瑛为太子。这时的太子已经年过三十，聪明好学，有才识，一向安分守己。但有时，他见生身母亲赵丽妃经常受武惠妃的气，不免愤恨，背地里发几句怨言，被李林甫听到，便去报告武惠妃。

武惠妃就以此为把柄，向玄宗跪下哭诉，说太子阴结党羽，意欲害他们母子。玄宗听后也不问青红皂白，第二天上朝，即面谕宰相，提出想废黜太子及两个弟弟鄂王李瑶和光王李琚，宰相张九龄仗义执言劝说玄宗："陛下践位多年，子孙蕃昌，今三子皆已成人，陛下怎能轻信蜚言，随意废太子呢？以前晋献公杀太子申生，三代大乱；汉武帝罪戾太子，京城流血；隋文帝黜太子杨勇，遂失天下。陛下如一定要废，臣不敢奉诏。"

玄宗听后脸上露出愠怒之色，但无言以对。

武惠妃知道这件事后，对张九龄恨之入骨。又与李林甫串通一气，日日设法向玄宗进谗，排挤张九龄。唐玄宗本来很赏识张九龄的文才，但禁不住武惠妃和李林甫二人内外夹击，便对张九龄日渐冷淡起来。

过了一段时间，李林甫终于找到了机会，促使玄宗贬张九龄为荆州长史。张九龄十分豁达，晚年以文史自娱。玄宗虽然信任李林甫，排斥张九龄，但常常念及九龄风范，每用人，必问："文才风度可及得上九龄？"直到晚年唐玄宗经安史之乱的磨难之后才悔悟自己愧对了张九龄。

张九龄离朝之后，武惠妃与李林甫更无所顾忌。两人密商如何加紧谋害太子的计谋。由李林甫设下毒计，密嘱武惠妃执行。一天武惠妃派人对太子和鄂王、光王诡称玄宗宫中有贼，要他们三人穿上衣甲入宫防卫。三人信以为真，依言入宫，武惠妃立即报告玄宗，说太子与二王谋反，已身着衣甲入宫。

于是，唐玄宗派内侍去探察，果然如此，玄宗大为震怒，立即写下手谕，废李瑛、李瑶、李琚三子为庶人。不久，又赐三子自杀，并牵连三子舅家的数十人。

就在武惠妃与李林甫继续勾结，杀死太子和太子的两位弟弟以后，想说劝玄宗册立武惠妃的儿子寿王李瑁为太子的时候，武惠妃突然得了一种怪病，病势十分危急，一发病就口眼歪斜，衣裙乱撕，趴在地上不住叩头乞饶。嘴里还喊着："三子饶命。"

自从武惠妃害死了太子李瑛和鄂、光二王之后，晚上常常做恶梦，弄得她胆战心惊。有一次夜深人静的时候，她突然看到太子和鄂、光二王的鬼魂惨凄凄站在跟前向自己索命，从这以后无论白天黑夜武惠妃总把这件事搁在心头，那鬼魂越缠绕越厉害。弄得她坐卧不宁，久而久之就成了前边所说的那副样子。

一天，玄宗出宫，在勤政楼大宴群臣，武惠妃在床上休息，突然她觉得有什么动静，一睁眼，只见那已死的太子李瑛带着一群士兵，直向她床上扑来，举着狼牙棒，向武惠妃的脑前打来，打得武惠妃痛彻心肝，惨叫一声，接着呕出几口鲜血来，两眼一翻，晕死了过去。内宫太监侍女们，见此情景都吓得不知所措，一面报玄宗知道，一面急去传御医进宫。待玄宗到来，武惠妃已喘过一口气来，一眼看见皇上，就像见了救命恩人，口口声声说："万岁救救我，太子拿着狼牙棒要打死我，要向我索命，快救救我吧！"

玄宗看到此情，心中也很难受，后悔自己当初不该一时发怒而杀掉三个亲生儿子，看来这真是报应。

就这样，武惠妃的病势越来越重，一会儿痴呆，一会儿发狂，一闭眼就喊："三庶人饶命。"没有能熬过残冬，到开元二十五年（737 年）十二月就一命归西了。

玄宗为此事既伤心又害怕，再不敢立武惠妃儿子李瑁为太子了。

李诵怎样保得太子位

唐德宗即位的第一天，就册立了太子，他是德宗的长子，为王皇后所生。

唐宫秘史

太子李诵从小品行端正,喜欢艺术,善于书法,熟读诗文,性格宽厚仁爱。当建中初年五路节度使反叛。德宗东奔西逃时,李诵随其左右,经常率领御林军奋勇杀敌,很能鼓励将士们的士气。天下太平后,他也从不假权用事,因此,很得朝中一些正直之士们的拥护。

但是,有一年,李诵皇太子地位险些被废。这件事还要从肃宗的女儿郜国公主说起。

肃宗的女儿郜国公主中年守寡后,耐不住孤独和寂寞,与彭州司马李万通奸,又与蜀州别驾肃鼎、沣阳令韦恽有私情。就这样郜国公主还不能满足,又同一个禁卫将军勾搭上了,他们也不顾自己地位的危险,也不管名誉的败坏,整日明来暗去,弄得满宫中沸沸扬扬,这事传到了太子妃耳朵里,太子妃羞恨万分,原来郜国公主是太子妃的生身母亲,母亲做了这么丢人的事,叫她做女儿的脸往哪搁。她曾悄悄地劝过母亲,叫她检点些。可正在热恋中的郜国公主,这时哪里肯听女儿的话。

却不料在朝中,有一班大臣是和禁军将军李淑明作对的,那禁卫将军便是李淑明的儿子,他们知道了禁卫将军和郜国公主的事以后,便想以此为口实去陷害李淑明父子。

内宫有一个叫张延赏的人,历来与李淑明有仇,又与太子作对,他不但想通过此事扳倒李淑明,还想让皇帝废掉太子。便独自进宫,把禁卫将军和郜国公主的事一一奏了出来,郜国公主本是德宗平日里最宠爱的,如今做出了这种寡廉鲜耻的事来,使德宗十分恼火,当即下令把郜国公主幽禁起来,几个奸夫分别被治以重罪。

因为郜国公主的女儿是太子妃,德宗又把太子召进宫中,当面训责一番。太子见皇父盛怒不休,十分害怕,便叩头请罪,又说情愿与太子妃离婚,德宗余怒未消,产生了废太子的念头。

为此事,德宗把心腹宰相李沁传进宫中,这李沁德高望重,是德宗最敬重的人。德宗把张延赏所说的一事对李沁说了,又说了想废太子一事。李沁一听就知道张延赏向皇上奏报此事别有用心,便对德宗说:"陛下立储,告之天地祖宗。今太子无罪,忽欲废子,臣以为不可。"

说完又劝德宗不要听信谗言,而轻意地怀疑太子,以免生出事端。德宗听了很不高兴,勃然怒道:"你一定要违背朕的意思,难道不怕灭族之灾吗?"

李泌毫不畏惧地说："正是为了顾全家族，臣才说出忠直之言。假如曲意奉承，使陛下废黜太子，一旦陛下醒悟过来，必会埋怨臣，说臣枉为宰辅，不劝谏陛下的过失，到那时臣真的难逃灭族之灾了！"

德宗听后，觉得有道理，李泌又说："从古至今，父子相疑，必生惨祸，远的且不说，建宁王的事不就在眼前吗？"

德宗点头说："建宁王叔实属冤死，回想起来，我祖父肃宗皇帝也太性急了！"

李泌乘机接口道："是啊，今太子李诵并无过错，怎能无故废黜？即使有过，也应详加审察，不应重犯先皇的过失。臣以为，妻子之母犯法，丈夫没有必要连坐。"

事后，德宗果真听了李泌的劝谏，太子的地位才得以稳固。

广宁公主为何遭鞭打

自杨玉环册封为贵妃以后，杨氏家族中人个个飞黄腾达，平步青云。其亡父杨玄琰先追赠兵部尚书，后又赠吾太尉，追封为齐国公，母亲也由陇西郡夫人议封为凉国夫人。杨贵妃的三位同胞姐姐也被封为"夫人"，大姐为韩国夫人，二姐为虢国夫人，八姐为秦国夫人。

她的哥哥杨国忠最为显贵，李林甫死后，出任右相，兼吏部尚书，凡领四十余项使职，朝中军国大事都由杨国忠一人裁决，玄宗绝不过问。

俗话说："一人得道，鸡犬升天。"杨家依恃皇帝的恩宠，日骤得势，渐渐开始飞扬跋扈，仗势欺人，在京城横行霸道。

天宝十年（751年）正月十五上元节，京都长安热闹非凡，街道两旁彩灯高照，观灯者熙熙攘攘，擦肩而过，真是人山人海。

这一天杨氏家族也去观花灯，走到西市门与广宁公主及驸马都尉程昌胤一家相遇，广宁公主是玄宗的第二十四个女儿，为后宫黄芳仪所生。为了争出西市门，两家互不相让，按礼法说，广宁公主是皇帝的女儿，理应先让广宁公主，可杨氏家奴狗仗人势，竟然挥鞭驱打，一鞭将广宁公主打下马，驸马程昌胤去扶，也被劈头盖脸地打了几鞭。

金枝玉叶被打,广宁公主怎肯吞下这口气,便向父皇玄宗哭诉。玄宗明知自己的女儿受了委屈,也不肯责罚杨家,只把打广宁公主的家奴处死。就这样玄宗还怕得罪了杨贵妃,为了表示不偏不倚,竟把驸马程昌胤的官给贬了,一家各打五十大板,似乎是很公正的,而实际上公主是受害者,而杨家是主犯却没有受到丝毫的处罚。这样处理就足见杨家当时得宠的程度,和他们仗势欺人的跋扈。

文成公主和亲吐蕃有什么作用

吐蕃人是现在藏族人的祖先,居住在西藏高原。其首领松赞干布是和唐太宗同时代的杰出人物,同时也是吐蕃奴隶制王朝的创始者,是个能文能武的人才。松赞干布非常仰慕唐太宗的英名和大唐朝先进的文化。唐太宗灭了东突厥后,又派李靖击败了西南的吐谷浑(在今青海省),打通了西域的通道。西域各国纷纷和唐朝交往,远在西南的吐蕃(我国古代藏族在青藏高原建立的政权)也派使者来了。早在贞观八年(634年),就派遣使者和唐朝进行过联系。

松赞干布在十三岁的时候,就精通骑马、射箭、击剑等各种武艺,而且爱好民歌,善于写诗,受到吐蕃人的尊敬和爱戴。

松赞干布的父亲死去后,吐蕃贵族发动叛乱,松赞干布靠他的勇敢才智,很快把叛乱平定了。松赞干布并不满足吐蕃的贵族生活,为了学习唐朝的文化,他派出使者,长途跋涉,到长安来要求跟唐朝建立友好关系。

唐太宗也听到吐蕃的名声,愿意跟他们结交,还派使者到吐蕃去回访。

过了两年,松赞干布又派使者到长安向唐朝廷求亲,但是唐太宗没有答应。吐蕃使者怕松赞责备他不会办事,回到吐蕃后,向松赞撒谎说:"唐天子快要答应把公主下嫁给我们啦,因为吐谷浑王也去求亲,才把我们求亲的事给耽搁了。"

吐蕃和吐谷浑两国本来就在闹矛盾,松赞干布听了使者的回报,更加怀恨吐谷浑。于是他马上出动二十万人马进攻吐谷浑。吐谷浑王看吐蕃军攻势很猛,抵挡不住,就退到环海一带。松赞干布打败了吐谷浑,乘胜打到唐朝境内的松州，又打了个大胜仗。此时大获全胜的松赞干布骄傲起来，派人威胁唐朝廷说："如果不把公主嫁给我，我就带兵攻打长安。"

唐太宗听后非常生气，于是就派大将侯君集带兵反击吐蕃。吐蕃将士对松赞干布挑起跟唐朝的战争，本来就不满意，得知唐朝派大军前来，都要求退兵。松赞干布眼看蛮干下去要遭到失败，只好向唐朝求和。唐太宗本来愿意同吐蕃友好，知道发动战争对两方都无益处也就同意讲和了。

于是在贞观十四年(640年)，松赞干布又派遣宰相禄东赞为使臣，带着五千两黄金和数千件珍宝，来到长安请求通婚。唐太宗赞同两族联姻，允诺将宗室子女文成公主嫁给松赞干布。

相传禄东赞是一位非常聪明而有才干的使者，太宗在允婚之前，曾出了五道难题，其中一件是让禄东赞把杂处的一百匹母马和一百匹小马驹，准确地识别出它们的母子关系。禄东赞凭着他的聪明才智和丰富的畜牧知识，巧妙地把母马和小马驹分圈起来，暂时断绝了马驹的草料和饮水。

就这样过了一天，他把马驹和母马同时放出来，饥渴的小马驹疾速地奔向母马群，找自己的母亲，寻求母乳，偎依不离。以后禄东赞又以其过人的才智，解开其他四个难题。

唐太宗为此非常高兴，不但允诺了禄东赞迎娶文成公主入吐蕃，还将琅琊公主的外孙女嫁给了禄东赞。

贞观十五年(641年)，文成公主带着汉族人民的友好情意进入吐蕃。松赞干布为迎接文成公主，专门在逻些(今拉萨)建造了一座华丽的王宫，就是今天的布达拉宫，在这里松赞干布和文成公主举行了隆重而热烈的婚礼。

唐朝廷还为公主备了一份十分丰富的嫁妆。金银珠宝，绫罗绸缎，当然是少不了的，除此以外，还有许多吐蕃没有的谷物、果品、蔬菜的种子、药材、蚕种。她还带了大批的医药、种树、工程技术、天文历法的书籍。

文成公主出嫁的消息传到吐蕃，从唐朝边境到吐蕃，一路上都有人准备好马匹、牦牛、船只、食物，接送文成公主。松赞干布亲自从逻些赶到柏海迎接。

婚礼结束后，松赞干布和文成公主越过雪山高原，到了逻些城。公主入城的那天，逻些人民像过盛大节日一样，载歌载舞，夹道欢迎。松赞干布还在逻些按照唐朝的建筑格式，为公主专门建造了一座城郭宫殿，给公主居

唐宫秘史

住。

　　文成公主进入吐蕃,开创了汉族和吐蕃族人民交往的历史新篇章。随着文成公主进入吐蕃,汉族人民的农耕、纺织、建筑、造纸、制笔、酿酒、冶金以及农具制造等技术先后在吐蕃传播开来,对吐蕃政治、经济、文化的发展,起了极大的促进作用,同时也加强了吐蕃与唐朝的联系。

　　今天,西藏民间还广泛流传着这样一首诗歌,歌词的大意是:

中华宫廷秘史

　　　　从汉族地区来的王后文成公主,
　　　　带来不同的粮食共有三千八百种,
　　　　给西藏的粮仓打下坚实的基础。
　　　　从汉族地区来的王后文成公主,
　　　　带来不同手工艺的工匠五千五百人,
　　　　给西藏的工艺打开了发展的大门。
　　　　从汉族地区来的王后文成公主,
　　　　带来不同的牲畜共有五千五百种,
　　　　使西藏的乳酪酥油从此年年丰收。

　　由此可见,文成公主在吐蕃生活的几十年里为汉藏两族人民的友好联系和发展藏族经济文化作出了杰出贡献。直到现在,在西藏的大昭寺和布达拉宫,还供奉着松赞干布和文成公主的塑像,这表达了人们对于这位公主的景仰之情。

太平公主谋反始末

　　太平公主是唐玄宗的姑姑,唐高宗的女儿,本是协助李隆基政变,除韦后的有功之臣,政变成功以后,太平公主居功自傲,日益骄奢,不可一世,也越来越贪得无厌。

　　她的田园的面积越来越大,几乎包括了京城附近所有的肥田沃土。

　　她的宫中的器物越来越精细、繁多,专门为她采购的人在全国各地络绎不绝。她使用的车马仪仗和皇宫中皇后们用的没有丝毫区别。

　　她的陪侍仅少年男子就有数百人,而且都是身披罗绮。至于其他佣人

太平公主

更是不计其数。

此时的太平公主在私生活方面也越来越放肆。

当时她的丈夫武攸暨刚死不久，有一个叫惠范的胡僧家中非常阔绰，又很善于巴结权贵。于是，太平公主便和他狼狈为奸。

太平公主曾专门为惠范和尚在玄宗那里谋得圣善寺寺主位置，加三品，封公爵，不仅如此，太平公主对朝政的干涉也使玄宗不能容忍。她内结将相，外连王公，专谋异计。

当时朝中宰相七人，有五个和太平公主关系密切，一个叫萧志忠的，因为依附了太平公主，就由一个州官晋升为刑部尚书、中书令。他随便出入太平公主府第，早晚环侍在公主的周围，成了公主一个忠实的奴仆。还有掌握皇宫禁兵的常元楷、李慈，也常在私下里拜谒太平公主。

随着时间的推移太平公主的野心也越来越大，竟然也做起了当皇帝的美梦。

先天二年（713年）七月，尚书左仆射窦怀贞，侍中岑羲，中书令萧志忠、崔湜，雍州长史李晋，左羽林大将军常元楷，右羽林将军李慈，应太平公主之

召，来到公主府上密谋，议定谋反，由羽林军作乱，发动政变，推翻唐玄宗，拥立太平公主登基当皇帝。

但是，这个阴谋很快被唐玄宗发现了。这天的深夜，唐玄宗颁布密旨，命岐王李范、薛王李业，兵部尚书郭元振、将军王毛仲，取马厩中闲散马匹以及家丁三百多人，出武德门，入虔化门，出其不意，攻其不备，在皇宫北门洞内，杀死了常元楷和李慈，又活捉了萧志忠、岑羲等人，粉碎了太平公主谋反的阴谋。太平公主发现形势不妙，逃进了圣善寺，但躲过初一躲不过十五，最后等待太平公主的还是被赐死。与她同死的还有她的儿子及党羽数十人。

安乐公主怎样淫乱后宫

嗣圣元年（684年）的一天，从均州（今湖北均县）通向房陵（今湖北房县）的乡间大道上，几辆马车在慢慢地行驶。在第一辆车上坐着的一位青年男子，面容憔悴，目光呆滞，似乎有很多的心事和无限的忧愁，他就是唐中宗李显。

但是他这个皇帝有名无实，武则天称帝以后，李显被废为庐陵王，被长期幽禁在皇宫中一所冷落的庭院中。后来，又被流放到遥远的南方。刚才这个情景就是李显在流放途中。而他的妻子韦氏的车辆就在他后面。韦氏刚刚生了个女孩，身体还很虚弱，因没有来得及准备，李显和韦氏只好用自己的衣服把女孩裹起来，于是他们便给这个孩子起名叫"裹儿"，也就是之后的安乐公主。这个孩子一出生就注定着她的富贵身份，然而她的出生却没有太多的人去羡慕，因为自己的父亲只是个不被人看重的退位皇帝，而与自己的父母不同的是，她常甜甜的，没有任何心事地熟睡着。

但是在李显夫妇看来，他们很希望这个在患难中降生的女儿，能给他们的命运带来一些转机，因此对她倍加钟爱。这个女儿给他们枯燥沉闷的流放生活增添了一份乐趣。安乐公主自小就长得十分漂亮，韦后和中宗因此对她十分宠爱，更是非常娇纵她，所以安乐公主从小就养成了骄横任性的脾气。后来，武则天把孙女安乐公主收到宫中养育，正是因为看中了她的聪明伶俐和机智。

转眼间，安乐公主已经长成一位酷似韦后的小美人。武三思有个儿子叫武崇训，只比安乐公主大一岁，长得高大英俊，很讨武则天的欢心，因此也常在宫中出入，并时常在宫中留宿。久而久之，武崇训仗着自己年少貌美，又有姑祖母武则天的祖护，便大胆地在宫中偷香窃玉，和许多宫女都有着风流韵事。

有一天，他在宫中见到了美貌的安乐公主，便被她深深地吸引了。而此时的安乐公主正值情窦初开的年龄，而且还从她母亲那里继承了风流的习性，于是很快就与武崇训勾搭上了。

后来，宫外对武崇训长住宫中的事情传扬得沸沸扬扬，而令武则天气愤的是，很多人偷偷说武崇训与姑祖母武则天有染。为了平息谣言，证明自己的清白，武则天便自作主张，把安乐公主许配给了武崇训，但是，令人更加惊讶的是，两人成婚不到六个月，安乐公主就生了一个男孩。

安乐公主下嫁给武崇训后，武崇训由于精力过人，所以伺候得安乐公主称心如意，可谁承想，后来武崇训的堂弟武延秀从突厥国回来，见到了这位天姿国色、风情万种的嫂嫂安乐公主，顿起色心。而安乐公主也见这位小叔子年轻俊美，又善解风情，对他也是万般中意。一来二去，不久后，叔嫂两人躲在公主府中就打情骂俏，热成了一团火。

但是好景不长，一天，两人正在互相亲热的时候，恰好被武崇训撞见了，但他念及兄弟之情，又害怕公主的势力，也只好把这口怨气活生生地咽了下去，并且装聋作哑地和安乐公主一天天地把日子过下去。

武崇训被太子杀死后，安乐公主便趁机要求嫁给武延秀。而中宗和韦后一向对安乐公主有求必应，于是也就答应了她的要求。

由此可见，这个安乐公主的私生活是十分的不检点。不仅是这样，她的野心也相当的大。她一心想做第二个武则天，而且日子久了，在她的母亲韦后的纵容下，安乐公主跋扈宫中，凌辱大臣，目无王法，为所欲为，尤其对太子李重俊更是忌恨。

甚至有一次，她自己写下诏书，把前一部分遮住，让中宗加盖皇帝印，中宗竟笑嘻嘻地答应了女儿的要求。安乐公主还曾以自己是韦后的亲生女，李重俊不是韦氏所生，要求中宗立自己为皇太女，以顶替李重俊皇太子的地位。可见，这个安乐公主在宫中不是一般的猖狂，可以视老祖宗的传统于不顾，为所欲为。

但是，朝中的大臣却为此感到非常生气，而且对于这不同寻常、不合祖制的做法，左仆射魏元忠向中宗提出反对意见，对此安乐公主竟对中宗说："元忠是山东傻瓜，他有什么资格议论国家大事。阿武子（宫中对武则天的称呼）还可以做天子，难道天子的女儿就不能当皇帝吗？"

而这些对于安乐公主来说是非常正常的事情，她不仅这样，还在宫中过着极度奢侈的生活。她卖官鬻爵，权倾朝野，为了与姐姐长宁公主一比高低，曾向中宗提出，把昆明池作为她自己的私人湖泊，中宗以没有先例为由委婉拒绝。但是，安乐公主因此而恼羞成怒，她命人挖掘一个定昆池，长达数里，来表明她对昆明池要定了。

安乐公主还派奴仆到民间抢掠女子，充当她府上的奴婢。有人把这一情况告到左台侍御史袁从一那里，袁从一秉公执法，逮捕了安乐公主的奴仆。安乐公主竟请中宗下令释放，而软弱的中宗竟然欣然同意。以致袁从一气愤地说："皇上如此办事，怎么能治好天下！"

由于武则天开了女性掌权的先河，中宗在位期间，女子也顿时活跃了起来，人人都想创造武则天一样的业绩。于是从这之后，唐朝就由后宫的九位女性支撑。女性是如此的活跃，前所未有。而此时中宗的软弱无能，更加助长了韦后和安乐公主争夺权势的强烈欲望，更使唐朝的统治变得动荡不安。

永泰公主被害之谜

永泰公主是唐高宗李治与武则天的孙女，唐中宗李显的第七个女儿。她从小就聪慧美丽，而且还通晓礼仪，深得父亲唐中宗的喜爱，被封为永泰郡主，之后下嫁给了武则天的侄孙魏王武延基。

但是，谁也没有想到，这位美丽聪慧的公主婚后不久于大足元年（701年）九月不幸去世，年仅十七岁，可以说是一位薄命的公主。那么，这位时乖运蹇的公主，究竟为什么年纪轻轻就命归西天了呢？

很多人都知道，女皇武则天在古稀之年，仍宠幸美男子张易之和张昌

宗。二张俨若王侯，每天随武则天早朝，听政完毕，他们就在后宫陪侍。当时朝中的当权大臣都争先恐后地献媚他俩。武则天又在宫中设置控鹤府，召集大批文人学士，以二张为核心，形成了一股新的亲信政治集团。从此后，二张仗着武则天的袒护恃宠而骄，并且开始插手干预朝政。

而武则天也有意把政务委托他们处理，连复立庐陵王为太子这样的大事，也是由二张及吉顼策划办成的。文武大臣深为张氏兄弟干政所惶恐，为此朝廷上下也议论纷纷。

大足元年（701年），当时的皇太孙邵王李重润与妹妹永泰公主李仙蕙及妹夫魏王武延基又聚在一起私下议论，发泄对张氏兄弟的不满。不幸的是，张易之得到这个消息以后，向武则天告状，武则天一怒之下让太子（即唐中宗李显）处置他们。

李显一向无能，这时又慑于母亲的压力，不得不于九月初三勒令自己的亲生儿女与女婿三人同时自杀。其时，李仙蕙新婚不到一年，肚里还怀着孩子。李显复位以后，追赠李仙蕙为永泰公主，并于神龙二年（706年）将武延基、李仙蕙夫妻合葬于乾陵北原。

但是，很多人对这样的说法并不同意，有人认为永泰公主是由于怀孕患病而死。原因是自从丈夫武延基死于利刃之下以后，寡居的永泰公主十分悲伤，然而灾难并没有结束。是公主腹中的孩子使母亲死亡，虽然医治却仍无法挽救。

而后西安医学院的人体解剖学家们，通过对出土遗骸的研究发现，永泰公主的骨盆先天窄小而畸形，在现代遇到这种情况完全可以通过剖腹产来安全分娩，而在古代则只能使临产的母亲和婴儿一起死亡。至此，永泰公主的死亡原因已经揭晓，她显然是死于难产。

尽管永泰公主是死于难产而非自杀，但她的死仍然多少与武则天有着一定的关系。当时，懿德太子李重润、魏王武延基是死于九月初三日，而永泰公主在此日就接踵而亡，极可能是因为丈夫、胞兄被杀，忧惧悲恸交加引起早产而死。

可见，武则天对自己的亲骨肉心狠手辣，显然加速了永泰公主的死亡。有人认为即使永泰公主没有先天生理缺陷而能顺利地生下孩子，也难以逃脱死亡或流放迁徙的命运，章怀太子李贤等许多宗室近亲的悲惨遭遇就是很好的证据。

总的来讲,关于永泰公主的种种死因,目前还尚难判定,有待进一步研究考证。但是,至今人们大多还是认为,武则天的冷酷无情与永泰公主早亡脱不了干系。

升平公主怎样被打成贤妻

有一个著名的京剧名段叫"打金枝",讲的就是唐朝时期的驸马爷郭暧与妻子升平公主发生争吵,一气之下,出手痛打了金枝玉叶的升平公主。众所周知,在封建时代,打了皇帝的女儿可算是犯了杀头抄家之罪,甚至可以株连九族,

但是,郭暧并没获罪,反而使升平公主成了个温顺贤淑的妻子。之所以事情会发展得这么蹊跷,全是因为郭家与当朝皇帝有一段颇深的渊源。要想找到故事的根源,还要从郭暧的父亲郭子仪说起。

郭子仪在唐玄宗掌权时是驻守河北的领兵大将,"安史之乱"暴发时,年老心疲、醉心酒色的唐玄宗撇下京城,只顾携带家小往西蜀逃命,好在在忠直大臣们的苦苦挽留下,才勉强把太子李亨留下,以便稳住民心和军心。

之后,太子李亨移驾灵武,为了号召天下勤王义师,众大臣把他推上皇位,立为唐肃宗,尊西去的玄宗为太上皇。新的朝廷就这样成立了,天下人心也为之一振,郭子仪领精兵五万由河北赶到灵武助阵,大大增加了唐肃宗的实力,为大唐兴复提供了很好的基础。

就这样,唐肃宗任命大儿子广平王李豫为天下兵马大元帅,而以郭子仪为副元帅。但是,年轻识浅的广平王不懂得用兵布阵,更不用说是冲锋陷阵了,那么一切就得仰仗于身经百战的老将郭子仪。

事实上,广平王做大元帅只是名义,而实权全在郭子仪手里,可见唐肃宗对他非常地信赖,郭子仪为唐朝建立不朽功勋也就是从这儿开始的。

之后,唐肃宗还下令他们统兵收复长安、洛阳两京,他郑重地对郭子仪说:"复国事成与否,全在此举!"郭子仪当然也明白此战的重要性,但这时安禄山的军队气势正旺,能否拿得下来,还是个未知数。既然皇上委以重任,

身为副元帅的他也只能在所不辞，因而悲壮地回答："此行不捷，臣必死之！"他把自己的生死与皇朝的兴衰紧密联系在一起，忠心可鉴，令唐肃宗感叹赞赏不已。

幸运的是，不久后安禄山内部发生了政变，安禄山被宦官李猪儿杀害，叛军群龙无首，势力大减。于是郭子仪率领唐军趁此时机，大举进攻，势如破竹，三月之内，连克东西两京，奠定了中兴唐室的基础。肃宗回到长安后，亲自到灞上去慰问攻城的将士，当着广平王的面，肃宗称赞郭子仪道："中兴唐室，都是郭子仪将军的功劳啊。"之后还加拜郭子仪为司空，封代国公，派驻东都洛阳，负责清扫河北地区的叛军余孽。

但是后来，郭子仪功高位显，受到了宦官鱼朝恩等人的嫉妒，他们上奏唐肃宗道："郭子仪兵权在握，恐怕他会发动政变，其实他就是朝廷的隐患啊！"唐肃宗一时听信了谗言，削去了郭子仪的兵权。不久，由于战况需要，又不得不再度拜郭子仪为兴平定国副元帅，并晋封为汾阳王。

唐肃宗驾崩后，李豫继位为代宗，郭子仪又被削去兵权，改任看守肃宗坟茔的山陵使。之后，又有仆固怀恩勾结吐蕃回纥进攻长安，郭子仪再一次被朝廷征召出山为统兵大元帅，仅凭他的威名，不费一兵一卒就再度保全了京城。

郭子仪几起几落，却仍忠心耿耿效命朝廷，唐代宗这才深悔不该对他横加猜忌，因而赐予他"铁券"，意即保证在任何情况下，都决不再加罪于他。除此之外，为了向郭子仪表示恩宠和极大的赞赏，唐代宗除了对他给予优厚的礼遇外，还将自己娇生惯养的掌上明珠升平公主，嫁给郭子仪的幼子郭暧为妻。

升平公主是唐代宗与沈后的女儿，沈后曾一度堪称绝代佳人，貌美如花，善良贤淑，也深得唐代宗之宠。然而在唐代宗东征西讨的时候，沈后却失落民间，行踪不明，唐代宗便把对沈后的宠爱转移到升平公主身上，升平公主原本从母亲那里继承了绝世的美貌和纯良的天性，但由于父皇的娇宠，使她养成一副不知天高地厚的公主脾气，时不时撒娇发横，宫中的人也都得依着她的性子来。

人们都认为，娶得皇帝的女儿，成为皇家的亲家，虽然有享不尽的富贵特权，但是也绝不是一件轻松自得的事，做公主的丈夫，必须低眉俯首，言听计从,更丝毫不能有大丈夫的架子。一般做驸马的人大都抱有攀附之心,为了荣华富贵,受些窝囊气也就认了。但是这个郭暖,生就一副刚直不阿的性格,他并不想借助皇家谋取什么名利,因而也就不准备怎么样地宽纵升平公主。

而当时心高气傲的升平公主,听说要下嫁尚无功名的郭暖,就非常不高兴,但婚姻大事也由不得自己,只好遵奉父皇之命。那么,就两个人从情感上对这场婚姻的态度看来,郭暖与升平公主的婚姻,从一开头就潜伏了矛盾的火种,只待某一天爆发出来。

新婚那天,升平公主见夫君仪表堂堂,气度不凡,不禁转忧为喜,对郭暖也温柔体贴。郭暖也被升平公主的美艳吸引住了,再加上她那天真烂漫,稚气未脱的性格,也使得这个将门虎子颇感新鲜可爱。这对小夫妻陶醉在粉红色的新婚梦中,也着实和睦相处了一段时间。

但是好景不长,升平公主的公主脾气又发作了,驸马爷郭暖就有些受不了了。

按照郭家的规矩,每天清晨,儿孙晚辈都必须到郭子仪面前请安;而郭暖与升平公主居住的驸马府离郭府较远,每日请安实为不便,于是郭家特别对他俩破例,允许他们在每月的初一和十五早晨,到郭府问候家翁,以尽子媳之道。

对这个规定,升平公主无话可说,同意执行,但每次临行前,洗漱梳妆,总是拖拖拉拉,在郭暖的紧催慢催中方才勉强起程,到了郭府,总是郭家其他子媳早已站在郭子仪门下等候很久了。为此,郭暖对升平公主满腹怨言,但念在她公主的份上,才没有加以追究,只是每次加紧了催促。

唐代宗大历二年二月十五日,是郭子仪的七十寿诞,郭暖与升平公主原本商量好,这天清晨两人一道赶往郭府为父亲祝寿。这天郭暖还特意起了个大早,去叫升平公主起身时,升平公主却推说受风头痛,不愿起来,叫郭暖一人带礼品去祝寿,代她向父亲问安。

郭暖一听,气就不打一处来,心想:"平日里你拖拖拉拉,我都忍了,今儿是我父亲大寿吉日,你竟想躲懒不去!"

于是往日的怨气连同今日的怒气一同爆发了,他对着升平公主大声吼道:"你不就是仗着你父亲是天子吗?我父亲还不愿做那皇帝呢!"

讲出这样的话,实在是过于冲动,口不择言,如此糟踏皇帝,简直是大逆不道,罪当诛首。

升平公主听后气得面色发白,声色俱厉地指着郭暖反击道:"欺君罔上,罪当诛杀九族!"

郭暖这时正在气头上,听了公主的话也决不相让,心想:"你们皇家诛不诛得了我郭家,还是问题!"因而又接着教训道:"皇帝又怎样?你在我这里就是郭家的媳妇,不遵孝道,我不但骂得,还能打得!"

说着说着,愈发激动,一跃而起,上前抓住升平公主猛推了一下;升平公主见他竟然还敢动手,也更加愤怒,大声叫道:"看我杀了你们郭家!"

郭暖闻言更加气愤,不由得对她拳脚相加,直打得公主鼻青眼肿才住手。

"打狗还得看主人呢,你今天竟敢打到我皇帝女儿头上来了,士可忍孰不可忍!"升平公主趁郭暖转身往郭府拜寿之机,哭哭啼啼地乘车回到皇宫。

一见到父皇,升平公主悲不自胜地扑倒在他脚下,声泪俱下地诉说着她在驸马府挨打的事,并坚决要求父皇惩办郭家。

唐代宗见从小就娇惯的女儿被驸马打成这副可怜模样,自然心痛不已,也决心好好教训一下这个胆大妄为的驸马,然而转念审情度势,觉得还是不要扩大事态为宜,以免弄僵了与郭家的关系。主意既定,他先对女儿好言安慰一番,然后心平气和地劝解道:"就算事情如你所述的那样,为父也不便过于帮你。做天子并不是天下尽归你所有,也不可为所欲为,这个你不能不了解。你是郭暖的妻子,就应谨守妇道,依从夫君,夫妻和睦为是。"

等到升平公主怨气稍平,就让她马上回到驸马府,不能再乱闹了。

升平公主虽然非常不甘心,但见父皇还对郭家忍气吞声不予计较,自己如果不知趣地再闹下去,不但没有娘家可资倚仗,到头来还得吃亏。升平公主毕竟是个聪明人,她赶紧调整了自己内心的情绪与表面的态度,乖乖地离开皇宫,返回了驸马府。

就在公主回宫告状之际,郭暖就独自去给郭子仪拜寿,郭子仪见他自己一个人来,就觉得非常奇怪,心中起了疑虑,一再追问,才问明了缘由。郭子仪听说儿子居然打了金枝玉叶的升平公主,惊惧之余,立刻命人将胆大包天的逆子用绳索绑了,亲自押解上殿,到唐代宗面前请罪。

郭子仪跪在殿下，叩头称罪，惊慌不已，而唐代宗却哈哈大笑，命左右扶起郭子仪，并为郭暧松绑，若无其事地开脱道："俗语说：'不痴不聋，不作家翁。'儿女闺房之事，何足计较。"

郭子仪见皇上心存大度，不予追究，心绪也放宽了不少，连忙道了谢回到府中，仍然把郭暧痛打了一顿，以表示对他的教训。从此后，郭子仪对唐皇朝更加忠贞不贰，他的行为也带动了一大批与他有关系的将领，忠心耿耿地为唐皇朝效命。

经过这次事件后，升平公主也从中领悟到了许多，性情也随之发生了很大的改变，从此非常的柔顺，端庄贤淑，一心一意相夫教子，孝敬公婆，循规蹈矩地扮演着郭家媳妇的角色。而在她的细心教育下，他们的两个儿女也都安分守己不辱家风。郭氏家风也由于升平公主的收敛从贤而流布后代。自此之后，郭暧"打金枝"的故事广为流传。

金城公主不嫁儿子嫁父亲

西藏吐蕃王朝时期，赞普赤德祖赞的妃子赤尊生了一位王子，长的威武英俊，如天神降临人间，因为其母是羌族姑娘，所以给他取名"姜擦拉温"，意思是羌族的外甥，天神的子孙。

随着时间的流逝，王子渐渐长大，转眼间到了该娶亲的年龄。于是赞普召集文武大臣商议选王妃之事，他说道："先祖松赞干布，雄才大略，娶大唐之女文成公主为妻，使两国和睦相处、吐蕃繁荣稳定。如今王子长大成人，也应该有一位美丽贤慧的姑娘作其妃子。我听说大唐中宗之女金城公主美貌贤淑，想要为我儿迎娶她。"于是派使臣携重礼前往长安请婚。

唐中宗看过奏函和聘礼，决定将金城公主许配给吐蕃王子。金城公主知道后，不知是喜是忧，吐蕃遥遥千里，远离家乡，更不知王子人品如何。据说，公主有一面宝镜，可照未来和远方的事物，她从镜中看到吐蕃雅砻河谷美丽富饶，王子英俊潇洒，于是满心欢喜地答应嫁给姜擦拉温。

不久，金城公主带着皇帝的嘱咐，以及大量物品前往西藏。但是行至半路，不幸的事情发生了。吐蕃王臣、百姓听到金城公主要嫁到吐蕃的消息后,大家都非常高兴,尤其是姜擦拉温他骑上骏马,带着随从,高高兴兴地前去迎接金城公主。谁料想,王子在途中策马奔驰时,不小心从马上摔下来,命丧黄泉。

也许是心有灵犀吧,公主行至汉藏两族交界处,突然心绪烦躁,就拿出宝镜观看,谁知镜中原来年青英俊的王子不见了,代替他的是一位满脸胡须的老头。公主迷惑不解,内心悲痛,不觉宝镜从手中滑落,摔成两半,变成两座山,人们说,就是今天青海境内的日月山。

俗话说:嫁出去的姑娘,泼出去的水。金城公主心想既已嫁到吐蕃,虽然王子死了,怎可再回故里,更何况父皇再三叮咛,一定要为汉藏两国人民的友好团结做些事情,于是到了吐蕃,就嫁给了赞普赤德祖赞,即姜擦拉温的父亲。

后来,金城公主生了一个儿子,赞普听到喜讯,急忙从外地赶回。不料,他回来时,金城公主的儿子被纳囊家族的妃子喜登抢去了。当喜登来抢婴儿时,金城公主又气又急,哭着喊到:"这是我的孩子。"同时还拿有奶的乳房证明,谁想到,纳囊妃子早已存心抢走孩子,于是事先在乳房上涂了药,也挤出奶汁来,因此闹得大家搞不清孩子到底是谁生的。最后,还是被纳囊妃子恃强抢去了。

为了判断孩子到底是谁生的,赞普想出了个办法,把孩子放在宫殿的另外一头,让两个妃子去抱,谁先抱到,孩子就是谁的。金城公主拼命先跑到那儿,把孩子抱到怀中,喜登后到,见孩子被金城公主抱去,又急又恨,心想:孩子死就死了,也不能让你抱去。便不管死活地向公主怀中去抢。扯来扯去,金城公主害怕把孩子抢伤了,便大声说:"孩子本是我生的,你这泼妇,别把孩子抢伤了,让你抱去吧。"就这样,孩子被喜登抱走了,大家看在眼里,心里也就清楚了,但纳囊家族权大势众,谁也不敢明说,又没有很好的解决办法。

过了一年,王子已经周岁,要举行庆祝会,赞普心想要趁这个机会,判明王子的亲生母亲。于是,就把汉族亲友和纳囊氏亲友都邀来参加,等大家坐定,赞普拿起一只金杯,杯中盛满美酒,然后交给王子,并说道:"把这杯美酒献给你的真正的舅家亲,由此来判定谁是你的亲生母亲。"纳囊家族的人手中拿着各种令孩子喜欢的东西逗引小王子,但小王子连看都不看一眼,说

唐宫秘史

道:"赤德祖赞,我是汉家的好外甥,纳囊家族怎能当我的亲舅舅!"说完,举起酒杯,坚定的走向汉家舅亲一边。金城公主见此情景,不禁流下了激动的眼泪,连声叫到:"我的好儿子!"小王子终于回到了金城公主的怀抱。

很明显,年仅一岁的小王子,怎么能如此聪明地分辨出自己的亲舅舅呢?因此,这个故事带有很强的传说成分。金城公主入藏,是带着两族人民友好相处的美好愿望,关于她的这些传说,也许是根据许多小事,以讹传讹而演变来的。

万春公主梅开二度的内幕

万春公主是唐玄宗李隆基的小女儿,母亲杜美人在后宫粉黛中品级十分低微,也不很受唐玄宗的重视。但杜美人的女儿万春公主,小小年纪便被父皇视为掌上明珠,获得格外恩宠,并成为后宫中的一位活跃人物。

万春公主天资颖慧,跟着老师读书,很善于举一反三,触类旁通,人们都称她是"女才子",十二三岁的年纪,她便能作一手绝妙的诗文。除了读书外,她似乎更喜欢音乐歌舞,曾跟从当时的琵琶圣手张野狐研习音乐,又随宫中著名的舞伎谢阿蛮学习舞蹈,都能很快地达到出神入化的境界。

万春公主的青春年华正值唐玄宗开元盛世的顶峰时期,唐玄宗喜爱文学歌舞,因此在宫中设置了左右教坊,专门教习和演奏器乐歌舞;还设有丽正书院,广聚文学之士,作诗论文,宫廷内外文学和音乐气氛极浓。这种气氛正合万春公主的心意,她时常随父皇出入教坊和书院中,参加音乐演奏和歌舞,与知名文人切磋诗文。长安城中谁都知道有这么一位美慧而多才多艺的公主,虽然倾慕者甚多,但竟没有人胆敢攀折,因此已到婚嫁年龄的万春公主的亲事竟耽搁了下来。

天宝四年秋天,原为寿王妃的杨玉环,在经过了一段短暂的女道士生活之后,终于被老当益壮的唐玄宗册封为贵妃。杨贵妃也是一个慧黠的女子,通晓音律,擅长舞蹈,除了学问稍逊之外,其他方面大致都和万春公主相似。虽说论辈分杨贵妃要长一辈,但实际上两人年岁相仿,加之爱好和性情相近,所以成了宫中的一对密友。据说流传后世的"霓裳羽衣曲"与"霓裳羽

衣舞"就是根据唐玄宗的构思,由杨贵妃和万春公主揣摩编排而成的,后世多把它们作为杨贵妃的功劳,其实里面也包含了万春公主的不少智慧和心力呢!

深得唐玄宗恩宠的杨贵妃,自然忘不了一直无人敢折的名花万春公主,由她引线撮合,二十三岁的万春公主终于嫁给了二十五岁的杨畇。杨畇是杨贵妃的哥哥杨国忠的次子,在一门显贵的杨氏家族中的风仪绝佳,不但气度雍容,而且才情横溢,算得上是顶尖的人物,所以杨贵妃认准了只有他才配得上万春公主。

当时杨畇任职于鸿胪寺,掌理涉外事务及典礼事宜。大唐皇朝国力强盛,威名远播,常有四方番邦前来进贡、朝觐、留学、贸易和游历,鸿胪寺则负责这些番邦和外夷人士的接待、交涉和赏赐工作。杨畇因经常接触性情直爽活泼的番邦外夷人,所以性格和生活习惯上颇受他们的影响,这倒恰好与万春公主的特点相合了。

娶了万春公主,杨畇便被冠上了"驸马都尉"的头衔,在鸿胪寺的职务也顺势上迁,成为鸿胪寺卿。鸿胪寺卿是三品大员,位高权重,类似现在的外交部长,以他一个二十五岁又缺乏资历的年轻人,一下子担此重任,实属破格之举,这当然还是托了万春公主和杨贵妃的福。万春公主与杨畇性情相投,才貌匹配,自然成了一对恩爱夫妻,这对快活的小夫妻,在长安城内总显得与众人不同。因为杨畇担任鸿胪寺卿,所以时常要举办款待番邦来使及外夷商人的宴会,番邦与外夷文化传统与中国绝然不同,他们没有男女授受不亲一类的礼教,因此前来赴宴的都是夫妻双双手挽手而至。万春公主与杨畇见了,开始不习惯,后来也感到很能体现夫妻的恩爱,因此也如法炮制,两人亲密地挽着手站在门前接待宾客。外来人士对杨畇和万春公主夫妇都留下了美好的印象,觉得他们漂亮大度又热情爽朗,与一般中国人的恭谦含蓄大不尽相同;但朝廷里那些思想保守的大臣们听到了风声,都摇头叹息,频呼:"简直是不成体统!"但他们依然是我行我素,无视耳边的议论。

万春公主的思想非常新潮开放,她与番人及夷人的妇女交往,彼此交换各种见闻与观点,她发现汉族人一味地认为番邦四夷都是野蛮之族的观点,不但太过武断,而且甚至是愚昧。在许多学术和技艺方面他们都有很多独到之处,例如:天文、地理、历法、采矿、造船、建筑、医药等各方面,都有很多值得汉人借鉴的优点。万春公主把她的发现告诉了丈夫,杨晅经过调查印证,果然如此。于是杨晅便把这一情况向他做宰相的父亲反映,并建议允许外籍人士入籍中土,甚至出任朝廷官职,以便有计划地引进外夷的学术和科技。宰相杨国忠慢慢也接受了儿子的观点,并准备付诸实践,不料正在这时,安史之乱爆发,杨家一夜之间失势,这些合理化的计划也就搁置下来了。但至少有一点是可以肯定的,由于万春公主的坚持与努力,外籍人士在唐都长安有了一定的生存地盘和地位,建立了各自的居驻点,相当于"大使馆"的雏形。

天宝十四年,安禄山在范阳起兵叛乱,挥军南下,所向披靡,很快攻下了长安的防卫潼关。消息传到长安,朝廷上下惊慌失措,唐玄宗带着杨贵妃和一批大臣悄悄逃向西蜀。万春公主与杨晅自认为对长安城中的外籍人士有一份保护的责任,于是自愿留下来安置这些人,没有随同皇帝的队伍一起逃命。留在长安的万春公主和杨晅在妥善安顿了外籍人士之后,本想去追赶父皇唐玄宗的队伍,猛然传来了杨贵妃被逼自杀的消息,他们当然不敢作飞蛾扑火了,只好随着长安城中逃难的民众仓惶离城。混乱之中,万春公主不幸与丈夫失散,她一路历尽艰辛,翻越秦岭逃到汉中,才停下了疲惫的脚步,一路上尽力打听,但始终没得到丈夫的消息。

大乱之后,唐玄宗失去了皇位,虽然回到长安宫中,但只能做一个没有实权的太上皇。当年随同杨贵妃鸡犬升天的杨家亲族,这时已成了过街的老鼠。长安兴复后,万春公主也辗转回到长安,但仍然没有丝毫杨晅的音讯,有人说他在长安城破时被叛军所杀,有人说他已随着外籍人士逃往日本去了。失去了恩爱相伴的丈夫,万春公主深深陷入愁苦之中,一改往日乐天派的模样,过着整天以泪洗面的日子。

就在这时,万春公主家门上来了一位客人,此人便是杨家唯一未受累而死的人——杨锜。杨锜是杨晅的堂叔,又是唐玄宗与武惠妃的女儿太华公主的丈夫,太华公主已在大乱中丧生,杨锜同样落入孤寂之中,于是经常来探望万春公主。论起关系来,若按万春公主夫家的辈分算,杨锜是叔父辈;若以她娘家的关系来看,他又是她的姐夫。此时两人同病相怜,互相慰藉,也算给彼此的生活添了一丝温情;慢慢地,一种互相眷恋的情愫在两人之间滋生了。

也许是万春公主对于丈夫杨曦还存有一丝希望,也许是杨锜对自己的身份还有一些顾虑,总之,一直拖过了几年,两人的关系并没有实质性的进展。直到唐玄宗与唐肃宗父子相继病死之后,万春公主与杨锜才二度梅开,男娶女嫁,彼此填补了对方生活中的空缺。

　　天宝年间的杨家风光已不复见,前代的恩恩怨怨也逐渐被时光冲淡。杨锜虽与杨国忠是堂兄弟,但关系并不亲密,所以大乱之时得以保住了一条性命。中间赋闲了一段时间,如今朝代更替,他又被任命为太仆寺卿,掌管了朝廷要务,生活又可以恢复往日的繁华。

　　经过了世事的沧桑,年逾不惑的杨锜与将近四旬的万春公主,性情已由热烈归于平静,彼此互相关怀着,没有激越的情兴,也没有无聊的猜忌与怨尤,只是平平淡淡地生活着,一如极平凡的一对夫妻。

　　大约万春公主始终抹不掉与杨曦当年恩爱火热的记忆,杨锜也忘不了昔日的风光与繁华,两人不免各怀心思,虽然彼此尽量地加以掩饰,但终究解不开心中的那一个结。只不过五年时间,万春公主便在悒郁中去世了。第二次花开,毕竟没有了第一次的冲动与激情,淡淡地来,又淡淡地去了。

第四章　太监宫女篇

太监宫女在当时宫廷中的身份也一如其他朝代一样卑微,但是他们从不屈于命运对于他们的不公与安排,而是在自己的职位上,想尽一切办法来掌握一定的权力,提高自己做人的尊严。他们有的为此不惜付出任何代价,他们工于心计,他们在皇帝身边放下了最危险的定时炸弹。然而这是他们所愿意做的吗?还是他们在那样一个富贵的条件下,动了不该动的念头?

为什么说鱼朝恩是自食恶果

唐朝天宝十四年(755 年),安史之乱爆发,唐玄宗仓皇逃往四川。就在第二年,太子李亨即位为肃宗,改元至德。当时,跟随唐肃宗的有一个宦官鱼朝恩。鱼朝恩是肃宗最宠信的人物之一,肃宗即位后,就任命他为李光弼的监军,随后还被任命为三宫检责使、左监门卫将军知内侍省事。

就这样,慢慢地他掌握了宫廷很多事务的大权,并逐渐上升为宦官头目之一。后来,肃宗考虑到郭子仪、李光弼均为元勋重臣,害怕难以驾驭他们,所以从此不再设置元帅这个职位,而是派鱼朝恩为观军容宣慰处置使,总监诸军,承担着总监九节度使兵马的重任。可以说,鱼朝恩的权力比朝中的重臣还要大。

鱼朝恩作为一个小太监出身的宦官,原本就不懂什么军事,所以他对外面的传言,不辨真假就轻易相信,并企图借此陷害阻止他掌权的大臣。上元二年(761 年)二月的一天,有人对他说:"洛阳城中将士都是燕人,久戍思归,军心涣散,如果进攻,是非常容易击破的。"

愚昧的他便信以为真,之后就屡次在肃宗面前说洛阳可破。而唐肃宗经不住他不断吹来的耳边风，就命令李光弼进取东都。李光弼上奏说："敌人的势力非常的尖锐，我们现在不能轻举妄动。"

但是，朔方节度使仆固怀恩平时与李光弼有仇，也趁机附和鱼朝恩上表说东都可以很顺利地攻取，而他的目的就是置李光弼于死地。于是，唐肃宗就督促李光弼出师。迫不得已，李光弼只好命李抱玉守河阳（今河南孟县），自己与仆固怀恩、鱼朝恩一起进攻洛阳。唐军在北邙山还没有布好阵，史思明就已经发起了攻击。唐军大败，数千人战死，河阳、怀州也落入了史思明叛军的手里。

朝廷听说邙山战败，就立即免去了李光弼天下兵马副元帅的职位。而鱼朝恩他们却达到了各自目的，之后，鱼朝恩专典神策军，出入禁中，神策军变成中央禁卫军后，他的军权更加扩大，这也成了他胡作非为，无所顾忌的砝码。

唐肃宗驾崩后，太子继位，就是唐代宗。永泰年间，代宗又加封鱼朝恩判国子监事，并晋封郑国公，鱼朝恩气焰更加嚣张。一次，鱼朝恩去国子监视察，代宗还特诏宰相、百官，六军将领集合送行。京兆府置办宴席，内教坊出音乐佐宴助兴。大臣子弟二百余人穿红着紫充当学生，列于国子监廊庑之下。

这盛大的场面，使鱼朝恩得意非凡。此外，代宗还下令赐钱一万贯作为本金，放债取息当作学生饮食的费用。这个先例一开，以后鱼朝恩每次去国子监都要带上数百名神策军，前呼后拥以壮声威。京兆府照例张罗酒食，一次耗费数十万，数目之大，在其他各朝宦官身上非常罕见。

不仅这样，鱼朝恩小人得志后，还不把满朝文武重臣放在眼里。每次朝会群臣议事，他都在大庭广众下任意发表议论，妄论时政，凌辱宰相，连号称强辩的宰相元载也只有洗耳恭听的份儿。一次，百官聚会朝堂，鱼朝恩声严色厉地说："宰相的责任，在于调理好阴阳，安抚好百姓。现今阴阳不和，水旱频生，屯驻京畿的军队有数十万，给养缺乏，漕运艰难。皇帝为此卧不安席，食不甘味，这宰相是怎么当的？还不让贤，一声不吭在那里赖着干什么呢？"说得在场的大臣惊讶万分，而宰相只有低首认错。

此时，礼部郎中相里造突然站了起来，不慌不忙地走到鱼朝恩跟前，说："阴阳不和，五谷腾贵，这是观军容使造成的，与宰相有什么关系？现今京师无事,六军足可维持安定了,却又调来十万大军,军粮因此而不足,百官供应也感困乏,宰相不过是行之文书而已,又有什么罪过呢?"

鱼朝恩惊得目瞪口呆,他没有想到竟然有人敢顶撞他,一时无言以对,拂袖而去,之后,他还忿忿地说:"南衙官僚结成同党,想把我给害死。"

鱼朝恩一肚子气无处发泄,恰好国子监堂室刚刚修复,举行庆典。鱼朝恩来到国子监后,手里拿着《易经》就在高座上讲学,面对着在座百官,他有意选择"鼎折足,覆公饨"开讲,用以讥讽宰相。王缙听了,不禁怒容满面,元载听了,却恬然自乐。鱼朝恩见这样便对在场的人说:"听了我所讲的话,恼怒者合乎人之常情,面带笑容者实在是深不可测。"于是,之后他对元载更是防而又防。

鱼朝恩一贯骄横无耻,甚至他还自以为天下非他莫属,朝廷政事稍不如他的意,就发怒说:"天下事还能有离得了我的嘛!"

唐代宗听后非常不高兴。鱼朝恩有一个养子名叫令徽,年纪还小,在内侍省当内给使,因官品较低,只能穿绿色的官服。有一次,令徽不知为了什么事与同僚发生激烈争吵吃了亏,回家后便将此事告诉了鱼朝恩。

第二天,鱼朝恩就带养子面见代宗,说:"犬子官品卑下,经常被同僚凌辱,请陛下赐以紫衣。"他竟然公开向皇帝要官,但是更为可笑的是,唐代宗还没来得及开口表态,就有人早将高品级官所穿的紫衣抱到了面前。令徽赶紧将紫衣穿上跪拜谢恩。

而此时的代宗也不便说什么,心里却非常不高兴,而当时只好顺水推舟做个人情,勉强笑着说:"这孩子穿了紫衣,比原来好看多了。"口上虽这么说,心中却恨得咬牙切齿。

鱼朝恩得意万分,他却不知道,他已经得罪了皇帝,这样不管他有什么特权或居于什么特殊地位,倒霉的日子便指日可待了。

大历五年(770年)正月,宰相元载已经看出代宗对鱼朝恩产生了厌恶的情绪,便奏请将他除掉。开始代宗有些疑虑:"鱼朝恩军权在握,党羽众多,恐事难成。"

元载听后忙说:"只要陛下将此事全权交我办理,必能办妥。"

于是,代宗嘱咐他一定要小心,就派他去办理此事了。

于是,元载就开始了一步步除掉鱼朝恩的计划,他先收买鱼朝恩的心

腹,以便掌握他的动静。鱼朝恩每次上朝,总川射生将(官名)周皓率领一百多人护卫,又以陕州节度使皇甫温握兵在外为援。元载千方百计地把这两个人收买了过来。

接着,代宗又将凤翔节度使李抱玉迁为山南西道节度使,以皇甫温为凤翔节度使。表面上看是投鱼朝恩所好,加重了其亲信的地位,实质是麻痹他。而他却蒙在鼓里,不知祸之将至。但是不久,鱼朝恩党羽觉察代宗意旨有蹊跷,就密报了鱼朝恩。然而鱼朝恩上朝时,代宗对他还是很客气,也就不再怀疑了。

寒食节那天,代宗按照惯例置酒设宴与大臣们欢度节日。散宴后,鱼朝恩接到圣旨,代宗破例要他留下议事。鱼朝恩很胖,每次上朝都坐四轮小车。代宗听到车声,便沉下脸来,刚见面,劈头就问他为什么大胆图谋不轨。

鱼朝恩被代宗这突如其来的一问给惊呆了,但马上冷静下来,为自己辩白,态度强硬,满不在乎的样子。代宗看到他这个样子,非常气愤,便一声令下,早就埋伏好了的周皓等人,一拥而上,将鱼朝恩捆住,并当场勒死在地。

就这样鱼朝恩在禁中被秘密处死一事,除少数参与密谋的人,外面一无所知。为防不测,代宗暂时隐瞒了真相,他首先下诏罢免了鱼朝恩的观军容使等职,增实封六百户,另外还像以前一样保留内侍监。接着又放出风声说,鱼朝恩受诏自杀而死,一切办妥之后才将他的尸体送回家,并赐钱六百万作为安葬费。

李辅国为何被唐代宗密杀

唐肃宗去世的第二天在李辅国的主持下,太子李豫在两仪殿肃宗的梓宫前登位,这便是唐代宗。

宝应元年(762 年)四月,在代宗登基的第二天,他就在九仙门接见了群臣。他望着文武百官焦急、疑虑的面容,脑海里不由闪出了一个问题:"在这动乱的年代里,怎样才能驾驭这些人呢?"

唐代宗为这个问题伤脑筋并不是没有根据的。从国家的现实情况讲,安史之乱尚未平定,叛将叛兵们还在到处杀人放火。局势动荡,民心不稳。

有多少大臣可以完全信赖,他心里还不清楚。此外,唐代宗自己由于继承帝业,也经受了几次磨难。唐代宗现在回忆起自己的即位过程,还不免有些不寒而栗,那简直是一场搏斗。

怎样驾驭朝中的文武百官呢? 在这一回忆中他似乎找到了答案。

代宗首先想到的是李辅国,代宗是在李辅国的帮助下才登上皇帝的宝座,安禄山叛乱时,玄宗逃往四川,李辅国当时侍奉太子李亨。在马嵬驿杨国忠被杀之后,李辅国给太子李亨出主意,让他到北边去图谋复国大计。李亨听了李辅国的话,来到了灵武。后又是李辅国劝李亨即位,使代宗的父王登上了皇位。李亨当了皇帝以后,自然非常倚重李辅国,将他升为太子家令、元帅府行军司马。

从此以后,肃宗就把许多机密大事委托给李辅国办理,甚至四方奏事,也让李辅国掌管。李辅国平时吃素,又常学僧人的样子,手持念珠,很多人都以为他生性善良。肃宗回到京都以后,李辅国更加受到重用,直到当了元帅府行军司马和兵部尚书,掌握了朝廷以及护卫皇宫禁军的大权。

代宗继位后,李辅国更觉得自己是有功之臣,越发暴露出他那不良的品行,变得骄横无忌。他甚至在私下里对代宗说:"你们大家都在皇宫中坐着吧,外面的事由我去处理。"

代宗听后觉得李辅国太狂妄自大了,竟然对自己说话这样没分寸,非常恼怒。但是考虑到自己刚刚即位,李辅国又掌握禁军,不好公开斥责。

李辅国很会揣摩和迎合皇帝的心意,不久他就在代宗的心目中占有了重要的地位。代宗念李辅国扶他即位有功,尊李辅国为尚父,许多政务不论大小,都委托他去办理。不久,代宗又让李辅国当上了司空、中书公。

李辅国一时位高权重,朝中许多人甚至不敢直呼他的姓名,叫他"五郎"。

李辅国日益高升,引起了程元振的不满。他觉得自己也是大唐的有功之臣,并不比李辅国差,于是他就经常在代宗面前说李辅国的坏话,请代宗对他严加限制。此时的代宗也觉出了李辅国的变化,再回想起李辅国对他说过的一些话,更觉得李辅国是一个危险人物,安禄山之变就是一个很好的例子,自己决不能重蹈覆辙。

代宗又回想起自己刚即位时所想到的问题,就更促使他下决心要除掉李辅国。

于是，代宗利用程元振，罢免了李辅国的元帅府行军司马职务，还把他移居到皇宫外居住。直到这时李辅国才有所醒悟，并且感到十分害怕，但为时已晚。

不久，李辅国又被罢免了中书令，同时晋升为博陆王爵，其实这是夺了李辅国的实权。

一天，李辅国想入宫内修谢表，却被守门人拦住了，守门人对他说："你已经被罢免了职务，不应当再走这个门了。"

李辅国听后，非常气愤，就大声地嚷道："老奴死罪，臣侍奉不了陛下了，就请让我到地下去侍奉先帝吧！"

他的这些话很快就传到了代宗耳朵里，代宗并不生气，反而颁诏旨对他好言安慰。

可就在这件事发生不久的一天深夜，几名强盗闯入了李辅国的家中，神不知鬼不觉地杀死了李辅国，还带走了他的头和上臂。当人们发现李辅国的尸体时只是一个无头的半截肉轱辘。最后还是代宗下令刻了个木头脑袋把李辅国埋葬了事，又追赠他为太傅。

当然，是谁杀了李辅国，这是一个公开的秘密。就这样代宗除掉了第一位宦官李辅国。

程元振为何打击忠臣

程元振很小的时候就净身当了宦官，在内侍省当差。程元振年少时长得眉清目秀，而且机敏过人，善于察颜观色，又能说会道，因此很能讨人喜欢。当时，大宦官李辅国权重，程元振便极力逢迎讨好李辅国，很快就得到了李辅国的重用，之后还升为摄内射生使、飞龙厩副使。

后来，程元振拥立代宗李豫，得到代宗的宠信，被任命为右监门卫将军，掌管内侍省事务。但程元振认为自己有了很雄厚的政治资本，应该谋取更大的权力，他的目标是超过李辅国。当时李辅国自恃拥立代宗有功，十分骄横，对朝中大政，常常独自专断，根本不同代宗商量，为此代宗大为恼火，但

是基于他的权势也不好发作,所以暗地想除去李辅国这个心头之患。

程元振经过很长时间的观察和试探之后,确信代宗确有制裁李辅国的意思,便对代宗密言应该如何削夺李辅国的权力。代宗得到程元振的帮助,更加有信心,很快就免除了李辅国元帅府行军司马和兵部尚书的职务,任命药子昂代判元帅府行军司马,但药子昂早已得到程元振的暗示,所以坚决推辞,不敢接受,就这样程元振便得到了元帅府行军司马之职,并晋封为保定县侯。

在程元振的策划下,不久后,李辅国在家中被人把头砍去,程元振再次升为骠骑大将军,代替李辅国原来的职位,统领全部禁军。没过一年的时间,程元振的权力就已经威震天下,他的野心更在李辅国之上,而且凶悍恣肆的气焰还超过了李辅国,军中将士都称他为军中"十郎"。

程元振得势后,他的父亲被封为司空,母亲也被封为赵国夫人,兄弟姐妹也都跟着沾了光。此外,为了维护自己好不容易得手的权力,他还对朝廷中阻碍自己夺权的官员加以陷害,务必除掉,排挤大将郭子仪就是其中最为典型的事例。

郭子仪是平定安史叛乱的首功之臣,肃宗即位后任副元帅,后升为中书令。当时程元振已得到代宗的宠信,但是他十分妒忌郭子仪功高位重,于是多次在代宗面前诬陷郭子仪。久经沙场的郭子仪在什么危险境地都能冷静沉着,却被一小小的

程元振

宦官程元振弄得整天坐卧不安,胆战心惊,为了避免自己遭受灾难,在程元振的屡次打击下,他竟然要求代宗解除他的副元帅、节度使等职,从此丧失了一切兵权。

程元振倚仗自己的权力,还置国家安危于不顾。当时,郭子仪请援兵,程元振避而不见,使得吐蕃兵长驱直入。更糟的是,代宗下诏各地军队勤王时,竟无一地应命,或迁延不前。原因何在?程元振专横跋扈,陷害名将忠臣,闹得文武百官人人自危,地方与中央离心离德,深怕遭到程元振的诬陷。

公元 763 年，吐蕃向中原进攻，十月，到达奉天。此时代宗才下诏以雍王李适为关内元帅、郭子仪为副元帅，出镇咸阳抵抗。郭子仪带领很少的人马到了咸阳，吐蕃率领吐谷浑、党项、氐、羌二十多万人，弥漫山野几十里，显然兵力悬殊。在这危急时刻，郭子仪派中书舍人王延昌回长安请求救兵，可程元振不仅不召见，还百般阻止，郭子仪的部队遭到了沉重打击。程元振就是这样一个奸佞小人，凡是有功的大将，没有他不妒忌，不想陷害的。

平定安史之乱，大将李光弼也立了大功，在朝廷中渐渐受到重用。程元振又怕他威望超过自己，便勾结手握兵权的鱼朝恩，在代宗面前中伤他。结果，李光弼失去皇帝的信任而遭贬，连他的弟弟李光进也受到牵连被贬往他乡。可见，程元振不仅得到了皇帝的宠信，而且权力也大得令人惊讶。

程元振不但嫉妒比他强的人，而且对以前得罪过他的人也不放手。山南东道节度使来填，在襄阳时，程元振请他帮办一事，但是因为不合法，遭到了来填的拒绝。程元振由此怀恨在心，相机报复。之后，程元振把自己的党羽王仲升的罪责推到来填身上，硬说来填与贼合谋，结果，来填被削了官爵，流放到播州（今贵州遵义），随后还派人在途中把他杀害了。

程元振的倒行逆施引起了广大有识人士的义愤，他们一致呼吁要求惩治程元振。太常博士、翰林待诏柳伉上疏说："吐蕃以数万军队进犯关陇等地，兵不血刃便打进了京城，都因谋臣不出良谋，武将不奋力死战所致……臣听说良医治病，讲究对症下药，药不能治病是留着没用的，陛下看看今天的情况已经到了什么地步！天下百姓都恨陛下疏远贤才良将，任用宦官小人，而对他们离间将相关系听之任之，如果陛下还能为国家社稷着想，非砍了程元振的头以谢天下不可。"

当时被程元振迷惑很久的唐代宗接到这个奏疏，才幡然醒悟，很快将程元振削官为民，放归田里。后来，程元振身穿女人衣服，打扮成老妇模样，从老家三原潜回京师，住在同党司农卿陈景诠家里，就算是这样，他对谋权的欲望还没消尽，他频繁活动，召集自己的私党，企图卷土重来。

但是，此事很快就被御史大夫王升发现，他立即将此事上告朝廷，将程元振长期流放溱州。由于他臭名昭著，走到江陵时被一伙不明身份的人杀死。一个人的结局总是和他生前所做的事有着必然的联系，程元振得到这样的报应也是罪有应得了。

刘克明怎样杀唐敬宗

唐敬宗即位后，他的玩心是越来越大，有一天他又准备率领六宫到骊山温汤沐浴，右拾遗张权舆，跪在紫宸殿下，手捧劝谏奏文。

敬宗因久不坐朝，张权舆跪了半天竟无人接他的表文，可怜这忠心的张权舆，就这样跪着叩头，从辰牌时分，直跪到申牌时分，值殿的太监看张权舆叩的实在可怜，便替他把奏文送进宫中。

敬宗见奏文上写满纸都是劝谏不可巡幸的话，又说昔日周幽王幸骊山，被犬戎所杀；秦始皇幸骊山，卒至亡国；唐玄宗幸骊山，安禄山叛乱……敬宗读罢奏文，仰天大笑，他心里想："骊山真有如此凶恶吗？朕非得一巡幸！"

骊山上行宫，因荒废日久，成了野狐狸的巢穴，敬宗住在行宫中，常有狐狸作祟，不得安宁。敬宗为此十分恼火，便鞭杀了管宫的太监十余人。每晚又亲自拿着灯笼，隐蔽在暗处，捉射狐狸，到后来，这竟成了敬宗的一种游戏。

一天夜里，敬宗皇帝又在半夜时分，躲在东偏殿角上，守候着擒捉狐狸。一个小太监怀中藏着灯笼，正在暗地里悄悄地守着。不一会儿，忽听东廊尽头，有窸窸窣窣窣爬抓的声音，接着一团黑影在地下滚动着。敬宗皇帝正在暗地里觑着，以为是狐狸出动了，便引弓搭箭，飕的一箭飞了过去，只听啊唷一声，像是一个人倒了下去。

敬宗皇帝十分吃惊，忙抢步上前去看，见倒在地上的却是一个人，小太监赶紧跑过来，擎起灯笼，照住那人的脸，是宦官刘克明，原来他乘着夜色正与董淑妃偷情，这事却被皇上撞见，此时的刘克明真是吓出了一身冷汗。

皇上见他深夜在此就大声地问他，刘克明一时慌张，支吾了半天也说不出话来，敬宗见此动了疑心，刘克明这才醒过味来，赶紧叩头说道："奴才听得万岁爷深夜出宫，特在暗中保护。"

敬宗原本就是个无心计的人，听了刘克明的话就信以为真，便哈哈大笑起来。这一笑，把宿殿的太监们都惊醒了，敬宗便吩咐众太监，将刘克明扶回房中去养伤，好在没有伤着要害的地方。

刘克明中万岁爷的这一箭,足足使他在床上躺了二十多天,他此时和董淑妃正打得火热,因为受伤不能明来暗去,心中十分焦急,这把无名火,便全都集中在敬宗身上。

这时的敬宗似乎早已忘了这件事,可刘克明是做贼心虚,总疑心敬宗那晚窥破了他的秘密。从此又恨又怕,由此起了杀机。

刘克明在宫中多年,权势很大。宫中的大小太监,全是他的党羽,他在床上养伤这二十多天,那班太监天天在他的榻前开会,秘密商议他们的阴谋计划。

这时已到了冬天,敬宗在骊山玩得也乏味了。就打道回銮长安宫中。

一天,兵部尚书余应龙奏称:"有征西大将军苏佐明,班师回京。"

敬宗一听非常高兴,便传旨当晚正仪殿赐宴。当时参加宴会的有苏佐明、余应龙二人,还有二十八名文武大臣。

君臣对酌,倍觉开怀。敬宗本来就是一个贪杯之人,如今君臣同饮,更是毫不拘束,一会儿便酩酊大醉,呕吐起来,衣袖狼藉,全身燥热,便到内室更换衣服,就在这时,群臣忽听得隔壁室中惨叫一声,听去好似皇帝敬宗的呼声,吓得众大臣的脸色全变了。

苏佐明首先忍不住了,推案而起,正在这时,忽然殿上灯一下全熄灭了,眼前一片漆黑,众大臣一步行走不得。隔了半晌,才有小太监把灯火重新点起来,只见这时的大殿四周,站满了士兵,肩上扛着雪亮的刀枪,此时众大臣知道是中计了,大家面面相觑,谁也不敢开口。又过了半晌,只见刘克明带剑上殿,露着满脸的杀气,对众大臣们厉声说道:"皇帝已驾崩了!"

一句话,吓得大臣们目瞪口呆。

就这样这个昏庸荒淫的敬宗皇帝只做了不到三年的皇帝就不明不白地被宦官杀死了,当时他只有十八岁。

仇士良为何仇视贤良

在李唐皇朝统治期间,有一个大宦官经历了顺宗、宪宗、穆宗、敬宗、文宗、武宗六朝,杀二王、一妃、四宰相,他专权达二十多年之久。是谁有这么大的能力能够比皇帝更能把持朝政呢？他就是仇士良。那么他又是怎样将大权掌握在自己手里的呢？

公元 835 年，唐朝大臣李训、郑注为尽除奸党发动历史上有名的"甘露之变"时，文宗李昂曾参与谋划，结果李训等以失败且被杀而结束了政变，此事给了仇士良很大的打击，因此他非常憎恨唐文宗，甚至很多次利用阴谋诡计想废掉皇帝。

有一天将近午夜，翰林学士崔慎由洗漱完毕后，正准备上床睡觉，突然有人来传令让他立刻进宫。崔慎由一看大半夜的催得这么急，定是朝廷发生了什么要紧

仇士良

的事了，不然皇上不会这么急切召他。一路上忐忑不安地跟着皇帝的侍卫来到了宫殿之中。

但是，进了宫殿之后，崔慎由并没有见到皇帝，而是见仇士良一人端坐在大堂上，似乎是等他等了很长时间，他还环顾四周，屋内窗帘都遮得严严实实，崔慎由不仅打了一个冷战，不知道这个横行的宦官想要把他怎样。

于是，崔慎由不禁战战兢兢地落座，仇士良才缓缓地对他说："皇上生病已经很长时间了，自从他即位以来，很多政令都荒废紊乱了，大唐也人心惶惶。皇太后看到这种情景，整天为此事担心，常跟我说这样下去怎么能行？得想个好的方法来拯救大唐。于是，她让我重立个嗣君。今晚急着叫你来，就是为起草诏书的事。你看怎样？"

崔慎由听仇士良这样讲，不由得怀疑和警觉起来，以前可从没听人提过立嗣君的事，弄不好这是要杀头的。于是，他坚决拒绝说："当今皇上恩泽遍施天下，在这里怎么能随便议论呢？慎由亲族中的眷属足足有千人之多，兄弟妻妾就将近三百人，我怎么敢做这灭门九族的事呢？我不能为此连带害了我的家人，即使杀了我也不敢答应皇太后和您的提议。"

仇士良原本就想到了崔慎由很难能满口应承，但没想到他会把话说得这么绝，听了他的话竟然无言以对，沉默了半天。过了一会儿，仇士良回过神来，他打开一个小门，带他到后面的一个小殿去，唐文宗正在那里。仇士

良当着崔慎由的面，一条一条地数落着文宗的过失，声色俱厉，直说得文宗羞愧万分，只好低头不语，他还把刚才的怨恨都倾泻在文宗身上。接着，他看了一下崔慎由，指桑骂槐似的指着文宗说："当学士就得负责起草诏书，不想当学士，就别占着茅坑不拉屎！"之后崔慎由出宫殿时，仇士良还威胁他说："今晚的事不能走漏一点风声，否则，我让你吃不了兜着走！"

仇士良竟然当着朝中大臣的面，对皇帝如此放肆无礼，那么其他的宫廷大臣更不放在眼里。当时，李石任宰相时，发觉京兆尹张仲方性格懦弱，不能威服禁军，奏请皇上让司农卿薛元赏代替他，文宗也答应了。薛元赏这个人为人不卑不亢，做事雷厉风行，很有能力担当此职。

有一天，薛元赏到李石府中办事，见李石正在厅中和一神策军将领不知道为何事争得面红耳赤，于是大步走上去对李石说："相公辅佐皇上治理天下，却不能制服一个小小的军将，竟使得他如此无礼，那您将如何造福天下苍生呢？"他当即就命令左右捆住这个倚仗仇士良作恶多端的将领，带到下马桥候审。

当薛元赏回到下马桥时，那个将领已被脱去军衣，跪在地上听候他的发落。正要动刑，一个宦官急急赶到跟前，说是奉仇士良的命令，请大尹过去有事情商量。但是，对小人从不畏惧的薛元赏请来人转告仇士良说："我现在有公事在身，我处理完了手头的事情再去。"转告这事之后，为了杀杀仇士良的威风，他立即处死了这个将领。

之后，薛元赏换上素服去见仇士良，仇士良知道他公然杀害了自己的手下时冷笑着说："你这个没用的书生怎么敢处死我的禁军大将呢？"

薛元赏对他一点也不害怕，他还从容回答说："中尉是大臣，宰相也是大臣，宰相如果对中尉无礼，能怎么样？如果中尉对宰相无礼，这难道能原谅吗？元赏现在来是向你请罪的。"

他这么一说，反倒让仇士良非常尴尬，一下子失去了嚣张气焰。他想人既然已经死了，薛元赏又是执法如山，只好强作笑脸，显出宽宏大量的样子，还留薛元赏饮酒，其实他是想图谋，以后再报这个仇也不晚。不久后，仇士良果然在煽动禁军攻击新宰相李德裕的事件中，找个借口杀死了薛元赏。

仇士良就是这样一个卑鄙无耻的小人，当他的权欲膨胀时，只要有人阻碍他实现梦想的道路，他就要想方设法除掉这个障碍，不管是皇帝还是宰相。杀了薛元赏后，李石就成了仇士良想要除掉的另一个障碍，为此，他也费尽了心机。

公元836年，文宗升坐紫宸殿，李石因奏事上前拜谢。就是这样一件非常平常的事，但是不久，外面风言风语就传开了："天子欲令宰相掌禁兵，已经谢过恩了。"这样一传，就搞得朝廷内外关系紧张，京城百姓人心惶惶，不知会发生什么事，一连几夜都不敢解衣就寝，甚至还有许多人打算出城外逃。在这样紧急的情况下，李石不得不奏请皇上召见仇士良，向他当面解释此事，并公布于朝廷内外，让他澄清说这纯属谣传。之后，仇士良见挑不出李石的一点错误，就准备使用强制手段派人暗杀他。

公元838年春的一天早晨，正在欣赏大好春光的李石，慢悠悠地骑着马去上朝，由于心情舒畅，他嘴里哼着小曲儿。当他走到石坊门附近时，只听"嗖"地一声，他大叫"不好"，身子向左侧一闪，可是已来不及，一支箭射中了他的右臂，他带着箭赶紧拍马往家飞奔。经过一个小巷时，他没有想到的是还有人在此埋伏，寒光一闪，挥刀向他砍来。幸好他有所准备，人躲过，但马尾被连血带肉砍了下来。他带伤逃回了家中。

李石知道这一定是仇士良派人暗杀他的。李石一连几天在家养伤，思前想后，自己忘身为国，却总是遭人暗算，不如告老回家，还可颐养天年。于是，伤还没痊愈，他就向皇帝辞职，当文宗接到他的辞呈时，也知道其中的原因，但是当时已经失去一切权力的他，对此也无可奈何，而他更舍不得这个人才，于是想出了一个办法，派他挂相衔出任荆南节度使。

等唐文宗驾崩后，唐武宗即位，他比文宗要聪明很多，他表面上对仇士良非常尊宠，实际上对他专权干政非常厌恶。仇士良觉察后很是懊恼，他没想到自己拥立的皇帝却在疏远自己，于是他想扭转这种局面，但是阴谋久久没有得逞，他想如再不退避，不仅会丢掉荣华富贵，就是身家性命恐怕也难保全。就这样，在公元843年，仇士良以年迈精力不济而告退，唐武宗见到这种情况假装挽留后，也就同意了。

当时，仇士良的同伙把他送回家时，他还感谢他们说："你们要好好侍奉天子，现在能听老夫几句话吗？"众人点头表示愿意听从。

仇士良不紧不慢地说："天子不可让他有闲空，一有空，他就要看书，召见儒臣，倾听大家意见，这样，天子就会深谋远虑，考虑周全，玩好减了，游幸少了,那么,对我们的恩宠也薄了,权力也小了。老夫今天为你们从长计议,不如多积蓄财货,养肥鹰马,天天以鞠毯、打猎、五声和美女来迷惑天子,极尽奢侈铺张,使他天天玩得高兴,玩得不知疲倦,那么他就会不谈经术,不知道外面的事情,这样,国家大事小事都由我们来处理,什么恩泽呀权力呀早晚都是我们的。"

由此可见,这个可恶的大宦官就是离开了皇帝的身边,即使已经渐渐老去,他也从不忘记自己曾经所谓的"雄心壮志"。而其他愚蠢的人听了他的话也如获金箴,感动得一拜再拜。

就在他死后第二年,有人在他家里发现兵器有几千件,唐武宗为此非常震惊,当即就下诏削去他的官爵,没收了他的全部财产,令人更为惊讶的是,这个大宦官家中的财物用三十辆车子运了一个月还没运完。可见,他当权期间是多么的贪婪,权力是多么的大。

李猪儿与安禄山到底有什么仇恨

安禄山这个表面憨直内里藏奸的人在洛阳自称大燕皇帝一年后,就死在了他儿子的屠刀下。

安禄山自建都洛阳称帝后,纵情酒色,使原来就患眼疾的双眼,渐渐地更看不清楚了,几乎成了一个双眼瞎的皇帝。安禄山生性残暴,现在双目失明,性情更是异常烦躁严酷,他对左右奉使和宫人,稍不如意即用鞭挞,略有过失便斩杀。

安禄山手下有一个最亲信的宦官叫李猪儿,自幼侍奉安禄山,行为十分谨慎,深得信任,安禄山腹大垂膝,每次换衣服,都是李猪儿为之结带,唐玄宗赐安禄山华清池洗浴,李猪儿也得随侍。

但是自从安禄山当了皇帝以后,李猪儿屡遭酷挞,一次还差点送了性命,孔目官严庄最得安禄山倚重,称帝后封为御史大夫,安禄山自称帝后居于深宫,手下大将想见他面谈军国大事也很难,凡事都由严庄转告,一切都从严庄之意。然而严庄也时常遭安禄山的奚落和嘲讽,甚至也遭到杖责。所以李猪儿、严庄渐渐地对安禄山心怀大恨。

中华宫廷秘史

安禄山的妻子康氏、段氏，曾被唐玄宗封为国夫人，而段氏深得宠爱，段氏亲生儿子安庆恩，是安禄山的第三个儿子，也深得安禄山的喜爱，欲立为太子。然而康氏所生的安庆绪身为嫡长子，也觊觎太子位，深怕安禄山不立他而立安庆恩，自知危惧，便与严庄密商良策。严庄为之谋计说："束手待毙，还不如大义灭亲，先下手为强。"

安禄山

安庆绪觉得严庄讲得非常正确，又与严庄密召李猪儿，此时李猪儿也对安禄山恨之入骨，所以他三人自此合谋，欲诛杀安禄山各求自安。

安禄山圣武二年(757年)正月，一天深夜，安庆绪、严庄、李猪儿入宫来到安禄山住室，侍卫知三人与雄武皇帝安禄山有特殊关系，谁也没敢上前阻拦。严庄、安庆绪持刀立于帷帐之外，李猪儿直入室内床前，抽出安禄山放在枕下的佩刀，对准双目失明的安禄山的腹部就是一刀。安禄山巨痛之下，便急忙去摸枕下的佩刀，哪里还摸得着，手摇帐竿大声吼叫：

"有家贼，有家贼！"

安禄山就在喊声中，鲜血和肠子从腹部流出，足有几斗，很快就一命呜呼了。

安庆绪等在床下挖了一个深坑，连夜将安禄山埋葬，第二天一早就宣诏称立安庆绪为太子，择日传位。又暗中逼迫段氏母子一同自尽。几天以后，又传伪诏：因眼病，传位于太子安庆绪，安禄山为太上皇，改年号为载初。又隔一日，称雄武皇已驾崩，下令发丧，又将尸体挖了出来重新成殓。

安庆绪虽然得到了皇位，但他昏庸无能，讲起话来又语无伦次，严庄怕诸将不服，不让他见人，安庆绪在洛阳宫中纵乐饮酒，一切军政大小巨细之事，都由严庄主持。

安庆绪也仅当了两年多的皇帝，就被安禄山的部将史思明杀死，史思明又被他的儿子史朝义所杀。

大燕先后只存在七年多，传安、史二姓各二位皇帝，安禄山、史思明都是被亲子所害,为了权力残酷至此,怎能长久,好端端的一个大唐,就此走向没落。

田令孜如何怂恿贪玩皇帝

咸通十四年(873年)七月,四十一岁的懿宗因荒淫无度病死在宫中,左神策军中尉刘行深、右神策军中尉韩文约在懿宗的八个儿子中,挑选出第五子普王李儇为皇位的继承人。他就是僖宗,即位时只有11岁。

但是僖宗的昏庸和奢侈,比懿宗有过之而无不及。

宦官专权是唐朝后期大弊端之一,当时十一岁的僖宗李儇既不懂政事,也不会用权。宰相韦保衡名为托孤大臣,却不能主持政事,实际政权掌握在拥戴皇帝即位有功的刘、韩两个宦官手中。李儇即位不到两个月,韦保衡便被贬为贺州刺史,逐出朝廷,不久又令其自杀。但刘、韩的专权也未能长久,很快又被另一宦官田令孜取代。

田令孜本姓陈,在懿宗时代随义父田某入内侍省做太监,改为姓田。田令孜很聪明,也读过不少书,长于谋略,很快便从普通太监爬到左监门卫大将军的高位。李儇在做普王时,就与田令孜很熟,并且对他很有感情;田令孜自然知道如何利用一切有利条件以巩固提高自己的地位,所以他经常陪伴李儇玩耍,就是想进一步培养与僖宗之间的感情。

李儇做了皇帝。可他仍是一个不懂事的孩子,田令孜也正是看到了这一点,利用僖宗来达到个人的目的。僖宗为一国之君,出口便成诏令不容变改。此时的僖宗恰恰还没有处理国事的能力,但他可以发号施令,尤其是受人指使。而当时能真正影响皇上的只有田令孜。田令孜通过皇上的口说出他想说的话,便成为不能违背的圣旨。从李儇即位起,田令孜就在幕后操纵着一切。

韦保衡被贬死之后,路岩也很快被贬,朝廷众臣频繁被更换,甚至称霸一时的宦官刘行深和韩文约也先后被迫因"病"而被罢官。而这些都是田令孜在幕后策划的。

乾符二年(875年)正月,田令孜接替韩文约出任右神策军中尉,标志着

田令孜成为正式的宦官首领,这时他已有可以决定对中央和地方重要官员的任免奖惩的权力,成为名正言顺的实际执政人物。

李儇当皇帝时正是贪玩的年龄,他不会也不必过问政事,因为有田令孜代表他去办一切事情,他只管玩就是了。

在宫中有一帮与皇帝年龄相近的孩子,终日与皇上一起嬉戏玩耍。只要玩的高兴,皇上可以把国库里的财富任意赐给他们,田令孜在需要皇上圣旨时,便携带一些糖果或食品,去陪同李儇吃、玩,朝政大事便准能顺利处理完毕,李儇呼田令孜为"阿父",自然乐意把政权交给他执掌。皇上也落得个省心。

李儇不会做皇帝,但非常会玩,对踢球、斗鸡、音乐、赌博无所不通;骑马射箭、舞枪弄棒也略知一二,但作为皇帝,这些"本事"却无益于他要处理的国家大事。有一次李儇还自豪地说:"若现在的科举中设置击球进士,朕一定能考中状元。"

正当李儇无忧无虑地做皇帝时,大规模的农民起义已经爆发。田令孜此时意识到京城长安处境危险,为寻求退路,他决定让自己的同胞兄弟去控制四川,以便将来有避难场所。在分配四人的统治区域时,李儇充分发挥自己的特长,独出心裁地想出了一个"好办法"。李儇让他们站在球场上,自己坐在球门旁监督,宣布谁先射球入门,则去做四川节度使。之后,几个人分别因为进球得到了官位。

李儇既从中得到了乐趣,又决定了几位地方大员的任命,真可谓一举两得。至于这种荒唐的举动会带来什么后果,李儇却没有去考虑,这大概要算李儇做皇帝期间比较突出的"政绩"之一,像这样的政绩在古今中外的历史上,可能都是绝无仅有的。而当时的宦官掌权更是猖獗,而造成这样结果的最根本的原因也就在于此。

"聪明反被聪明误"的上官婉儿

麟德元年(664 年),一场大祸降临到上官家中。身为宰相的上官仪因为参与高宗废武后的事件,被武则天以密谋造反的罪名杀害了,其子上官廷芝被杀死，年仅一岁的孙女上官婉儿和母亲郑氏一起被投入宫中成了奴婢。

上官婉儿从小聪慧过人，悟性特别好，在母亲的教导下，不仅精通经书、史书，而且书法、算术、吟诗、棋弈无所不通。

上官婉儿十四岁时，已成为一个亭亭玉立的少女了，她不仅外貌美丽，而且知书达理，过目成诵，下笔千言，因而名声大噪，武则天听说后决定召见她。

第一次觐见武则天，婉儿镇定自若，武则天命题后，婉儿一挥而就，武则天细看一遍，不由极口称赞。她决定把这名少女留在自己身边，将来一定是个难得的人才。

对于女儿的一步登天，郑氏又喜又忧。喜的是婉儿从此可以荣耀门庭，忧的是女儿侍奉的是夺走了公爹和丈夫生命的武则天，她是上官家两代的仇人，伴君如伴虎，如果婉儿找机会报复，定会惹出杀身之祸。

但奇怪的是婉儿对武则天有她独特的见解，她非常佩服武则天，她佩服武则天知人善任的气度，佩服她处理事务的敏捷和她那孜孜不倦的精神。她崇拜武则天能使任何人都屈服于她的威严及充满光彩的仪容和内在的那种女性独有的细腻感情；她喜欢武则天的微笑，那种微笑有一种使人恍惚的独特魅力。总之，上官婉儿对武则天产生了由衷的敬仰和无限的憧憬，她为之倾倒和折服。

上官婉儿在和武则天相处的日子里，从武则天身上学到了不少东西，这为她以后的政治生涯提供了借鉴。她还从武则天身上吸取了各种各样的知识：言谈举止、价值观念、思维方式。而最关键的还是武则天作为“一国之君”的为政之道。

她还目睹了政坛上的残酷：太子李弘的突然死亡；太子李贤被立为太子，又转而被废的悲惨下场。武则天做事的果断以及宫廷内部的尔虞我诈、相互倾轧，给婉儿的心灵留下了刻骨铭心的印象。

由于上官婉儿博识多才和对武则天的崇拜，很快就赢得了武则天的宠信，成为她的心腹之人。自万岁通天元年以后，所下制诰，多出于上官婉儿之手。所以她的权势也越来越大。

武则天称帝以后，在生活方面也越加放纵。先是宠幸男妃薛怀义，后来又宠幸张氏兄弟：张昌宗、张易之二人。后来上官婉儿也对张昌宗产生了感情,经常暗中来往,为此婉儿差点丢了性命。

那是万岁通天三年(697年)的一天,婉儿和往常一样陪武则天皇帝进餐,张易之、张昌宗也都在座。进餐时,婉儿和张昌宗相对而坐,禁不住眉目传情,不料这一举动恰被武则天看见,不免妒火冲天,顺手拿起酒杯向婉儿掷去,顿时婉儿的脸上血流如注,这一切发生在瞬间。婉儿用手捂着脸,跪在墙角,空气好像也凝结了。武则天什么也没说,径自扬长而去。

发生这件事以后,上官婉儿被幽禁在掖庭局的女牢里。

武则天对如何处置上官婉儿一直犹豫不决。杀了,于心不忍,婉儿确实有才,以后恐怕再也找不到像婉儿这样的才女,实在太可惜。不杀,平息不了心头的这股恶气。在张昌宗的再三苦求下,武则天自己左右权衡,最后决定不杀上官婉儿,代之以黥刑,让她永远牢记。所谓黥刑,就是在额头刺青,作为受罚的记号。

能够不死,婉儿又惊又喜,这是她做梦也没想到的。可是额头上留下的记号,今后自己还怎么见人呢?上官婉儿决定请求宦官的帮助。婉儿的请求,说动了宦官医师给她以朱色刺青。从此在上官婉儿的额头中央出现了以朱色刺成的梅花。

当身体康复的婉儿被再次召见的时候,不只是武则天,所有宫中的人都感到惊讶不已,刺青以后的婉儿,更加散发出一种独特的魅力。

从此以后,虽然上官婉儿又回到了武则天身边,但她再也没有机会像从前那样陪武则天一起进餐了,因为武则天不再宠爱她了。

红红为什么曲断皇宫

唐穆宗刚刚即位的时候,他信任奸佞,沉溺酒色,所以在位不到四年就不明不白地崩逝了。之后年仅十五岁的太子李湛嗣位为唐敬宗。唐敬宗正值贪欢好乐的年纪,不但嗜好击球、手搏,也醉心于声色之娱。

在唐敬宗当皇帝之前就曾听说过长安市上有一位色艺双绝的歌女红红,可惜那时年纪小,无缘一睹芳容,领略她的风韵,即位后他自认为大权在握,想要召来红红为自己享乐,但是这时听说她已退出欢场,嫁人为妻了,为

中华宫廷秘史

此他感到非常遗憾。

但是，敬宗身边的那帮奸佞之徒，为了取悦于他，怂恿他说："陛下为万乘之尊，只要您想要的有什么得不到的呢？红红虽已隐退很多年了，但只要陛下高兴，我们可以为陛下把她召进宫来，专为陛下献唱！"

敬宗听了非常高兴，于是，内侍奉旨前来宣召红红入宫献唱。红红虽然已退出欢场，名花有主，但既然是皇帝下旨，实在无法更不敢抗拒。况且此时的红红对歌唱的兴趣一直未减，在她的潜意识里，也希望有更多的人能欣赏她的歌声，更何况是贵为至尊的皇帝呢。于是她梳洗打扮一番，没有拒绝就随内侍进了皇宫。

当时，教坊乐师为红红伴奏，梨园弟子在一旁屏息聆听。红红一曲接着一曲地为小皇帝引吭高歌，把唐敬宗听得看得心神俱醉，频频击节称赏，直到黄昏时分，才厚加赏赐，让人将红红送回了她已经嫁过去的韦家。

而其实，红红随内侍走后的一天里，她的丈夫韦青就在家中坐立不安，神不守舍。他以为红红此去，倘若被留在宫中，自己一定会一辈子也见不着了，到那时候就呼天天不应，求地地不灵了。但是让他十分高兴的是，等夜晚亮灯后，自己的爱妻红红竟然回来了，而且毫发无损。韦青激动地抱住她看了好半天，才算放下心来。

韦青以为皇帝见了红红并不合自己的心意，也就完全放心了，可是没想到三天后皇命又至，红红再次被内侍带进宫去。原来小皇帝敬宗听了红红的歌后，直说"余音绕梁，三日不散"。红红走后，他更是念念不忘，问左右："能不能把红红再接进宫来？"于是左右也趁机赶紧拍马屁道："有什么不能的呢？就算陛下想把她常留宫中，也算是她的福分啊！"

这次召见红红，韦青感到了事情的不妙，他知道这样紧锣密鼓地宣召一定不是什么好兆头，因此他心中盘算着，只等这次红红回府后，就带着她迁居到偏远的地方去，为了安心地和自己喜欢的人过日子，只有舍弃现在的荣华富贵了。

但是，尽管他是这么想的，事情到了这个地步，一切都来不及了。红红这次入宫，果真就被小皇帝留了下来，烛影摇曳之中，唐敬宗醉眼惺忪地望着演唱完毕、面带红晕的红红，不禁心荡神移，给她赐名"曲娘"，乘酒劲一把把她揽入怀中，疯狂地抱入殿后暖阁，就这样小皇帝由爱她的歌声，进展到了占有她的身体。而红红作为一个弱女子哪里还有反抗的能力,她只好闭着眼,含着泪,咬着牙任由小皇帝百般蹂躏。

从此以后,红红就被强留在宫中,给敬宗弹唱取乐,又供敬宗欺压玩弄,这一切都由不得她,更没有任何道理可说。心身疲惫的红红本想寻机一死了之,可一想到宫外深爱着自己的丈夫正日夜等她回家,于是带着一丝希望,忍辱活在宫中。

但是,尽管是这样,红红在宫中并没得到半点名分封号,唐敬宗叫她"曲娘",只是把她当成情人,甚至是妓女,兴之所至地玩弄一番而已。不到两年,这个性情怪僻的小皇帝被人弑杀在宫中,由江王李昂入主中宫,也就是唐文宗。

李昂即位后似乎比前代的皇帝要清正有为,他即位后,倡导去奢从俭,励精图治。长期被无端困在后宫的曲娘红红满以为自己终于有了出头之日,急忙寻机向文宗请求释放出宫。但是她万万没有想到,文宗虽不像穆宗、敬宗那样荒淫无度,却对红红回肠荡气的歌声欣赏不已,加上后宫太皇太后也喜欢红红的演唱,因此文宗也没有允准红红离宫回家。

可悲的是,红红因为自己高超的歌技而失去了自由,虽然她成了皇宫中最出色的歌伎,但她没有因此而高兴过一次,反倒为自己感到悲哀。她也曾试着与丈夫韦青联络,然而宫墙高竖,无法相通,出宫的可能性非常渺茫。

就这样红红的希望渐渐转为了绝望,于是她把所有的悲愤都发泄到害了自己的歌唱上。她拼命地唱了又唱,直至声嘶力竭,病倒床榻,病中她依然用沙哑的嗓子,不顾一切地歌唱,并强撑着病体,应召到皇帝的宴会上表演。谁也没想到,性格逐渐变得刚烈的她,在那里连连高歌,终于支撑不住当场口吐鲜血,倒在地上,伴着不绝的歌声幽怨地死去了,留给了守在宫外,日夜期盼她能回家的丈夫无限的惆怅和痛苦。

国学经典文库

第五章 王侯将相篇

泱泱大唐,王侯将相不尽其数。他们有魏征这样不顾生命危险直言劝谏的忠臣,也有武三思那样利用卑鄙手段谋求自己的利益的小人。他们在皇帝的身边时时警惕自己的言行,然而就算是小心翼翼也免不了被罢免或者被诛杀的危险。为人做官,他们之间也存在着或多或少的矛盾和冲突,他们的命运也不会一帆风顺,也不会如我们想象的那样风光,他们也有着自己的苦衷和我们常人没有经历过的挫折和心灵上的伤害。

凌烟阁二十四功臣都是谁

凌烟阁原是皇宫内三清殿旁的一个不起眼的小楼,贞观十七年(643年)二月,唐太宗李世民为怀念当初一同打天下的众位功臣,命当时著名画家阎立本在凌烟阁内描绘了二十四位功臣的图像,时常前往怀旧回想当年金戈铁马的征戎岁月。从此,对后世而言,登上凌烟阁成为封侯拜相的代名词。那么,最初的凌烟阁二十四功臣都有谁呢?

第一位赵国公长孙无忌。是李世民长孙皇后之兄,李渊太原起兵后投靠李世民,尤其在玄武门之变中起主谋作用。终身为李世民信任。

第二位赵郡王李孝恭。其父为李渊堂弟,李渊起兵后,他负责经略巴蜀,灭辅公祐,平萧铣,统领长江以南,在宗室中军功最为卓著,李世民登基后,退出权力中心。贞观十四年(640年),暴病身亡。

第三位莱国公杜如晦。李世民主要幕僚。李渊攻克长安时投靠李世民,为秦王府十八学士之首。参与李世民历次战役。贞观年间与房玄龄共掌朝政,配合默契,人称"房谋杜断。"可惜英年早逝,于贞观四年(630年)病

故，年仅 46 岁。

第四位郑国公魏征。原为李密谋士，后随李密降唐，为唐朝招降李世勣。窦建德进攻河北时被俘，窦灭亡后重回唐朝。玄武门之变后归顺李世民，因感知遇之恩，凡事知无不言，言无不尽，以敢于犯颜进谏著称。终生深受李世民信任，贞观十六年（642 年）病故。

杜如晦

第五位梁国公房玄龄。李世民主要幕僚，善于谋略。李世民登基后论功行赏，被比为汉之萧何。贞观年间相近为二十年，深得李世民信任。贞观二十三年（649 年）病故。

第六位申国公高士廉。李世民长孙皇后、长孙无忌的亲舅舅，二人之父早死，实际由高士廉抚养。高对李世民极为器重，以至主动将长孙氏许配给李世民。因得罪杨广，被发配岭南，随后中原大乱，被隔绝在外，直到李靖灭萧铣南巡时才得以回归。其为人谨慎缜密，做事顾全大局，为李世民心腹，参与玄武门之变的策划，贞观时任尚书右仆射，参与朝政，贞观二十一年（647 年）病死。

第七位鄂国公尉迟敬德。原为刘武周部将，刘武周灭亡后投降李世民。参与李世民历次战役。玄武门之变时亲手杀死齐王李元吉，又率兵威逼李渊下旨立李世民为太子，拥立之功第一。突厥倾国进犯时以骑兵迎击取胜，为李世民求和打下基础。晚年崇信道教闭门不出，最终得享天年。逝于高宗显庆三年（658 年），终年七十四。

第八位卫国公李靖。曾试图揭发李渊谋反，几乎被李渊处死，幸而为李世民所救。后来协助李孝恭经营巴蜀，拒绝李世民的拉拢，未参加玄武门之变。但这并未影响太宗对他的重用，贞观年间负责抵御突厥，成功地消灭突厥政权和吐谷浑势力，战功无人可及。因军事能力过高遭人疑忌，屡次被诬告谋反，为免嫌疑闭门不出，直到老死。

第九位宋国公萧瑀。隋炀帝萧后之弟，以外戚为隋炀帝重臣，因反对出征高丽，被贬为河池郡守，李渊起兵后，归附唐朝，终生为李渊重用。萧瑀为人正直，不畏权贵，李世民即位后，因与房玄龄、杜如晦不和，多次得罪李世

中华宫廷秘史

民,仕途沉浮,但从不"改过自新"。后来李世民评价其为"疾风知劲草,板荡识诚臣"。

第十位褒国公段志元。李渊在太原时的旧部,参加李唐历次重要战役,以勇武著名。李世民兄弟相争时忠于李世民,参加了玄武门之变。其人治军严谨,李世民评价为"周亚夫无以加焉"。贞观十六年(642年)病死,赠辅国将军,谥忠壮,陪葬昭陵。

第十一位夔国公刘弘基。隋炀帝征高丽时,因避兵役逃往太原依附李渊。太原起兵时,与长孙顺德一同负责招募勇士,有大功,攻克长安后被评为战功第一,进攻薛举时力尽被擒,李世民灭薛氏后获救,又在刘武周进攻太原时战败被俘,侥幸自己逃回,随后配合李世民在介休歼灭宋金刚。因唐朝与突厥关系恶化,常年驻守北边抵御突厥。贞观年间曾随李世民征高丽。唐高宗时病故,临终时将家产尽散于乡里,可见其为人之豪爽。

段志元

第十二位蒋国公屈突通。原为隋朝大将,战功赫赫。杨广南巡江都,委以镇守都城长安的重任。李渊起兵后进攻长安,屈突通率部下死战,力尽后自杀未遂,最终投降李渊,被封为兵部尚书。而后,跟从李世民讨伐薛举和王世充,屡立战功,贞观二年(628年)卒,年七十二。

第十三位郧国公殷开山。李渊旧部,太原起兵时投奔李渊,参与进攻长安。参加李世民历次战役,在进攻刘黑闼时,得病身亡,是凌烟阁功臣中最先去世的一个。

第十四位谯国公柴绍。李渊之婿,娶平阳公主。李渊起兵时身在长安,侥幸逃脱追捕前往太原。参与攻克长安、灭薛举、刘武周、王世充、窦建德等重要战役。贞观十二年(638年)病故。

第十五位邳国公长孙顺德。李世民长孙皇后之叔,隋炀帝出兵高丽时,为避兵役逃往太原依附李渊,与李氏父子友善。太原起兵时,与刘弘基一同负责招募勇士,有大功。贞观年间因多次贪污被弹劾,李世民不忍治罪,只贬官而已。

第十六位郧国公张亮。原为李密部下，隶属李世勣，随李一同降唐。李世民兄弟相争时，派其到洛阳招募私党。贞观年间，因善于行政而颇得信任，又揭发侯君集谋反、随征高丽而立功。贞观二十年（646年）被告谋反，受诛。

第十七位陈国公侯君集。李世民心腹，常年担任其幕僚，玄武门之变的主要策划人。贞观年间，担任李靖副将击败吐谷浑，又任主将击灭高昌。在李世民诸子争当太子的斗争中，依附太子李承乾，图谋杀李世民拥立李承乾，事泄被杀。

第十八位郯国公张公谨。原为王世充部下，后投降唐朝，追随秦王李世民，在玄武门之变中出力颇多。李世民登基后，以其为李靖副将抵御突厥，协助李靖灭亡突厥屡有战功。病故时年仅39岁。

第十九位卢国公程知节。本名程咬金，原为瓦岗军勇将，李密失败后降王世充，因不满王的为人，与秦叔宝一同降唐，分到李世民帐下。参加李世民历次战役每战都身先士卒，奋勇杀敌，誉为猛将。同宗麟德二年（665年），程知节善终于家。

第二十位永兴公虞世南。隋朝奸臣虞世基之弟，自幼以文学著称。宇文化及江都兵变后被裹胁北返，后归窦建德，窦死后入李世民幕府。此后尽心辅佐李世民，被评价为德行、忠直、博学、文辞、书翰五绝。贞观十二年（638年）以81岁高龄寿终。

第二十一位渝国公刘政会。李渊任太原留守时的老部下，随李渊起兵，首义功臣。此后负责留守太原，刘武周进攻时被俘，忠心不屈，还找机会打探刘武周军情密报李渊。刘武周灭亡后获救，曾担任刑部尚书，贞观九年（635年）病故。

第二十二位莒国公唐俭。参与李渊太原起兵的策划，为首义功臣。后来任民部尚书，因怠于政事贬官。唐高宗年间病故。

第二十三位英国公李世勣。原名徐世勣，为瓦岗军大将，少年从翟让起兵，翟死后跟随李密。归唐后赐姓"李"，随李世民灭王世充、窦建德、刘黑闼，又担任主将灭徐圆朗，未参加玄武门之变。贞观年间与李靖一起灭亡突厥，此后十六年负责唐朝北边防御，多次击败薛延陀势力，又随李世民进攻高丽。李世民死后辅佐唐高宗，被委以军事重任，担任主将再次出征高丽，终于将高丽灭亡。灭高丽后次年病死,年76,高宗为之辍朝七日,备极荣哀。

第二十四位胡国公秦叔宝。本为张须陀部下勇将,张死后归裴仁基部下,又随裴投降李密,为瓦岗军大将。李密失败后投降王世充,因不满王的为人,与程知节一同降唐。参加李世民历次战役,每战必冲锋在先。贞观十二年(638年)病故。

纵观凌烟阁二十四功臣,"书生出身"的人不少,包括长孙无忌、杜如晦、魏征、房玄龄、高士廉、萧瑀、虞世南、唐俭,共八人,占三分之一;武将出身的有尉迟敬德、李靖、段志玄、刘弘基、屈突通、殷开山、柴绍、侯君集、张公瑾、程咬金、刘政会、李世勣、秦叔宝;宗室一人,河间王李孝恭;外戚一人,长孙顺德;农民出身一人,张亮。凌烟阁功臣中绝大多数是太宗李世民南征北战,东征西讨过程中的旧部,太宗继位后在与这些旧臣老友言谈中常常称"我"而不言"朕",足见无君臣鸿沟之隔,情义之重,古今罕见。

魏征为何如此大胆

魏征字玄成,魏州(今河北大名县东)曲城人。少年时孤苦伶仃,飘游四方。虽然不营家产,但人穷志不短,目光远大,通晓经史谋略。隋朝末年,天下大乱。魏征装扮成一个道士,周游四方。后来武阳郡太守元宝藏举兵响应李密的起义,魏征起草告示檄文。李密得到元宝藏的文书后,赞不绝口,听说是出自魏征的手笔,便连忙将魏征召至军中,加以重用。

窦建德的军队攻陷黎阳后,俘获了魏征,任命他为起居舍人。后来窦建德被唐军打败,魏征与裴矩奔走关中,被太子李建成看重。魏征见秦王李世民的功名日益显赫,才华又在建成之上,便给建成出主意,要他早点除掉李世民。玄武门之变后,李世民质问魏征:"你挑拨离间我们亲兄弟,是什么意思?"魏征却回答说:"太子如果早听从了我的话,就不至于落到今天这个下场。"李世民听完魏征这番话,不但不生气,反而更加器重魏征的朴直。李世民即位后,便任命魏征为谏议大夫。贞观三年(629年),魏征以秘书监身份参与朝政。

以前,李世民常常在大臣们面前长吁短叹:"国家现在是大乱之后,真是很难治理啊!"魏征回答说:"其实,大乱容易达到大治,就像饥饿的人容易喂饱一样。"李世民频频点头。接着又问:"古人不是说过能人治理百年江山?"魏征又回答说:"这些话不是论圣人君子的。圣人君子治理江山,上行下效,来得如同回声一样快,一个月即可实现,是不会很困难的。"坐在一旁的守旧派封德彝却说:"实际情况不是像魏征这样说的。夏、商、周三代以后,社会风气日益轻浮欺诈。秦王朝任用严刑酷法,汉朝采用霸术,都是想治理好却做不到,并不是可以治理好而不去做。魏征

魏征

只不过是一介书生,好说空话,恐怕要白白地耽误国家大事,皇上您千万不能听他的。"魏征听了,十分生气,马上反驳道:"五帝三王,统治人民并没什么不同,行帝道则称帝,行王道则称王。皇帝战蚩尤,打了七十次仗终于战胜了蚩尤,从而达到了无为而治的境地。古代南方黎族部落破坏了德政,颛顼征服了他,并达到了大治。夏桀敢倡乱道,商汤将他放逐到边远的地方;商纣王昏聩无道,武王便推翻了他。如果是像你说的人是越来越奸诈,不能返璞归真,那么发展到现在,人都将要变成鬼怪了,那还怎样施行德政教化呢!"

魏征的这一番话说得封德彝哑口无言,但是他心里却不服输。唐太宗对魏征的这番话十分欣赏,深信不疑,并采纳了魏征等人治国安邦的锦囊妙计。因此,在贞观年间,国内歌舞升平,天下大治。周边少数民族的首领们也学习汉人习俗,穿衣戴帽,入朝称臣,在宫中带刀值宿,担任警卫。东到大海,南过岭南,人们晚上睡觉都不须关上门窗,没有人来偷窃;旅行的时候不必带干粮,随时随地都有饭吃。面对如此盛世气象,唐太宗当然踌躇满志,喜笑颜开,他对朝臣们说:"之所以出现今天这种政通人和的局面,都是因为我听了魏征的话,施行仁义的结果。可惜封德彝死得早,看不到这种繁荣景象了。"

有一天,唐太宗在皇宫里大宴群臣。太宗在酒酣耳热之际,无比兴奋地说:"贞观以前,跟随我定天下,出生入死,历尽艰险,同甘共苦,是房玄龄的功劳。贞观之后,采纳忠良的谏议奏疏,修正我的过错,为国家生财长利,就要首推魏征了。即使是古代的名臣,又有谁能比得过他们呢?"于是唐太宗缓缓走下龙椅,亲自解下身上的两把随他征战了多年的精美佩刀,赏赐给房玄龄和魏征。李世民曾经不止一次地这样问他的大臣:"魏征与诸葛亮相比,谁更贤能?"大臣岑文本回答说:"诸葛亮才能卓越,出将入相,非魏征所能比。"唐太宗从容反驳道:"魏征通晓仁、义、礼、智,辅佐我处理政务,治理国家,使我大唐臻于尧、舜时代的气象,即使是文武双全的诸葛亮也无法与他相媲美。"

当时,地方上许多臣下给太宗写密封的奏章,其中所反映的情况,很多都不合乎实际。李世民看了非常讨厌,不禁眉头一皱,要谴责贬黜这些人。魏征连忙劝阻说:"古时候,贤君明主们立谤木,让百姓在上面提意见,是想了解自己的过错。写密封的奏章,不正好是立谤木的遗风吗?陛下要知道自己的得失,就应当敞开胸怀,对臣下畅述己见。他们说得对,就采纳,这对江山社稷有好处;他们说得不对,对朝政也没有什么损害。"唐太宗听了魏征这番话,心中的气也顺了,紧锁的眉头也舒展开了,并勉励那些上密封奏折的大臣们。

贞观十七年(643年),魏征患了重病,不久就去世了。唐太宗后来上朝总是叹息道:"以铜为镜,可以正衣冠;以古为镜,可以知兴废;以人为镜,可以明得失。我曾经有这三镜来经常地反省自己,以防出现差错。现在魏征去世了,我失去了一面镜子。我最近遣人到魏征的家里,得到了魏征生前写的一篇奏折,只是一半草稿,其中可以辨认出来的字是这样说的:'天下的事情,有善有恶。任用善人则国家长治久安,恶人当道,则国家面临险恶。仁君对于那些公卿大臣感情上有爱憎之分,憎恶他,就只见到他的缺点的一面,爱他,就只见到他优点的一面。仁君对于自己的爱憎要审慎详察。如果一个君主了解所爱的大臣的缺点,了解所憎恶的大臣的优点,除去邪恶时毫不犹豫,任用贤才时毫不猜忌,那么国家就可以兴旺发达。'我前思后想,总担心我的这一方面出现了差错。公卿大臣们可以将魏征的这段话写在记事的手板上,知道什么就及时谏诫我。"

唐太宗在位期间,正是能够兼听百官的意见,知人善任,才出现了大唐开国之初的太平盛世。魏征凭借自己的才能,勇于劝谏,将个人安危置之不顾,充分显示其为国为民的大无畏思想。也正是有了唐太宗这样贤明的君主,魏征这样的贤臣才能充分发挥自己的才智,两者互相配合,终于出现历史上著名的"贞观之治"。

为何称房玄龄为"一代贤相"

房玄龄自幼就很聪明,他博览经史,工于草书隶书,善写文章,曾跟随父亲前往京城。当时天下安宁,大家都认为隋朝国运长久。房玄龄避开左右对父亲说:"隋朝皇帝本无功德,只会迷惑黎民,不作长远打算。他混淆嫡亲和庶出,让他们互相争夺,皇太子与诸王,又竞相奢侈,早晚会互相残杀。靠这些人国家将难以保全,现在天下虽然清平,但其灭亡却指日可待。"房彦谦听后很吃惊,从此对他刮目相看。房玄龄十八岁时,本州举荐他应进士考,及第后被授羽骑尉。吏部侍郎高孝基颇有知人之明,见到房玄龄后深加赞叹,对裴矩说:"我阅人无数,还未见过这样的郎君。他日必成大器,但恨我看不到他功成名就,位高凌云了。"后来,房玄龄的父亲久病百余日,他尽心侍奉药膳饮食,总是和衣而睡。父亲去世后,他曾五天不吃不喝。后来房玄龄被任命为隰城县县尉。

李渊举义旗入关内后,秦王李世民率军向渭北拓地,房玄龄驱马前往军营。李世民一见房玄龄,如同旧友相逢,属任他为渭北道行军记室参军。房玄龄既遇知己,就竭尽全力,知无不言。每当讨伐贼寇时,众人都竞相搜求珍玩,惟独房玄龄先去网罗人才,送到秦王幕府。遇有猛将谋臣,他就暗中与他们结交,使他们能尽死力。

不久,太子李建成见秦王伟德功业比他更盛,产生猜忌。秦王曾到太子住所吃饭,中毒而归。秦王幕府人人震惊,但又无计可施。房玄龄对长孙无忌说:"现在怨仇已成,祸乱将发,天下人心无主,各怀异志,灾变一作,大乱必起。不但祸及幕府,还怕会倾覆国家,在此关头,怎能不再三深思呢!我有一计,不如准从周公诛杀兄弟的故事,就能对外抚宁天下,对内安定宗族社稷。古人曾说'治理国家的人不能顾及小节',说的就是这个道理。这比家国沦亡、身败名裂不是要好的多吗?"长孙无忌回答:"我也早有这种打算,一直没敢披露出来。您现在所说的,与我的想法深深相和。"长孙无忌于是入见秦王献策。李世民召来房玄龄对他说:"危险的征兆已呈现迹象,应该怎么办呢?"房玄龄回答说:"国家遭逢患难,古今没什么不同,不是英明的圣人,不能平定它。大王功盖天地,符合君临臣民的预兆,自有神助,不靠人谋。"

房玄龄在秦王府十余年,每当撰写奏章时,他驻马路边,一蹴而就,行文简介,道理充分,不打任何草稿。高祖李渊曾对侍臣们说:"此人深知事理,完全可以委任。每当他代秦王向我陈述事情,我就像与我儿子对面谈话一样。"太子李建成看到房玄龄、杜如晦被秦王信任,十分厌恶,便在高祖面前进谗言,于是房玄龄与杜如晦一起被贬斥。

房玄龄

后来,李世民命长孙无忌召来房玄龄和杜如晦,悄悄带他们入府议事,帮助自己成功策划玄武门之变,入主东宫成为皇太子。为了感谢房玄龄的协助,太宗提拔他为太子右庶子。贞观元年,又升任中书令。太宗论功行赏,以房玄龄、长孙无忌、杜如晦、尉迟敬德、侯君集五人为第一。房玄龄晋爵邢国公。太宗对诸位功臣说:"朕奖励你们的功勋,给你们划定封邑,怕有不当之处,现在你们可以各抒己见。"太宗叔父淮安王李神通进言说:"高祖刚举义旗,臣就率兵赶到。现在房玄龄、杜如晦等一帮刀笔吏功居第一,臣有些不服。"太宗说:"义旗初举,人人追随,叔父虽然举兵前来,但不曾身经战阵。山东没有平定时,叔父受命出征,窦建德南侵,叔父全军覆没。刘黑闼叛乱,叔父随军前往,方才破敌。房玄龄等有运筹帷幄之策,安邦定国之功。汉朝的萧何,虽然没有征战的功劳,但他指挥谋划,助人成事,因此功居第一。叔父是皇家之亲,对你的确没有什么可以吝惜,但朕却又不可因此私情而让你与功臣接受同等的赏赐。"于是,李神通也不再说什么。居功自傲的将军丘师利等,听到太宗重赏房玄龄等人,有的便挽袖指天，以手划地，陈说怨愤，等见到李神通理屈后，他们便互相议论说："陛下赏赐极为公正，不徇私情，我等怎能妄加陈述呢？"

贞观三年，太宗任命房玄龄为太子少师，房玄龄坚持不受，改任代理太子詹事、兼礼部尚书，后又代替长孙无忌任尚书左仆射，改封爵为魏国公，并兼修国史。房玄龄既已总管百官事务，就虔诚恭谨、日夜操劳，尽量做到事事处理恰当。听到别人的长处，就像自己有长处那样高兴。他精通吏事，审定法令意在宽平，用人不求全责备，从不以自己的长处来衡量别人，随才录用，不拘贵贱，被时人称为良相。有时因事被皇上指责，他就连日在朝堂上磕头请罪，惶恐不安，似无地自容一般。

贞观十三年，太宗加封房玄龄为太子少师。房玄龄表示，若要自己接受，先要解除尚书左仆射的职务，太宗下诏书说："选用贤能的根本，在于无私；侍奉君上的道义，责在当仁不让。你若拘泥这点小事，难道就是平常所说的辅佐朕共定天下吗？"房玄龄不好再推迟，只得带官加任太子少师。

后来，房玄龄的女儿封为韩王妃子，儿子房遗爱娶高阳公主，实在是显贵一时。他自己又官居宰相达十五年之久，于是多次请求辞官。太宗下诏宽慰，但并不批准。贞观十七年，房玄龄和司徒长孙无忌的画像被永久地刻在凌烟阁上，并赞词说："才能兼有辞藻，思虑化入神机。为官励精守节，奉上尽忠忘身。"

上官仪敢与武则天作对

唐高宗是一个懦弱优柔的君主，追求真诚而细腻的感情生活。但他毕竟是一国天子，他讨厌受人牵制，自被立为太子起就在长孙无忌的控制下生存，如今又受到了妇人武则天的摆布，使他仍不能堂堂正正地做皇帝。这是他不能容忍的。

宰相上官仪早就对武皇后专横有不满之心，这时他猜透了高宗的心思，便指使亲信宦官王伏胜控告皇后引道士郭行真入禁中为蛊祝，祈求非分之福。高宗闻听此事，气不打一处来，心想："皇后也太过分了，朕把你娶到身边，一切都依从你的愿望，并把你立为皇后，如今还不满足，看来皇后野心太

大。"

于是对身边的上官仪说:"皇后品行有损,应废为庶人。"

上官仪见此,更是火上浇油,怂恿道:"皇后专恣,海内失望,应该废之,以安顺人心。"

高宗立刻命令上官仪起草废后诏书。

武则天安插在高宗身边的亲信,得到此信后,赶快跑回后宫,向武则天报告了这一可怕的消息。武则天听后,慌忙赶到皇帝身边,这时废后的诏书正捏在高宗手里。

武则天立即施展出她惯用的手段,跪在高宗面前,痛哭流涕,边哭边诉说:"妾自跟陛下这么多年来,精心侍奉陛下,情真意切。近几年,陛下龙体欠安,臣妾一方面帮助陛下料理繁杂的国事,以减轻陛下的负担,一方面又四处派人,多方寻找良医为陛下治病。近来听说有个叫郭行真的道士法术高超,妾特请来为陛下祈祷,希望陛下龙体早日康复。没想到臣妾好心不得好报,却换来如此下场。我的命好苦啊!"说完便号啕大哭。

唐高宗听完武则天的这番申诉,才明白,原来皇后的所作所为都是为了朕,朕真是冤枉了皇后。都怪上官仪这个混蛋。看到面前心爱的皇后哭得如此伤心,本来软弱的高宗,更加内疚,便对武则天说:"起初朕并没有想废你的意思,都是上官仪对朕说你如何如何,朕听了他的一面之词,而委屈了皇后,都是朕不好。"

这样,高宗当场就把上官仪给卖了出来。

上官仪曾在陈王李忠府中任谘议参军,和王伏胜同在陈王府共过事。这便成了武则天等人诬陷上官仪的证据。

高宗回心转意后,武则天立即指使许敬宗诬陷上官仪谋反,马上将上官仪及其子上官廷芝逮捕下狱,百般折磨而死。上官仪的全家被除籍,襁褓中的上官仪之孙女上官婉儿随母一起投入掖庭充当奴婢。

上官仪被杀后,朝廷中再也没有人敢与武则天作对,从此,武则天便真正成为名副其实的后宫之主了。

唐宫秘史

狄仁杰如何为武则天释梦

中华宫廷秘史

天授元年(690年)的重阳节,67岁的武则天,终于实现了她的女皇梦,堂堂正正地登上了女皇的宝座!为了这一天的到来,她历尽了坎坷,尝尽了种种酸甜苦辣,整整奋斗了36年。

女皇的圣灵和父亲临终前的秘嘱诱导她从媚娘、才人、昭仪、皇后、天后、太后、圣母神皇,直到武周皇帝,极不容易地一步一步爬上了权力的巅峰。这条路是用血和肉铺成的,是一条血腥之路。从此,中国历史上出现了唯一的也是空前绝后的女皇帝。

武则天称帝以后,改唐为周,显然此时是武则天的天下了。以武承嗣、武三思为首的武氏的侄儿们,个个跃跃欲试,在他们以为武氏的天下理所当然他们就是天下的继承人了,武承嗣公然对皇嗣李旦的地位提出了挑战。

长寿二年(693年)元旦,在万象神宫祭典上,武则天竟让武承嗣为亚献,武三思为终献,皇嗣李旦被冷落在一边。当时,群臣们认为李旦的皇储位置不久将由武承嗣代替了。

这时,宰相狄仁杰、李昭德等人提醒武则天说:"姑侄和母子哪个更亲呢?陛下如果立儿子,那么百年之后可以永享子孙的香火;如果立侄子为皇储,则从未听说侄子当皇帝而为姑母立庙祭祀的。"

武则天听了狄仁杰的此番话后,无言以对,她觉得不无道理,如果立本家侄子的皇太子,可以保全她几十年奋斗创立的武周政权,但继位人能把她作为先祖供奉吗?如果立自己的儿子,可以同夫君高宗共享子孙香火,得到名正言顺的皇后位置。但这又必然使自己重新回到她亲自打破的传统中去,这不是有违于自己的初衷吗?

在立储问题上,武则天陷入了极为苦恼的困境中。

就在这天夜里武则天做了一个梦,梦见一只大鹦鹉飞入,两翼折断了,醒来后感到非常奇怪,百思不得其解。

第二天早朝后,武则天问狄仁杰:"朕昨天夜里梦见一只鹦鹉,两只翅膀都折断了,这是什么预兆?"

狄仁杰机敏过人,沉思片刻答道:"陛下姓武,鹦鹉就是隐陛下之姓。陛下现有两个儿子在世,一被贬为庐陵王,一被贬为豫王,两翼便是二子。陛下如能保全二子,两翼自然复振。"

武则天听狄仁杰一说,连声称是。

这时,武则天的两个男宠张易之、张昌宗兄弟在宰相吉顼的劝导下,也频频吹枕边风,主张立庐陵王李显为皇太子。

由此武则天做出最后决断:立自己的儿子庐陵王李显为太子。

圣历元年(698年)初,庐陵王李显被秘密接回宫中,武承嗣想当太子不成,抑郁而死。

复立庐陵王李显,阻止了武氏诸王对太子之位的图谋,也适时地压抑了诸武的嚣张气焰,使他们在武则天在世时没有能像在唐中宗时那样仗势用权,严重地危害国家社稷。

为了防止日后太子与诸武再度纷争残杀,武则天又召集儿女们和武姓侄儿侄女们到明堂,祭告天地,宣誓永远和平相处,并立下铁券,藏于史馆。

这样一来,无论是武则天和太子李显及李唐拥戴者的关系,还是太子李显与武三思为首的诸武关系,一时都融洽起来。由此,武则天赢得了最后一段较安定轻松的日子,赢得了她死后的哀荣。复立庐陵王为太子这件事,无疑是这位女皇晚年的又一巨大功绩。

武三思是怎样权倾朝野的

公元707年七月的一天,唐中宗的太子李重俊和一部分御林军将领,带着三百多名御林禁兵火速包围了宰相府,将宰相武三思父子及其党羽一网打尽。曾因钻营有术而得以长期专权跋扈的武三思,终于做了刀下鬼。

武三思,祖籍并州文水人。父亲武元庆是武则天同父异母哥哥。武则天被高宗册封为皇后,武三思靠着裙带关系,年纪轻轻就被提拔做了右卫将军。高宗去世后,大权全归武后。她先是以太后名义临朝执政,没过几年,就正式称皇帝,改国号为周,成了中国历史上唯一的女皇帝。武周政权的出现,为武三思谋取更高的政治地位提供了条件。他一方面靠自己的外戚身

武三思

份，一方面又极力施展钻营本领，终于得以跻身宰辅，位极人臣。

武则天当政初期，为巩固武氏家族的统治，采取"崇周抑唐"政策。她一方面对武家子侄加官进爵；另一方面又极力排挤李唐宗室，甚至对自己的亲生儿子中宗和睿宗也不放心，把他们都软禁起来。武三思迎合武则天这一政策，建议她斩尽杀绝李唐宗室诸王和公卿百官中不愿附和武周的人。

武三思还百般逢迎武则天。他领衔修撰《则天皇后实录》，借此机会为武则天歌功颂德，树碑立传。有一次，武三思私下召集在京的胡人酋长，对他们说："当今皇上圣明，功德无量。我今天请你们来，是想叫你们都出些钱，买些铜，铸个天枢，把皇上的功德铭刻在上面，然后竖在端门外面。不知你们意下如何？"酋长们听说是为皇上铸天枢，哪个还敢不交钱。武则天知道后，十分高兴，又派大臣从民间收集了不少铜农具，凑成二百万斤。

在武三思等人张罗下，耗资巨大的铜天枢终于铸成。据说，这个天枢形状像根大柱子，高达一百零五尺，直径十二尺，柱子四周环以铜龙，柱顶是个大云盖，盖上有四只蛟，各捧一个大珠，栩栩如生。武三思亲自作文，颂扬武周功德。武则天对武三思大加赞扬了一番，亲自为天枢题名，称作"大周万国颂德天枢"，又令人把她的题名、武三思的表功文、还有出钱的各胡人酋长的名字，都铸在天枢上。

武三思对武则天的幸臣薛怀义、张易之、张昌宗等人也不遗余力地曲意讨好，自然是想通过他们经常在武则天面前替自己讲好话。他从不直呼这三个幸臣的大名。每次这些幸臣外出时，他总是先在门口等候着，替他们牵马、执鞭。功夫不负有心人，武三思的苦心自然赢得了武则天的宠信，以致于考虑要立他做皇太子。终于有一天，武则天征求大臣的意见。不料宰相狄仁杰坚决反对，理由是梁王武三思的威望和能力都不及庐陵王李显。武则天还是犹豫不决。过了几天，她又去问狄仁杰。狄仁杰对她剖析说："陛下如果立庐陵王为太子，就会常享宗庙。如果立梁王，武家宗庙就没有您这个做姑姑的位置了。"武则天至此才打消了立武三思为太子的想法。

武三思靠着武则天对他的宠信，在朝中拉帮结伙，残酷打击反对派。凡是愿意为他所用的人，他都加以提拔。一些趋炎附势的官僚，都仰他的鼻息是从。见利忘义之徒自然也能跻身武氏集团。宰相韦方质因不愿同流合污而告病还家，武三思登门探望他时，他躺在床上相见。武三思一气之下，找个借口把他流放到了儋州（今海南岛）。

武三思手下还有一批酷吏，这些人办案子很残忍。他们经常给人罗织罪名，捏造证据，施以酷刑，逼迫招供。其中有个得力干将名叫周兴，此人不但杀人如麻，而且用刑的手段也特别残忍。据说，他对待犯人，常常是拿一个大瓮，放在炭火上，谁不肯招供，就把他放在大瓮里烘烤，用这种残忍的办法逼供。

中宗复位以后，照理说靠着武则天这层关系发迹的武三思是不会受到重用的，然而，善于投机钻营的武三思竟然通过走"后宫"门路，权势不但不减于武朝，而且更加气焰嚣张，不可一世。原来，中宗是个昏庸无能的皇帝，他复位以后，实权掌握在韦后手中。这位韦皇后并不是个守本分的女人，很快与武三思勾搭上了。从此以后，武三思和韦后常常混在一起。韦后对他宠幸有加，常对中宗吹枕头风，说武三思如何有才干。糊涂的中宗信以为真，遂拜武三思为司空，同中书门下三品。

武三思靠着韦后的宠信，再次得以专权跋扈。中宗朝宰相张柬之、敬晖、桓彦范等人，都是拥立中宗复位的功臣。他们为整肃朝政，革除弊政，限制武氏家族特别是武三思势力的发展，要中宗剥夺武家子弟的王位。对此，武三思怀恨在心。他通过韦皇后的关系，让中宗把他们通通加以贬谪。结果,张柬之被贬于泷州,敬晖被贬于崖州,桓彦范被贬于襄州。武三思还不解恨,又叫手下的酷吏到贬所去,将他们加以杀害。

武三思的胡作非为,自然引起了大臣们的强烈不满。公元706年,以王同皎为首的一部分反对武三思的人,准备利用武则天灵柩下葬之际,发动政变,刺杀武三思。不料,有人事先向武三思告了密。结果,王同皎等人被处死,王家遭灭门之灾。

这次暗杀事件虽然没有成功,但反对武三思的人却越来越多。一年之后,这个作恶多端的武三思,终于在太子李重俊发动的一场夺权政变中被杀,李唐王朝也算是少了一害。

狄仁杰是怎样举荐人才的

武则天对于反对她掌权的人,坚决进行无情镇压,但她又十分重视任用贤才,经常派人到各地去物色人才。只要发现谁有才能,就不计较门第出身、资格深浅,破格提拔,大胆任用。所以,在她的手下,涌现出一批有才能的大臣。其中最著名的便是宰相狄仁杰。

狄仁杰当豫州刺史的时候,办事公平,执法严明,受到当地百姓的称赞。武则天听说他有才能,立即把他调到京城当宰相。一天,武则天召见他,告诉他说:"听说你在豫州的时候,名声很好,但是也有人在我面前揭你的短。你想知道他们是谁吗?"狄仁杰说:"别人说我不好,如果确是我的过错,我应该改正;如果陛下弄清楚不是我的过错,这是我的幸运。至于谁在背后说我的不是,我并不想知道。"武则天听了,觉得狄仁杰器量大,于是更加赏识他。

来俊臣得势的时候,诬告狄仁杰谋反,把狄仁杰打进了监牢。来俊臣逼他招供,还诱骗他说:"只要你招认了,就可以免你死罪。"狄仁杰坦然说:"如今太后建立周朝,什么事都重新开始。像我这种唐朝旧臣,理当被杀。我招认就是了。"另一个官员偷偷告诉狄仁杰说:"你如果供出别人来,还可以从宽。"狄仁杰这下可生了气,说:"上有天,下有地,叫我狄仁杰干这号事,我可干不出来!"说着,气得用头猛撞牢监里的柱子,撞得满面流血。那个官员害怕起来,连忙把他劝住了。

来俊臣根据逼供的材料,胡乱定了狄仁杰的案,对他的防范也就不那么严密了。狄仁杰趁狱卒不防备,偷偷地扯碎被子,用碎帛写了封申诉状,又把它缝在棉衣里。那时候,正是开春季节。狄仁杰对狱官说:"天气暖了,这套棉衣我也用不上,请通知我家里人把它拿回去吧。"狱官也不怀疑,就让前来探监的狄家人把棉衣带回家去。狄仁杰的儿子拆开棉衣,发现父亲写的申诉状,就托人送给武则天。

武则天看了狄仁杰的申诉状,才下令把狄仁杰从牢监里放了出来。武则天召见狄仁杰,说:"你既然申诉冤枉,为什么要招供呢?"狄仁杰说:"要是我不招,早就被他们拷打死了。"武则天免了狄仁杰的死罪,但还是把他宰相职务撤了,降职到外地做县令。直到来俊臣被杀以后,才又把他调回来做宰相。

狄仁杰

在狄仁杰当宰相之前,将军娄师德曾经在武则天面前竭力推荐他;但是狄仁杰并不知道这件事,他认为娄师德不过是普通武将,不大瞧得起他。有一次,武则天故意问狄仁杰说:"你看娄师德这人怎么样?"狄仁杰说:"娄师德做个将军,小心谨慎守卫边境,还不错。至于有什么才能,我就不知道了。"武则天说:"你看娄师德是不是能发现人才?"狄仁杰说:"我跟他一起工作过,没听说过他能发现人才。"武则天微笑说:"我能发现你,就是娄师德推荐的啊。"狄仁杰听了,十分感动,觉得娄师德的为人厚道,自己不如他。后来,狄仁杰也努力物色人才,随时向武则天推荐。

一天,武则天问狄仁杰说:"我想物色一个人才,你看谁行?"狄仁杰说:"不知陛下要的是什么样的人才?"武则天说:"我想要找个能当宰相的。"狄仁杰早就知道荆州地方有个官员叫张柬之,年纪虽然老了一些,但办事干练,是个宰相的人选,就向武则天推荐了。武则天听了狄仁杰的推荐,提拔张柬之担任洛州(治所在洛阳)司马。

过了几天,狄仁杰上朝,武则天又向他提起推荐人才的事。狄仁杰说:"上次我推荐的张柬之,陛下还没用呢!"武则天说:"我不是已经把他任用了吗?"狄仁杰说:"我向陛下推荐的,是一个宰相的人选,不是让他当司马的啊。"武则天这才把张柬之提拔为侍郎,后来,又任命他为宰相。

像张柬之那样,狄仁杰前前后后一共推荐了几十个人,后来都成为当时有名的大臣。这些大臣都十分钦佩狄仁杰,把狄仁杰看作他们的老前辈。有人对狄仁杰说:"天下桃李,都出在狄公的门下了。"狄仁杰谦逊地说:"这算得上什么,推荐人才是为了国家,不是为了我个人的私利啊!"

狄仁杰一直活到九十三岁。武则天很敬重狄仁杰,把他称作"国老"。狄仁杰曾多次要求告老,武则天总是不准。他死去后,武则天常常叹息说:"老天为什么这样早夺走我的国老啊!"

狄仁杰一生为官清正,不献媚逢迎,勇于直言进谏,所以仕途顺利,屡次受到高宗的提拔封赏。武则天在位期间,由于精通政务军情,当上了宰相。狄仁杰为相不居功自傲,并能不断从各地选拔能人奇士入朝为官,不愧为一代名相。

长孙无忌的结局如何

大唐贞观年间,唐太宗依靠身边的一班文臣武将,把国家治理得井井有条。为表彰这些大唐功臣,让他们得以流芳百世,并为后世官员树立榜样,贞观十七年(公元643年),唐太宗特令人在凌烟阁画上了他们的肖像,共有二十四人。其中位列榜首的便是大唐名相长孙无忌。

长孙无忌,字辅机,河南府洛阳人。他的先人是北魏皇室。父亲长孙晟,曾任隋朝右骁卫将军。长孙无忌虽是唐太宗李世民的妻兄,但两人却是"布衣之交"。隋炀帝时期,李世民就娶了长孙无忌的妹妹为妻。

唐高祖李渊即位后,封长子李建成做太子,次子李世民为秦王,四子李元吉为齐王。但三子当中,李世民的功劳最大,太原起兵是他的主意,以后又屡建奇功。更重要的是,李世民在几年的南征北战过程中,身边聚集了一大批谋臣猛将。李建成自知无论是战功、威信还是实力,都不如李世民,就联合李元吉一起排挤他。

唐高祖武德九年(公元626年)夏天,突厥兵南犯。李建成借机请求高祖让李元吉带兵出征,李元吉接着又请求高祖把秦王府尉迟敬德、秦叔宝、程咬金三员大将和全部精兵划归他指挥。他们想调走秦王府精兵强将之后,再把李世民给除掉。情况危急,李世民赶忙找长孙无忌和尉迟敬德商量对策。长孙无忌力劝李世民先发制人。终于,李世民下定决心,发动了玄武门之变。玄武门之变后不久,李世民正式登基当了皇帝。长孙无忌在事变中发挥了重要作用,李世民以他功拔头筹,进封为齐国公,任吏部尚书。贞观元年,又迁升右仆射,居相位。

长孙无忌深知江山来之不易,身居相位,自然要尽心尽力辅佐唐太宗。贞观初年,有些大臣看到突厥已经衰落,就建议唐太宗趁机兴兵攻取。唐太宗征询朝臣意见时,长孙无忌极力反对,说:"突厥已经衰落,不会骚扰边塞。如果我们深入他们境内,既违背了和盟,又不一定就能取胜。"唐太宗采纳了他的建议,从而避免了一场不必要的战争。

贞观十一年(公元637年),唐太宗诏令长孙无忌等十四位大唐功臣世袭刺史。长孙无忌认为世袭刺史会贻害地方的治理,不利于唐王朝的中央集权和社会的长治久安,便联合房玄龄等上表反对,终于让唐太宗收回成命。

贞观十七年(公元643年),原太子承乾谋反被废。在重立太子的问题上,唐太宗犹豫不决。长孙无忌主立三子晋王李治为太子。他说:"晋王仁孝,将来为政能爱民,安定社会,是个守成之主。"太宗于是决定立晋王为太子。

贞观时期,长孙无忌前后执政二十余年,为"贞观之治"局面的形成立下了汗马功劳。长孙无忌有大功于唐室,又有治国治民的才能,官居相位,本来也是自然的事。可长孙无忌却担心别人会说他是靠裙带关系上去的,心里常常为此感到不安,并几次力辞相职。贞观二年(公元 628 年)正月,刚居相位才半年的长孙无忌,就主动要求辞去相职。唐太宗在他固辞之下,被迫同意。贞观七年(公元 633 年),唐太宗要封他做司徒、知门下尚书省事,他又力辞不受。他上奏唐太宗说:"我以外戚的身份,位致三公,恐怕人家会说皇上照顾皇后的家人。"这一次,唐太宗没有允许他辞职,并对别的大臣说:"我任官以才为标准。我是看中了无忌的才干,才委他以相职的。"贞观二十年(公元 646 年),唐太宗要授他太子太师之职,又被他谢绝了。

长孙无忌屡辞相职,固然是因为他能谦虚自律,同时也与他妹妹长孙皇后的影响分不开。长孙皇后是中国历史上少有的贤后,为防止外戚干政,她曾多次劝哥哥不要就任宰相。她还常常提醒唐太宗注意吸取历代外戚专权作乱的教训,请求他不要委政于自己娘家的人。

贞观二十三年(公元 649 年)五月,唐太宗一病不起。临终前,他嘱咐长孙无忌和褚遂良两人辅佐太子。高宗即位后,长孙无忌身为辅政,尽力辅佐这个新皇帝。一般朝政大事都由他决断,实际上是他在统治着整个国家。由于天下太平、人民安居乐业,长孙无忌在政事之余,又主持修撰了《唐律疏议》三十卷,系统疏证诠解《唐律》的各项条文。这部法典不但对完善唐朝法规起了重要作用,而且也是我国现存的一部最完整的古代法典。

然而,在一场皇后的废立斗争中,长孙无忌这位初唐忠臣,终于因忤主而遭陷害致死。原来高宗因宠爱武则天,想要废掉王皇后。据说武则天为了陷害王皇后,竟暗中掐死自己亲生的女儿,然后嫁祸给王皇后。她很有手段,在宫里时间不长,就拉拢收买了不少人,作为自己的耳目和羽翼。

永徽六年(公元 655 年),高宗执意要立武昭仪为后,长孙无忌、褚遂良认为武则天出身寒族、身份不明,极力反对。武则天被立为皇后,褚遂良被贬为潭州都督,长孙无忌也不再受到重用。

显庆四年(公元 659 年),已经当上皇后的武则天,为报复阻挠立她为后的长孙无忌,就叫党羽中书令许敬宗诬陷长孙无忌谋反。高宗竟信以为真,遂将长孙无忌贬流黔州。不久,长孙无忌被逼死于流放地。长孙家人几乎尽被处死。

长孙无忌为大唐王朝呕心沥血三十余年,最终仍旧没有逃过"物盛则衰"的规律,死于宫廷斗争之中。

鉴真和尚为什么失明

唐代贞观时期,正处于中国封建社会的繁荣昌盛阶段,是历史上有名的"太平盛世"。当时,唐代与世界各国的政治、经济、文化的交往非常频繁,唐代高度先进的封建文化对亚洲各国甚至世界其他地区产生了重要影响,尤其对近邻日本的影响更大。

贞观十九年,日本这个奴隶制国家开始了废除氏族制度的"大化革新"。在这场巨大的社会变革中,他们吸取了唐代的均田制、租庸调制、官制、府兵制以及刑律等等,初步建立起了完备的国家机制和制度,大大地促进了日本的封建化进程。从贞观五年起,日本先后派十二批正式地遣唐使到中国来,使团中绝大多数是留学生和学问僧,他们为传播中国文化作出了重大贡献。

在中日佛教的交往中,"鉴真东渡"曾一度被传为佳话,谱写了中日两国关系史上令人怀念的动人篇章。

鉴真,本姓淳于,扬州人。他十四岁出家,对律宗深有研究,后来在扬州大明寺担任主持。由于他精通律学、深谙戒法,在江淮民间有崇高威望。天宝元年,他应日本遣唐使高僧荣叡、普照等邀请东渡。那时,仅靠木帆船东渡日本,谈何容易! 鉴真并没有被困难所吓倒,他欣然应允,并立即造船备粮,准备于次年开春动身。但是,这次首航由于有人诬告他们"私通海盗"而未能成行。

第二年十二月,鉴真与弟子、水工、画师、工匠等一百多人进行第二次东渡,可是,木船刚驶出港口,就被狂风掀起的巨浪打坏了。随后的第三次、第四次东渡都未能成功。

天宝五年(公元746年),鉴真经过精心准备,决定第五次东渡。这天,晴空万里,暖风和煦,扬州城内热闹非凡,百姓们敲锣打鼓为鉴真法师送行,各寺僧人也列队诵经,求佛祖保佑。鉴真一行登上木船,顺江而下,向东驶去。初航十分顺利,他们很快驶出扬子江口,进入茫茫大海,只见风平浪静,鱼翔浅底,鉴真大师心情非常舒畅,看来多年的夙愿将要实现。但是,转瞬之间,一股风暴由北向南席卷而来,平静的海面顿时波涛汹涌,浊浪滔天。木船完全失去了控制,时而被推至浪尖,如登山巅;时而又被抛入浪谷如坠深壑。小船任凭风浪吹打,向南漂去。时间一天天过去了,船上的淡水已经用完,大家饥渴难耐,只好用海水送干粮,吃后又腹胀如鼓。到了第十四天,大家在绝望中终于看到了远处的地平线,原来他们被吹送到了海南岛的南部。鉴真大师率领大家立即北上,行至端州(今广东肇庆),荣叡积劳成疾,病逝他乡。鉴真也劳累过度,因中暑而双目失明。第五次东渡又失败了。

尽管前途险恶,鉴真东渡的决心始终没有动摇。天宝十二年(公元753年),他应日本遣唐使藤原清河之邀,搭乘日本归国的船只,终于踏上了日本国土。日本友人热烈欢迎鉴真一行,邀请他到都城奈良最著名的东大寺讲经传道。第二年,鉴真大师亲自在东大寺为圣武天皇、光明太后、孝谦女皇,以及四百四十名僧侣传授戒律,鉴真法师也成为日本律宗的开山鼻祖。在日本的十年中,鉴真还将中国的建筑、雕塑、绘画和医药学等技术教给了日本人民,他至今仍受到日本人民的怀念和尊崇。

鉴真作为中日友好关系史上的著名人物,他的东渡就成了两国学者共同关心的问题。其中,鉴真是否在双目失明后东渡日本等问题上,一些学者产生了分歧。

其一是鉴真失明的时间。

有人认为,鉴真第五次东渡失败后,于天宝九年由广州到韶州时,由于"频经炎热,眼光暗昧,爰有胡人言能治目,请加疗治,眼遂失明。"指出,鉴真在东渡日本前即已失明。

还有的人则认为鉴真和尚到达日本后,晚年曾失明则或有之,说鉴真和尚未到前已经失明,则十分不可信。有关记载对鉴真在日本十年的传法与生活的记载中,从来没有提到他因双目失明而感到不便的事情。故此,鉴真失明一事令人怀疑。

其二是鉴真失明的原因。

据日本史书说:"在天宝五年渡海失败后,由于随行的日本高僧荣叡亡故,鉴真因此而悲泣失明,并能以鼻辨药,一无错失。"

还有的学者认为,所谓"眼光暗昧",是指鉴真患有老年性白内障,后来请阿拉伯医生施行振法治疗,由于术后感染,病情恶化,才称之为"眼遂失明",但到日本时尚未完全失明。

此外,还有人说鉴真因中暑毒,致使双目失明或"途中双目发炎,视力减退",疗治不当而失明。

但是有人对鉴真在东渡日本之前已经失明提出质疑,他们认为鉴真"以鼻辨药",似可相信,但说鉴真在双目失明的情况下,凭记忆力能校正数百万言的经纶而一字不差,令人怀疑他是否真的失明了。此外,日本正仓院中现在保存着一张《鉴真书状》,据说是鉴真的借书条,其字迹端正整齐,书法为唐人风格,并有涂改重写之处。令人惊讶的是,涂改重写的位置竟完全与原字相合,这恐怕不是一个盲人所能做到的。这张借条如果确系鉴真的真迹,那么只能说,当时鉴真并未全盲。

看来,要解开鉴真失明的时间和原因,还必须继续发掘中日双方的有关史料,继续考证了。

来俊臣恶有恶报的下场

武则天在平定徐敬业叛乱之后,决心除掉那些反对她的唐朝宗室和大臣。可是,谁在暗中反对她,用什么办法才能知道呢? 于是,她就下了一道命令,发动全国告密。不论大小官吏,普通百姓,只要发现有人谋反,都可以直接向她告密。地方官吏遇到有人告密,不许自己查问,一定要替告密的人备好车马,供给上等伙食,派人护送到太后行宫,由武则天亲自召见。如果告密的材料属实,告密人可以马上做官;查下来不符事实,也不追究诬告。这样一来,四面八方告密的人当然越来越多了。

武则天收到许多告密材料,总得有人替她审问。有一个胡族将军索元礼,就是靠告密起家的。武则天派他专门办谋反的案件。索元礼是一个极端残忍的家伙,审问案件,不管有没有证据,先用刑罚逼犯人供出同谋。犯人受不住刑,就胡乱招了一些假口供,这样,他审问一个人就会牵连到几十个几百个人。株连越广,案情就越大。索元礼向太后一汇报,太后直夸他办事能干。

有些官吏看到索元礼得到太后赏识，就学起索元礼的样儿来。其中最残酷的是周兴和来俊臣。他们每人手下养了几百个流氓，专门干告密的事。只要他们认为谁有谋反嫌疑，就派人同时在几个地方告密，捏造了许多证据。更奇怪的是，来俊臣还专门编了一本《告密罗织经》，传授怎样罗织罪状的手段。

周兴、来俊臣办起案来，比索元礼还要残忍。他们想出各种各样惨无人道的刑罚，名目繁多，花样百出。他们抓到人，先把各种刑具在"犯人"面前一放，"犯人"一看，就被迫招认了。周兴、索元礼前前后后一共杀了几千人，来俊臣毁了一千多家，他们的残酷天下闻名。

有个正直的大臣对太后说："现在下面告发的谋反案件，多数是冤案、假案，也许有人阴谋离间陛下和大臣之间的关系，陛下可不能不慎重啊！"可是，武则天不愿听这种劝告。告密的风气越来越盛，连她的亲信、掌管禁军的大将军丘神勣，也被人告发谋反，被武则天下令杀了。

有一天，太后接到告密信，说周兴跟已经处死的丘神勣同谋。太后一听，大吃一惊，立刻下密旨给来俊臣，叫他负责审理这个案件。说巧也巧，太监把太后的密旨送到来俊臣家，来俊臣正跟周兴在一起，边喝酒，边议论案件。来俊臣看完武则天密旨，不动声色，把密旨往袖子里一放，仍旧回过头来跟周兴谈话。来俊臣说："最近抓了一批犯人，大多不肯老实招供，您看该怎么办？"周兴捻着胡须，微微笑着说："这还不容易！我最近就想出一个新办法，拿一个大瓮放在炭火上。谁不肯招认，就把他放在大瓮里烤。还怕他不招？"来俊臣听了，连连称赞说："好办法，好办法。"他一面说，一面就叫公差去搬一只大瓮和一盆炭火到大厅里来，把瓮放在火盆上。盆里炭火熊熊，烤得整个厅堂的人禁不住流汗。

周兴正在奇怪，来俊臣站起来，拉长了脸说："接太后密旨，有人告发周兄谋反。你如果不老实招供，只好请你进这个瓮了。"周兴一听，吓得魂飞天外。来俊臣的手段，他是清楚的。他连忙跪在地上，像捣蒜一样磕响头求饶，表示愿意招认。来俊臣根据周兴的口供，定了他死罪，上报太后。

武则天想，周兴毕竟为她干了不少事；再说，周兴是不是真的谋反，她也有点怀疑，就赦免了周兴的死罪，把他革职流放到岭南（在今广东、广西一带）去。周兴干的坏事多，冤家也多，到了半路上，就被人暗杀了。后来，武则天发现索元礼害人太多,民愤很大,就借个因由把他杀了。

留下的一个来俊臣,仍旧得到武则天的信任,继续干了五六年诬陷杀人的事,前前后后不知道杀害了多少官吏百姓,连宰相狄仁杰也曾经被他诬告谋反,关进牢监,差一点被他整死。

来俊臣的胃口越来越大,他想独掌朝廷大权,嫌武则天的侄儿武三思和女儿太平公主势力大,索性告到他们身上去了。这些人当然也不是好惹的,他们先发制人,把来俊臣平时诬陷好人、滥施刑罚的老底全都揭了出来,并且把来俊臣抓起来,判他死罪。武则天本来还想庇护来俊臣,一看反对来俊臣的人不少,只好批准把他处死。

来俊臣被处死刑那天,人人称快。大家互相祝贺,说:"从现在起,夜里可以安心睡觉了。"看来,为非作歹的坏人终究要自食恶果,不得善终。

李义府为何得名"人猫"

唐朝贞观八年(公元634年),剑南道巡察大使李大亮出巡。途中突遇一人才学出众,一贯爱才的李大亮立刻将此人荐举给朝廷,很快诏下,补为门下省典仪。此人便是李义府。

唐太宗想试试李义府才学深浅。一天,太宗召见李义府,令他当场以"咏乌"为题,赋诗一首。题目一出,李义府脱口吟道:

日里扬朝彩,琴中伴夜啼。

上林如许树,不借一枝栖。

此诗流露出李义府渴求朝官的急切心情。太宗听后倍感满意,便说:"与卿全树,何止一枝!"当场授予他监察御史,并侍晋王李治。当时,李治为太子,李义府旋即又被授为太子舍人、崇贤馆直学士。因其颇有文采,与太子司议郎来济被时人并称为"来李"。

李义府很有才华,而且并非生来就是奸佞之徒。他曾写《承华箴》奉上,文中规劝太子"勿轻小善,积小而名自闻;勿轻微行,累微而身自正"。又说,"佞谀有类,邪巧多方,其萌不绝,其害必彰"。此言有文有质,以此看,他很可能会成为对国家有用的人材,而结果却堕落为奸臣,这是为什么呢?莫非官场乃一大染缸,要不多久皆清黑一色?

太子李治将《承华箴》上奏父皇,太宗览毕大喜,称:"朕得一栋梁也!"下诏赐予李义府帛四十匹,并令其参与撰写《晋书》。永徽元年(公元650年),太子李治即位,是为高宗。李义府升为中书舍人,第二年,兼修国史,加弘文馆学士。李义府的青云直上,颇引朝臣注目,特别是他也曾由黄门侍郎刘洎、侍御史马周引荐,又与许敬宗等相勾结,虚美隐恶,曲意逢迎。长孙无忌奏请高宗贬他到壁州(今四川通江)做司马。诏令尚未下达,李义府已有所闻,急忙向中书合人王德俭问计。

王德俭是许敬宗的外甥,其貌不扬,但诡计多端,善揣人意。他向李义府献计说:"武昭仪如今格外受宠,皇上想要将她立为皇后,只是怕宰相们反对,所以迟迟不敢下诏。你若能进谏赞同,恐怕能转危为安。"李义府心领神会,能在武昭仪立后问题上迎合帝意,贬黜之事便好办得多。于是,他借着替王德俭在中书省值宿的机会,立即上表高宗,谎称立武昭仪为皇后是人心所向,请废王皇后,立武氏为后。

高宗听了,正合心意,马上召见了李义府,不仅赐给他宝珠一斗,还将原来贬斥到壁州的诏令停发,留居原职,武昭仪也秘密派人送礼答谢。从此,李义府便与许敬宗、崔义玄、袁公瑜等人结成了武昭仪的心腹。永徽六年(公元655年)七月,李义府升为中书侍郎;十月,立武昭仪为皇后;十一月,李义府又自中书侍郎拜为同中书门下三品,监修国史,并赐广平县男爵。李义府第一次尝到了耍阴谋的甜头。

李义府其实本来就是一个深藏不露的人。表面上,他总是一副谦和温顺的样子,与人说话也总是面带微笑,显得和蔼可亲;而内心则阴险狡诈,偏狭刻毒,动不动就拉下脸来。人称他是笑里藏刀,柔而害物的"人猫"。李义府仰仗武后的恩宠,进爵为侯,更加胆大妄为。洛阳有一女子淳于氏因为有罪,关押在大理寺。李义府听说这女子貌美,淫心顿起,密令大理丞毕正义削免其罪,纳为自己的小妾。大理卿段宝玄听说此事,告到朝廷。高宗令给事中刘仁轨、侍御史张伦等审理此案。李义府十分害怕,唯恐事情败露,便逼迫毕正义自缢,杀人灭口。高宗听到后,也想息事宁人,便不再追究,不了了之。

后来,侍御史王义方将调查情况,向高宗如实作了汇报:"义府于辇毂之

下，擅杀六品寺丞；正义自杀，也是因为畏惧李义府的淫威。这样下去，则生杀之威，可不出自皇上之手。这种风气万万不可助长，请陛下立即加以勘正！"他还当廷陈述李义府的罪恶："附下罔上圣主之所宜诛；心狠貌恭，明时之所必罚。"谁知，李义府顾盼左右，若无其事，见高宗毫无阻拦之意，只好退出。王义方义愤填膺，继续弹劾李义府的罪恶行径，指出"此儿可恕，孰不可容"！要求清除君侧的奸党。高宗见他愈说愈激动，而事已至此，不想再作无谓争辩，于是大声喝止，反说王义方当廷诽谤，侮辱大臣，出口不逊，将其贬到莱州做司户，而不问李义府之罪。

显庆二年（公元 657 年），李义府代替崔敦礼为中书令，兼检校御史大夫，监修国史，弘文馆学士如故，并加太子宾客，封为河间郡公。他秉承武后意旨，与许敬宗一起诬奏侍中韩瑗、中书令来济臣与褚遂良图谋不轨。结果二人都被贬到外地，终身不得朝觐。原吏部尚书柳奭贬为爱州（今越南清化）刺史，后被诬与褚遂良等朋党构扇而被杀。李义府就是这样，对那些威胁自己权势的人，总要千方百计除掉而后快。

李义府"铜山盗贼"名的由来

李义府，唐朝瀛州饶阳（今河北饶阳）人。他经李大亮、刘洎、马周等人的荐举进入朝廷后，官职不断升迁。又利用各种手段发展自己的个人势力，因而引起了一些朝官的不满。

中书令杜正伦尤其讨厌李义府，便暗地里与中书侍郎李友益商量，设法查清李义府的罪恶活动，然后除掉他。可消息走漏，李义府秘密派人向高宗奏明此事，来个恶人先告状。高宗找来杜正伦与李义府，当面问询原委，二人争辩不休，互相攻击。唐高宗十分生气，各打他们五十大板，接着，杜正伦被贬为横州（今广西横县南）刺史，李义府被贬为普州（今四川安岳县）刺史，李友益被流放到峰州（今越南河内西北）。当时，高宗本想褊袒李义府，但朝中大臣多支持杜正伦，才不得不作了"两责之"的处罚。李义府虽被贬，仍受到武后的袒护，不到一年，便回到京城担任吏部尚书，而杜正伦则扔在一旁无人管。

一日，闲来无事，李义府偶翻贞观时修的《氏族志》，觉得自己的家族未列入志总甚是遗憾。于是，他将此事告诉武后，武后也感到《氏族志》有问题，应该重订。于是，由许敬宗、李义府主持重订工作，规定"皇朝得五品官者，皆升士流"。李义府曾多次为其子向魏齐旧姓求婚，但是均未成功。出于个人恩怨，李义府请求武后下诏规定，旧有七姓崔、卢、李、郑、王等望族，不得互为婚姻，并将《氏族志》更名为《姓氏录》。

新修氏族志，对李义府来说，是跻身于名门望族的关键一步。他曾自言本出于赵郡李氏，还常与诸李氏论亲疏远近，一些李姓子弟，也趋炎附势、附和苟合，称他叔祖的不在少数。当李义府贬为普州刺史时，本族给事中李崇德将李义府一支从赵郡李氏族谱中抹去。等李义府官复原职、重为宰相后，李义府毫不客气地加以报复，叫人罗织罪名，将李崇德下狱，迫其自杀。

李义府出身于寒微之家，深知民间疾苦，一旦当上官便翻脸不认人，干起盘剥百姓的罪恶勾当。李义府的母亲去世，他在乡丁忧一年后，又复起为司列太常伯、同东西台三品。不久，李义府要改葬他的祖父，墓地选在永康陵的旁边。他这样做的目的一是为了光宗耀祖，装潢门面；二是看看自己的能量到底有多大。他示意附近各县调派丁夫、牛车为他祖父修建陵墓。三原县（今陕西富平县）令李孝节为讨好李义府，私下征集大批丁夫，昼夜不停地劳作。别的县令见了，谁也不敢得罪李义府，均起而效之。高陵县令张敬业为人恭谨，是个老实人，苦于李义府的压力，终日操劳，竟累死在工地上。

这次声势浩大的迁葬活动，有出力的自然也有出物的。自王公以下的各级官员，争先恐后地为他送礼，赠送迁葬所需物品，一时间，赶来迁葬的车马，浩浩荡荡，从灞桥到三原七十多里的道路上，人欢马叫，络绎不绝。高宗还下诏让"御史哭节"，以致"蠕媚乌偶，僭侈不法，人臣送葬之盛典无与伦比者"，成了唐王朝以来王公大臣们从未有过的豪华葬礼。

在李义府居母丧期间，有一个名叫杜元纪的风水先生，说李义府宅第有"狱气"，需要花掉积钱两千万，才可以"厌胜"，除去晦气。李义府信以为真，为了免除牢狱之灾，更加急切地收敛钱财，中饱私囊。

那时，高宗准许李义府初一、十五休假在家哭丧。但他并未把哀事放在心上，却利用这个机会换上普通百姓的衣服，与杜元纪悄悄溜到东城，于凌晨登上左塚瞭望风水。此事被人发现，议论纷纷，推测他出来窥视星象，意欲图谋不轨。可李义府置人们议论于不顾，暗里继续敛财赎罪。他派儿子右司议郎李津找到长孙无忌的孙子长孙延，对他说："我为你可求一官，数日后诏书便可下来。"过了五天，果然授了长孙延司津监的职务，并向他索钱七十万。

李义府的倒行逆施，不能不引起朝臣的义愤和高宗的恼怒。在他大修祖墓而靡费钱财时，武后也委婉地劝他："你这样不体恤民力，实为自掘坟墓之举，一旦事发，我也无力保你了。"聚敛成性的李义府，却当作耳旁风，仍然一意孤行。右金吾仓曹参军杨行颖向高宗上表，揭发了李义府的种种罪恶。高宗命司空李勋和司刑太常伯刘祥道共同督办此事，经过核查和对李义府本人反复拷问，所犯之罪属实。高宗这样做，是下了一定决心的，因为他的胆大妄为已危及高宗的统治。高宗下诏将其官爵尽除，并长期流放。他的长子李津，专门倚仗其父权威为非作歹，贿赂无厌，交游非所，潜报机密，也被长期流放振州（今海南崖县西）。次子李洽、三子李洋和女婿柳元贞等人，均被除名，长期流放廷州（今广西天峨东北）。李义府及全家受到应有的惩处，人们弹冠相庆，拍手称快。有人以民间说唱形式写了《河间道行军元帅刘祥道破铜山大贼李义府露布》张贴于大街小巷。所谓"铜山大贼"，是指李义府劫掠铜铁钱财，堆积如山。后遇朝廷大赦，但长期流放的人不在此列。李义府只好呆在寓所，忧愤成疾，死时才五十三岁。

李白有皇室血脉吗

李白是我国古代文坛上彪炳千秋的大诗人，同时也是一位传奇人物。史称他相貌怪异，精通月氏语，其先世曾流寓西域。那么，他究竟是汉人还是胡人？他的家世又如何呢？这都成了后人十分感兴趣的问题。

根据李白自述及其好友们的述说，李白是唐玄宗的族祖，出身显赫。在《赠张相镐》一诗中，李白自述道："本家陇西人，先为汉边将，功略盖天地，名飞青云上。"李白的族叔李阳冰也说："李白，字太白，陇西成纪人，凉武昭王暠九世孙。蝉联圭组，世为显著。"从"先为汉边将"分析，李白应是"飞将军"李广的第二十五代孙，属于西汉李陵、北周李贤、隋朝李穆一系的后裔。

从"凉武昭王暠九世孙"分析,肯定李白是唐玄宗的族祖。既然李白是李广、李暠之后,有人推断,他应该是唐太宗李世民的曾侄孙,他的曾祖父可能是李世民的哥哥或弟弟中的一个。

那么,唐玄宗在天宝元年曾下过诏书,准许李暠的子孙登记上皇族的户口,为什么李白一家却没有去登记呢? 后来,李白进入翰林院,多次见到皇帝,为什么也没有提到此事? 即使到了晚年,他的处境很艰难,求人推荐的心情十分迫切,也没有向人提起过这一段家事? 结论只能是,他是有难言之隐啊! 李白的先人李陵及李世民的兄弟,都曾因罪遭贬谪,尤其是可能牵涉到"玄武门之变"这场"宗室恩怨"中来,因此,李白生前不敢将此事写成文字,而只在死后让别人公诸于世。

再从李白之父李客的经历和处境,也可以对李白和身世之谜进行破解。李阳冰提到,唐朝中叶时,李客曾谪居条支,改名换姓,神龙初年才逃往蜀地。李白好友范伦之子范传正也说,李白的先祖曾遭到灭门之祸,家中珍贵的谱牒也难以寻觅。隋朝末年时,李白的先祖到处流窜,隐姓埋名,唐朝开国时,已不在原籍登记之列。神龙初年,李白之父李客潜还广汉(今四川省广汉市),将自己改为当地人。由于李客感到自己独在他乡,就像客人一般,于是将名字改为单名一个"客"字。整日隐居云林,不求仕禄。

李白

那么,李客为什么要"逃归于蜀"或"潜还广汉"呢? 如果是因为国破家亡,流落异域,那么早就该返还原籍了。如果是因为触犯刑律,流放边疆,那么事隔百余年,也无须"潜还"广汉。总之,促使李客"逃归""潜返"的真正原因不知为何?

有人进一步分析,认为李客的"逃""潜"很可能与他的"任侠""避仇"有关。即李客或许是一位扶危济困或替人申冤雪恨的侠客,由于触犯了当权者,不得不避居穷乡僻壤,隐姓埋名,以终其一生。

如果上述推断得以成立，那么李白家世中一些疑难问题就可以有些眉目了。他本人对自己家世的闪烁其辞及他的亲友"为尊者讳"，"为亲者讳"，使用一些托词和曲笔，也就有了答案。

与此相反，有人考证，李白不是他自己所说的出身，而是西域胡人。他们认为，李白先人所窜谪的碎叶、条支，在隋末时，并未隶属于中央政权的势力范围，当时也不可能成为窜谪罪人之地，因而李白不是汉人而是胡人。李白之父李客，他也本不姓李，而是潜还蜀中后改的；其名为客，也是因为西域人的名字与华夏不通，所以称为"胡客"，因此以"客"为名。另外，蜀中地区在隋朝是与西域胡人贸易往来的区域，"李客"或许是"商客"，他入蜀后因为富有渐成豪族。还有，李白"眸子炯然哆如饿虎"，相貌具有胡人的特征，又精通月氏语，懂得少数民族的礼节。看来，说李白是胡人也是有些道理。

但许多人对此予以驳斥，他们指出：

古时凡由汉民族居住区域移往外城，便称为"窜谪"，李白先世移居西域并非因罪窜谪，且从时间上看，也不一定在隋末。

其父名客，也可指外地去蜀的汉人，如果没有确凿的证据说"李客"不姓李，那么，他就不一定是胡人，而且去蜀前一度改了姓，仍有可能原本就是李姓。

李白之所以不得入宗正寺属籍，造成终身蹭蹬，很可能是其先世与李唐宗室有纠葛，直至唐玄宗这种旧隙仍未消除，通月氏语和懂夷礼并不难，即使是汉族人，如果他的家世与西域有关联，完全可以学到。李白虽貌似胡人，但汉族人中相貌具有胡人特征的也不少见，以此说李白是胡人，实在令人难以信服。

还有人提出第三种看法，认为李白先世既不是汉人也不是胡人，而是汉胡两族的混血儿。他们查证古籍，认为李白不是李暠之后，而是西汉名将李广的嫡孙李陵的后代，是地道的汉族后裔。他们认为早在汉武帝时，李陵败降匈奴，他在中原的妻儿老小通通被杀，后娶胡女为妻，其子孙便跟随胡人风俗，改姓拓跋氏。到了隋朝末年，李陵的后裔蒙难又被流放到西域，李白的先世就属于这一支。这样看来，李白带有胡人的血统就不奇怪了。

上述有关李白身世的说法，都因相关的文字记载隐约其词，很难圆满，这个谜也许真的非常难解。不管李白是否有胡人血统、汉人血统，还是皇族血统,他都是一位非常杰出的大文豪。如果今天真的解不开李白的血统之谜,那我们何不将这个问题放一放,好好欣赏这位大诗人留给我们的美妙诗篇吧!

李白是怎样被唐玄宗重用的

李白,字太白,是唐代最著名的大诗人之一。他出生在碎叶,上代是陇西成纪(今甘肃秦安东)人。据说李白降生的时候,他的母亲梦到了天上的太白金星,所以就给他取了"李白"这个名字。李白从小就显示出过人的天赋,他博览群书,性格豪放,十岁就通晓诗书。除读书之外,还练得一手好剑。李白二十多岁起,为了增长见识,到各地游历。他不仅到过长安、洛阳、金陵、江都许多大城,还到过洞庭、庐山、会稽等许多名山胜地。由于他见识广博,加上才智过人,因此,他在诗歌写作上有了杰出的成就。

天宝初年,李白游历到会稽一带,与当地才子吴筠十分要好。吴筠被朝廷召用,李白便随吴筠一路风尘来到长安。他慕名拜访大诗人贺知章,贺知章读了李白的诗,居然是那样洒脱飘逸,禁不住感叹道:"你简直是谪居世间的仙人!"贺知章于是向唐玄宗举荐李白,玄宗同意在金銮殿上见他一面。

李白是个有政治抱负的人,他生性高傲,对当时官场上的腐朽风气很不满意,希望得到朝廷任用,让他有机会施展政治上的才干。这一次到长安来,听到唐玄宗召见他,也很高兴。唐玄宗在宫殿上接见了李白,和他谈了一阵,觉得他的确很有才华,高兴地说:"你是个普通人士,但你的名字连我都知道了。要不是有真才实学,怎么可能这样出名呢?"接见以后,唐玄宗就把李白留在翰林院,要他专门给他起草诏书。

李白爱好喝酒,喝起酒来,还非喝到酩酊大醉不可。进了翰林院之后,他改不了这个习惯,空下来,还是找一些诗友到长安酒店里去喝酒。有一次,唐玄宗叫乐工写了一支新曲子,还没填上歌词,就命令太监去找李白。太监们在翰林院和李白家,都找不到李白。有人告诉太监,李白上街喝酒去了。太监们在长安街上找呀找呀,好容易在酒店里找到李白,原来李白喝醉了酒,躺在那里睡着了。太监把他叫醒,告诉他皇上召见他。李白揉揉眼

睛,站起了身,问是怎么回事。太监们来不及跟他细说,七手八脚把李白拉进轿子,抬到宫里。李白进了内宫,抬头一看是唐玄宗,想行朝拜礼,身子却不听使唤。太监们见他醉得厉害,就有人拿了一盆凉水,洒在李白脸上,李白才渐渐醒过来。唐玄宗爱他的才,也不责怪他,只叫他马上把歌词写出来。

太监们忙着在他面前的几案上放好笔砚绢帛。李白席地坐了下来,忽然觉得脚上还穿着靴子,很不舒服。他一眼看见身边有个年老的宦官,就伸长了腿,朝着那宦官说:"请您帮我把靴子脱下来!"

那个老宦官原来是唐玄宗宠信的宦官头子高力士。他平时仗着皇帝的势,在官员前作威作福,现在一个小小的翰林官居然命令他脱靴,简直气昏了。但是唐玄宗在旁边等着李白写歌词,如果得罪了李白,让唐玄宗扫了兴,也担当不起。他忍住气,装出满不在乎的样子笑嘻嘻地说:"唉,真是喝醉了酒,拿他没办法。"说着,就跪着给李白脱了靴子。李白脱了靴子,连正眼也不看高力士,拿起笔来龙飞凤舞地写起来,没有多少时间,就写好了三首叫作《清平调》的歌词交给唐玄宗。唐玄宗反复吟了几遍,觉得文词秀丽,节奏铿锵,确是好诗,马上叫乐工演唱起来。

唐玄宗十分赞赏李白,但是那个给李白脱过靴子的高力士却记恨在心。有一次,高力士陪伴杨贵妃在御花园里赏玩景色。杨贵妃很高兴地唱起李白的诗来。高力士装作惊讶地说:"哎呀,李白这小子在这些诗里侮辱了贵妃,您还不知道吗?"杨贵妃奇怪地问怎么回事。高力士就添枝加叶地造了一些谣言,说李白写的诗里有一句话,把杨贵妃比作汉朝一个行为放荡的皇后赵飞燕,是有心讽刺她。杨贵妃听信了高力士的话,真的生了气,后来在唐玄宗面前一再讲李白怎么怎么不好,唐玄宗渐渐对李白也看不惯了。

李白终于看出在唐玄宗周围,都是一些像李林甫、高力士那样的趋炎附势的小人,他留在唐玄宗身边,不过帮他解闷散心,要想政治上有所作为是不可能的。到了第二年春天,就上了一道奏章,请求辞官还家。唐玄宗顺水推舟批准了他的要求,为了表示他爱才,还赐给李白一笔钱,送他回家。

李白离开长安以后,重新过着诗人自由自在的生活,有的时候隐居读书,有的时候周游各地。在这些日子里,他写下了许多讴歌祖国壮丽山河的

唐宫秘史

李白故里绵阳

诗篇。有一次,他从白帝城出发,乘船经过长江三峡,到江陵去。一路上他即景生情,写下了一首诗:

> 朝辞白帝彩云间,千里江陵一日还。
>
> 两岸猿声啼不住,轻舟已过万重山。

李白的许多诗篇表现了他豪放的气概、丰富的想象和热烈的感情,成为我国文学史上的不朽名作。

后来,安禄山造反,李白辗转于松滋、匡庐之间,永王李璘召他为幕府佐吏。李璘起兵反叛,李白逃回彭泽;李璘失败,李白罪该处死。起初,李白游并州,见到郭子仪,认为他才能超群。郭子仪曾犯法,李白加以援救,使他得以免罪。到这时候,郭子仪请求解除自己的职务以弥补李白的罪过,于是天子下令将李白流放夜郎。后来,遇到天子大赦,李白便回到寻阳,后因事犯罪被关进监狱。当时宋若思率领吴地士兵三千赴河南,路经寻阳,将李白从狱中放出,征聘他为参谋。没多久李白又辞去官职。代宗即位,征召李白任左拾遗,而李白当时已经去世,享年六十余岁。

杜甫死亡之谜

唐代大诗人杜甫,被人们誉为"诗圣",他的诗作大多数揭露当时社会矛盾和统治者的黑暗,同情人民的苦难,反映唐代由盛转衰的历程,具有很强

的现实意义,可谓是名副其实的"诗史"。

但是很多人都知道,这样一位才华横溢的大文豪,生前并不得志,甚至时常穷困潦倒,晚年更是颠沛流离,在贫困交加中死去,死时才五十九岁。他的死令人十分惋惜,同时也留给我们一个疑团:杜甫究竟是怎么死的呢?

杜甫草堂

对于他的死因,后人的说法很多,有人说他是因为吃了牛肉白酒而死。这种说法,在一些史书上也有记载,杜甫曾去耒阳,游览岳祠,突然发起大水,阻断了回去的路,于是耒阳县令派人划船送来牛肉白酒。后来,杜甫漂泊到湘潭间,羁旅憔悴,为衡州耒阳县令所嫉妒和厌恶。于是,杜甫投诗给当朝宰相,宰相立即派人送来牛肉白酒,以示慰劳,杜甫吃过以后,一晚上就死了。隐含的意思就是,杜甫是吃得过多而胀死的。但是,这种说法未免太有损一代文豪的形象,所以很多人并不赞同。

于是,另有一部分人分析,他应该是中毒而死。由于杜甫被大水阻隔在耒阳的时候,正好遇到酷热的夏天,食物非常容易腐败,县令送来的牛肉一次吃不完,过了一天就变质有毒了。而当时杜甫已年老多病,吃了腐肉,又饮了白酒,加速毒素在血液中的循环,最终心脏衰竭而死。

但是这种说法也未免显得有些牵强。之后,唐人李观在他的诗中对杜甫的死因,又提出了新的看法。他说:"杜甫前往耒阳,聂县令对他非常的不礼貌。一天,杜甫过江来到上州,喝醉了酒就寄宿在了酒家。这天傍晚,江水暴涨,杜甫被湍急的江水吞没,其尸体不知落于何处。后来,唐玄宗来到这里,想起杜甫,命令天下人寻找其下落。聂县令于是捧着一抔土,说'杜甫被牛肉白酒胀死,已经安葬于此。"

这种说法好像十分的贴切有道理,也符合杜甫在人们心目中的形象,但却没有人赞同,甚至还被众人嘲讽为无稽之谈。

总的来说,绝大多数人赞同杜甫死于湘江舟中这一观点。大历五年四月,湖南兵马使臧玠率兵作乱,潭州城里大火冲天。正好赶上深夜,官军措手不及,潭州刺史崔瓘被乱军杀害,百姓也都跟着仓皇出逃,全城一片大乱。正在潭州养病的杜甫携家眷跌跌撞撞逃出城外,准备投奔在郴州做官的舅氏崔伟。杜甫全家乘船溯郴水而上,行到耒阳县境内的方田驿时,突然大江涨水,风狂浪急,只得在当地停船。

杜甫

而杜甫本来就贫病交加,这个地方又没什么亲友接济,一连五六天弄不到食物充饥。后来,耒阳县令聂氏知道他来到了自己这里,于是派人送来了酒肉,并邀请他到县里做客。杜甫对他感激不尽,于是作诗答谢。可惜,水势越涨越猛,答诗送不到聂县令手里,眼看又要挨饿,他们也只得掉转船头,到了衡州。

大水退去之后,聂县令派人再邀杜甫,只见茫茫江水,杳无踪迹,于是断定杜甫一家已被洪水吞噬,十分遗憾,只好拾起杜甫遗落的靴子,建了一座衣冠墓以纪念伟大的诗人杜甫。

其实杜甫并没有死,这时候他和家人已经回到了衡州,停留了几天后,仍以船为家沿江而下。其间,杜甫还在船上作过一首诗,名为《过洞庭湖》:"破浪南风正,回樯畏日斜。湖光与天远,直欲泛仙槎。"

但是,沿江两岸没有落脚之地,杜甫又在船中住了一秋一冬。凄风苦雨使他的风痹病日益加重,最后竟卧床不起了。而偏偏此时祸不单行,杜甫的幼女也不幸身亡了。本来已经病入膏肓的杜甫再也经受不了巨大的打击,带着无限的惆怅和怨恨病死在船舱里。

令人感到更加悲哀的是,杜甫死后,家人没有钱财把他好好安葬,只好将他的灵柩暂时停放在了岳阳。四十三年之后,他的孙子杜嗣业才把他的灵柩运到河南偃师，正式安葬在首阳山下。

之后，杜嗣业还请求诗人元稹为杜甫作墓志铭。于是元稹在其中记载有"扁舟下荆楚间，竟以寓卒，旅殡岳阳，享年五十有九"的句子，证明杜甫确是在船中因病而去世的。

那么，从以上我们的分析中，可以看出，作为唐朝时期如此著名的大诗人，并没有得到朝廷的重用，而且他的悲惨命运和给我们后人留下的诗歌，也说明了他当时生活的坎坷和无奈。不管怎么说，他的诗歌不仅给了我们很好的文学欣赏价值，也可以作为很重要的史料参考。

这么看来，杜甫病死在舟中是颇为合理的。但是对于他的真正死因，还不能这么早下定论，尚需进一步的深入研究，相信这个问题是不难解决的。

白居易为何仕途不顺

唐宪宗即位以后，对政治进行了一些改革，任用了许多诸如李绛那样正直的大臣当宰相，但是他仍旧宠信宦官。宪宗为了讨伐藩镇，不惜任用一个宦官头子做统帅。这件事引起一些大臣的反对，其中反对得最激烈的是左拾遗白居易。

白居易是唐代著名诗人，他擅长作诗的名气，很早就传开了。白居易自小聪明，生下来刚六七个月，就能辨认"之""无"两个字，五六岁就开始学写诗。大概在他十五六岁那年，他父亲白季庚在徐州做官，让他到京城长安去见世面，结交名人。那时候，正是朱泚叛乱之后，长安遭到很大的破坏。特别是连年战争，到处闹粮荒，长安米价飞涨，百姓的日子很不好过。

当时，长安有一个文学家顾况，很有点才气，但是脾气高傲，遇到后生晚辈，常常倚老卖老。白居易听到顾况的名气，便带了自己的诗稿，到顾况家去请教。顾况听说白居易也是个官家子弟，不好不接待。白居易拜见了顾况，送上名帖和诗卷。顾况瞅了瞅这个小伙子，又看了看名帖，看到"居易"两个字，皱起眉头打趣说："近来长安米价很贵，只怕居住很不容易呢！"

白居易被顾况莫名其妙地数落了几句，也不在意，恭恭敬敬地站在旁边请求指教。顾况拿起诗卷随手翻着翻着，他的手忽然停了下来，眼睛盯着诗

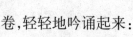

卷,轻轻地吟诵起来:

"离离原上草,一岁一枯荣;

野火烧不尽,春风吹又生。"

顾况读到这里,脸上显露出兴奋的神色,马上站起来,紧紧拉住白居易的手,热情地说:"啊!能够写出这样的好诗,住在长安也不难了。刚才跟您开个玩笑,您别见怪。"

打这次见面以后,顾况十分欣赏白居易的诗才,逢人就夸说白家的孩子怎么了不起。一传十,十传百,白居易也就在长安出了名。不到几年,他考取了进士。唐宪宗听

白居易

说他的名气,马上提拔他做翰林学士,后来又派他担任左拾遗。

白居易可不是那种争名求利、向上级阿谀奉承的官僚。他一面不断地创作新的诗歌,揭露当时社会上的一些不良现象;一面在宪宗面前多次直谏,特别是反对让宦官掌握兵权。

这一回,白居易谏阻宪宗封宦官做统帅,惹得宪宗很气恼。他跟宰相李绛说:"白居易这小子,是我把他提拔上来的,怎么对我这样不敬,我实在忍耐不住啦!"李绛说:"白居易敢在陛下面前直谏,不怕杀头,正说明他对国家的忠心。如果办他的罪,只怕以后没人敢说真话了。"唐宪宗勉强接受李绛的意见,暂时没有把白居易撤职。但是,过了没有多少天,终于把他左拾遗的职务撤掉,改派别的官职。

白居易写了许多诗,其中有不少是反映现实的,像《秦中吟》和《新乐府》。在这些诗篇中,有的揭露了宦官仗势欺压百姓的罪恶,有的讽刺官僚们穷奢极侈的豪华生活,有的反映了劳动人民的痛苦遭遇。他的诗歌通俗好懂,受到当时广大人民的欢迎,街头巷尾,到处都传诵着白居易的诗篇。据说,白居易写完一首诗,总先念给不识字的老婆婆听,如果有听不懂的地方,他就修改,一直到能够使她听懂。这当然只是一种传说,但是说明他写的诗歌是比较接近群众的。

正因为他的诗反映现实，触犯了掌权的宦官和大官僚，也招来了一些人的咒骂和嫉恨。有些人想诬陷白居易，只是一时找不到借口。

过了几年，白居易在太子的东宫里作大夫。有一次，宰相武元衡被人派刺客暗杀了。这次暗杀有复杂的政治背景，朝廷的官僚谁也不想开口。只有白居易站了出来，首先向宪宗上了奏章，要求通缉凶手。宦官和官僚抓住这个机会，说白居易不是谏官，不该对朝廷大事乱主张，狠狠地告了一状。接着，又有一批向来讨厌白居易的官员，乱哄哄造谣污蔑，向白居易泼污水。有人说白居易的母亲是看花掉到井里淹死的，白居易居然还写过《赏花》《新井》的诗，那不是大不孝吗？经过这样罗织罪名，谁也没法给白居易辩护，白居易终于被降职到江州（今江西九江）去当司马了。

白居易无辜受到贬谪，到了江州之后，心情十分抑郁。有一天晚上，他在江州的溢浦口送客人，听到江上传来一阵哀怨的琵琶声，叫人一打听，原来是一个漂泊江湖的老年歌女弹的。白居易见了那歌女，又听她诉说她的可悲身世，十分同情；再联想到自己的遭遇，引起满腔心事。回来以后，写下了著名的叙事长诗《琵琶行》，诗中说：

"我闻琵琶已叹息，又闻此语重唧唧。

同是天涯沦落人，相逢何必曾相识。"

后来白居易又几次回到京城，做过几任朝廷大官。但是当时的朝政十分混乱，像白居易这样正直的人不可能有什么作为。于是，他把他全部精力倾注到诗歌创作中去。他的一生一共写了二千八百多首诗，成为我国文学宝库里的一份十分珍贵的遗产。

刘禹锡两吟桃花诗之谜

王叔文实行改革的时候，不但一批宦官恨王叔文，还有不少大臣嫌王叔文地位低，办事专断，也对他不满，到了唐宪宗即位，大伙都纷纷攻击王叔文。原来支持王叔文改革的八个官员，都被看作是王叔文的同党。宪宗下了诏书，把韦执谊等八个人一律降职，派到边远地方当司马，历史上把他们和王叔文、王伾合起来称作"二王八司马"。

"八司马"当中,有两个是有名的文学家,就是柳宗元和刘禹锡。柳宗元擅长散文,刘禹锡善于写诗,两个人又是很要好的朋友。这一回,柳宗元被派到永州(今湖南零陵),刘禹锡被派到朗州(今湖南常德)。永州和朗州都在南边,离开长安很远,那时候还是荒僻落后的地区。要是换了一些想不开的人,心情是够难受的。幸好他们都是很有修养的人,十分相信自己的作为是正直的,失败了也不那么懊丧。到了那里,除了办公以外,常常游览山水,写写诗文。在他们的诗文中,常常抒发自己的政治抱负,也反映了一些人民的疾苦,像柳宗元的《捕蛇者说》就是在永州写的。

刘禹锡

两个人在那里一住就是十年。日子一久,朝廷里有些大臣想起他们来,觉得这些都是有才干的人,放在边远地区太可惜了,就奏请宪宗,把刘禹锡、柳宗元调回长安,准备让他们留在京城做官。

刘禹锡回到长安,看看长安的情况,已经发生了很大变化,朝廷官员中,很多新提拔的都是他过去看不惯、合不来的人,心里很不舒坦。

京城里有一座有名的道观叫玄都观,里面有个道士,在观里种了一批桃树。那时候正是春暖季节,观里桃花盛开,招引了不少游客。有些老朋友约刘禹锡到玄都观去赏桃花。刘禹锡想,到那里去散散心也不错,就跟着朋友们一起去了。

刘禹锡过了十年的贬谪生活,回到长安,看到玄都观里新栽的桃花,很有感触,回来以后就写了一首诗:

"紫陌红尘拂面来,无人不道看花回。

玄都观里桃千树,尽是刘郎去后栽。"

刘禹锡的诗本来挺出名,这篇新作品一出来,很快就在长安传开了。有一些大臣对召回刘禹锡,本来就不愿意,读了刘禹锡的诗,就细细琢磨起来,里面到底有什么含意。也不知道哪个说,刘禹锡这首诗表面是写桃花,实际

是讽刺当时新提拔的权贵的。

　　这一下子可惹了麻烦,唐宪宗对他也很不满意。本来主张留他在京城的人也不便说话了。刘禹锡又被派到播州(今贵州遵义市)去做刺史。刺史比司马高一级,似乎是提升,但是播州地方比朗州更远更偏僻,那时候还是人烟稀少的地方呢。

　　刘禹锡家里有个老母亲,已经八十多岁了,需要人伺候:如果跟着刘禹锡一起到播州,上了年纪的老人受不了这个苦。这可叫刘禹锡太为难啦!这时候,柳宗元在长安也呆不住了,朝廷把他改派为柳州刺史。柳宗元得知刘禹锡的困难情形,决心帮助好朋友。他连夜写了一道奏章,请求把派给他柳州的官职跟刘禹锡对调,让他到播州去。

　　柳宗元待朋友一番真诚,使许多人很受感动。后来,大臣裴度也在唐宪宗面前替刘禹锡说情,宪宗总算答应把刘禹锡改派为连州(今广东连县)刺史。以后,刘禹锡又被调动了好几个地方。过了十四年,裴度当了宰相,才把他调回长安。

　　刘禹锡重新回到京城,又是暮春季节。他想起那个玄都观的桃花,有心旧地重游。到了那里,知道那个种桃的道士已经死去,观里的桃树没有人照料,有的被砍,有的枯死了,满地长着燕麦野葵,一片荒凉。他想起当年桃花盛开的情景,联想起一些过去打击他们的宦官权贵,一个个在政治争斗中下了台,而他自己倒是顽强地坚持自己的见解。想到这里,他就又写下了一首诗,抒发他心里的感慨,诗里说:

　　"百亩庭中半是苔,桃花净尽菜花开。

　　种花道士归何处?前度刘郎今又来。"

　　一些大臣听到刘禹锡写的新诗,认为他又在发牢骚,挺不高兴,在皇帝面前说了他不少坏话。过了三年,又把他派到外地当刺史去了。

　　刘禹锡为人忠厚,为官忠直,他在玄都观两吟桃花诗,都有相同的寓意,说明为人奸猾,为官奸诈者虽然能哗众取宠、获得执政者的好感和重用,但不可能长久;为人忠厚,为官忠直者由于易遭执政者的反感而得不到重用,常常遭贬。封建时代的朝廷就是如此,不管忠臣还是奸党,都不能永远在政坛长存,总是如走马灯似的不断变化。

李林甫是怎样挤兑张九龄的

玄宗在位期间，李林甫由御史中丞宇文融引荐，拜为御史中丞。后来，通过巴结宰相何休和武惠妃，终于当上了宰相。当时还有两位著名的贤相，一为中书令张九龄，一为侍中裴耀卿，均学识渊博，敢于面诤直谏。李林甫也有自知之明，与他们同列，自觉相形见绌，心虚得很。尤其是张九龄对李林甫深有洞察，早在李林甫弹劾张说时，就提醒张说注意。等到玄宗欲用李林甫时，又直言谏阻："宰相之职，关系国家安危，若用李林甫为相，恐怕国家有难。"玄宗没有听从，仍然任用李林甫为相，而李林甫却因此十分嫉恨张九龄。

李林甫自知才能不及人，却不设法提高自己的能力，赶超其他两位宰相，反而处处想要把他们拉低，实在不行就加以人身攻击，彻底毁灭对手，这是中国数千年来奸佞小人惯用的伎俩。但李林甫登相位不久，由于张九龄"以才鉴见推"，在文学上为皇上所倚重，李林甫虽然嫉恨他，也只好暂时委曲求全。侍中裴耀卿与张九龄关系十分密切，李林甫因而恨乌及屋，连裴侍中也倍加痛恨。他的心里虽然时时想要加害于二位宰相，但表面上却不露声色。

李林甫

为了掌握皇帝的动静与想法，李林甫设法打通了皇帝的随侍左右。这样，皇帝的举止言行，他都了如指掌，应对时也很合玄宗心意。因此，玄宗对李林甫越来越信任。李林甫一面逢迎皇上，一面向二位宰相寻衅。

此时，争宠的武惠妃想要玄宗立自己的儿子为太子，于是在玄宗面前诬奏："太子勾结党羽，想要谋害臣妾母子，亦对皇上不利。"玄宗十分生气，想要废掉太子，张九龄坚执不可，因此令玄宗很不高兴。李林甫当面不发表意见，背后却四处散布舆论说："这本是天子家里的私事，外人瞎掺和啥？"其用意在迎合玄宗和武惠妃，主张废黜太子，并影射张九龄干预皇上"家事"。

公元736年，玄宗听说边将牛仙客领朔方节度使有政绩，想要加封。张九龄知道后，极不赞成，于是找到李林甫商量："皇上应该封赏立大功的名臣名将，在边将中稍微优秀些，难道就要考虑加封吗？我要与李公一起去跟皇帝争一争。"于是邀李林甫一起前往。李林甫当面表示同意，但张九龄在皇上面前力争时，他只是"嘿嘿""哈哈"傻笑，不置一词。不仅如此，他还私下里将张九龄廷争的话偷偷告诉牛仙客，牛仙客受了他的煽动，立即面见皇上，哭着请求辞官。

后来，玄宗又想加升牛仙客为宰相，张九龄认为牛仙客没有读过书，恐怕不能担此重任。李林甫却在一旁劝玄宗说："若是有才识，何必一定要读过书。天子任用贤才，为什么一定要他同意？"玄宗耳根很软，十分赞赏李林甫识大局，顾大体，于是日益疏远张九龄。

这一年，玄宗出游东都洛阳后，想要返回长安。张九龄考虑眼下正是农忙季节，皇上返驾，沿途接待，地方负担过重，而且影响农收，因此上奏说："秋收还没结束，皇上还是等到冬天再启程吧。"张九龄进谏后，李林甫故意装作脚疼，走在后面。玄宗问他怎么了，他故意献媚说："臣并非脚疼，是有话要启奏陛下。长安、洛阳，是陛下的东西宫。往来行幸，哪还用得着看时间？假使妨碍农收，只要免除所经地方的租税就行了。"玄宗听了很高兴，立即起驾返回长安，虽然影响了农时，但并未免除所过地方的租税。玄宗由此也愈来愈憎恶张九龄。

后来，严挺之在跟户部侍郎萧灵谈话时发现，此人竟然将"伏腊"读为"伏猎"，堂堂侍郎官居然不认识"腊"字。严挺之深为遗憾，在一次谈话时，讲给了张九龄听，结果萧灵被张九龄贬了官。萧灵本是李林甫引荐的，李林甫得知此事后，自然内心十分怨恨。再加上严挺之一贯与张九龄站在同一阵线，经常鄙薄李林甫，于是，李林甫向玄宗诬告严挺之徇私。张九龄出面为之辩解，又被李林甫诬告为拉帮结伙。结果，玄宗听信李林甫的话，罢免了张九龄宰相之职。

不久，牛仙客升任宰相之职，监察御史周子谅上书弹劾称："牛仙客并非贤才，怎么能滥登相位？"玄宗听了，十分生气，李林甫又在一旁煽风点火，说周子谅不把皇帝放在眼里，怂恿玄宗将周子谅处死。玄宗听信了李林甫的话，下令将周子谅处死。李林甫又落井下石，向玄宗进言："周子谅是张九龄推荐的。"于是，玄宗将张九龄贬为荆州刺史，永不得返回京城，株连流贬的达几十人。

李林甫就是这样将贤相张九龄挤出朝廷的，从此自己大权独揽，成了玄宗面前的"红人"。

李林甫真的"口蜜腹剑"吗

开元末年，大唐帝国迎来了我国历史上少有的盛世局面，民丰物阜，四方臣服。唐玄宗李隆基做了二十多年太平天子，渐渐滋长了骄傲怠惰的情绪。他不再像以前那样励精图治、纳谏如流，开始满足于已经取得的成绩，贪图享乐。宰相张九龄看到这种情况，心里十分着急，常常给唐玄宗提意见。唐玄宗本来很尊重张九龄，但是到了后来，对张九龄的意见也听不进去了。

此时，玄宗喜欢大臣对他歌功颂德、阿谀奉承，一时间，奸佞小人猖獗起来，唐代有名的奸相李林甫就是这时起家的。李林甫本是一个不学无术、胸无点墨的市井无赖，他什么事都不会，专学了一套奉承拍马的本领。他和宫内的宦官、妃子勾结，探听宫内的动静。唐玄宗在宫里说些什么，想些什么，他都先摸了底。等到唐玄宗找他商量什么事，他都对答如流，简直跟唐玄宗想的一样。唐玄宗听了很舒服，觉得李林甫又能干又听话，比张九龄强多了。

唐玄宗想把李林甫提为宰相，跟张九龄商量。张九龄看出李林甫不是正路人，就直截了当地说："宰相的地位，关系到国家的安危。陛下如果拜李林甫为相，只怕将来国家要遭到灾难。"这些话传到李林甫那里，李林甫把张九龄恨得咬牙切齿。

朔方（今宁夏灵武）守将牛仙客，目不识丁，但是在理财方面，很有点办法。唐玄宗想提拔牛仙客,张九龄没有同意。李林甫在唐玄宗面前说:"像牛仙客这样的人,才是宰相的人选;张九龄是个书呆子,不识大体。"

有一次,唐玄宗又找张九龄商量提拔牛仙客的事。张九龄还是不同意。唐玄宗发火了,厉声说:"难道什么事都得由你作主吗!"唐玄宗越来越讨厌张九龄,加上听信了李林甫的诽谤,终于找了个机会撤掉张九龄的职,让李林甫当宰相。

李林甫一当上宰相,第一件事就是要把唐玄宗和百官隔绝,不许大家在玄宗面前提意见。有一次,他把谏官召集起来,公开宣布说:"现在皇上圣明,做臣下的只要按皇上的意旨办事,用不着大家七嘴八舌。你们没看到立仗马(一种在皇宫前作仪仗用的马)吗? 它们吃的饲料相当于三品官的待遇,但是哪一匹马要是叫了一声,就被拉出去不用,后悔也来不及了。"有一个谏官不听李林甫的话,上奏本给唐玄宗提建议。第二天,就接到命令,被降职到外地去做县令。大家知道这是李林甫的意思,以后谁也不敢向玄宗提意见了。

李林甫知道自己在朝廷中的名声不好。凡是大臣中能力比他强的,他就千方百计地把他们排挤掉。他要排挤一个人,表面上不动声色,笑脸相待,却在背地里暗箭伤人。有一次,唐玄宗在勤政楼上隔着帘子眺望,兵部侍郎卢绚骑马经过楼下。唐玄宗看到卢绚风度很好,随口赞赏几句。第二天,李林甫得知这件事,就把卢绚降职为华州刺史。卢绚到任不久,又诬说他身体不好,不称职,再一次降了他的职。

有一个官员严挺之,被李林甫排挤在外地当刺史。后来,唐玄宗想起他,跟李林甫说:"严挺之还在吗? 这个人很有才能,还可以用呢。"李林甫说:"陛下既然想念他,我去打听一下。"退了朝,李林甫连忙把严挺之的弟弟找来,说:"你哥哥不是很想回京城见皇上吗,我倒有一个办法。"严挺之的弟弟见李林甫这样关心他哥哥,当然很感激,连忙请教该怎么办。李林甫说:"只要叫你哥哥上一道奏章,就说他得了病,请求回京城来看病。"

严挺之接到他弟弟的信,真的上了一道奏章,请求回京城看病。李林甫就拿着奏章去见唐玄宗,说:"真太可惜,严挺之现在得了重病,不能干大事了。"唐玄宗惋惜地叹了口气,也就算了。

像严挺之这样上当受骗的人还真不少。但是,不管李林甫装扮得怎么巧妙,他的阴谋诡计到底还是被人们识破。人们都说李林甫这个人是"嘴上像蜜甜,肚里藏着剑",成语"口蜜腹剑"就是这样来的。

表面上看,李林甫甜言蜜语,好像很关心人,实际上,暗藏杀机,有自己的险恶用心。他还常常挑拨他所反对的人之间的关系,制造矛盾,各个击破;或在两败俱伤时,坐收渔利。户部尚书裴宽,平时为玄宗所器重,李林甫怕他有一天入相,威胁自己,便设法阻拦。刑部尚书裴敦复"平贼有功",玄宗表彰了他,李林甫内心十分嫉恨。二裴之间本来就有矛盾,于是,李林甫千方百计地寻找突破口。

李林甫怂恿裴敦复买通杨贵妃的姐姐,在玄宗面前说裴宽的坏话,致使裴宽被贬为睢阳太守。接着,李林甫又采取明升暗降的手法,借口裴敦复有战功,奏请玄宗让他充任岭南王府经略使。裴敦复不太乐意,稍稍迟疑,没有及时赴任,则被李林甫反奏一状,因"逗留京师"之罪,被贬为淄川太守。就这样,李林甫在不到一年的时间里就把裴宽和裴敦复赶出京城,何谈入相?

嫉妒成性的李林甫不仅排斥朝官,还十分注意边帅。按唐朝传统,边帅皆用忠厚名臣,其中功绩卓著的人往往迁升入朝,拜为宰相。李林甫欲杜绝边帅入相之路,于是献上一条奸计,即不用文人和贵族子弟为边帅。天宝六年(公元746年),他向玄宗再次进言:"文臣为将,怯当矢石,不若用寒酸胡人(出身低微的少数民族将领)。胡人则勇决习战,寒族则孤立无党。陛下诚以恩给其心,彼必能为朝廷尽死。"其花招是,少数民族将领不识汉字,驻边领军,才能再大也不会入朝拜相。这就从根本上杜绝了边帅入相的路子,自己的相位可长保无虞。玄宗不知道李林甫的险恶用心,竟然听信他的话,选用安禄山做边帅,委以重任,这才有天宝末年"安史之乱"的发生。

李林甫对有贤能的人或杀或贬或压制不用,而只用一些才智平庸而善于溜须拍马的小人,这自然使得唐玄宗统治末期纲纪败坏,政治腐败。李林甫当了十九年宰相,一个个有才能的正直的大臣全都遭到排斥,一批批钻营拍马的小人都受到重用提拔。就在这个时期,唐朝的政治从兴旺转向衰败,"开元之治"的繁荣景象消失了。李林甫用卑鄙的手段排挤了许多有才望的大臣,保住了自己的位置,因此,人们用"口蜜腹剑"来形容他的为人一点也不为过。

中华宫廷秘史

李辅国缘何能步步高升

李辅国,原名静忠。出身贫寒,年少时迫于生计,被人阉割,送入宫中。李辅国长相丑陋,但粗通文墨,早年在皇宫的马厩中干杂役。在皇家的马厩里干活,属于最底层的宦官。皇亲贵族官僚根本不把他看在眼里。他不甘心在马厩里了却自己的一生,发誓要出人头地。开元年间,高力士权倾朝野,朝中达官贵人都攀附于他。李辅国后来因为能逢迎高力士,在四十岁时被提拔为管理马厩账目的小官。为了取悦上司,李辅国唯谨唯慎,办事一丝不苟,把马养得很好,账目也清清楚楚。

玄宗天宝年间,闲厩使王锐很欣赏李辅国的才能,后来把他推荐到太子李亨宫中服役。安史之乱时,李辅国力劝太子分兵北上,收河陇兵,以图兴复。天宝十四年(公元755年)七月,太子带部分兵士到达灵武,他又劝太子迅速称帝,以维系天下民心,成了劝驾有功之臣。依照其计,太子李亨第二年在灵武称帝,就是肃宗,改元至德。李辅国被任命为太子家令,判元帅府行军司马。为表忠心,将其名静忠改为护国,后再改为辅国。

李亨称帝后,玄宗为太上皇,一直留居巴蜀。至德二年十二月,玄宗自益州回到长安,住在城东兴庆宫,有时也去肃宗大明宫。玄宗身边仍有些跟随他多年的心腹,如左龙武大将军陈玄礼、内侍监高力士等,这些人对出身微贱的李辅国并不看在眼里,李辅国自己也知道。他恐玄宗再度得势,于己不利,于是,暗里谋划铲除玄宗,巩固自己的权势和地位。

李辅国装作很关心太上皇的样子,对肃宗说:"太上皇所居靠近市面,常常免不了要和外人往来,烦扰而又不利于养老。听说陈玄礼、高力士等人又在伺机图谋不轨,要向您夺权,禁卫六军都因此为之惶恐不安,我已无法说服他们听命,只好请您将太上皇迁入禁中,隔绝同外人的往来,才能免于发生后患。"肃宗认为玄宗年事已高,不会复出夺权。李辅国却说:"太上皇可能没这个意思,他又怎么能控制住手下那帮人呢?当今之务,必须尽快消除叛乱于未萌,迁太上皇入禁内,以杜绝与外人交往,父子还可常常相聚,有什么不好呢?"当时,兴庆宫的长庆楼南临大道,玄宗常登楼徘徊观望,老百姓

路过时常对玄宗瞻拜，玄宗顺便在楼下设酒食相待。其中也不免有过往官吏，如御林大将军、剑南道入京奏事官员等人。架不住李辅国天天嚼舌根，终于说动了肃宗。于是，李辅国假传圣旨，将兴庆宫原有的三百匹马减去了二百九十匹，并令六军将士出面，强迁太上皇入居西内太极宫。

李辅国亲率一行人马来到睿武门，遇见玄宗，突然命令武士五百人拔刀挡住去路。玄宗惊讶地问他用意何在？李辅国说是奉命迎太上皇回宫内。高力士在场，怒斥李辅国胆大妄为，令他下马。出乎高力士所料，一向在他面前唯唯诺诺的李辅国如今翅膀已硬，不会再听他的了。当即，李辅国奚落嘲弄了高力士一番，并骂高力士"不识时务"，还杀死高力士的一名侍从。高力士无奈，只得奉劝将士不要乱动，诸兵士收刀听命。高力士指令李辅国与自己一道护驾，玄宗乘舆同行至西内，居于甘露殿。李辅国随后率众离开，只留下几十名老弱士兵侍卫，再也不允许高力士、陈玄礼和其他老宫人留居玄宗身旁。不久，李辅国又勒令陈玄礼退隐，将高力士流放到边远地区。高力士临行前求见玄宗，也遭拒绝；玉真公主也被强迫出居道观。从此，李辅国以自己的手下代替玄宗的亲信，名为服侍，实为监视。李辅国连对玄宗略有好意的人也不放过。刑部尚书颜真卿率领百官向玄宗问好，李辅国立即奏贬颜真卿为蓬州（今四川蓬安县）长史。此后，玄宗孤灯苦雨，茕茕孑立，形影相吊，无人敢去看望，连肃宗也害怕李辅国而不敢探视父亲，致使玄宗抑郁而死。

一批政敌已被清除，李辅国有恃无恐，公开伸手要官。上元二年（公元761 年）八月，李辅国升兵部尚书，由御厨设食，宰相朝臣皆来祝贺。可李辅国并不满足这个正三品官，竟然提出要当宰相。肃宗颇感踌躇，对他说："以你的功劳，什么官都可以做，但若众望不孚，怎么办呢？"李辅国便找宰相裴冕等联名上书推荐。肃宗其时也害怕李辅国权势过大，便暗中让宰相萧华告诉裴冕，转告公卿们千万不能上奏。自然，李辅国的野心未能得逞，但却增加了他对萧华等人的几分仇恨，时时伺机进行报复。

数月后，肃宗有病，李辅国乘机矫诏免去萧华相职，贬为礼部尚书，换上他的亲信元载为相，旋又贬萧华为陕州刺史、裴冕为施州刺史。不久，唐肃宗死，李辅国拥戴太子李豫即位，是为唐代宗。他自恃有功，愈加骄横无礼，对代宗说："皇上但居禁中，外事听老奴处分。"当时，他身为兵部尚书、判元帅行军司马、闲厩使等,掌握着军队和车舆牛马等大权,代宗虽对他不满,表面上仍很敬重,尊称其为"尚父",因而事无大小,群臣均先禀报李辅国。李辅国也自觉顺理成章,泰然处之。宝应元年(公元762年)五月,拜李辅国为司空兼中书令,实封八百户。

李辅国权势炙手可热,朝臣多怀不满,即其党羽左监门卫将军程元振也嫉妒异常。他密向代宗建议,应削夺李辅国的部分权力。这一建议正合皇帝心意,立即解除了李辅国行军司马、兵部尚书和闲厩使等职务,任命药子昂判元帅行军司马。药子昂自知势难与敌,辞不受命,代宗遂以程元振为行军司马。接着,代宗又以左武卫大将军彭体盈代李辅国为闲厩、群牧、苑内、营田、五坊等使,不再让李辅国住在宫内。渐渐的,李辅国失去了权势,由于他树敌众多,最终没有逃脱厄运的降临。

姚崇为何被称为"救时宰相"

开元初年,历经多次宫廷政变而最终取得帝位的唐玄宗李隆基,为了国家繁荣昌盛、长治久安,勤勉政事、重用人才。他一心想恢复唐太宗的事业,于是任用姚崇为宰相,整顿朝政,把中宗时期的混乱局面扭转过来,唐王朝重新出现了兴盛的景象。

姚崇,字元之,三朝为相。他才思敏捷、通达知变,武则天当政时就很受赏识,唐玄宗即位后,仍然以姚崇为相。姚崇也的确不负众望,向唐玄宗提了很多好的建议,玄宗一一予以采纳。由于君臣同心协力,励精图治,几年之间,大唐帝国百废俱兴、河清海晏、吏治清明、人民安居乐业。唐玄宗也对姚崇更加信任了,凡是军国大事、官员进黜,总要先找姚崇商议,然后定夺。每逢临朝奏事,玄宗也只问姚崇,其他官员唯有随声附和。

正在玄宗励精图治的时候,河南一带发生了一次特大的蝗灾。中原的广阔土地上,到处都出现了成群的飞蝗。那蝗群飞过的时候,黑压压的一大片,连太阳的光辉都被遮没了。蝗群落到哪里,哪个地方的庄稼都被啃得精光。

那时候,人们没有科学知识,认为蝗灾是天降给人们的灾难。再加上有些人有意搞迷信宣传,于是,各地为了消灾求福,都烧香求神。眼看庄稼被蝗虫糟蹋得这样惨,人们拿它一点没有办法。

灾情越来越严重,受灾的地区也越来越扩大。地方官吏不得不向朝廷告急。宰相姚崇向玄宗上了一道奏章,认为蝗虫不过是一种害虫,没有不能治的。只要各地官民齐心协力驱蝗,蝗灾是可以扑灭的。

姚崇

唐玄宗十分信任姚崇,立刻批准了姚崇的奏章。姚崇下了一道命令,要百姓一到夜里就在田头点起火堆,等飞蝗看到火光飞下来,就集中扑杀;同时在田边掘个大坑,边打边烧。这个命令一下去,汴州(今河南开封)刺史倪若水拒不执行。他也写了一道奏章,说蝗虫是天灾,人力是没法抗拒的,要消除蝗灾,只有积德修行。姚崇看到倪若水的奏章,十分恼火,专门发了一封信责备倪若水,并且严厉警告他说,如果眼看蝗灾流行,不采取救灾灭蝗措施,将来造成饥荒,要他负责。倪若水看宰相说得很硬,不敢不依。他发动各地官民,用姚崇规定的办法灭蝗,果然有效。光汴州一个地方就捕灭了蝗虫十四万担,灾情缓和了下来。

倪若水在事实面前服输了,可是在长安朝廷里还有一批官员,认为姚崇灭蝗的办法,过去从来也没人做过,现在这样冒冒失失推行,只怕闯出什么乱子来。唐玄宗听到反对的人多,也有点动摇起来。他又找姚崇来问,姚崇从容不迫地回答说:"做事只要合乎道理,就不能讲老规矩。再说历史上大蝗灾的年头,都因为没有很好捕灭,造成严重灾荒。现在河南河北,积存的粮食不多,如果今年因为蝗灾而没收获,将来百姓没粮吃,流离失所,国家就危险了。"唐玄宗一听蝗灾不除,要威胁国家安全,也害怕起来,说:"依你说,该怎么办才好?"姚崇说:"大臣们说我的办法不好,陛下也有顾虑。我看这事陛下且别管,由我来处理。万一出了乱子,我愿意受革职处分。"唐玄宗这才点头同意了。

姚崇出宫的时候,有个宦官悄悄扯住他的衣袖,说:"杀虫太多,总是伤和气的事,希望相公好好考虑一下。"姚崇说:"这件事就这么定了,请你不必再说。如果不杀蝗虫,到处都是荒地。河南百姓,统统饿死,这难道不伤和气吗?"由于姚崇考虑到国家的安全、百姓的生活,不顾许多人反对,坚决灭蝗,各地的蝗灾终于平息下来。

姚崇办事干练是出名的。有一次,姚崇的一个儿子死了,他请了十几天的假,把政事委托给他的助手——检校吏部尚书卢怀慎。卢怀慎虽与姚崇同朝为相,但自认为才能不及姚崇,事事都要推托给姚崇处理,并因此落了个"伴食宰相"的雅号。在姚崇告假期间,许多政事他决断不了,公文越积越多。姚崇料理完丧事回朝后,没有花多少时间,就把案头的积件处理完了。旁边的官员看了,没有一个不佩服他。姚崇自己也有点得意,问一个官员说:"我这个宰相,能跟古代什么人相比? 能不能比得上管仲、晏婴?"那官员说:"跟管仲、晏婴似乎比不上,但是也可以称得上'救时宰相'了。"

开元四年(公元 716 年)底,姚崇辞官归隐,举荐宋璟为相,辅佐玄宗中兴。唐玄宗在他即位以后的前二十多年里,除了姚崇以外,还任用过好几个有名的贤相,像宋璟、张说、韩休、张九龄等,他还比较肯接受宰相和大臣们的正确意见,采取了一些有利于经济发展的措施。这个时期唐朝国力强盛,财政充裕。据说,当时各州县的仓库里都堆满了粮食布帛,长安和洛阳的米和帛都跌了价。历史上把这段时期称为"开元盛世"。

南霁云断指明志

南霁云,唐玄宗时期(712~756 年)生于魏州顿丘(今清丰县)南寨村农民家庭。因排行第八,人称"南八"。安禄山反叛,钜野县尉张沼起兵讨贼,提拔他为军官。尚衡攻打汴州贼将李廷望,用他为先锋。被派遣到睢阳,与张巡商议事情。回来后对人说:"张公开诚布公待人,真是我应该追随的人。"

至德二年(757 年)正月,安庆绪杀死安禄山后,派汴州刺史尹子奇统兵十三万攻睢阳。睢阳太守许远向时任河南节度副使的张巡求援。筑台招募敢死之士,几天了都没有敢应征。不久,有人忍痛吞声悲泣而来,原来是南霁云。张巡和南霁云、雷万春率兵三千从宁陵向睢阳进发,攻破叛军防线与睢阳守军会合。张巡又派南霁云、雷万春等领兵进击叛军,大胜,斩杀叛将二十名,叛军万余人。

当时,唐廷御史大夫贺兰进明屯兵临淮,另一位挂御史大夫衔的许叔冀拥兵彭城,这两个人坐看睢阳危急,不肯出兵相救。张巡派南霁云先去许叔冀处求兵,许叔冀是贺兰进明的部下,房琯本来是以他来牵制贺兰进明的,也兼任了御史大夫,权势相当而兵更精锐。然而他不敢出战,这位大夫只从城墙上扔下千匹布给南霁云,气得南霁云在马上高骂,唤许叔冀下城一决死斗,"叔冀不敢应。"无奈,张巡又派南霁云带三十骑出城突围前往临淮求救。贼兵万余一拥而上前来阻挡,南霁云弯弓搭箭,左右驰射,无一虚发,一行人趁机突围而出。

贺兰进明也是进士出身,但怕出兵后会被许叔冀袭击,又妒忌张巡声名威望,本来就没有出兵的意思。又爱南霁云这位壮士,想留下他。大设酒宴招待,劝南霁云:"睢阳陷落是早晚的事,救也无益。"南霁云说:"应该还没被攻陷,请您出兵,兵到时睢阳如果不存,我当以死相谢!"贺兰进明很想把这位姿容俊美的青年将军留在自己军中效力。为此,贺兰进明与临淮诸将举杯向南霁云敬酒。

丝竹艳声弥弥于耳,山珍海味盈盈于席,南霁云悲不自胜,泫然涕下,说:"昨天我冲出睢阳的时候,将士们已经有一个月没有沾粒米,天天吃树皮、草根。现在大夫您不肯出兵相救,却在此广设声乐请我大吃大喝,我怎忍心自己享用这些东西呢。即使吃进嘴里,想想睢阳城里的兄弟,又怎能下咽进腹!如今,主将派我的任务我没有完成,霁云我留下一指以示信!"言毕,南霁云拨出佩刀,剁下一指。南霁云一口东西没吃,纵马离城。出城之后,他抽箭回射佛寺浮图,镞深入砖,恨恨而言:"等我破贼后,必灭贺兰进明,这支箭就表示我的决心!"

南霁云回睢阳路上,到了真源,李贲送马百匹;在宁陵宿营时,得到城使廉坦兵三千人,乘夜突围入城,叛兵发觉,加以阻挡,南霁云边战边进,士兵大多战死,到达的才千人。正遇大雾,张巡听到战斗的声音,说:"这是霁云等的声音。"就打开城门,南霁云军赶着获自贼军的几百头牛入城,将士们执手哭泣。

十月，睢阳粮尽援绝，终于陷落。张巡、南霁云等都被俘。叛军尹子奇劝张巡投降，又以刀威胁，张巡不屈。又劝南霁云，他没有回答。张巡大呼："南八！男儿一死而已，不能向不义的人投降！"南霁云笑说："您是了解我的，岂敢不死！"也不肯投降，于是与姚訚、雷万春等三十六将同时被害。

安金藏剖心救睿宗

景龙四年(710年)六月，李旦的三子李隆基，政变成功，睿宗李旦复位。这次复位距第一次登基达17年之久。

17年之后，睿宗要办的第一件事就是下令将当年刘妃和窦德妃两人失踪的嘉豫殿全部挖掘一遍，可始终未能发现两位妃子的遗体或任何蛛丝马迹。睿宗只得在洛阳南郊建造两座空陵，追赠刘氏为肃明皇后，窦氏为昭成顺圣皇后，这到底是怎么回事？还要追溯到武则天在世时。

长寿二年(693年)元旦，自称为"金轮圣神皇帝"的武则天，在万象神宫举行祭祀活动。隆重的仪式过后，第二天一早，皇太子李旦的太子妃刘氏和德妃窦氏一起进宫向武则天贺拜，武则天微微露出一点笑容，简单地问了两句话，就命她俩退出。但是，侍从们在宫外等了好久，却一直不见两位妃子出来，询问武则天左右的宫女，也没有什么消息，侍从们只得回到东宫，但是，一直等到天黑，也没有见两位妃子回来。

太子通宵未眠，天刚亮，就带着一些人去武则天接受二妃朝贺的嘉豫殿，武则天命内侍传话说：

"两位妃子早已离开嘉豫殿，以后不曾来过，请太子出宫去寻找。"太子只得退出。

时间一天天过去了，刘、窦二妃音讯全无。太子越来越明白，这是母后对自己的惩处，只不过残酷地落在了两位无辜的爱妃身上。

此时的太子告诫自己，不管如何悲愤，都不能流露出来。他还严禁东宫任何人谈论此事。因为他知道任何不满行为都很有可能会引来杀身之祸。

两位妃子确实已被害死了，而且连尸体都没有下落。害死她俩的不是别人，就是武则天的侄子武承嗣。武承嗣为了夺取皇太子的地位，千方百计想害死太子李旦,他指使武则天身边的一名叫团儿的宠婢,事先做好了两个木人,刻上武则天的姓名,钉上一枚大钉子,分别放在刘妃和窦妃的床下,然后由团儿向武则天诬告,说二妃同谋,施行法术诅咒皇上,第二天刘、窦二妃进宫朝贺,便离奇地失踪了。

太子妃刘氏,是刑部尚书刘德威的孙女,她父亲刘延景任陕州刺史。刘氏以宫女的身份进入当时的相王王府,不久,生下长子李成器。文明元年(684年),李旦曾即位为睿宗,刘妃册为皇后。不久,睿宗让位于武则天,还称太子,刘氏仍为太子妃。

窦德妃是唐太宗的母亲窦皇后的堂兄窦杭的曾孙女。她祖母是高祖李渊的二女儿襄阳公主,因此窦德妃具有唐宗室的血统。李旦当相王时,窦氏也是以宫女的身份进王府的,不久,就因德容兼备受到李旦的宠爱,生下李旦的第三个儿子李隆基,以及两个女儿,当窦妃失踪时,两个女儿都还是不懂事的孩子。

就在两位爱妃失踪的日子里,太子李旦处处谨慎,没有流露出丝毫的悲愤之情,武则天观察一段日子,才放下心来。但是武承嗣仍不甘心,还想将太子置于死地。他再次指使团儿去向武则天进谗,说二妃失踪以后,太子怀疑是皇上所杀,表面上装作不在乎,实际上心怀怨恨,图谋报复。

武则天信以为真,命酷吏来俊臣审理此案,来俊臣把太子全家老少,连同侍役下人等统统抓到法庭上严刑拷打。这些侍役们起初还替太子喊冤,可后来有的禁不起酷刑摧残,只得胡乱招供画押。来俊臣非常得意,正准备退堂,忽然有一个人闯入公堂,大声叫道:"大堂之上,严刑相逼,什么口供取不到?太子并未造反,为何诬陷他?我一名乐工,本与此事无关,但事关国家社稷,怎能不明不白?我愿剖心表明心迹!"

说着,竟从怀中掏出一把寒光闪烁的小刀,撕开衣服,照着胸口用力一划,顿时,鲜血喷涌,立即昏死倒地。来俊臣被这突如其来的事情吓呆了,他看到躺在地上的人胸膛已被划开很长一道口子,五脏六腑都可以看到。

这情景,恰被武则天派来的人看见。武则天因此案关系重大,怕来俊臣滥用酷刑逼供,特地派人来察看。武则天听说有人剖心呼冤,大为震动,命御医全力救治。于是,医官们以回春妙术将这人奇迹般地救活了。

武则天亲自前去探望"剖心呼冤"的人,问他叫什么名字,这人答道:

"臣名安金藏,长安人,系太常寺乐工。"

武则天对安金藏的做法大加赞赏,命左右好好侍候,让安金藏安心养伤。

武则天回到后宫中,当日便下诏:"立刻停止追查,将太子左右家臣、侍役尽行释放!"

这可能是武则天确实因安金藏剖心事件受到良心的震撼,一场大冤案,总算平息。

武三思与上官婉儿、韦后的三角关系

上官婉儿是上官仪的孙女,早在武则天当政时,武三思就看上了这个风流才女,并勾搭成奸。上官仪因反对武则天被杀,累及家庭,儿子被斩,儿媳郑氏抱着上官家唯一的后代,年仅一岁的上官婉儿同入掖庭为奴。

转眼过了十三年,上官婉儿长成一个亭亭玉立的淑女。很快她的出众才华在宫中显露出来,她精通经书史籍,诗词文章也很出色,甚至书法、算术、弈棋无所不精。很快她的才名就传到了武则天的耳中,武则天召见了她,她的聪明伶俐,她的从容不迫,她的才识见解,以及写得一手漂亮遒劲的小楷,当场一挥而就的诗作,无不使武后赞叹不已,她感叹地说:"此女才智非凡,赛过须眉!"

她立即命上官婉儿离开掖庭,到她身边来。上官婉儿接到诏令,感情极为复杂:这个可怕的掌握至高无上权力的女人,曾是杀死自己祖、父两代的仇人,而且害得自己和母亲也沦落为奴。现在又是这个女人将自己从困境中解救出来,委以重任,而且是随侍身边,掌握机要大事的贴身秘书。当然,要侍候好这女皇帝是多么不易,她是那么威严。

武三思本是武则天的娘家侄,此人一贯喜欢玩弄权术,专会阿谀奉承,所以是武则天的心腹人物,很得武则天的喜欢,很多朝臣对他恨之入骨,骂他是一个十足佞臣,不可一世的人。稍一不慎就会因得罪他而落得身首分家的结局。

对此,上官婉儿憎恨、感激、恐惧,各种滋味交织在心头,真有说不出的烦恼。但是，一两年之后，她就成了武则天最信任的贴身女官，为武则天起草并掌管诏令文书，有时还替武则天裁决朝臣的奏章。武则天晚年时，武三思就与上官婉儿相互勾勾搭搭，这不仅是因为上官婉儿才貌出众，吸引了他，更重要的是，上官婉儿掌握着宫中的机要大事，通过上官婉儿可打听到重要的宫禁内幕，随时揣摩武则天的心思。

唐中宗即位后，他十分重视并信任上官婉儿处理政事的才干，仍委任她为自己的秘书，不久又封上官婉儿为婕妤纳作姬嫔。

武则天死后，众多朝臣们都有杀了武三思的念头，中宗当时考虑到"神龙革命"刚过，已经杀死好多人，再有武则天已死，武三思已经起不了什么作用了，就这样留了武三思一条性命。

此时的武三思心里十分明白，武则天被推翻以后，屠刀随时都架在自己的脖子上。要想东山再起，必须设法重找靠山，这个靠山不是别人，就是韦皇后，因为他知道现在皇宫里最有实权的人物就是皇后。

但要与皇后接近，谈何容易。要想自由出入皇宫，同皇后建立非同寻常的关系，必须有人牵线搭桥，此时，他想到了上官婉儿。

武三思凭他的三寸不烂之舌说服了上官婉儿。对上官婉儿来说，主动让出自己心爱的人，并且帮助他去勾引另一个女人，当然是非常痛苦的，但从武三思风流俊美的外貌，魁伟的体魄，过人的才干，以及讨女人欢心的一套手腕，上官婉儿早已对他俯首帖耳了。这一回，同样是为了讨她所热爱男人的欢心，宁可自己做出牺牲，所以就答应下来。

在上官婉儿的牵引下，很快武三思同韦后就坠入情网。韦后早就厌倦了平庸、软弱、没有一点阳刚之气的中宗。仅从"人"本身的魅力而言，中宗远不是武三思的对手。

中宗多次下朝回宫，总是看到韦后同武三思一起坐在他的龙床上下棋，或是玩赌博游戏，他还饶有兴趣地在一旁观战，丝毫没有察觉。

这个糊涂皇帝，只知道一味服从妻子，根本不细想一下，为什么韦后会如此亲近武三思？他做梦也没有想到，贵为天子的他，竟戴上了"绿帽子"。

就这样，武三思通过上官婉儿的牵线搭桥，与韦后勾搭成奸，又执掌了朝政，重新成为炙手可热的人物，达到了他一箭双雕的目的。

杨国忠为何遭到众人的反对

唐玄宗晚年以后,自以为天下太平,深居宫中,花天酒地,整天沉溺于酒色歌舞之中,不理朝政。朝廷的大小事情,都由宰相李林甫决定。天宝十一年(752年)十一月李林甫病死后,朝廷政务就都由杨贵妃的哥哥杨国忠独揽。

李、杨二臣都是奸佞之辈,他们结党营私,一味迎合玄宗,打击贤能,制造冤案,诛死重臣,终于将一个"开元盛世"的大唐,毁败殆尽,酿成"安史之乱"。

天宝十四年(755年)十一月,身兼范阳、平京、河东三镇节度使的安禄山就打着诛杀杨国忠的旗号,起兵叛唐,揭开了长达七年之久的"安史之乱"。

在华清宫正与杨贵妃享受淫乐的唐玄宗,初得奏报安禄山叛乱的消息时还将信将疑。又过了几天后才离开华清宫返回长安。此时,唐玄宗才意识到时局的严重性,慌忙调兵遣将。杨国忠等一班佞臣,在危亡之机仍徇私而误国误民。十二月中旬,玄宗下旨令太子李亨监国,自己率兵亲征。

玄宗对宰相们说:"朕在位近五十年,早已厌倦朝政,去年就想传让太子,可时逢水灾、旱灾相继发生,朕不想把灾害留给子孙,想等灾定年丰时再传。不料突发叛乱,朕当亲征,使太子监国,待事平之后,朕也可高枕无忧,颐养天年了。"

杨国忠

玄宗这些言不由衷的话,可吓坏了杨国忠,原来杨国忠过去曾与李林甫一起打击太子亲信,诬陷太子,杨贵妃姐妹兄弟也恃宠专横跋扈,一旦太子君临天下,杨氏家族将有灭顶之灾。退朝后,杨国忠急忙找到杨贵妃及三位姐姐秘密商量对策。

杨国忠对四姐妹说:"太子憎恶我家由来已久,若一朝得天下,我们姐妹兄弟的性命危在旦夕啊!"

四姐妹听后也感到大祸即将临头,抱头痛哭。最后由杨贵妃出面御士请命,请玄宗收回亲征和太子监国的制命。御士是古代臣子以死相请的一种表示。所以本来并无决心的玄宗见贵妃以死相请,就更没有决心了,便废止太子监国和亲征之事。在这种危难之时,杨国忠仍徇私误国。

哥舒翰在国家危难之时,抱病接受了元帅之职,率大军二十万在潼关筑成一道防线,据险坚守,本欲等叛军远来,粮草困乏必发生内变,然后出兵大战一举歼灭叛军。可就因杨国忠平时与哥舒翰不和,总是在玄宗面前说哥舒翰的坏话。

昏庸的玄宗就这样偏听偏信,连连下令催哥舒翰主动出兵,结果全军覆没,哥舒翰被迫投降安禄山。安禄山自起兵三十五天就攻陷了东都洛阳。天宝十五年(756 年)六月初,潼关失守,这样长安已失去御敌的屏障,叛军可长驱直入。潼关失守的消息传到长安后,人们惊慌失措,四处逃窜。六月十二日的夜里,玄宗秘密命龙武大将军陈玄礼整顿六军,又从宫马中选出九百匹好马。

第二天一早,玄宗携杨贵妃姐妹、高力士等于余人,在陈玄礼率六军的护卫下,偷偷开延秋门,狼狈地向西逃去。

次日,玄宗率大队人马来到了马嵬驿(今陕西省兴平县马嵬镇西门外),人困马乏,玄宗传令就在驿内暂时休息。突然驿门外喊杀连天,唐玄宗和杨贵妃立刻都吓得面如死灰,浑身发抖。原来是经过一天多的急行,扈从的六军将士一路风餐露宿,食不饱腹,疲惫不堪,怨气冲天,他们尤其是痛恨杨国忠这个佞臣,专权乱政,导致了这场灾难。六军统帅陈玄礼本来就痛恨杨国忠,见六军将士群情激愤,便对士兵说:"今天下大乱,社稷震荡,岂不由杨国忠割剥氓庶,以致如此?若不杀了杨国忠,何以谢天下?"

听了陈玄礼的话,军士们群情激昂,更是怒不可遏。这时正好有二十名吐蕃使者围住了杨国忠的坐骑,对他说自己一天没吃东西,向他讨饭吃。不知谁大喊一声:"杨国忠与胡虏准备谋反!"

随着话声,有一箭射了出去,正中马鞍,杨国忠见势不妙,催马向驿馆西门逃去,愤怒的军士们哪里肯让他逃走,追上连砍数刀,杨国忠的身体顿时被砍为几段,军士们又用枪挑着他的脑袋挂在驿门外的高杆上示众。杨国忠的儿子,看到此情此景吓得从马鞍上滚了下来,立刻被乱箭射死。接着,杨贵妃的三个姐姐统统被杀死。至此,倚恃皇帝恩宠,飞扬跋扈,不可一世的杨氏家族,走向了灭亡。

朱温真是癞蛤蟆吃了天鹅肉吗

代唐的朱全忠,原名朱温,生于宋州砀山午沟里(今安徽)。他父亲叫朱成,是位经学先生。朱温兄弟三人,他在家里排行老三,所以从小名叫阿三。据说在朱温降生时,所居的庐舍上有红光直冲云霄,邻里看见,以为朱家着火,便大声呼喊:"朱家着火了!"

众人纷纷提水来救火,可是到了朱家门前,并没有火焰,大家都感到很奇怪,询问朱家的近邻,才知道朱家新添了一个孩子,大家更觉奇怪,议论纷纷:"我们明明见朱家上方有红光,莫非此后生将来有大福大贵,所以才有异征!"

少年时的朱温不学无术,只喜欢舞枪弄棒、扰街闹巷,以英雄自负,亲戚邻居都讨厌他。父亲在他幼年时就去世了,所以家中十分贫困,母亲带领着他们兄弟三人为萧县刘崇家做佣媪,他们兄弟三人为佣工。朱温不事稼穑,唯逐鸡猎狗,至年及冠,初性不改,时常闯祸。

有一次朱温与二哥外出狩猎,在宋州郊外,那天春光明媚,微风习习,再加上绿草如茵,山花烂漫,真是令人赏心悦目,心旷神怡。朱温被这景色迷住了,正在欣赏,突然,远处有数百名兵役前呼后拥着二架香车缓缓而来。朱温不知是何人到来,不觉好奇地追赶上去观看。

香车在曲折间绕入山麓,来到绿树环绕的禅林门前停住,见有两个婢媪扶出二人,一个是中年妇女,看上去举止端庄大方,一看就知是个大家之妇。另一个是亭亭少女,年龄不过十六七岁,仪容俊秀,美丽典雅,眉宇间露出一股英气,更有大家风范。朱温估计这是母女两人来进香,便放大胆子跟了进去。等到母女拜过如来,参过罗汉,又由知客僧导人客堂,朱温这时三步并作两步,走到了姑娘面前,注目观看,不由得神飞魂荡,一下子就被姑娘的美丽惊呆了。

姑娘被朱温看得粉面红腮,赶紧躲避,随母亲步入客室,稍作休息,便即唤兵役伺候，走出了寺门，上了香车，走了。朱温随至寺外，情思荡漾，看到姑娘已坐香车走远，无可奈何，心中充满惆怅。朱温又返回寺中，问明知客僧，才知道这母女是宋州刺史张蕤的妻子和女儿。朱温听后吃惊地问道："张蕤原是砀山富户，与我正是同乡，他现在仍做宋州刺史吗？"

知客僧回答说："听说他即将卸任了。"

在回家的途中，朱温仍对那女子念念不忘，便对二哥说："二哥，父亲在世时，曾讲过汉光武帝的故事，你还记得吗？"

朱温的哥哥摇了摇头说："不曾记得，你问此事干什么？"

朱温说："汉光武帝做皇帝以前，路过新野（今河南新野南），看见当地美女阴丽华，并为之倾倒。后又在长安见执金吾车骑盛行，不禁憾叹道：'仕宦当作执金吾，娶妻当得阴丽华。'后来果然如愿娶了阴丽华。今日我们所见张氏女，恐怕当年阴丽华也不过如此罢了，你看我配做汉光武帝吗？"

二哥听了朱温这番话，不禁哈哈大笑起来，说："你真是癞蛤蟆想吃天鹅肉，异想天开，说梦话。"

朱温听到哥哥这样说，便愤愤地说："时势造英雄，想当年刘秀，有何官爵，有什么财产，后来不是平地升天做了皇帝吗？又娶了阴丽华为皇后，我怎么就不行呢？"

二哥见朱温仍执迷不悟便对朱温说："你的美梦做的是否太远了点，今天我们寄人篱下，连温饱都保证不了，就想到要做皇帝了。要想有一个好的前程，也必须要有个依靠，高楼也要平地起呀！岂能平白无故地成大事。"

朱温觉得二哥的话不无道理，就对二哥说："二哥言之有理，若想升官娶妻，不是投军就是为盗。目前唐室已危在旦夕，兵戈四起，王仙芝已在濮州起兵，黄巢也在曹州起义，就凭我们兄弟这般勇力，如果去投奔他们，不愁升官发财。到那时还愁没有娇妻美妾？为何在此埋没我英雄人才。"

就这样，乾符四年（877年）兄弟二人辞别了母亲，投奔黄巢去了。

朱温凭借一身的武艺和过人的胆量，很快就深得黄巢的赏识，并被任命为亲军头目，成为黄巢手下的一员大将。

几年的戎马生涯，无论在何时何地，朱温都不能忘记几年前狩猎时与张氏女的一面之交，他无时无刻地不在思念着她，真有些除却巫山不是云的意思。为此他一直没有娶妻，而独自苦苦地恋着张氏女。就这样又过了好几年。

光阴荏苒,春去春又来,黄巢起义成功称帝,建立大齐。因朱温英勇善战,此时已被任命为同州防御使。朱温本是个好色之徒,现在做了大官,哪里肯做吃素的苦行僧。他夜夜换新妇,尽情尽性地寻欢,可他内心深处仍放不下张氏女,留着妻位,他认为总有一天能找到张氏女。常言道,踏破铁鞋无觅处,得来全不费工夫。事情恰恰就是这样。

一天,朱温正在帐内饮茶,忽然部下前来报告:"长官,小人获一女子,颇有几分姿色,献给长官享用。"

只见那小女子走进朱温的帐中,朱温定睛一看,不由吓了一跳,这不正是自己朝思暮想的张氏女吗,这真是缘分呀!朱温不禁失声问道:"你是前宋州刺史的女公子吗?"

张氏跪伏案前,眼泪扑簌而下,哽咽着低声答道:"正是!"

朱温急忙走到姑娘面前,用手将姑娘搀起,并连声说道:"快快请起,下官与女公子是同乡,不想今日在此相逢,让你受惊了!"

姑娘泪眼蒙眬地站立起来,含羞答谢。朱温又问道:"你父母大人安在?"

张氏女答道:"常年战乱,我父亲早已去世,我与母亲在逃难中,不幸走失,小女跟随难民流离至此,母亲是死是活还不知道,今天有幸得遇将军,小女才免于一死,救命之恩,小女终生难忘!"

朱温立即制止张氏说:"下官自从宋州郊外,目睹芳容,就倾心已久,日夜思念。近几年转战南北,东奔西走,四处打探府居,却无处可觅。我已私下立誓,非你不娶,否则终身独居。所以时至今日,尚未娶妻室,今天真是天赐良缘,使我重得爱卿,美梦成真,真是三生有幸。"

张氏女听罢朱温的这番话,禁不住两颊羞红,低头不语。朱温立即召婢仆们将张氏女搀进别室,选择黄道吉日,正式完婚,了却了朱温多年的夙愿。

朱温与张氏的恩情关系

中和二年(882年)朱温已拥有重兵,与黄巢的矛盾也日益尖锐,便与慕容谢瞳商量背叛黄巢，投靠朝廷，此事朱温也没有忘记要同爱妻商量，便急忙致书与张氏。

张氏出自名门，贤明精悍，识书达理，遵礼法，无论内外政事，朱温都与夫人商量，朱温虽彪悍刚愎，天不怕地不怕，但就是事事听命于夫人，只要是夫人要他做的事，绝对服从，所以，朱温每当处理政务时，遇到难题总是向夫人请教，张氏每言即中，多为朱温所不及，因此朱温更加敬重与爱恋张氏，凡一举一动，都向张氏请教，因此投靠朝廷一事也不例外。张氏很快复书表示赞成朱温投靠朝

朱温

廷。朱温归顺朝廷以后，深得僖宗的重用。

中和三年（883年）七月，当黄巢退出长安在河南进行绝望的苦战时，朱温却洋洋自得地到汴州（今河南开封）上任，做了唐朝的宣武节度使、汴州刺史，大举向黄巢进攻，成为镇压黄巢农民起义的刽子手。为此，唐僖宗赐名朱温为朱全忠，然而这个朱全忠既不忠于大齐皇帝黄巢，也从来没有忠过大唐王朝，可以说是个"全不忠"。他忠于的只是他自己，他的所作所为都是为了实现他自己的皇帝梦。

光启二年（886年），朱全忠的权势越来越大，而且官运亨通，他已在黄河中下游拥有绝大部分地盘，他挟天子以令诸侯，唐室大权实际上已掌握在朱温手中。天祐元年（904年），唐昭宗特旨朱温号为回天再造竭忠守正大功臣，加爵梁王，兼任各道兵马副元帅。大权在握的朱温，把宫廷内外的禁卫军，一概撤换，都换成了自己的心腹将士，掌握宫禁兵权。正当朱温在事业上飞黄腾达，离皇位还有一步之遥的时候，从汴梁传来了夫人病重的噩耗，朱温立即辞别昭宗，日夜兼程，回家探望爱妻。

朱温心急如焚，快马加鞭，返回家中，看见爱妻僵卧榻上。玉体消瘦，形容枯槁，奄奄一息，不觉潸然泪下，泣不成声。张夫人听到有人哭泣，慢慢睁开了双眼，见朱温跪在榻前，也不觉悲从心来，凄惨地问道："是大王回来了

中华宫廷秘史

吗？"

朱温急忙握住爱妻的手，伏在榻前，脸紧贴在夫人的手上，悲泣地说道："爱卿，是我回来了，为什么病成这样才告诉我，不要着急，慢慢调养，一定会康复的！"

张夫人无力地说："夫君，不要安慰贱妾，贱妾知道残灯即尽，将要久别人世，诀别大王了。"

朱温哽咽地说："自从同州结为百年之好，至今二十余年，彼此恩恩爱爱，爱卿贤明大度，不但内政仗卿主持，就是外事也依赖爱卿参议，今已大功告成，转眼将可登上大堂宝座，盼望着能与爱卿同享尊荣，再做几十年太平帝后，白头偕老，哪知爱卿病重至此，让我如何是好？"

张夫人听了朱温这番肺腑之言不禁泪流满面，说："人生总有一死，今生得配夫君，得到夫君如此厚爱，是贱妾的福分，就是死也无憾！况且妾身到王妃，已是非分，还想得什么意外的富贵。就是为大王着想，大王身受皇恩，唐室可辅，还须帮救数年，不可突然废夺，这样夺得容易，坐得也不会牢固，试想从古到今，有几个太平天子，可见皇帝是不容易做的！如大王既有大志，贱妾也无法阻拦，只是贱妾还想最后再劝大王几句，上台容易，下台难啊，大王要三思而后行！贱妾尚有一言，作为最后赠言，不知大王是否愿意听？"

朱温赶紧回答说："夫人尽管说，我乐意听从。"

张夫人沉思半晌才说："大王英武过人，别的事都可无虑，唯'戒杀远色'四字，求大王要随时注意，也算是贱妾的遗谏，请大王切切记在心上，妾就可死也瞑目了。"

说完，张氏就闭上了眼睛，永远地离开了朱温。

公元907年朱氏果真实现了他的皇帝梦，并改名晃，建都汴梁，国号梁。此时他没有忘记张夫人，追封她为贤妃，后又追谥为元贞皇太后。

但是，张夫人死后，朱温早已把张夫人的遗谏抛在九霄云外，毫不约束，大开杀戒，荒淫无度，稍有姿色的女子，无不染指。他私幸大臣张全义家，一住数日，与张家的妻妾们无不交欢，甚至连张全义半老徐娘的夫人也不放过。

更有甚者，当自己的儿子们外出时，他常常征召其儿媳入宫侍寝，居然

做个扒灰佬。义子友文的妻子王氏颇有姿色,深受朱温的喜爱,便借着侍疾为名,把她召至洛阳,留在寝室中,王氏对此也不推辞,反曲意奉承,因为她有她个人的目的,那就是让朱温立自己的丈夫友文为太子,朱温为满足自己的淫欲,不惜将大梁江山传给异姓,演出了一幕荒唐至极的乱伦之戏。

朱温的做法,引起了亲生儿子友珪的不满。在一次朱温得重病之时,朱温命王氏召友文晋见,想把后事托付与友文,友珪的妻子张氏得知此事,密告友珪。友珪便与统军韩劲合谋,夜间举兵过关斩将,攻入朱温寝殿,用剑刺穿朱温的腹部,然后用破毡裹住尸体,埋在床下,又演出了一场杀父的悲剧。

朱温也可称得上是一代枭雄,最后落得如此下场,真是可悲可叹!当初若记住张夫人的遗谏,何致于此?

进士王魁为何引刀自杀

唐宣宗大中年间,江南重镇徐州发生了一件怪事:新科进士王魁被赐官为徐州金判,少年得志,意气风发,但不到三年,竟然引刀自刺身亡。对此事,众人议论纷纷,不解其中原故,而知情者都说:这是负心人应有的下场!

王魁是莱州人,出身贫寒,却禀赋独厚,不但人长得相貌堂堂,而且极富才情。为了摆脱窘困的生活境况,他读书十分用功,只盼望有朝一日金榜题名,飞黄腾达。也算功夫不负有心人,20 岁时,他就顺利地通过了州县的乡贡考试,成了举人。到大中十年(856 年)冬天,京城举行进士会试时,他筹备了盘缠,进京参加考试,且满有把握,踌躇满志。

结果,王魁虽长于诗文,但明经——即阐明政见之文稍差,因此也像大多数应试者一样名落孙山。心高气傲的王魁原本是抱着极大的希望来应试的,一旦落第,无疑受到了沉重的打击,顿感前途暗淡,渺渺茫茫。发榜后,便忧心郁郁地回到家乡,整日枯坐书斋,长吁短叹,不知如何是好。

为了转移王魁的情绪,友人怂恿他到烟花柳巷中寻些开心,等心情平复后,再做拼搏。就在这时,王魁结识了红极一时的歌女殷桂英,她尤其善于弹弄琵琶。只见她取出一面琵琶,低头舒指弹奏起来,纤纤玉手上下抚弄,

如水如泉的音乐便从琵琶中流出，轻轻回荡在客厅中，王魁顿感摇荡在云雾之中。一段清弹之后，殷桂英轻启歌喉，唱了一首小调，歌声幽怨婉转，就像一只夜莺在倾诉心声。只听得王魁如醉如痴，弹唱完后，三人品茗清谈，竟又是十分投缘，虽然身份迥异，心意却融融相通。不知不觉已到掌灯时分，桂英又备好酒菜，深情地举起酒杯对王魁说道："酒乃天之精华，妾为地之美物，王君拥美物而饮精华，一定是来年登第的吉兆。"这话可真说到王魁的心坎里去了，他听了大喜，张开双臂把桂英拥入怀里，接过她手中的酒杯一饮而尽。晚餐后，友人识趣地走了，只留下情意相投的王魁与桂英。夜深人静，满院的花香透窗而来，两人春心激荡，只觉相见恨晚，畅叙之后，又相拥着走向绣床。

金鸡报晓，晨光朦胧，桂英娇怯地靠在王魁胸前，细语道："郎只管专心攻读，准备来年应试。一切所需，均由妾来张罗。"王魁感激不已，当即指天发誓："今生若有显达，决不辜负佳人一片真心。若有相负，苍天可惩！"

从此以后，善解人意的桂英为王魁把生活安排得妥妥帖帖，王魁则心无旁骛，日夜攻读。秋去冬来，转眼又到了礼部会试之期，桂英精心为王魁准备好行装和盘缠，送他进京。临行前夕，两人彻夜不眠，难舍难分，整夜交颈互诉别情，最后，两人一同对天盟誓："若有异义，当遭鬼神之责！"

王魁去后，殷桂英洗尽铅华，闭门谢客，静心地等待情郎的佳音。夜来北风怒吼、大雪纷飞，殷桂英深情地牵挂着情郎的起居，长夜不眠，虔诚地祈求上苍："苍天怜我苦心，保王郎此去平安。小女子愿折损阳寿，换取王郎的金榜题名。"也算诚心感天，王魁这次居然在会试中独占魁首，名列第一。春花烂漫的时候，王魁夺魁的消息传到莱州，桂英听了高兴得彻夜不眠，整天沉浸在喜悦的期盼之中。

大中十一年秋天，王魁奉朝廷之命往徐州任金判。赴任途中，顺路回到故乡莱州探视父母。进士返家，真正是衣锦返乡，门第生辉，王魁父母自是喜不胜收。为了喜上加喜，父母已为王魁订下了婚约，小姐乃是当地豪门之女崔氏。在家中操办完隆重的婚事，王魁很快就携带父母及新婚妻子前往徐州就任去了。

王魁成婚的消息很快传到了殷桂英耳中，她吃惊得几乎晕倒在地，失望和悲恨充塞心胸。情绪稍稍稳定之后，知情达礼的她又转念替王魁想到：

唐宫秘史

"自己出身烟花柳巷，王郎身为朝廷命官，自然不便明媒正娶。好在徐州离此不远，待他一切安排妥当之后，必然会念及旧情，派人前来迎接我，即使做妾也无所怨尤。"这个痴心女子竟然还痴痴地坚信着王魁的情义。

捱过漫漫寒冬，又到了春回花开的时候，却仍不见王魁的半点动静。殷桂英心急如焚，于是派一忠诚老仆，持书信专程前往徐州一探究竟。老仆人好不容易买通王府的守门人，见到了王魁。王魁对他却佯装不识，老仆人苦苦相求，反而遭到一阵叱责，被赶出门外。老仆人仍不甘心，第二天又去公堂求见、呈送书信。王魁端坐堂上，竟以扰乱公堂之名命衙役责打了老仆五十大板，可怜这个忠心耿耿的老仆，当初王魁在殷桂英家中苦读时曾对他殷勤服侍，这时王魁不但不念旧情，反而把他打得皮开肉绽，躺在客栈中养了一个多月的伤，才病病歪歪地回到了莱州。见到殷桂英，老仆人老泪纵横地说："姑爷一旦为官，与以往判若两人，以前种种，全不承认，姑娘还是死了这条心吧！"

可怜的桂英，原本把今生的希望全部寄托于王魁身上，如今他竟是这样无情无义，怎不叫桂英伤心欲绝、万念俱灰。她嘶喊道："王郎忘恩负义，天理难容。我死当为厉鬼勾其魂魄！"这时，桂英已了无生趣，当天夜里，便用利剪刺入自己胸膛，顿时血溅床帏香魂远去。

两年后，王魁到临南为官。一天深夜秉烛阅读公文，壁间忽有一长发披散的白衣少女冉冉而出，柳眉倒竖，怒眼喷火，直逼他的桌前。仔细一看，原来是已经死去的殷桂英。王魁吓得魂不附体，惊问道："闻说你已死，难道不是真的？"殷桂英厉声叱道："君忘恩负义，盟誓不履，使我死不瞑目！"王魁已吓得语不成声，哀求道："我有罪！我该死！还望念在往日的情分上，不加怪罪，我一定为你诵经超度，多焚纸钱。饶了我吧！"殷桂英不再被他巧言所惑，正色道："我只取你性命，别的无所顾忌！"说完，又飘然而去。

从此以后，王魁终日魂不守舍，精神恍惚，还时常自击头部或用尖锐之物自刺身体。他母亲看在眼里，痛在心中，不解地问他："我儿为何如此狂悖？"王魁神经兮兮地回答："有冤魂附在我身上，我要赶走她。"王母请来当地有名的道士马守素为儿子施法驱鬼。马道士设下法坛，烧香祭拜，朦胧中看见王魁与殷桂英发丝相系，并立坛下，耳畔响起细语："他们命该结为结发夫妻，王魁违背天意，命当该绝，你不必为他作法。"马道士惊骇不已，当即停

中华宫廷秘史

下法事,称说:"小道不才,力不能及。"匆匆辞去。数天之后,神志不清的王魁终于引刀自刺而死。

俗话说:"为人不做亏心事,夜半不怕鬼敲门。"虽然这女鬼缠身索王魁性命只是人们的传说,但王魁不顾山盟海誓,背信弃义,做了负心郎,有此恶报,也不冤枉。